Epoint 新点

国泰新点软件股份有限公司

— 以数字化服务推动社会高质量发展 —

— 主营业务

Epoint

智慧政务
共建人民满意的服务型政府

智慧招采
让每笔交易更轻松

数字建筑
推动建筑业高效协同

— 成果和贡献

3	**60**+	**119**	**800**+
参与重大科研项目3项	60余项全国性和省级标准制定	已授权专利119项	软件著作权800余项

股票简称:新点软件
股票代码:688232

让每笔交易更轻松

交易市场化

- 系统建设运营主体市场化
- 交易服务集约化
- 交易服务专业化

服务标准化

- 见证服务
- 促进营商环境优化服务
- 场地服务
- 辅助监管服务
- 档案服务

- 信息聚合共享服务
- 专家抽取服务
- 辅助决策服务
- 风险管理服务

监管智慧化

- 全链条监管
- 监督预警
- 信用监管

- 联动执法
- 串通投标分析
- 效能分析

累计承建的智慧招采项目

新点软件以数字化驱动,推动智慧招采业务实现服务标准化、交易市场化、监管智慧化,形成"交易咨询+生态资源增值服务+软件交付+交易服务运营"的全链条解决方案。

26
参与26个
省级平台

29
覆盖29个省
(自治区、直辖市)

200+
服务超
200个地市

1000+
1000个县市区

60+
60个大型央企、地方国企
的电子招标采购平台

www.epoint.com.cn
国泰新点软件股份有限公司
GUOTAI EPOINT SOFTWARE CO., LTD.

电话: 0512-58188000
传真: 0512-58132373
地址: 江苏省张家港市江帆路8号 (新点软件东区)

EPOINT SOFTWARE

国家物流与供应链系列报告

中国公共采购发展报告
（2023）

中国物流与采购联合会公共采购分会　组织编写

韩东亚　彭新良　主　编

冯　君　陆　建　副主编

中国财富出版社有限公司

图书在版编目（CIP）数据

中国公共采购发展报告.2023／中国物流与采购联合会公共采购分会组织编写；韩东亚，彭新良主编；冯君，陆建副主编 .—北京：中国财富出版社有限公司，2024.4

（国家物流与供应链系列报告）

ISBN 978－7－5047－8158－1

Ⅰ.①中…　Ⅱ.①中…　②韩…　③彭…　④冯…　⑤陆…　Ⅲ.①政府采购制度—研究报告—中国—2023　Ⅳ.①F812.2

中国国家版本馆 CIP 数据核字（2024）第 084697 号

策划编辑	王　靖	责任编辑	王　靖	版权编辑	李　洋
责任印制	尚立业	责任校对	杨小静	责任发行	敬　东

出版发行	中国财富出版社有限公司			
社　　址	北京市丰台区南四环西路 188 号 5 区 20 楼		**邮政编码**	100070
电　　话	010－52227588 转 2098（发行部）		010－52227588 转 321（总编室）	
	010－52227566（24 小时读者服务）		010－52227588 转 305（质检部）	
网　　址	http：//www. cfpress. com. cn		**排　　版**	宝蕾元
经　　销	新华书店		**印　　刷**	宝蕾元仁浩（天津）印刷有限公司
书　　号	ISBN 978－7－5047－8158－1/F・3650			
开　　本	787mm×1092mm　1/16		**版　　次**	2024 年 5 月第 1 版
印　　张	31　彩　插　3		**印　　次**	2024 年 5 月第 1 次印刷
字　　数	687 千字		**定　　价**	198.00 元

《中国公共采购发展报告（2023）》

编 委 会

主 任

蔡 进 中国物流与采购联合会副会长、公共采购分会会长

副主任

胡大剑 中国物流与采购联合会会长助理

黄素龙 国泰新点软件股份有限公司总裁

编 委（按姓氏拼音排序）

常朝晖 中国物流与采购联合会公共采购分会副主任

褚元林 中国石油天然气集团有限公司工程和物装管理部副总经理

董 钢 华润（集团）有限公司集团法律合规部副总经理

韩东亚 中国（安徽）自由贸易试验区研究院执行院长、研究员、博导

何永龙 国泰新点软件股份有限公司副总裁

华遥峰 中国第一汽车集团有限公司集团采购部副总经理

怀文明 中国电能成套设备有限公司总经理

冀晓明 中国航空集团有限公司集中采购部副总经理

景 丹 中国中车股份有限公司产业链管理部部长

康 迪 京东集团副总裁/京东工业公共行业负责人

李建伟 中国建筑股份有限公司项目履约管理部副总经理

李 龙 山东省公共资源交易中心数据交互应用部处长

李 明 重庆市城市建设投资（集团）有限公司董事长

林 玲 中国电信集团有限公司采购供应链管理中心副总经理

凌大荣 中国人民解放军陆军勤务学院副院长、教授

刘先杰　安徽省公共资源交易协会会长、合肥市人大常委、财经委副主任
潘卫康　中国交通建设集团有限公司供应链管理部总经理
彭新良　中国物流与采购联合会公共采购分会秘书长
史轶法　国家能源投资集团有限公司物资监管部采购处经理
田小亮　北京剑鱼信息技术有限公司总经理
万宝华　中国铁路通信信号股份有限公司副总裁兼运营事业部总经理
王永山　中国海洋石油集团有限公司工程与物装部副总经理
王振伟　苏宁易购股份有限公司易采云公司总裁
熊　伟　重庆征信有限责任公司董事长
叶　红　中国银联股份有限公司集中采购管理办公室负责人
易建山　国家电网有限公司物资管理部（招投标管理中心）副主任
詹　扬　中国盐业集团有限公司供应链管理部部长
张立峰　国家信息中心公共技术服务部副主任
张龙江　大亚湾核电运营管理有限责任公司总经理助理
张　梦　招商局集团财务部采购管理处副处长
郑　敏　亿邦动力网、亿邦智库董事长

《中国公共采购发展报告（2023）》

编写组名单

主　　编　韩东亚　彭新良
副 主 编　冯君　陆建
编写组成员（按姓氏拼音排序）

白如银	蔡　勃	曹佳希	柴亚光	陈　静	陈　洲
程建宁	戴玉玲	丁红武	丁晓姝	冯洁瑜	傅立海
高峰	龚　瑜	顾文辉	顾有恒	郭　熹	郭晓萌
杭正亚	黄冬如	雷金辉	李　锋	李　娟	李俊华
李　婷	李亚亚	林镇洲	刘爱民	刘　猛	刘延慧
刘　阳	罗杰强	马　冬	马天琦	马莹莹	孟琳琳
孟　晔	潘新英	潘正飞	齐玉琳	史　颖	宋福平
汤　骏	田　策	佟希飞	汪　涛	王丛虎	王　婕
王梦南	王喜营	韦素梅	邬洪明	吴　斌	吴剑明
吴树贵	吴英健	向　越	谢　禹	徐淑娟	徐晓晗
严梓允	杨敏智	俞海芳	于怀德	于文悦	张　兵
张晶晶	张松伟	张相涛	张小琳	张　雪	张　余
张泽明	赵　路	钟智文	周莹莹		

序

2023 年 12 月，中央经济工作会议提出，"必须把坚持高质量发展作为新时代的硬道理，完整、准确、全面贯彻新发展理念，推动经济实现质的有效提升和量的合理增长"。刚刚过去的 2023 年，是实施"十四五"规划承前启后的关键一年，也是公共采购市场扎实推进的重要一年。

这一年，面对异常复杂的国际环境和艰巨繁重的改革发展任务，在有效需求不足、经济预期转弱的情况下，我国公共采购市场收紧"钱袋子"，将"真金白银"用于发展紧要处、民生急需上，全年公共采购总额 46 万亿元，有效保障了国民经济建设的需要。

面对新时代，我国公共采购市场应抢抓新机遇、展现新作为，为推动经济社会的高质量发展做好以下五方面的工作。

第一，构建科学的公共采购理论体系

相对于国外 200 多年的公共采购经验积淀，我国的公共采购市场起步较晚，可以说是摸着石头过河，慢慢蹚过来的。改革开放 40 多年以来，我国走出了一条自主探索、自主总结、自主创新的公共采购发展之路。率先在多边和双边的赠款、贷款项目及工程建设领域试行招投标制度，随后又相继在机电产品进口、中央投资、技术改造、政府采购、国有企业采购、军事采购和医疗采购等领域，逐步以市场化的方式替代高度集中的计划方式配置资源。可以说，我国的公共采购实践要远远领先我国的公共采购理论建设，亟须对现有经验进行总结、概括、提炼，形成一套具有概况性、普遍性和实用性的公共采购理论，从而为公共采购从业人员提供清晰的职业指导。我国出台了《中华人民共和国政府采购法》《中华人民共和国招标投标法》两部指导公共采购的基本法律，在实践过程中，"两法打架"、无法可依时常为从业人员所诟病，需要从顶层设计上加速两法协调统一的进程。

第二，践行绿色低碳公共采购创新理念

党的二十大报告指出，要加快发展方式绿色转型，实施全面节约战略，发展绿色低碳产业，倡导绿色消费，推动形成绿色低碳的生产方式和生活方式。以新理念、新思路、新举措、新方式构建绿色采购生态新格局，是公共采购义不容辞的责任和使命。

当前，与国际公共采购规则要求和一些发达国家的公共采购实践相比，我国的公共采购活动对绿色低碳发展理念的贯彻才刚刚开始，如绿色低碳采购的标准不够明确、指导和监督绿色低碳采购实施的机制不够健全、绿色低碳采购的意识尚未广泛形成。我国要将绿色低碳理念从概念口号具化成实际工作，让公共采购成为绿色消费的执行者和绿色潮流的引领者。

第三，构建公共采购国际化市场

公共采购是消费市场的重要组成部分。当今世界，经济全球化不可逆转，生产要素的跨国、跨地区流动有赖于构建共享的国际公共采购市场，从而助推要素的全球化、市场化配置。

建立共享的国际公共采购市场是全球经济高质量发展的重要体现。要构建共享的国际公共采购市场，我国还需要内外兼修做好四方面的工作：第一，坚持深化改革，对接国际公共采购制度和规则，探索和试点建立一套与国际规则相兼容的公共采购制度和体制，实现由程序化采购到专业化采购的转变；第二，加快建设全国统一大市场，打造市场化、法治化、国际化营商环境，打破流通障碍、降低制度性交易成本；第三，积极加快 GPA 进程，充分发挥我国超大规模市场优势和内需潜力，推动构建国内国际双循环相互促进的新发展格局；第四，积极推动我国企业参与国际采购的步伐，积极参与联合国采购，依托"一带一路"倡议，构建互利共赢、安全开放的公共采购体系。

第四，深化公共采购数字化变革步伐

当前，我国正推进网络强国建设，加快建设数字经济、数字社会、数字政府，以数字化转型整体驱动生产方式、生活方式和治理方式变革。公共采购市场作为数字化转型的先锋，正处于从扩面增量向提高质量转变的关键时期，亟待加快推进数字化转型、信息化应用。近年来，借助人工智能、大数据、物流网、云计算、区块链等信息技术，我国公共采购进行了有益的数字化探索。下一步，还需要在数字化转型上奋楫笃行：第一，需要继续推进全国范围内公共采购平台的互联互通，推动交易主体注册登记资格、资质、业绩、信用等信息互认共享，加快实现公共采购领域数字证书的全国互认；第二，加强数据治理，拓展数据应用场景，使数字技术在需求预测、供应商智能选择、采购流程敏捷自动化、付款流程安全快捷等方面发挥更大作用；第三，加快推进数字监管，创新公共采购数字化监管方式，推动现场监管向全流程数据监管转变，推动行政监督部门建立数字化执法规则标准。

第五，推动产业链供应链优化升级

党的十九大以来，党中央、国务院做出了提升供应链现代化水平和自主可控能力、提高供应链稳定性和国际竞争力等系列决策部署，着力打造更强创新力、更高附加值、

更加安全、更具韧性的供应链。2023 年，国务院国资委印发《关于中央企业在建设世界一流企业中加强供应链管理的指导意见》，要求广大央企作为公共采购的主要组成部分，要以采购管理为切入点，加快推进供应链管理体系建设。以提升供应链管理精益化水平为方向，打通研发、采购、生产、消费、流通等重要环节，不断优化供应链组织方式和业务流程。推进跨区域、跨企业供应链环节的统筹管理，探索建立区域联采工作机制，进一步提高采购集约化水平。持续增强供应链弹性韧性，为加快建设世界一流企业提供有力支撑。

中国物流与采购联合会是国务院政府机构改革过程中，经国务院批准设立的中国唯一一家物流与采购行业综合性社团组织。自 2019 年开始，中国物流与采购联合会公共采购分会每年组织专家编写和发布《中国公共采购发展报告》，这是其发挥行业组织职能、服务行业发展的一项重要工作。

《中国公共采购发展报告（2023）》凝聚了我国公共采购领域 140 多位知名专家学者的智慧与汗水，既有全行业的全景扫描与总结回顾，也有细分领域的专业分析，还有多角度的专题报告和案例分析，将为读者深入了解公共采购行业的发展提供全面、新鲜、权威的第一手资料。相信它将进一步推动我国公共采购事业的规范化、市场化、专业化和国际化发展，希望各位读者和业内专家对该报告多提宝贵意见，不吝赐教，以便编委会在此后的年度发展报告中不断提升、进步；也希望广大读者和业界同人继续关注和支持中国物流与采购联合会的工作，共同促进我国物流与采购事业的高质量发展。

中国物流与采购联合会会长

目　录

综合报告篇

专题报告篇

理论探讨篇

案例展示篇

制度汇编篇

附　录

综合报告篇

接续奋斗、砥砺前行
为公共采购高质量发展蓄势赋能

"2023"是公共采购这本行业大书里刚刚写完的一页。有新的故事与探索，也有不变的精神与诺言，它们都栩栩如生地镌刻在公共采购行业的时代画卷之中。

这一年，在国际国内复杂环境的双重影响下，我国公共采购市场树立过紧日子的思维，稳"底盘"抓重点，以更加全面的"稳"为高质量发展蓄势赋能；这一年，公共采购市场架梁立柱、夯基搭台，不断开创法治治理新格局；这一年，优化营商环境的号角继续吹响，从中央到地方，划"红线"、清"越线"的"清障"工作持续推动；这一年，响应"双碳"战略，公共采购市场主动作为、靠前发力，多措并举增强低碳转型动力；这一年，药品耗材集中带量采购工作稳步推进，从"填空"和"补缺"两个维度持续扩大集采覆盖范围；这一年，数字产业化和产业数字化加速推进，我国公共采购市场数智化发展动力强劲；这一年，以采购为切入点向供应链管理转型升级的理念逐步深入人心，通过采购来实现供应链网络链接效能得到越来越多企业的认可。

习近平总书记在2023年新年贺词中指出："路虽远，行则将至；事虽难，做则必成。"回眸2023年，总书记的殷殷嘱托正化为前行动力，公共采购市场的美好蓝图，正一步一步变为现实。

收紧"钱袋"，提质公共采购韧性和底气

面对异常复杂的国际环境和艰巨繁重的改革发展任务，我国公共采购市场各大板块牢固树立过紧日子的思想，从紧控制经费管理，坚决防止搞"政绩工程""面子工程"，力争将更多的"真金白银"用于发展紧要处、民生急需上。在收紧采购支出的同时，坚决做好扩面、提质工作，保证市场基本面不动摇，提质公共采购的韧性和底气。根据政府采购、工程招标、国有企业采购和军事采购的汇总统计，2023年全国公共采购总额46万亿元，同比下降4.16%。

公共资源交易制度的不断完善，是我国改革开放自主探索、自主总结出的一条创新之路，是我国公共采购市场的重要组成部分。其中涵盖了工程建设、政府采购、土地使用权、矿业权、国有产权、碳排放权、排污权、林权、药品采购、二类疫苗十大类公共资源交易进场项目。据国家信息中心统计数据显示，2023年，平台累计汇集32个省级平台及中央级平台数据2.7亿条。其中工程建设项目招标投标、政府采购、土

地使用权和矿业权出让、国有产权交易四大板块交易数量 176 万个，同比增长 17%；交易额 21.9 万亿元，同比下降 4%。2023 年，我国公共资源交易扩面工作持续推进，各地公共资源按照"成熟一个、纳入一个"原则，不断扩大公共资源交易覆盖面。例如，河南省公共资源交易中心将用能权、水权交易纳入交易范围。2023 年，陕西省公共资源交易中心发布《关于扩大进场范围有关事项的通知》，鼓励未列入目录的公共资源交易项目进入平台交易，明确国有企业、驻陕部队等的非工程类货物和服务采购，限额 50 万元以上的，可进入省级平台交易；科技成果转换项目、民营企业产权交易、合同见证和资金结算服务、企事业单位房产设备租赁等目录外项目，均鼓励进场交易。

聚焦工程建设板块，2023 年我国基础设施投资增长 5.9%，增速加快 0.1 个百分点。全年建筑业增加值 85691 亿元，比上年增长 7.1%。全国具有资质等级的总承包和专业承包建筑业企业利润 8326 亿元，比上年增长 0.2%，其中国有控股企业 4019 亿元，增长 4.3%。

聚焦政府采购板块，2023 年全国一般公共预算支出 274574 亿元，全国政府性基金预算支出 101339 亿元，2023 年全国政府采购规模与 2022 年基本持平，采购规模为 3.5 万亿元左右。

国有企业采购板块，据国务院国资委统计数据显示，2023 年中央企业实现了销售收入 40 万亿元，增加值 10 万亿元，利润 2.6 万亿元。2023 年中央企业采购额 13 万亿元，通过采购直接拉动产业链上下游、大中小企业 200 万户，采购规模与 2022 年基本持平。据不完全统计，多数省区市的国有企业加快整合调整，法人户数略有"压减"，全年采购额与 2022 年基本持平。与此同时，2023 年全国国有资本经营预算支出 3345 亿元，同比下降 1.5%。其中，中央国有资本经营预算本级支出 1451 亿元，同比下降 12.7%；地方国有资本经营预算支出 1894 亿元，同比增长 9.2%。国有资本经营预算支出主要包括根据产业发展规划安排的资本性支出、用于弥补国有企业改革成本等方面的费用性支出和其他支出。国有资本经营预算支出的下降，部分是由于费用型采购支出减少导致的。

聚焦医药采购板块，2023 年我国在积极开展第八批药品集采工作落地实施的同时，从"填空"和"补缺"两个维度扩大集采覆盖范围，积极探索尚未纳入国家和省级集采的"空白"品种，鼓励对已有省份集采、价格竞争充分的品种开展带量价格联动。到 2023 年年底，每个省份的国家和省级集采药品数累计达到 450 种，其中省级集采药品达到 130 种，化学药、中成药、生物药均有所覆盖。2023 年，第九批国家药品集中带量采购成功举行，此次集采有 41 种药品采购成功，拟中选药品平均降价 58%，预计每年可节约药费 182 亿元。第九批国家药品集采涵盖感染、肿瘤、心脑血管疾病、胃肠道疾病、精神疾病等常见病、慢性病用药，以及急抢救药、短缺药等重点药品，205 家企业的 266 个产品获得拟中选资格，投标企业拟中选比例约 78%，平均每个品种有 6.5 家企业拟中选。

架梁立柱，扎牢公共采购制度根基

2023 年我国公共采购立法工作纵深推进。

5 月 31 日，国家发展改革委、工业和信息化部、财政部、人民银行四部门联合发布《国家发展改革委等部门关于做好 2023 年降成本重点工作的通知》（发改运行〔2023〕645 号），强调要积极推动《招标投标法》和《政府采购法》修订，健全招标投标和政府采购交易规则，着力破除对不同所有制企业、外地企业设置的不合理限制和壁垒。完善招标投标交易担保制度，完善招标投标全流程电子化交易技术标准和数据规范，推进 CA 数字证书跨区域兼容互认。2023 年 9 月 7 日，十四届全国人大常委会立法规划公布，包括三类立法项目。其中，第一类项目为"条件比较成熟、任期内拟提请审议的法律草案"，共 79 件；第二类项目为"需要抓紧工作、条件成熟时提请审议的法律草案"，共 51 件；第三类项目为"立法条件尚不完全具备、需要继续研究论证的立法项目"。此次立法规划中，将《招标投标法》与《政府采购法》修订一并考虑，且列入第二类立法项目中。业内呼吁多时的两法修订工作迈出实质性步伐。

党的二十大报告提出，要全面加强军事治理，巩固拓展国防和军队改革成果，加强依法治军机制建设和战略规划。2023 年，我国持续加快军事采购制度建设，加速采购制度落地。2023 年 6 月，出台《军队装备采购信息发布管理办法》，对提高装备采购的透明度提出了具体要求，对信息发布主体、信息发布服务机构的工作原则提出了具体体要求，对需求意向、采购公告、成交结果发布期限进行了明确。2023 年 8 月，为全面整顿采购秩序，军队采购网发布了关于《军队物资服务采购整肃治理专区问题线索征集公告》，大刀阔斧从军队采购的突出问题入手，对围标串标、虚假投标和评审不公等进行整治。加大对供应商违规行为的惩处力度和频率。根据军队采购网的信息，2023 年共发布了 996 条供应商处罚信息。仅 2023 年 8 月到 12 月底，就有 137 家医疗器械企业被暂停资格，不得参加军队采购项目。这一数字几乎超过了过去几年的总和，其中还包括一些知名医疗器械企业。

党的二十大报告提出"完善科技创新体系"，并强调"健全新型举国体制""加快实施创新驱动发展战略"，要求"以国家战略需求为导向，集聚力量进行原创性引领性科技攻关，坚决打赢关键核心技术攻坚战"。为加大核心技术攻关，2023 年 8 月 16 日，工业和信息化部、国家发展改革委、国资委联合发布《关于支持首台（套）重大技术装备平等参与企业招标投标活动的指导意见》，明确不得变相设置不合理条件或歧视性条款，限制或排斥首台（套）重大技术装备制造企业参与投标；首台（套）重大技术装备参与招标投标活动，评标办法应当有利于促进首台（套）重大技术装备推广应用，不得在市场占有率、应用业绩等方面设置歧视性评审标准。

2023 年 12 月 18 日，财政部、国家卫健委、国家医疗保障局、国家中医药管理局联合印发《关于进一步加强公立医院内部控制建设的指导意见》，加强采购管理，明确职责划分与归口管理，确定药品、医用耗材、仪器设备、科研试剂等品类多、金额大的物资和设备，以及信息系统、委托（购买）服务、工程物资等采购过程中的关键管控环节和控制措施。加强基本建设项目管理，严禁公立医院举债建设和超标准装修，规范基本建设项目的全过程管理。

固本清障，优化营商环境大格局

投资兴业环境好比"命门之穴"。2023 年，从中央到地方都在极力优化公共采购的营商环境，释放出"真金白银"的政策红利，在革除体制机制弊端上做"减法"，在加强服务和监管上做"加法"。

在为企业参与公共采购减负方面，除了政策"开道"外，相关部门还启动了各种"清障"活动。在"政策＋行动"的双向驱动下，2023 年为市场主体带来更加方便快捷的体验感。2023 年 1 月 6 日，国家发展改革委、工业和信息化部、住房城乡建设部等十三部门联合印发《关于完善招标投标交易担保制度进一步降低招标投标交易成本的通知》，要求严格规范招标投标交易担保行为，全面推广保函（保险），规范保证金收取和退还，清理历史沉淀保证金，鼓励减免政府投资项目投标保证金和实行差异化缴纳保证金，加快完善招标投标担保服务体系，进一步降低招标投标市场主体特别是中小微企业交易成本，保障各方主体合法权益，优化招标投标领域营商环境。6 月 28 日，国家市场监督管理总局、国家发展改革委、财政部、商务部四部门联合印发了《关于开展妨碍统一市场和公平竞争的政策措施清理工作的通知》。其中要求，清理违法设定与招标投标、政府采购项目具体特点和实际需要不相适应的资格、技术、商务条件等；排斥或者限制外地经营者参加本地招标投标、政府采购活动等妨碍建设全国统一大市场和公平竞争的各种规定和做法。10 月 25 日，国务院"互联网＋督查"平台发布《关于 2023 年度国务院推动高质量发展综合督查征集问题线索的公告》，征集在招标投标和政府采购中各种限制竞争和限制投标行为。11 月 22 日，财政部等三部门印发了《关于开展 2023 年政府采购领域"四类"违法违规行为专项整治工作的通知》，对四类政府采购行为开展"零容忍"专项整治。12 月 12 日，国家发展改革委会同国务院有关部门和地方研究起草了《招标投标领域公平竞争审查规则（公开征求意见稿）》，明确政策制定机关履行公平竞争审查职责，应当确定专门机构负责招标投标政策措施公平竞争审查工作。2023 年 12 月 8 日，财政部印发《关于进一步提高政府采购透明度和采购效率相关事项的通知》，对于有预付安排的合同，鼓励采购人将合同预付款比例提高到 30% 以上。对于满足合同约定支付条件的，采购人原则上应当自收到发票后 10 个工作日内将资金支付到合同约定的供应商账户。

在为企业参与公共采购助力方面，国家层面也出台了不少"硬核"举措。一方面为中小企业提供更多的政策便利。2023 年 1 月 11 日，国务院促进中小企业发展工作领导小组办公室印发《助力中小微企业稳增长调结构强能力若干措施》提出，将政府采购工程面向中小企业的预留份额阶段性提高至 40% 以上政策延续到 2023 年年底。7 月 14 日,《中共中央 国务院关于促进民营经济发展壮大的意见》正式发布。要求持续优化民营经济发展环境,包括持续破除市场准入壁垒、全面落实公平竞争政策制度、完善社会信用激励约束机制、完善市场化重整机制。无独有偶,8 月 20 日,财政部印发了《关于加强财税支持政策落实 促进中小企业高质量发展的通知》,要求强化中小企业政府采购支持政策,严格落实预留份额、价格评审优惠政策措施,工程采购项目向中小企业预留份额阶段性提高政策延续至 2025 年年底。另一方面进一步完善救济渠道。2023 年 8 月 5 日,国家发展改革委发布《关于完善政府诚信履约机制优化民营经济发展环境的通知》,要求各省级社会信用体系建设牵头部门畅通政府采购、招标投标等领域政府违约失信的投诉渠道。

不仅国家层面在打一场优化营商环境的硬仗,各地也使出了十八般"武艺"。力度有大有小,内容上有共性,也有个性,涌现出许多鲜活的例子,誓将优化政府采购营商环境进行到底。截至 2023 年年底,广西共有 16 家金融机构推出"政采贷"产品,"政采贷"余额为 24.6 亿元。其中:2023 年新增贷款 22.66 亿元;线上"政采贷"业务 621 笔,支持 238 家政府采购供应商融资 11.18 亿元;为中小微企业开具各类电子保函 353 笔,开函金额 3560 万元,惠及 262 家企业。此外,广西财政厅还通过将"政采贷"业务从线下"搬到"线上,简化了银行贷款流程,金融机构对供应商融资信息的审查时间大大缩短,企业通过在线方式申请开具电子保函最快只需几分钟,且支持电子保函在线验真,省去企业担保费、抵质押评估费等间接融资费用。江西南昌用好"服"字诀,提升供应商满意度。2023 年南昌市"政采贷"项目贷款金额突破千万元,充分发挥了政府采购支持中小企业发展的功能作用。2023 年,新疆生产建设兵团发布《关于进一步优化政府采购营商环境的通知》,从 7 个方面提出了优化兵团政府采购营商环境的 28 项政策措施。在采购意向公开、资金支付等方面出台了实实在在的落地举措。规定采购单位不得晚于采购活动开始前 30 日公开采购意向信息。采购项目名称变更、主要内容变更、采购预算变动 50% 以上的,应当重新发布采购意向。采购单位应当自收到发票之日后 20 日内将资金支付到合同约定的供应商账户。

逐绿而行,厚植高质量生态发展

当前"双碳"目标已经上升为国家战略并纳入"十四五"规划当中。习近平总书记在二十大报告中强调,要"发展绿色低碳产业""推动形成绿色低碳的生产方式和生活方式"。2023 年中央经济工作会议强调:要以提高技术、能耗、排放等标准为牵引,推动大规模设备更新和消费品以旧换新。"双碳"理念已从概念走进现实,并日渐成为社会发展的主旋律,越来越广泛地影响着社会生产生活的方方面面。2023 年,国家对绿色采购持续"加码",厚植高质量发展生态底色。据国家统计局数据显示,2023 年全年全国万元国内生产总值二氧化碳排放与上年持平。水电、核电、风电、太阳能发电等清洁能源发电量 31906 亿千瓦时，比上年增长 7.8%。

2023 年 2 月 20 日，《国家发展改革委等部门关于统筹节能降碳和回收利用 加快重点领域产品设备更新改造的指导意见》（发改环资〔2023〕178 号）发布，要求推动绿色建筑、超低能耗建筑、近零能耗建筑和重大交通基础设施等使用能效先进水平产品设备；鼓励零售企业、电商平台通过设置产品专区、突出显示专有标识、发放绿色优惠券等方式，引导消费者优先选购能效先进水平产品设备；鼓励各级公共资源交易平台开设专栏、开辟绿色通道，畅通废旧产品设备资产交易。支持发展"互联网＋"模式，培育废旧产品设备线上交易平台。

3 月 22 日，财政部、住房城乡建设部、工业和信息化部联合发布《政府采购支持绿色建材促进建筑品质提升政策项目实施指南》，对纳入政策实施范围的建设工程项目全流程进行规范，推进政府采购支持绿色建材，促进建筑品质提升政策实施工作。

3 月 20 日，财政部、生态环境部、工业和信息化部印发《绿色数据中心政府采购需求标准（试行）》（以下简称《需求标准》），指出采购人采购数据中心相关设备、运维服务，应当有利于节约能源、环境保护和资源循环利用，按照《需求标准》实施相关采购活动。2023 年 6 月起数据中心电能比不高于 1.4，2025 年起数据中心电能比不高于 1.3。2023 年可再生能源最低使用率达到 5%，2025 年达到 30%，2032 年达到 100%。

10 月 24 日，国家发展改革委发布了向社会公开征求《关于发布〈重点用能产品设备能效先进水平、节能水平和准入水平（2023 年版）〉的通知》意见的公告。其中强调，公共机构要充分发挥示范带动作用，积极落实政府绿色采购政策，鼓励采购能效先进水平产品设备；企业新建、改扩建项目不得采购使用能效低于准入水平的产品设备，新建年能耗 1 万吨标准煤及以上项目和获得中央预算内投资等财政资金支持的项目，原则上不得采购使用能效低于节能水平的产品设备，优先采购使用能效达到先进水平的产品设备；各级财政部门要加强政府采购产品监管，公共机构采购纳入《节能产品政府采购品目清单》的产品设备不能低于节能水平。

11 月 13 日，国家发展改革委等五部门联合印发了《关于加快建立产品碳足迹管理体系的意见》，明确了加快提升我国重点产品碳足迹管理水平的总体要求、重点任务、保障措施和组织实施要求等。提出适时将碳足迹管理相关要求纳入政府采购需求标准，加大碳足迹较低产品的采购力度。

数智支撑，赋能新质生产力发展

阿基米德曾经说过，"给我一个支点，我就能撬动地球"。当前，数字经济正成为我国发展新质生产力的重要支点。随着数字技术日新月异、数实融合持续拓展、数智一体进程加快、数字产业集群崛起，我国不断推进数字产业化和产业数字化。2023 年我国 GDP 超过 126 万亿元，其中数字经济规模突破 55 万亿元，占 GDP 比重超过

43.6%，数字化转型所带来的经济效益相当可观。

在政府层面，发展高效协同的数字政务成为时代发展的必然。数字经济丰富并拓展了政府治理的作用机制和作用路径，数据和信息一跃成为关键生产要素。公共资源数据"一网共享"、交易"一网通办"、服务"一网集成"、监管"一网协同"推进工作持续深化。2023年，公共资源交易领域的数智化应用场景更加丰富，交易场所的"智能引导、智能调度、智能见证、智能分析、智能总控、智能管理"基本实现；各种数字评审技术也日新月异，智能辅助评审、"机器管招投标"等技术在公共采购领域大行其道。

在企业层面，树立数字化思维，重视数字资产，加快数字化人才的培养意识也逐渐深入。根据亿邦动力和中国物流与采购联合会联合发布的《2023数字化采购发展报告》，2022年全国企业采购规模超过173万亿元，电子商务采购总额为14.32万亿元，同比增长13.7%，占全国企业采购总额的比重为8.26%。

电子商务作为数字经济中发展规模最大、覆盖范围最广、创新创业最为活跃的重要组成部分，对做强做优做大我国数字经济、构建双循环新发展格局发挥了重要作用。电商平台的高速发展，在助推传统产业转型、消费升级、助农助产、促进跨境消费等方面作用显著。据相关统计数据显示，2023年我国网络购物用户规模达9.15亿人，较2022年12月增加6967万人，占网民整体的83.8%。

聚"链"成势，打造采购供应链新生态

党的二十大报告指出，要加快建设现代化经济体系，着力提高全要素生产率，着力提升产业链供应链韧性和安全水平。2023年中央经济工作会议强调，要以科技创新推动产业创新，特别是以颠覆性技术和前沿技术催生新产业、新模式、新动能，发展新质生产力，实施制造业重点产业链高质量发展行动，加强质量支撑和标准引领，提升产业链供应链韧性和安全水平。随着时代的发展和企业提质增效的内在需求不断提升，把采购仅作为企业内部保障供应和降低成本的传统思路已然过时。采购供应链管理是一种全面的管理方法，涉及从原材料和零部件的采购、生产、销售和分销，到产品的回收和处理的整个过程。它关注供应商的评估和选择、采购策略的制定和执行、价格谈判和合同管理、库存管理和风险控制等方面，是企业可持续发展和核心竞争力提升的重要支撑。

2023年2月24日，国务院国资委发布《关于中央企业在建设世界一流企业中加强供应链管理的指导意见》，要求广大央企以采购管理为切入点，打通研发、采购、生产、消费、流通等重要环节，持续加强现代供应链管理体系建设，提升供应链的影响力、带动力和竞争力。

国资委对供应链的重视，在2023年的中央企业采购对标评估工作中得到了充分的贯彻，从《关于开展2023年中央企业采购管理对标评估工作的通知》中可窥见一斑。

2023 年对标评估指标主要围绕 4 大项 30 个小项开展，30 项考核指标中 21 项提到了供应链，比例达到 70%，对供应链的关注达到了前所未有的高度。

2023 年评分指标中，单设了供应链韧性与安全水平一项，仅此一项就设置了 15 分的分值，是所有分项指标中分值最高的；从评分结果看，97 家央企在此项上的平均得分接近 13 分（得分率接近 86.7%）。这和党的二十大报告提出的"着力提升产业链供应链韧性和安全水平""确保重点产业链供应链安全"部署相吻合。

在采购管理组织与体制环节，2023 年的分值设定比 2022 年增加 5 分。其中在供应链战略规划制定与实施上增加 2 分，采购供应链组织机构设置上增加 2 分。2023 年更加注重人才的培养，把采购供应链管理专业队伍建设单列出来，给予了 5 分的分值。此外，在"双碳"目标背景下，国家大力发展绿色经济。绿色供应链建设成为企业对标评估的重要考核项，专门赋予了绿色供应链建设 3 分的分值。在数字化建设与应用方面，目前绝大多数央企都完成了初期的平台建设工作，在平台的运营过程中，央企留存了大量的数据，但这些数据并没有得到充分的利用，对助力管理提升、提升资源配置、防范潜在风险等方面发挥的作用并不大。为加大央企对数据资源的利用，2023 年指标中专门增加了"数据治理"一项，给予了 5 分的分值，国家电网、中国移动、中国石化等中央企业凭借多年数智化采购与供应链平台的数据积淀，在"数据治理"这一项上均获得 4.5 分以上。

心之所向，步履皆往。2023 年，公共采购市场接续奋斗、砥砺前行，经历了风雨洗礼，看到了美丽风景，取得了沉甸甸的收获。2024 年，我们也将扛住压力，犯其至难而图其至远，奋楫笃行，谱写 2024 年公共采购市场高质量发展新篇章。

［中国物流与采购联合会公共采购分会，彭新良、冯君；中国（安徽）自由贸易试验区研究院，韩东亚］

专题报告篇

公共资源交易发展报告

一、我国公共资源交易概况

2023 年是公共资源交易各领域全面推进的一年。从全国公共资源交易平台公布的交易量数据统计可知，公共资源交易市场保持平稳运行，交易活跃度持续提升。据国家信息中心统计数据显示，2023 年工程建设项目招标投标、政府采购、土地使用权和矿业权出让、国有产权交易四大板块交易数量 176 万个，同比增长 17%；交易额 21.9 万亿元，同比下降 4%。公共资源交易的数据能够真实反映资源配置、投资趋势以及市场活跃程度，是研判宏观经济形势的重要参考依据，公共资源交易对经济发展的推动作用也日益凸显。

2023 年，公共资源交易全流程电子化和数字化持续深入推进，在不见面开标、远程异地评标、智能辅助评标（评审）、数字见证服务、排斥潜在投标人检查服务、一张网建设等方面形成了很多典型的经验做法，公共资源交易智能化水平持续提升。在智慧监管方面以新技术、新业态、新模式为驱动，完善"双随机、一公开"监管、信用监管、"互联网＋监管"、跨部门协同监管等方式，加大招标投标交易主体信用约束，建立对严重失信行为的招标人、投标人、代理机构、评标专家等联合惩戒机制，加强各类监管的衔接配合，构建监管对象全覆盖、监管内容全要素、监管数据全共享、监管流程全闭环、监管执法全协同、监管结果全公开的监管生态体系，不断强化监管效率，为提升招投标行业公平竞争，营造优质招投标市场环境保驾护航。电子招标投标的应用广度、深度不断拓展，对于激发市场活力、提高资源配置效率、破解招标投标领域的突出问题、推动招标投标市场规范健康发展发挥了积极作用。

二、公共资源交易建设取得的成绩

（一）统筹推进统一大市场建设

2022 年 3 月 25 日，中共中央、国务院发布了《中共中央 国务院关于加快建设全国统一大市场的意见》。该文件作为一个战略性、方向性、全局性和指导性政策文件，为建设高标准市场体系与构建高水平社会主义市场经济体制指明了方向。2023 年是我国统一大市场建设的关键年和重要行动年。2023 年 5 月 19 日，国务院总理李强主持召开国务院常务会议，研究落实建设全国统一大市场部署总体工作方案和近期举措，成为加快建设高效规范、公平竞争、充分开放的全国统一大市场的重要加速器。国务院高度重视各类商品和各种要素资源在全国及世界等更大范围内畅通流动。这也是切实提高各类资源配置效率和进一步释放市场潜力的内在要求。可以说，国务院的高层权威统筹推进，进一步统一了各级各类有关部门的思想且压实了部门主体责任。这也为消除封闭思维和地方本位主义，从全局上进行思维和观念转变提供了思想武器。

（二）压实采购人主体责任

2022 年 7 月，国家发展改革委等部门印发《关于严格执行招标投标法规制度进一步规范招标投标主体行为的若干意见》，指出当前招标投标市场还存在招标人主体责任落实不到位等不少突出问题，并从依法落实招标自主权、严格执行强制招标制度、规范招标文件编制和发布、规范招标人代表条件和行为等 9 个方面对强化招标人主体责任提出了具体要求。2023 年各省份围绕招标人主体责任落实不到位方面的问题，从编制主体责任清单、规范主体行为、加强招标投标制度建设等方面持续用力，不断加强各行业招标人主体责任的落实。

2023 年 10 月 13 日，为切实落实招标人主体责任，江苏省住房和城乡建设厅印发《关于编制印发江苏省房屋建筑和市政基础设施工程招标人主体责任清单的通知》，编制了适用于江苏省国有资金投资工程招标的《江苏省房屋建筑和市政基础设施工程招标人主体责任清单》。2023 年 8 月 18 日，福建省水利厅制定出台《关于加强和规范水利招标投标主体行为促进市场公平竞争的若干意见》，从依法落实招标自主权、规范招标文件编制、优化保证金缴纳和退还、加强评标报告核查、畅通异议渠道五项具体内容对招标人主体责任进行压实和强化。

（三）降低招标投标成本

不断降低制度性交易成本是政府帮助广大中小企业轻装上阵、纾困发展的重要举措。2023 年 1 月 6 日，国家发展改革委等部门联合印发《关于完善招标投标交易担保制度进一步降低招标投标交易成本的通知》，就完善招标投标交易担保制度、进一步降低招标投标交易成本提出了明确要求。该通知要求，各地方政府有关部门、各有关单位和企业组织开展清理历史沉淀保证金专项行动，各省级招标投标指导协调工作牵头部门应当会同各有关行政监督部门，制定出台鼓励本地区政府投资项目招标人全面或阶段性停止收取投标保证金，或者分类减免投标保证金的政策措施，并完善保障招标人合法权益的配套机制。全国各地各行业按照文件精神，结合各自实际，相继制定了贯彻落实措施。2023 年 3 月 9 日，甘肃省发展和改革委员会等部门印发《完善招标投标交易担保制度进一步降低招标投标交易成本若干措施》；2023 年 3 月 24 日，山西省发展和改革委员会等十五个部门联合印发《关于进一步降低招标投标交易担保成本的若干措施》；2023 年 3 月 28 日，湖南省发展和改革委员会等十二部门印发《关于完善招标投标交易担保制度进一步降低招标投标交易成本的实施方案》；2023 年 6 月 14 日，吉林省住房和城乡建设厅等八部门印发《关于进一步降低招标投标交易成本实施惠企利企 18 项政策措施》。

三、公共资源交易趋势

（一）优化公共服务，构建标准规范

充分落实公共服务职能定位，明确各地交易中心公共资源交易平台服务的基本原则与要求、服务内容、服务流程要求、场所与设施要求、信息化建设要求、安全要求、服务质量与监督评价等内容，着力推进全流程电子化、服务便捷化。

服务标准化、规范化建设对于规范公共资源交易业务管理流程、促进公共资源配置效率提升具有重大意义。各地公共资源交易中心应当在充分履行公共服务职能定位前提下，不断完善分类统一的交易制度规则、技术标准和数据规范，推动实现资源整合、持续优化交易服务、提升公共资源配置效率，打造标准化示范区，以标准化促进公共资源交易规范化。

长期以来各地方各行业分头建设招标投标电子平台，系统不联通、数据不共享，给经营主体造成了不小的困扰。事实证明，如果没有统一的标准，分散建立的平台系统越完善，形成的电子系统壁垒就越难以破除。通过统一技术标准，进一步减少平台系统之间的技术鸿沟；通过统一数据标准，进一步提升数据的结构化水平，为数据共享、交换、协作、开放创造良好的技术条件；通过统一服务标准，进一步提升平台系统之间的业务协同。

（二）推进跨区域资源共享，强化信息互联互通

推进跨区域资源共享，以信息化、智慧化为抓手，着力打造公开透明的营商环境，强化信息资源的互联互通。一方面，加快推动 CA 互认共享，通过建立统一的认证标准和互认机制，助力打破时间地域限制，实现跨平台、跨部门、跨区域 CA 互认，实现资源的高效配置和有效利用，弥补地区资源差异。

另一方面，通过推动远程异地评标常态化，促进优质专家资源共享，实现项目信息、交易主体信用信息、评标评审专家信息等资源的互联共享，提高评标效率和公正性，推动公共资源交易工作全面、快速、协调、健康发展。

（三）强化公共资源交易监管，推动监管创新

随着公共资源交易市场环境的发展与变化，公共资源交易领域相关部门持续调整与改进监管措施，探索新的监管方式。一方面，应当立足智慧监管的目标定位，以新技术、新业态、新模式为驱动，强化信用监管，完善公共资源交易信用信息管理、共享、运用等制度，加强各类市场主体信用信息的公开和应用，实现跨行业、跨部门的

协同信用监管，打造集协同、信用、智慧于一体的监管新场景，为提升公共资源交易行业公平竞争、营造优质市场环境保驾护航。

另一方面，创新招标投标数字化监管方式，推动现场监管向全流程数字监管转变，推动行政监督部门建立数字化执法规则标准，运用非现场、物联感知、掌上移动、穿透式等信息监管手段，提升监管的效能，加强招标文件随机抽查，运用数字化手段进行分析比对，对异常招标文件进行重点审核，利用多元数据为各类主体精准画像，强化覆盖全网的违法违规信息数字化收集和风险处置，推动招标投标电子监督平台，为纪检监察、司法、审计等部门开设监管通道，共同建立立体、开放、协同的数字化监管网络。

四、公共资源交易高质量发展的举措

（一）健全公共资源交易制度体系

1. 完善交易市场运行标准规范

根据《国家标准化发展纲要》，加快推进公共资源交易标准化建设。按照公共资源要素的性质类别和交易方式，分类制定交易规程、服务标准、信息化技术标准和数据规范。通过"排斥潜在投标人检查服务"全面落实公平竞争审查制度和市场准入负面清单制度，实现标前监测、智慧监管，破除招标投标隐性门槛，推动降低市场主体准入成本和交易成本，营造公平、公正、公开的招标投标市场环境。

2. 建立数字见证制度

制定公共资源交易全过程数字见证管理办法，实施项目交易全过程见证记录、见证存证、预警推送等，实现交易、服务、监管全程留痕、行为可溯、责任可究。充分利用区块链、大数据、人工智能等新技术，实行数字见证分类管理、分级预警，建立数字见证与各类监管机构衔接制度，构建见证记录存证、评价预警、线索推送、协同查处、证据移送机制，实现交易全过程见证数据真实、不可篡改和依法存证。

（二）优化公共资源交易服务供给

1. 健全公共资源交易服务体系

加强公共资源交易服务中心公共服务职能定位，不断优化场所（系统）、见证、专家抽取、信息、档案等公共服务和项目交易组织实施等服务。各级公共资源交易中心依法依规开展公共资源交易和终端服务、咨询、宣传等工作，按照2023年版《全国公共资源交易目录指引》，将新增加的草原交易、农村集体持有资产收益权转让、生态保护修复工程余量资源交易、行政事业性国有资产出售出租、供销合作社社有资产交易等纳入交易目录，打通交易服务"最后一公里"。

2. 优化公共服务能力

完善公共资源交易平台综合服务标准，实现各级交易中心服务标准统一，向社会提供标准化交易窗口服务。不断优化办理流程、量化服务指标、完善功能标识，确保各类交易服务统一、规范、高效、廉洁运行，提升市场主体参与满意度。

3. 拓展专业服务领域

开展第三方专业服务监测和评价，提升第三方服务专业化标准化，完善管理制度规则和标准规范，公示公开第三方服务事项清单及其收费项目、收费标准。推进数字证书和电子签章跨地区、跨平台、跨部门通用互认。优化移动端 App，提升办理效率和便捷度。推进公共资源交易平台（系统）市场化运行，以市场方式决定资源的配置，让市场竞争在公共资源交易供给侧发挥优胜劣汰的作用，提升公共资源交易水平和效率。

4. 创新"交易＋金融"服务

优化完善金融服务平台（系统），坚持开放、安全、服务属性，切实为市场主体提供高效便捷的金融服务，进一步利企便民，优化营商环境。推进电子保函（保单）在投标、履约等环节的应用，不断增加保证金、电子保函（保单）等服务金融机构。拓展低成本、高效率、多渠道、全链条公共资源交易金融服务，解决市场主体特别是中小企业融资难、融资贵问题，服务实体经济发展。

（三）挖掘运用交易数据资源价值

1. 加强公共资源交易数据管理

发挥公共资源服务平台数据汇聚的优势，加强对数据采集、存储、传输、处理、交换、确权的综合管理。开展公共资源交易数据治理，逐步丰富各类交易数据指标、扩充数据维度、提升数据质量，探索建立公共资源数据资产管理制度。试点区块链数据存证，梳理上链数据目录、数据分类、数据标签，制定数据存证规范、统一数据格式标准，明确接口认证、关键组件的数据属性定义，推动公共资源交易数据上链管理，数据可溯可查可信可用。

2. 提升交易数据应用效能

加快公共资源智能评标（评审）、数字见证、大数据分析等重要信息系统建设，大力发展智慧交易，推动虚拟交易现场、智能化数字见证、围串标分析等数字化应用场景落地。完善公共资源交易数据统计分析指标体系，探索建立交易效能、服务评价指标体系，开展统计分析、趋势研究、风险预警、市场调控、发展预测、政策评估等深度开发利用，为政府决策、行政监督管理、市场主体提供服务。

3. 强化交易平台数据安全防护能力

根据国家信息安全技术标准，全面构建公共资源交易信息系统和网络安全防护体系，严格落实网络安全等级保护测评、商用密码测评和个人信息保护等制度，全面保障公共资源交易平台运行安全，强化公共资源交易数据安全。围绕强化交易平台网络安全防护能力开展平台运行安全专项排查工作，建立健全平台运行维护管理制度；

加大网络安全防护服务投入，提升运维单位网络安全防护水平和联动应急响应能力。持续完善网络安全管理制度体系，不断完善安全技术和安全管理保障措施，建立身份认证、访问控制、应急响应、异地容灾等机制，保障信息系统、交易数据和个人隐私数据安全。

（中国人民大学公共资源交易研究中心，王丛虎；国泰新点软件股份有限公司，陆建、潘正飞、向越）

政府采购工作报告

2023 年是《中华人民共和国政府采购法》正式施行 20 周年，也是中央深改委审议通过的《深化政府采购制度改革方案》的第 5 年，全国政府采购制度改革持续加快向纵深推进。

一、政府采购规模略有下降，政策功能持续强化

2023 年 12 月 25 日，财政部网站公开发布《2022 年全国政府采购简要情况》，一是在规模方面，2022 年全国政府采购规模为 34993.1 亿元，较上年减少 1405.9 亿元，下降 3.9%，占全国财政支出和 GDP 的比重分别为 9.4% 和 2.9%。其中，货物、工程、服务政府采购规模分别为 9027.5 亿元、15664.1 亿元和 10301.5 亿元，占全国政府采购规模的 25.8%、44.8% 和 29.4%。二是在支持绿色发展方面，2022 年，全国政府采购强制采购、优先采购节能节水产品 520.4 亿元，占同类产品采购规模的 89.7%；优先采购环保产品 847.6 亿元，占同类产品采购规模的 87.1%。三是在支持中小企业发展方面，2022 年，全国政府采购授予中小企业合同金额为 25884.2 亿元，授予中小企业合同总金额占全国政府采购规模的 74.0%。其中，授予小微企业合同金额 15148 亿元，占全国政府采购规模的 43.3%。四是在支持乡村振兴方面，各级预算单位通过脱贫地区农副产品网络销售平台（"832"平台）采购贫困地区农副产品超过 120 亿元，有效带动贫困农户增收，促进乡村产业发展。政府采购的政策功能作用日益凸显，不仅规范和节省了财政支出，更是有力支持了国家各项事业的发展，彰显了强大的社会影响力。

二、政府采购法律制度体系持续健全完善

（一）立足顶层设计积极推动立法

财政部从推进国家治理体系和治理能力现代化的高度，立足顶层设计，积极推动将政府采购法修订纳入全国人大常委会立法规划，2023 年 9 月 7 日，十四届全国人大常委会公布了立法规划，共分三类项目，共计 130 件，其中，政府采购法修改在第二类项目第 29 项，按照人大常委会立法规划要求需要抓紧工作，条件成熟时提请审议。

（二）完善优化绿色采购管理制度

一是三部门联合出台《需求标准》。2023 年 3 月 20 日，财政部、生态环境部、工

业和信息化部三部门联合出台《关于印发〈绿色数据中心政府采购需求标准（试行）〉的通知》（财库〔2023〕7 号），其中要求，数据中心可再生能源使用率到 2032 年要达到 100%；数据中心相关设备和服务应符合相应法律法规和强制性标准的要求；应优先采用国家鼓励的先进技术、工艺、产品和装备。二是三部门联合印发《政府采购支持绿色建材促进建筑品质提升政策项目实施指南》。实施指南要求包括医院、学校、办公楼、综合体、展览馆、会展中心、体育馆、保障性住房等政府采购工程项目（含适用《招标投标法》的政府采购工程项目）在内的纳入政策实施范围的建设工程项目，参照执行实施指南，对项目的可研编制、设计与审查、政府采购、施工、检测、验收、第三方机构（预）评价等相关活动进行全流程规范，主动对照《绿色建筑和绿色建材政府采购需求标准》编写可行性研究报告中绿色建筑和绿色建材专篇等，推进政府采购支持绿色建材促进建筑品质提升政策实施工作。三是三部门联合召开政府采购支持绿色建材促进建筑品质提升政策工作推进会。2023 年 3 月 27 日，财政部、住房城乡建设部、工业和信息化部等三部门联合组织召开政府采购支持绿色建材促进建筑品质提升政策工作推进会，总结前期试点工作经验成效，研究部署扩大政策实施范围相关工作，共同推进政府采购支持绿色建材政策扩围。

（三）发布基础软硬件采购需求标准

2023 年 12 月，财政部与工业和信息化部联合制定的《台式计算机政府采购需求标准（2023 年版)》《便携式计算机政府采购需求标准（2023 年版)》《一体式计算机政府采购需求标准（2023 年版)》《工作站政府采购需求标准（2023 年版)》《通用服务器政府采购需求标准（2023 年版)》《操作系统政府采购需求标准（2023 年版)》《数据库政府采购需求标准（2023 年版)》等 7 项信息类基础软硬件产品政府采购需求标准正式印发实施，旨在提高计算机、服务器等产品政府采购需求管理的科学化、规范化水平，进一步落实政府采购公平竞争原则，优化营商环境，营造良好的产业生态。7 项需求标准通知文件提出对关键部件的安全要求，并给出指标使用说明，采购人应当将需求标准中加 "＊" 的指标纳入采购需求，并作为采购文件中的实质性要求，其中，乡镇以上党政机关，以及乡镇以上党委和政府直属事业单位及部门所属为机关提供支持保障的事业单位在采购服务器、操作系统、数据库、台式机、一体机、工作站时，应当将 CPU、操作系统、数据库符合安全可靠测评要求纳入采购需求，其他单位可不在采购需求中提出此项要求。对于未加 "＊" 的指标，采购人可以根据实际需要自行确定是否纳入采购需求。安全可靠测评结果通过政府有关部门指定的中国信息安全测评中心和国家保密科技测评中心网站查看。上述 7 项需求标准公开发布当日，中国信息安全测评中心和国家保密科技测评中心网站同一时间发布了安全可靠测评结果公告（2023 年第 1 号）。

三、进一步规范政府采购市场秩序，持续优化营商环境

（一）开展妨碍统一市场和公平竞争的政策措施清理工作

为深入贯彻落实党的二十大关于构建全国统一大市场、完善公平竞争市场经济基础制度、破除地方保护和行政性垄断等重要部署，按照《中共中央 国务院关于加快建设全国统一大市场的意见》等有关要求，经国务院同意，2023 年 6 月 28 日，国家市场监管总局、国家发展改革委、财政部、商务部四部门联合印发《关于开展妨碍统一市场和公平竞争的政策措施清理工作的通知》，针对政府采购领域，要求清理违法设定与招标投标、政府采购项目具体特点和实际需要不相适应的资格、技术、商务条件等；排斥或者限制外地经营者参加本地招标投标、政府采购活动，如违法限定供应商所在地、所有制形式、组织形式，或者设定其他不合理的条件以排斥、限制经营者参与招标投标、政府采购活动等妨碍建设全国统一大市场和公平竞争的各种规定和做法。

（二）开展"四类"违法违规行为专项整治工作

为贯彻落实建设全国统一大市场部署及政府采购领域"整顿市场秩序、建设法规体系、促进产业发展"行动方案有关要求，进一步规范政府采购市场秩序，持续优化营商环境，2023 年 11 月 22 日，财政部、公安部、市场监管总局三部门联合印发《关于开展 2023 年政府采购领域"四类"违法违规行为专项整治工作的通知》，通知要求聚焦当前政府采购领域反映突出的采购人设置差别歧视条款、代理机构乱收费、供应商提供虚假材料、供应商围标串标"四类"违法违规行为开展专项整治。重点整治内容包括：采购人倾斜照顾本地企业，以注册地、所有制形式、组织形式、股权结构、投资者国别、经营年限、经营规模、财务指标、产品或服务品牌等不合理条件对供应商实行差别歧视待遇；代理机构违规收费、逾期不退还保证金；供应商提供虚假的检测报告、认证证书、合同业绩、中小企业声明函、制造商授权函等材料谋取中标；供应商成立多家公司围标串标，投标文件相互混装、异常一致，投标报价呈规律性差异，投标保证金从同一账户转出等恶意串通行为。财政部还制定《2023 年政府采购领域专项整治工作指引》和工作底稿范本，供省、市、县三级财政部门、公安部门、市场监管部门参照组织本级政府采购专项整治工作。

（三）推动进一步提高政府采购透明度和采购效率

为方便各类经营主体参与政府采购活动，进一步提高政府采购透明度和采购效率，持续打造市场化、法治化、国际化营商环境，2023 年 12 月 8 日，财政部印发《关于进一步提高政府采购透明度和采购效率相关事项的通知》（财办库〔2023〕243 号），围绕政府采购信息公开、电子化、合同签订、资金支付、融资等方面，提出加大各事项工作力度的具体要求。一是在合同方面，明确政府采购合同的双方当事人不得擅自变

更合同，依法确需变更合同内容的，自变更之日起 2 个工作日内发布公告。二是在项目采购中标或成交结果公开方面，采用最低评标（审）价法的项目，公告中标、成交结果时应当同时公告因落实政府采购政策等原因进行价格扣除后中标、成交供应商的评审报价。采用综合评分法的项目，公告中标、成交结果时应当同时公告中标、成交供应商的评审总得分。三是在采购电子化方面，鼓励利用数据电文形式和电子信息网络开展政府采购活动，除涉密项目外，具备条件的部门和地区，应当推进政府采购项目全流程电子化交易，实现在线公开采购意向、发布采购公告、提供采购文件、提交投标（响应）文件、提交投标（履约）保证金（包括金融机构、担保机构出具的保函、保险等）、签订采购合同、提交发票、支付资金，并逐步完善履约验收、信用评价、用户反馈等功能。四是在合同签订方面，采购人要在中标、成交通知书发出之日起 30 日内与中标、成交供应商签订政府采购合同，因不可抗力原因迟延签订的，应当自不可抗力事由消除之日起 7 日内完成签订。五是在采购资金支付方面，有预付安排的合同，鼓励采购人将合同预付款比例提高到 30% 以上，满足合同约定支付条件的，采购人原则上应当自收到发票后 10 个工作日内将资金支付到合同约定的供应商账户，鼓励采购人完善内部流程，自收到发票后 1 个工作日内完成资金支付事宜。六是在支持采购融资方面，明确省级财政部门以省为单位，积极推进与银行业金融机构共享本省范围内的政府采购信息，支持银行业金融机构以政府采购合同为基础向中标、成交供应商提供融资。要优化完善政府采购融资业务办理，推动银行业金融机构逐步实现供应商在线申请、在线审批、在线提款的全流程电子化运行，为供应商提供快捷高效的融资服务。

四、政府采购执法制度化、标准化、专业化、规范化建设取得新的显著成效

（一）积极推进以案释法工作

财政部高度重视行政执法指导案例工作，积极推进以案释法工作，推动发布新一批具有代表性、引领性和示范性的政府采购行政裁决指导性案例，以进一步统一政府采购行政裁决执法标准。2023 年 12 月 7 日至 8 日，财政部第四批政府采购指导性案例研讨会在浙江省杭州市召开，财政部条法司、国库司、最高人民法院、北京市高级人民法院、北京市第一中级人民法院、中国政法大学以及地方政府采购相关部门共 50 余名代表和专家参会，就第四批政府采购指导性案例逐一进行审查与讨论，提出相关意见建议。31 个省（区、市）、新疆生产建设兵团司法厅（局）和国务院 26 个部门报送了 235 个案例。经专家评审，共有 32 家单位获奖，财政部国库司选送的案例获得一等奖，此次获奖的还有国家市场监管总局、证监会、北京市司法局等单位。相关案例于研讨会后陆续公开发布。此前，财政部自 2017 年以来，已发布 3 批共 32 个政府采购行政裁决指导性案例，极大地推动了政府采购执法标准化建设，并取得了较好的社会效

果。此次第四批政府采购指导性案例也紧扣党中央、国务院关于优化营商环境及推进法治政府建设的决策部署,聚焦政府采购行政裁决的难点、痛点与堵点,围绕政府采购投诉处理风险防控等主题,详细分析政府采购投诉处理法律风险和行政诉讼及行政复议中对政府采购案件的认定等难题,既为市场主体"划红线",提醒了相关参与主体要合规守矩,不断提升知法懂法守法意识,避免在政府采购活动中"钻空子""踩红线",又强化了类案监管理念,引导其跳出就案办案的惯性思维。通过对财政部发布的政府采购行政裁决指导性案例涉及的案情、处理结果、处理理由、处理依据等内容进行全面解析,也帮助相关人员举一反三、更好地领会和理解相关政策要求,提高监管质效。

(二)政府采购行政裁决示范点取得显著成效并继续"扩容"

第一批政府采购行政裁决示范点建设在制度落实上不断求完善,在疏通堵点上不断出实招,取得了显著成效,效果远超预期,并逐步向全国推广,推动开展了第二批政府采购行政裁决示范点建设申报和论证评审工作。2023 年 12 月 19 日,财政部政府采购监督工作研讨会在内蒙古自治区呼和浩特市召开。会议围绕第一批政府采购行政裁决示范点建设进行成果展示并总结经验,同时开展第二批政府采购行政裁决示范点现场申报与征集论证工作。此前,2020 年,财政部会同司法部联合印发了《关于确定第一批政府采购行政裁决示范点的通知》,确定内蒙古自治区财政厅、上海市财政局、深圳市财政局为第一批政府采购行政裁决示范点。通过政府采购行政裁决改革,第一批政府采购行政裁决示范点建设取得了显著成效,推动了现有政府采购行政裁决执法标准进一步健全,促进了政府采购裁决专业化水平提升。会上,财政部国库司对内蒙古自治区、上海市、深圳市等第一批政府采购行政裁决示范点取得的成绩予以充分肯定,司法部行政执法协调监督局介绍了国家层面行政裁决工作的主要内容和重要意义,内蒙古、上海、深圳三省市财政厅(局)分别就政府采购行政裁决示范点推进工作取得的成绩和经验做法进行分享交流。其中,作为会议承办方,内蒙古自治区财政厅就政府采购行政裁决工作开展情况、政府采购行政裁决系统建设应用作了深度分享,并播放了内蒙古行政裁决工作宣传片,全面展示了内蒙古自治区财政厅作为政府采购行政裁决示范点优秀单位,通过精心组织、扎实推进,在工作机制、机构设立、人员配备、创新方式方法四方面破题,政府采购行政裁决示范点建设取得阶段性成果。为进一步发挥行政裁决化解纠纷的"分流阀"作用,继续推动全国行政裁决工作的标准化、规范化发展,财政部还推动开展第二批政府采购行政裁决示范点建设。此次会上,北京、天津、河北、山西、浙江、宁波、四川、云南 8 个省市财政厅(局)在现场申报了第二批政府采购行政裁决示范点,来自财政部条法司、司法部行政执法协调监督局、中国政法大学等单位的专家进行了现场评议论证,以确定第二批政府采购行政裁决示范点试点名单。

(广西壮族自治区财政厅政府采购监督管理处,韦素梅)

工程招投标发展报告

一、宏观经济相关情况

随着法律制度的完善、各方主体的认识加深、各类实践应用的普及，招标投标作为中国特色社会主义市场经济体系的重要资源配置方式逐步成为共识。国家宏观环境、固定资产投资规模、国家经济发展速度与前景、国内营商环境素质等因素对于更好地理解招标投标行业发展的特征与趋势具有重要意义。

经初步核算，2023 年国内生产总值（GDP）1260582 亿元，按不变价格计算同比增长 5.2%，经济保持恢复向好态势。三次产业稳步增长，生产形势恢复良好。消费"主引擎"作用显著，内需潜力持续释放。高技术行业增势良好，高质量发展持续推进。全社会固定资产投资（不含农户）503036 亿元，同比增长 3.0%。从前三个季度数据看，扣除房地产开发投资，全国项目投资同比增长 7.4%。总的来看，2023 年我国经济运行持续恢复向好，转型升级稳步推进。（资料来源：国家统计局网站）

虽然"十四五"期间，中国工程建设市场将从中速增长期进入中低速发展期，但中国仍拥有全球最大的建设规模，具有较大的发展空间。未来几年我国经济发展的韧性、活力和潜力仍然存在，宏观经济在以下几个方面可能会呈现变化趋势，将较为深刻地影响招投标行业的发展。

一是继续加快建设统一大市场所带来的影响。

2022 年，《中共中央 国务院关于加快建设全国统一大市场的意见》出台。这部高级别的有关全国大市场的形成与完善的规范性文件，充分体现了我国要发挥超大规模市场优势和内需潜力、构建国内国际双循环相互促进的新发展格局的决心和信心。可以预见，未来一段时间我国将会加快全国统一大市场的各项制度建设和市场秩序的治理工作。招投标活动作为市场化配置要素的重要方式，在未来会存在更大的市场空间和业务空间，同时也将向着规则统一、充分竞争、公开透明不断发展。

二是固定资产投资规模持续扩大。

2023 年以来，国家出台多项政策着力破除市场不合理限制及壁垒，降低企业成本，优化营商环境，大力支持民营经济发展。制造业投资增速连续加快，高技术产业投资增势良好，民间投资降幅收窄，基础设施等重点领域补短板投资较快增长，"十四五"规划多项重大工程及其他经济社会重大项目建设投资带动作用明显，这将进一步增加招投标市场规模。

二、2023 年工程建设招标投标交易范围及规模

《招标投标法》明确规定了要对大型基础设施、公用事业等关系社会公共利益和公众安全的项目、全部或者部分使用国有资金投资或者国家融资的项目、使用国际组织或者外国政府贷款和援助资金的项目必须进行招投标，这使得招标投标方式在我国工程建设领域得到了广泛实践和深度探索。工程建设招投标交易规模在公共资源交易领域持续处于领先地位，是公共资源交易的重要组成部分。

从交易量上看，截至 2023 年年底，全国 2023 年的工程建设交易量为 332380 宗。

另外，2023 年 2 月至 12 月，我国工程建设交易量先逐步上升，再趋于平缓，如图 1 所示。一方面与年后交易量逐步增大有关，另一方面也反映出我国经济在疫情后的复苏状态，其中 6 月是全年交易的高峰，共有 38527 宗交易。

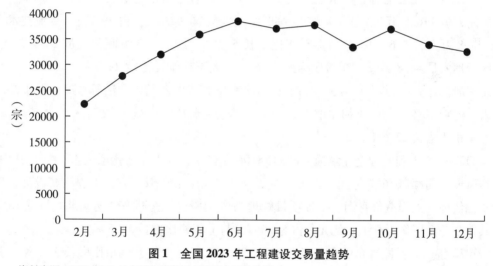

图 1 　全国 2023 年工程建设交易量趋势

资料来源：2023 年 12 月全国公共资源交易平台网站数据。

根据《中华人民共和国招标投标法实施条例》（以下简称《招标投标法实施条例》）规定，工程建设包括工程建设项目本身以及与工程建设项目相关的货物、服务等。其中服务包括完成工程建设项目所需的勘察、设计、监理等各种服务。据住建部发布的统计年报数据，我国 2022 年招投标监理、造价咨询、勘察设计企业业务情况如下。

（一）监理企业

2022 年，全国共有 16270 个建设工程监理企业参加了统计，与上年相比增长31.1%。其中，综合资质企业 293 个，增长 3.5%；甲级资质企业 5149 个，增长5.6%；乙级资质企业 9662 个，增长 63.4%；丙级资质企业 1165 个，减少 12.7%；事务所资质企业 1 个，无增减。全国建设工程监理企业按地区分布情况如表 1 所示。

表1 全国建设工程监理企业按地区分布情况

地区名称	北京	天津	河北	山西	内蒙古	辽宁	吉林	黑龙江
企业个数	411	152	532	317	106	317	274	184
地区名称	上海	江苏	浙江	安徽	福建	江西	山东	河南
企业个数	273	1307	1440	1356	1466	515	897	558
地区名称	湖北	湖南	广东	广西	海南	重庆	四川	贵州
企业个数	577	452	1184	392	110	375	730	262
地区名称	云南	西藏	陕西	甘肃	青海	宁夏	新疆及兵团	
企业个数	378	97	869	249	203	117	170	

2022年，工程监理企业从业人员193.1万人，与上年相比增长15.7%。其中，正式聘用人员116.5万人，占60.3%；临时聘用人员76.6万人，占39.7%。专业技术人员117.8万人，占61.0%，与上年相比增长5.7%。其中，高级职称人员20.9万人，中级职称人员48.8万人，初级职称人员26.1万人，其他人员22.0万人。

注册执业人员为60.0万人，与上年相比增长17.7%。其中，注册监理工程师28.8万人，占48.0%，与上年相比增长12.7%；其他注册执业人员31.2万人，占52.0%，与上年相比增长22.6%。

2022年，工程监理企业承揽合同额18108.3亿元，与上年相比增长45.0%。其中，工程监理合同额2056.7亿元，占11.4%，与上年相比减少2.3%；工程勘察设计、工程招标代理、工程造价咨询、工程项目管理与咨询服务、全过程工程咨询、工程施工及其他业务合同额16051.6亿元，占88.6%，与上年相比增长54.5%。

2022年，工程监理企业全年营业收入12809.6亿元，与上年相比增长35.2%。其中，工程监理收入1677.5亿元，占13.1%，与上年相比减少2.5%；工程勘察设计、工程招标代理、工程造价咨询、工程项目管理与咨询服务、全过程工程咨询、工程施工及其他业务收入11132.1亿元，占86.9%，与上年相比增长43.6%。其中，40个企业工程监理收入超过3亿元，97个企业工程监理收入超过2亿元，288个企业工程监理收入超过1亿元，工程监理收入超过1亿元的企业个数与上年相比减少2.4%。

（二）造价咨询企业

2022年，开展工程造价咨询业务的企业共有从业人员1144875人。其中，工程造价咨询人员310224人，占比27.1%。共有注册造价工程师147597人，占全部从业人员的12.9%。其中，一级注册造价工程师116960人，占比79.2%；二级注册造价工程师30637人，占比20.8%。共有专业技术人员701514人，占全部从业人员的61.3%。其中，高级职称人员189433人，占比27.0%；中级职称人员323746人，占比46.1%；

初级职称人员 188335 人，占比 26.9%。新吸纳就业人员 68981 人，占全部从业人员的 6.0%。其中，应届高校毕业生 32267 人，占比 46.8%；退役军人 732 人，占比 1.1%；农民工 3004 人，占比 4.3%；脱贫人口 424 人，占比 0.6%；其他 32554 人，占比 47.2%。

2022 年，开展工程造价咨询业务的企业营业收入合计 15298.17 亿元。其中，工程造价咨询业务收入 1144.98 亿元，占比 7.5%；招标代理业务收入 326.10 亿元，占比 2.1%；项目管理业务收入 623.23 亿元，占比 4.1%；工程咨询业务收入 236.51 亿元，占比 1.5%；工程监理业务收入 858.12 亿元，占比 5.6%；勘察设计业务收入 2373.89 亿元，占比 15.5%；全过程工程咨询业务收入 200.45 亿元，占比 1.3%；会计审计业务收入 8.43 亿元，占比 0.1%；银行金融业务收入 3816.18 亿元，占比 24.9%；其他类型业务收入 5710.28 亿元，占比 37.4%。

2022 年，开展工程造价咨询业务的企业实现营业利润 2257.39 亿元，应交所得税合计 465.96 亿元。

（三）勘察设计

2022 年，全国共有 27611 个工程勘察设计企业参加了统计。其中，工程勘察企业 2885 个，占 10.4%；工程设计企业 24726 个，占 89.6%。

2022 年，工程勘察设计企业从业人员 488 万人。其中，从事勘察的人员 16.2 万人，与上年相比减少 1.0%；从事设计的人员 108.6 万人，与上年相比减少 0.5%。专业技术人员 235.5 万人。其中，具有高级职称人员 53.4 万人，与上年相比增长 7.1%；具有中级职称人员 84.5 万人，与上年相比增长 4.7%。

2022 年，勘察设计企业工程勘察新签合同额合计 1489.6 亿元，与上年相比增长 5.6%。工程设计新签合同额合计 7277.6 亿元，与上年相比减少 0.9%。其中，房屋建筑工程设计新签合同额 2142.7 亿元，市政工程设计新签合同额 1078.6 亿元。工程总承包新签合同额合计 65780.7 亿元，与上年相比增长 13.6%。其中，房屋建筑工程总承包新签合同额 25575.5 亿元，市政工程总承包新签合同额 8266.9 亿元。其他工程咨询业务新签合同额合计 1354.5 亿元，与上年相比增长 5.1%。

2022 年，勘察设计企业营业收入总计 89148.3 亿元，净利润 2794.3 亿元。其中，工程勘察收入 1077.7 亿元，与上年相比减少 2.3%；工程设计收入 5629.3 亿元，与上年相比减少 2.0%；工程总承包收入 45077.6 亿元，与上年相比增长 12.6%；其他工程咨询业务收入 1014.5 亿元，与上年相比增长 5.2%。

2022 年，工程勘察设计企业科技活动费用支出总额为 2594.2 亿元，与上年相比增长 2.1%；企业累计拥有专利 47.3 万项，与上年相比增长 23.8%；企业累计拥有专有技术 8.6 万项，与上年相比增长 13.2%。

三、2023 年工程建设招标投标大事记

1 月 6 日

国家发展改革委、工业和信息化部、住房城乡建设部、交通运输部、水利部等十三部门联合印发《关于完善招标投标交易担保制度进一步降低招标投标交易成本的通知》。该通知要求严格规范招标投标交易担保行为，全面推广保函（保险），规范保证金收取和退还，清理历史沉淀保证金，鼓励减免政府投资项目投标保证金和实行差异化缴纳保证金，加快完善招标投标担保服务体系。

2 月 17 日

国务院安委会办公室、住房城乡建设部等八部门联合发布《关于进一步加强隧道工程安全管理的指导意见》，该意见提出要建立合理工期和造价保障机制。指导建设单位依法改进评标方法，严格限定最低投标价法的适用范围，合理界定成本价格，解决低质低价中标带来的安全生产投入不足的问题。

5 月 5 日

交通运输部安全与质量监督管理司发布《公路水运工程质量检测信用评价办法（征求意见稿）》。该办法共 5 章 33 条，对公路水运建设工程质量检测信用评价工作相关事项进行规定，其中涉及检测机构信用评价、检测人员信用评价、信用评价管理等。

5 月 31 日

国家发展改革委、工业和信息化部、财政部、中国人民银行四部门联合印发了《关于做好 2023 年降成本重点工作的通知》，明确积极推动《招标投标法》和《政府采购法》修订，健全招标投标和政府采购交易规则，进一步规范政府采购行为，着力破除对不同所有制企业、外地企业设置的不合理限制和壁垒。

7 月 14 日

国家发展改革委发布《关于进一步抓好抓实促进民间投资工作努力调动民间投资积极性的通知》。该通知指出国家发展改革委将依托全国投资项目在线审批监管平台，建立民间投资问题反映专栏，收集民间投资遇到的以罚代管、市场准入隐性壁垒、招投标不公正待遇、前期手续办理进展缓慢等重点问题线索。

8 月 5 日

国家发展改革委发布《关于完善政府诚信履约机制优化民营经济发展环境的通知》，要求各省级社会信用体系建设牵头部门畅通政府采购、招标投标等领域政府违约失信的投诉渠道。

9 月 5 日

住房城乡建设部发布《住房城乡建设部关于修改〈建筑工程施工发包与承包计价管理办法〉的决定（征求意见稿）》，对《建筑工程施工发包与承包计价管理办法》部分条款作出修改，主要修改或新增内容包括：新增"施工过程结算"相关内容、新增

"严禁拖欠工程款"相关内容、强化投标人责任、新增应当约定"人材机"风险幅度、加大工程造价咨询企业处罚力度、推进全过程工程咨询服务。

9月19日

工业和信息化部、国家发展改革委、国务院国资委发布《工业和信息化部 国家发展改革委 国务院国资委关于支持首台（套）重大技术装备平等参与企业招标投标活动的指导意见》，从规范招标要求、明确评标原则、加强监督检查三个方面提出10条意见。

10月29日

国家发展改革委办公厅发布《关于规范招标投标领域信用评价应用的通知》。该通知要求各地方不得以信用评价、信用评分等方式变相设立招标投标交易壁垒，不得对各类经营主体区别对待，不得将特定行政区域业绩、设立本地分支机构、本地缴纳税收社保等作为信用评价加分事项。

11月3日

最高人民检察院发布《检察机关依法惩治串通招投标犯罪典型案例》。该批案例揭露常见串通招投标犯罪类型，旨在警示教育招投标市场主体，预防招投标领域犯罪发生。该批典型案例共5件，其中4件涉及工程建设领域，4起串标案共涉及59人，涉案金额超82亿元。

12月12日

国家发展改革委会同国务院有关部门和地方研究起草了《招标投标领域公平竞争审查规则（公开征求意见稿）》，明确政策制定机关履行公平竞争审查职责，确定专门机构负责招标投标政策措施公平竞争审查工作。

注：以上日期为文件的发布或成文日期。

四、工程建设招标投标专项治理取得的成绩

2023年7月，国家发展改革委、工业和信息化部、住房城乡建设部等十一部门联合印发通知，部署开展工程建设招标投标领域突出问题专项治理分类采取行政处罚、督促整改、通报案例等措施，集中解决一批民营企业反应比较强烈的地方保护、所有制歧视等问题，各地方各部门围绕招投标领域的突出问题扎实开展治理工作，取得了一系列积极的进展与成效。

（一）在重点问题治理方面

各个地方以零容忍的态度，紧盯责任落实、机制运行、作风纪律等关键环节，全链条查处工程建设招投标领域突出问题，坚决打击招投标违法违规行为。各地方依照指示，对于存在所有制歧视、地方保护的项目，责令招标人进行改正，对于违法从事招标投标活动的行为坚决进行打击，依法从严从重处罚并通报曝光一系列影响恶劣的

案件，形成一批典型案例，向全社会释放了执法必严的强烈信号。

（二）在制度规则清理规范方面

在专项治理期间，各地对本地区地方性法规、地方政府规章、规范性文件及其他政策文件进行全面自查，清理规范了一批招投标相关法规规章和规范性文件。同时《国家发展改革委办公厅关于规范招标投标领域信用评价应用的通知》（发改办财金〔2023〕860号），明确督促各地方废除通过信用分设置交易利润的做法。部分地方按照应检尽检的原则，推动县区级不再保留、不再新制定招标投标制度规则文件，进一步建立健全长效机制。

（三）在监管创新方面

为减少人为干预专家评标，河北省通过推行隐匿招标人信息的暗标评审，有效限缩了专家的自由裁量空间。为规范中心服务标准与专家评标行为，湖南省出台了《公共资源交易平台数字见证管理规范》与《公共资源交易电子评标（审）服务规范》，构建电子化、网络化时代公共资源交易标准体系。为破解围标串标难题，安徽芜湖、湖北襄阳等地利用大数据、人工智能等技术智能预警，并生成串通投标线索的分析报告，加快建立全流程线上智能化监管机制。

该次专项整治是优化营商环境与加快建设全国统一大市场的又一重要举措，进一步为持续推进招标投标改革创新做出了积极的贡献。

五、我国工程建设招标投标发展趋势

（一）完善工程建设招标投标法律体系，推动流程规范标准

经过几十年的探索实践，我国工程招投标市场环境越发成熟，目前，我国各行业领域仅仅根据《招标投标法》与《招标投标法实施条例》对招投标行为进行监督和约束，但一方面其规定的制度内容并没有涵盖招投标的具体操作层面，对于围标、串标等问题缺少强制性标准，难以有效约束；另一方面，由于我国的特殊国情，《招标投标法》与《政府采购法》共同指导国内招标采购活动，这二者都是我国招标采购的基本法，但在许多方面存在交叉与矛盾，限制了政府投资的工程项目招标投标活动稳定开展。在2023年5月发布的《国家发展改革委等部门关于做好2023年降成本重点工作的通知》（发改运行〔2023〕645号）中，明确提出了要积极推动《招标投标法》和《政府采购法》修订，健全招标投标和政府采购交易规则，进一步规范政府采购行为，着力破除对不同所有制企业、外地企业设置的不合理限制和壁垒。各行业主管部门对于工程建设招标投标领域的相关问题也越来越重视，制定了各自领域的招投标政策，明确了各自行业招投标活动的程序和规程。以标准化建设促进工程招投标业务管理流程规范化、促进资源配置效率提升。

（二）互联网数字信息技术应用赋能行业高质量发展

目前，随着全国统一大市场的建设、营商环境的不断优化，招投标市场总体上处于快速上升发展时期，但其在快速发展的同时也面临着诸如效率与效益难以兼顾、跨区域共享推进缓慢等问题。这要求行业不断借助科技创新的力量将5G、人工智能、区块链、云计算、大数据、移动互联、物联网等新一代信息技术与工程招投标相融合，为工程招投标向高级阶段发展注入新动力，提升交易品质、改善交易环境。5G打破空间局限，避免"专家多熟面孔""围标串标"等情况，实现了各类资源共享；人工智能打造了多种智能应用场景，实现了质效双优；区块链解决信息共享阻隔、企业业绩造假、交易过程查证难等痛点，保障了交易价值；云计算在保证系统流畅前提下降低建设维护成本，加强了信息处理能力；大数据减少了数据应用水平低、利用率低、监管被动等资源浪费情况，提升了交易服务质量与监管水平；移动互联克服现实场地限制，实现跨区域合作，打破了交易的时空限制；物联网改变设备、场地分散、管理效率低下的局面，打造了交易服务新场景，推动工程招投标从"赋能"进入"赋智"新阶段。同时，更高的目标也进一步对技术创新提出了更高的要求，进而推动数字信息技术更进一步发展，由此一个可持续的正向循环也将逐步建立。可以预见，招投标行业将迎来更好的发展前景。

（三）强化分析应用支撑领导决策

工程建设招标投标一方面作为公共资源交易的一部分，交易量与交易规模庞大、涉及主体多，其活动过程会沉淀海量的数据信息；另一方面，工程建设项目涵盖重大项目投资、民间投资等多方经济主体，可反映我国投资领域的未来信号。例如，国家发展改革委提出了重大项目之后，其落地实施都在地方进行，在此过程中，项目的立项审批、核准、招标投标，到最后的竣工验收整个环节，通过计算企业交易竞争力指数、不同资质企业中标数量和金额分布、不同资质企业市场占有率等，将其分别与主要经济指标进行关联分析，对于当地未来的投资方向，乃至经济发展趋势都会提供较好的支撑。

（国泰新点软件股份有限公司，陆建、蔡勃、马莹莹）

数字化采购发展报告

当前，企业数字化采购正逐步形成以用户需求为中心，组织协同、共享融合、生态智能为特征的数字供应链新模式和新业态。

我国数字化采购市场发展动力充足，2022 年全国企业采购规模超过 173 万亿元，电子商务采购总额为 14.32 万亿元，同比增长 13.7%，占全国企业采购总额的比重为 8.26%。2022 年央企上网采购率为 89%，比 2021 年提升 9%，其中超四成的国有企业数字化采购率已经超过 50%，国企引领供应链各环节企业参与数字化创新变革的发展态势初步形成。

一、数字供应链的"四化"转变

2022 年习近平总书记指出，"发展数字经济意义重大，是把握新一轮科技革命和产业变革新机遇的战略选择""要把握数字化、网络化、智能化方向，推动制造业、服务业、农业等产业数字化，利用互联网新技术对传统产业进行全方位、全链条的改造，提高全要素生产率，发挥数字技术对经济发展的放大、叠加、倍增作用"。2023 年 5 月 5 日，习近平总书记主持召开二十届中央财经委员会第一次会议时指出，要把握人工智能等新科技革命浪潮，推进产业智能化、绿色化、融合化，建设具有完整性、先进性、安全性的现代化产业体系。数字经济的发展事关国家发展大局，因此数字供应链的三大趋势（智能化、绿色化和融合化）明显增强。如图 1 所示。

（一）智能化：追求"可预测的数智供应链"

供应链发展过程可分为四个阶段（见图 2），第一阶段是企业内集成协作，跨部门之间的协同与可视化；第二阶段是供应链内外互联互通，供应链中所有参与者相互连通和可见；第三阶段是需求拉动的数字供应链，以用户需求拉动供应链各个节点智能反馈和运行；第四阶段是可预测的数智供应链，可智能感知和预测用户需求，智能调度和整合供应链内外资源，达成生态智能。

（二）绿色化：探索全环节绿色低碳供应链体系

构建绿色供应链体系、推动供应链绿色升级是发展绿色经济、实现绿色转型的重要任务。为此，核心企业发挥带头作用，打造绿色生产、绿色采购、绿色销售、绿色

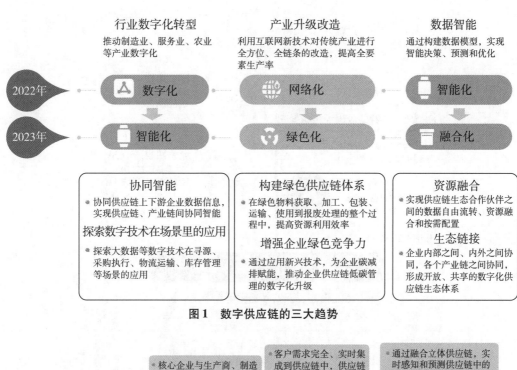

图 1　数字供应链的三大趋势

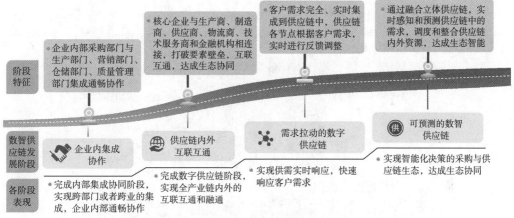

图 2　数字供应链的四个发展阶段

运输等全过程、全环节的绿色供应链体系。目前我国在绿色供应链发展方面遇到的最大挑战是缺乏绿色标准支撑，包括绿色供应商标准、降碳标准和绿色产品标准等。如图 3 所示。

（三）融合化：从关注部分环节、部分参与者转向关注全链条、生态化

数字供应链从传统线性供应链转向网络、平面式供应链，最终转向融合、立体式供应链。传统线性供应链只关注各个环节，如寻源、采购执行等，各个环节和各个参与者如生产商、核心企业、用户之间都是孤立的，存在信息误差，导致供需不匹配；网络、平面式供应链以采购部门为核心，连接了生产、运营、质量部门，实现企业内部资源整合和内部协作，信息和数据的在线连接；而融合、立体式供应链以用户需求

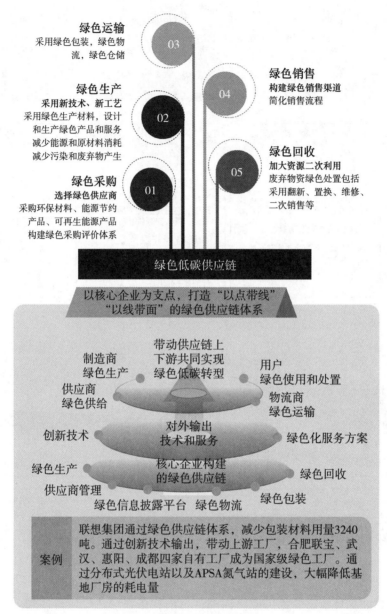

图3　绿色低碳供应链体系

驱动，整合供应链内外各个环节以及产业链内外各个参与者，形成全链条和生态化供应链，实现内外组织高效协同、供需高效匹配。如图4所示。

（四）合规化：强化管理，保障数字供应链向协同化、智能化转型

国资委加快开展国有企业对标世界一流企业行动，而合规发展是国企建设世界一流企业的重要基础，运用数字化技术是促进国企采购合规最重要的举措。通过实现供应链智能化、端到端的全程可视，企业才可以实时识别、评估和监控供应链风险，并

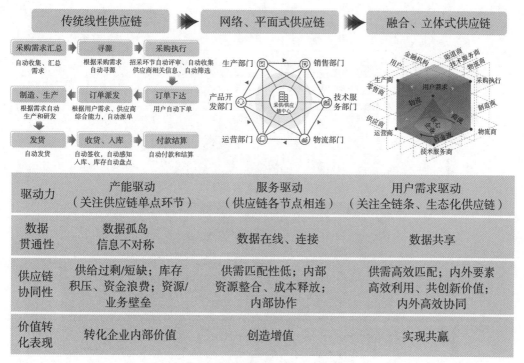

图4 供应链融合的三个里程碑

对风险及时预警和干预。据亿邦智库调研，超四成国企采用自研系统或使用现有 ERP 系统来进行合规管理，超三成国企将大数据、云计算等数字技术应用于合规管理当中。通过数字化技术，国企能够使所有合规流程线上化、可追溯，使合规管理更加透明化；通过智能化技术，可以动态实时监测并智能预警风险点，使合规管理更加智能化。如图5所示。

二、数字化采购的多场景应用

（一）2022 年全国企业采购规模超 173 万亿元

根据亿邦智库测算，涵盖工业生产、建筑业生产、零售批发业在内，2022 年全国企业采购规模超 173 万亿元，与上年基本持平。得益于大宗商品价格上涨和我国制造业升级转型，2022 年我国工业生产采购额维持增长，达 103.78 万亿元，同比增长 3.62%；虽然房地产投资下滑，但建筑业采购额在国家大力推进基础设施建设的背景下仍然保持增长，达 9.36 万亿元，同比增长 6.48%；受疫情影响，消费行业走弱，行业预期保守，去库存导致零售商品总采购额下降，2022 年零售商品总采购额 60.29 万亿元，同比下降 7.43%。如图6所示。

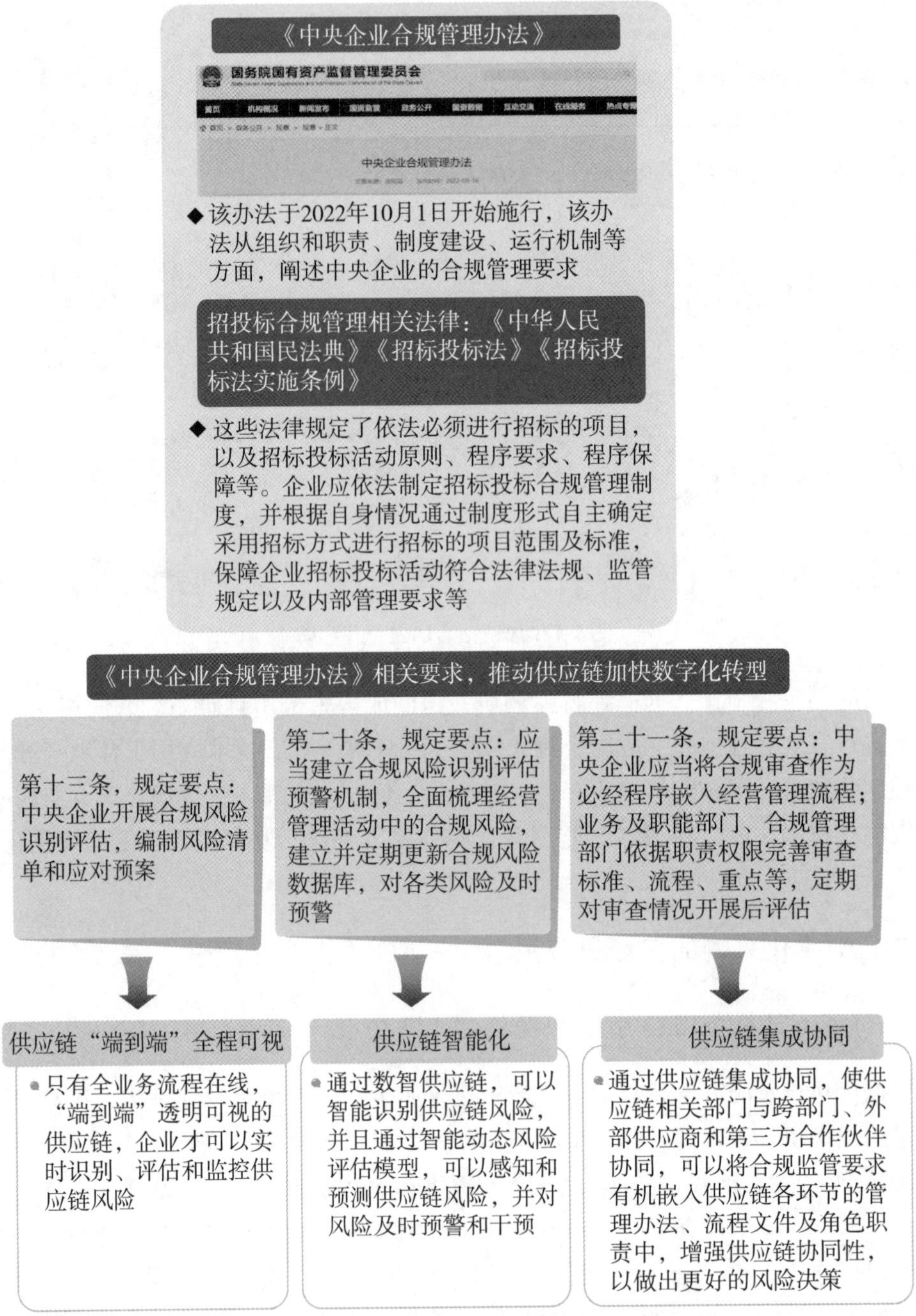

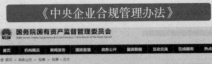

《中央企业合规管理办法》
国务院国有资产监督管理委员会
中央企业合规管理办法
◆该办法于2022年10月1日开始施行，该办法从组织和职责、制度建设、运行机制等方面，阐述中央企业的合规管理要求
招投标合规管理相关法律：《中华人民共和国民法典》《招标投标法》《招标投标法实施条例》
◆这些法律规定了依法必须进行招标的项目，以及招标投标活动原则、程序要求、程序保障等。企业应依法制定招标投标合规管理制度，并根据自身情况通过制度形式自主确定采用招标方式进行招标的项目范围及标准，保障企业招标投标活动符合法律法规、监管规定以及内部管理要求等
《中央企业合规管理办法》相关要求，推动供应链加快数字化转型
第十三条，规定要点：中央企业开展合规风险识别评估，编制风险清单和应对预案
第二十条，规定要点：应当建立合规风险识别评估预警机制，全面梳理经营管理活动中的合规风险，建立并定期更新合规风险数据库，对各类风险及时预警
第二十一条，规定要点：中央企业应当将合规审查作为必经程序嵌入经营管理流程；业务及职能部门、合规管理部门依据职责权限完善审查标准、流程、重点等，定期对审查情况开展后评估
供应链“端到端”全程可视
只有全业务流程在线，“端到端”透明可视的供应链，企业才可以实时识别、评估和监控供应链风险
供应链智能化
通过数智供应链，可以智能识别供应链风险，并且通过智能动态风险评估模型，可以感知和预测供应链风险，并对风险及时预警和干预
供应链集成协同
通过供应链集成协同，使供应链相关部门与跨部门、外部供应商和第三方合作伙伴协同，可以将合规监管要求有机嵌入供应链各环节的管理办法、流程文件及角色职责中，增强供应链协同性，以做出更好的风险决策

图5　供应链的合规化要求

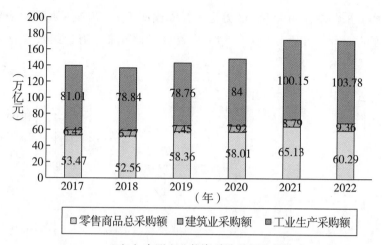

（a）全国企业物资采购总额及其构成

资料来源：亿邦智库根据国家统计局、上市公司数据整理测算。

注：将 MRO 和生产物资采购总和近似为企业生产过程中所采购的商品总额；零售商品采购额按商品从工厂—批发商—零售商两次流通进行测算。

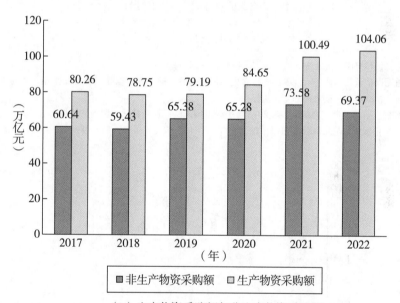

（b）生产物资采购额与非生产物资采购额

资料来源：亿邦智库根据国家统计局、上市公司数据、抽样调研数据整理测算。

注：将 MRO 和生产物资采购总和近似为生产类型企业（工业及建筑业企业）经营过程中所采购的商品总额，由此估算得出生产物资采购额。

图 6 2017—2022 年全国企业采购规模

（二）2022 年我国数字化采购渗透率增长至 8.26%

根据亿邦智库估算，2022 年外部环境压力使企业经营对供应体系的成本和效率提出了更高的要求，以采购为入口进行供应链管理数字化升级已经成为产业惯性。2022

年我国电子商务采购总额约为 14.32 万亿元，同比增长 13.70%，数字化采购渗透率从 7.24% 上升至 8.26%，比上年提升了约 1 个百分点，带来了万亿级数字化采购市场增长空间。如图 7 所示。

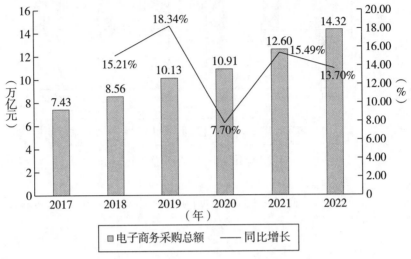

（a）我国数字化采购总额及增长率

资料来源：亿邦智库、国家统计局、上市公司数据整理测算。

本报告测算以企业数字化采购订单在线作为数字化采购的基础特征，据此亿邦智库采用"企业电子商务采购额"作为测算我国数字化采购总额的基本指标；

2022 年数据以上年数据为基础，参考 2022 年国企上网采购率及其变化，调整估计得出；

2021 年数据依据统计局实际公布数据，较《2022 数字化采购发展报告》略有调整。

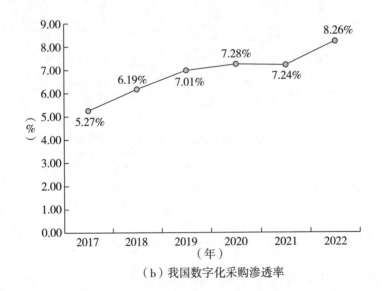

（b）我国数字化采购渗透率

资料来源：亿邦智库整理测算。

注：数字化采购渗透率指的是我国数字化采购总额占我国企业采购总额的比例。

图 7　我国数字化采购总额及渗透率

（三）2022年MRO工业品采购额上涨至9.08万亿元

2022年随着经济增长，MRO产品采购额继续上涨，并且大宗商品价格上涨推动工业品价格上浮，经亿邦智库测算，2022年非生产物资中MRO工业品采购额9.08万亿元，同比上涨7.46%。通过调研发现，近三成国企表示MRO工业品数字化采购渗透率超过50%，国企成为MRO工业品数字化采购的主要推动方，为整个数字化采购市场带来更多机遇，并带动其他企业推动MRO工业品数字化采购。如图8所示。

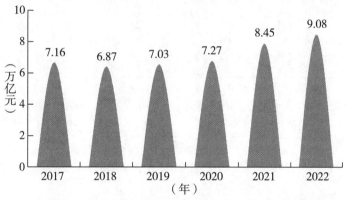

（a）2017—2022年非生产物资中MRO工业品采购额

资料来源：国家统计局、亿邦智库调研整理测算。

注：根据调研工业中MRO采购额约占总收入的5%，建筑业中MRO采购额约占总收入的7%，相较于工业和建筑业，零售及批发业的MRO采购额极小，因此将工业和建筑业的MRO采购额近似为MRO采购额总额。

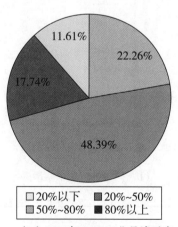

（b）2022年MRO工业品渗透率

资料来源：亿邦智库据抽样调研。

图8　MRO工业品采购额及渗透率

（四）2022年超四成国企数字化采购渗透率超过50%

据国资委相关数据，中央企业已经在供应链数字化方面取得较好成效。2022年，央企集中采购率、公开采购率、上网采购率和电子招标率相较 2016 年均有显著提高，多数指标提升比例超过 20%。国企已经成为数字化采购火车头，超四成国企表示数字化采购渗透率超过 50%，较 2021 年有显著提高。如图 9 所示。

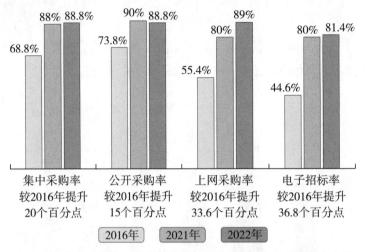

（a）央企集中采购率、公开采购率、上网采购率和电子招标率表现

资料来源：国务院国资委。

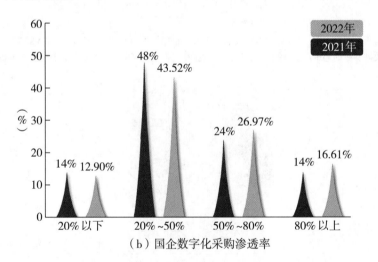

（b）国企数字化采购渗透率

数据说明：据亿邦智库抽样调研，2022 年约 27% 的国企选择数字化采购渗透率在 50%~80%；约 16% 的国企选择数字化采购渗透率在 80% 以上；

数字化采购渗透率指的是企业数字化采购总额占采购总额比重。

图 9　国企供应链数字化成就

（五）2022 年营销品等数字化采购渗透率增长 21.16 个百分点

2022 年国企采购中非生产物资类数字化采购渗透率增长较快，其中营销品、礼品、福利产品和 MRO 工业品是主要的增长贡献品类。在 MRO 工业品的所有类型增长中，实验器材、修理工具、工控设备及部件的数字化采购额增长较为迅速，办公用品中办公设备、计算机及周边的数字化采购金额增速最快，其中办公设备的数字化采购增速超过70%，仍有持续上涨趋势。如图10所示。

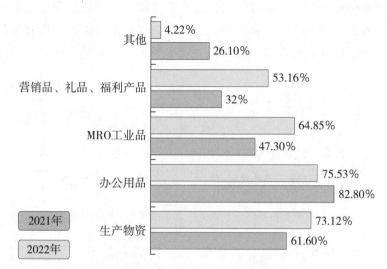

（a）国企物资类数字化采购渗透率

资料来源：亿邦智库调研；调研对象：国企。

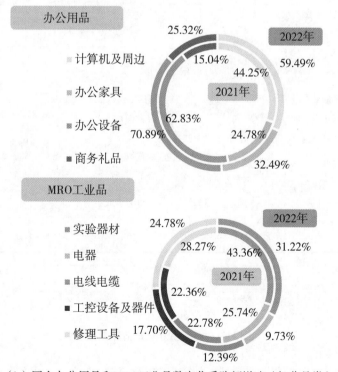

（b）国企办公用品和MRO工业品数字化采购额增速（细分品类）

图10　数字化采购渗透率及数字化采购的品类分布

（六）供应链数字化多点多维降本增效

供应链数字化转型最显著的成效就是降本，而供应链成本不仅包括显性的采购成本，使采购商品价格降低、采购时间缩短，还包括隐性的供应链管理成本和供应链运营成本等。通过供应链全链路数智化手段，可以更规范地管理供应商和商品，精简供应链流程，减少供应链执行人员，降低人力成本等相关供应链管理和运营成本。如图11所示。

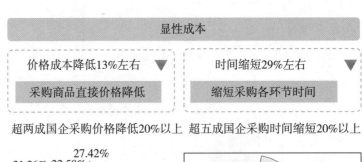

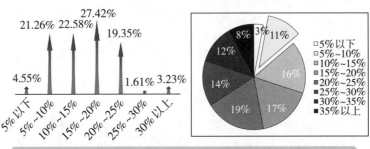

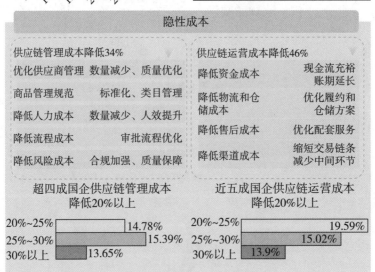

图11 供应链数字化的降本效果

资料来源：亿邦智库调研；调研对象：国企。

数据说明：与传统采购方式相比，通过数字化方式的供应链降本增效。

（七）数字化变革实现价值创造

目前供应链发展不仅以降本增效为目标，还需要通过数字化变革推进产业变革，实现价值创造。亿邦智库总结供应链价值创造主要表现在四个方面，一是通过集约化方式，整合全产业链资源并重新配置，提升要素配置效率，创造规模效益，助力产业链企业做强做大；二是核心企业开放其资源对外服务，形成新模式新业态，实现价值转化；三是数据逐渐成为企业资产，积累数据资产，释放数据要素价值；四是企业建设绿色供应链，实现绿色收益。如图 12 所示。

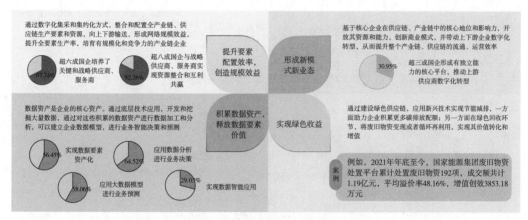

图 12　数字化变革四大价值创造

资料来源：亿邦智库调研；调研对象：国企。

三、数字供应链转型与创新

（一）数字供应链转型成为必然

根据《企业采购供应链数字化成熟度模型》团体标准，企业供应链数字化转型路径主要分为战略、行动和成效三个递进层面。首先，企业要有数字供应链转型意识和目标，制定完善的数字供应链转型规划和保障机制，包括组织和资源保障；其次，重要的是行动，应用数字技术，深化数据支撑，提升数字化能力，实施数字化转型；最后，展现数字化转型成效，包括供应链数字化效能以及业务模式的数字化变革，进而判定企业供应链数字化转型的水平和程度。如图 13 所示。

（二）供应链数字化转型成为战略意识

企业供应链数字化转型的关键在于数字化变革意识。据调研，超八成国企认为是有较强的数字供应链转型意识以及完善的战略目标和规划，其次是大型民营企业，中小企业数字供应链转型意识相对较弱。如图 14 所示。

战略	行动	成效

战略规划
明确企业数字化战略目标，规划企业数字化转型路径和方向

技术与数字化业务场景应用行动

数字技术使用加速
充分借助大数据、人工智能等数字技术对供应链改造升级

数字技术加快应用
了解业务场景需求，使新兴技术与业务场景融合，实现数智供应链

供应链数字化效能
全业务在线率、业务操作自动化程度、集成协同化程度、决策智能化程度等

业务模式数字化变革

战略保障
资源与机制保障
企业建立完善的数字化转型保障机制，包括建立相关数字化转型专责部门、培养数字化转型人才

技术承载能力建设
数据支撑能力等基础能力建设
智能协同能力建设
用户交互部分，依托于支撑层和应用层

业务承载能力建设
整个平台的核心
安全防护能力建设
对支撑层、应用层、展示层起到全局安全保障作用

数字化能力建设行动

商业模式变革
新的商业价值转化，盈利模式发生变化

服务模式变革
企业决策方式和风险管理方式都由被动响应转为主动服务

管理模式变革
由流程管理转为数据驱动管理

图 13 企业数字供应链转型实施框架

战略落实保障

保障机制
落地执行机制
执行评价机制

预算/投资
预算与战略衔接
供应链数字化投资

资源和机制保障

组织保障

▶ 组织机构保障
设立领导机构牵头
设立供应链数字化专责部门

▶ 人才储备与激励
队伍建设
采取人才激励措施

▶ 流程制度建设
制定相关制度办法
制定完善采购供应链业务流程体系和规则

战略规划

- 企业总体战略及其规划
- 数字化战略及规划
- 供应链数字化规划
- 企业数字化目标与计划
- 供应链数字化目标与计划

企业数字供应链转型战略规划方面进展

	国企	大型民营企业	中小企业
数字供应链转型意识	★★★★	★★★☆	★★★
数字供应链转型战略和目标	★★★★☆	★★★★☆	★★★★
数字供应链转型的规划、路径、实施举措和推进步骤	★★★★☆	★★★★	★★★☆

企业数字供应链转型战略保障方面进展

	国企	大型民营企业	中小企业
数字供应链转型组织保障方面	★★★★	★★★✦	★★★
数字供应链专业队伍、人才团队建设	★★★★	★★★★	★★★
数字供应链转型机制保障方面	★★★★	★★★★	★★★★
数字供应链内控与风险管理方面	★★★✦	★★★✦	★★★✦

图14 企业数字供应链转型的规划与保障

资料来源：亿邦智库调研，调研对象：国企。

（三）构建数字化供应链核心技术体系

在行动层面，首要的是构建数字化供应链核心技术体系。人工智能、物联网、5G通信、区块链、云计算，这些都是数字供应链领域应用最广泛的关键技术，应用于供应链多个场景中，形成以5G为载体、以物联网为基础、以"数据+算力+算法"为核心的新型供应链技术支撑体系。如图15所示。

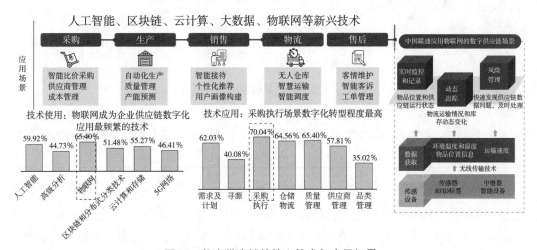

图15 数字供应链的核心技术与应用场景

资料来源：亿邦智库调研；调研对象：国企。

（四）运用大模型智能生成和识别供应链全流程信息

生成式人工智能（AIGC）在供应链中的应用价值日益凸显，主要借助 NLP、CV、智能计算等大模型的功能，在供应链各环节实现不同的场景应用，如在物流过程中借助 NLP 大模型和 CV 大模型可以实现对仓储物流状态的实时监测，借助智能计算大模型可以对物流过程进行预测和优化，最终提升物流环节的整体效率，同时可以进行全程追溯和信息可视化。如图 16 所示。

基础大模型	功能	应用场景					
		研发	采购	生产	营销	仓储物流	售后服务
NLP大模型	文本生成	研发手册自动生成	商品信息自动汇总	生产计划书生成	商品描述自动生成	物流信息自动报告	售后报告生成
	语义分析	研发文献解读	供应商谈判情感分析	原料信息分析	购买意愿分析	物流状态分析	客户情感维护
	语音识别	语音研发辅助	采购用户智能语音回复	生产线语音控制	智能咨询回复	仓库异动监测	智能语音客服
CV大模型	图像识别	设备质检	商品识别	生产异常监控	图片咨询识别	破损识别	智能识图售后
	图像生成	产品图纸生成	采购流程生成	生产状况展示	智能广告生成	库存状态展示	产品效果图生成

案例：

京东言犀大模型的产业应用 实现每天1000万次的智能服务、每月200万小时语音通话

01 能力层 对话引擎、语义识别、语音引擎

02 产品层 智能客服、营销机器人、AI虚拟主播、智能交互媒体

03 场景层 智能导购、智能问答、售后服务、仓储配置等

图16 大模型在数字供应链的应用场景

（五）探索机器人流程自动化（RPA）、数字孪生等新兴技术与供应链场景结合应用

随着技术的不断发展，近年来又衍生出许多新兴技术，如机器人自动化、数字孪生、边缘计算、沉浸式体验等，这些技术与业务相结合进一步优化供应链流程，能够匹配更加具体的业务场景和解决更复杂的业务问题，帮助企业进行深入的数字化转型。例如，RPA 技术使供应链自动化操作；数字孪生技术通过模拟真实环境，使策略更加准确和精细。如图 17 所示。

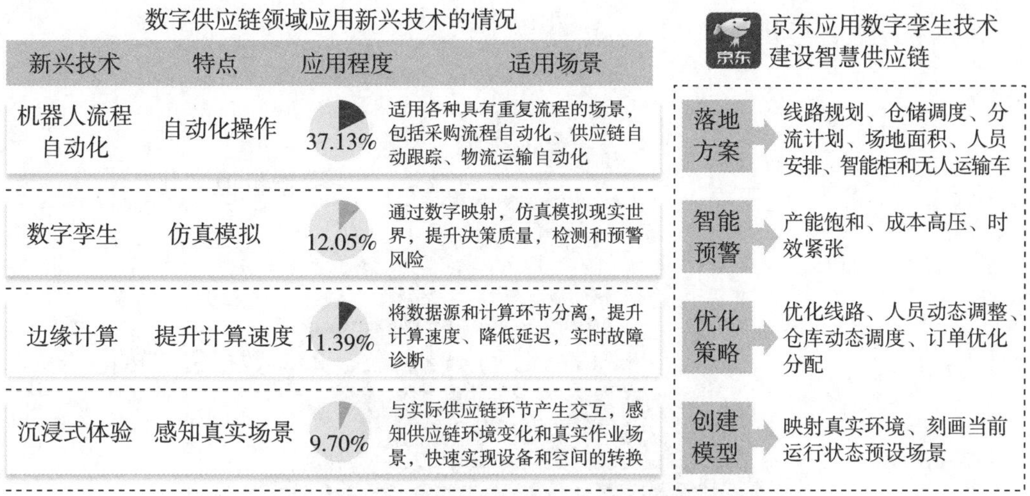

数字供应链领域应用新兴技术的情况

京东应用数字孪生技术
建设智慧供应链

新兴技术	特点	应用程度	适用场景
机器人流程自动化	自动化操作	37.13%	适用各种具有重复流程的场景，包括采购流程自动化、供应链自动跟踪、物流运输自动化
数字孪生	仿真模拟	12.05%	通过数字映射，仿真模拟现实世界，提升决策质量，检测和预警风险
边缘计算	提升计算速度	11.39%	将数据源和计算环节分离，提升计算速度、降低延迟，实时故障诊断
沉浸式体验	感知真实场景	9.70%	与实际供应链环节产生交互，感知供应链环境变化和真实作业场景，快速实现设备和空间的转换

落地方案	线路规划、仓储调度、分流计划、场地面积、人员安排、智能柜和无人运输车
智能预警	产能饱和、成本高压、时效紧张
优化策略	优化线路、人员动态调整、仓库动态调度、订单优化分配
创建模型	映射真实环境、刻画当前运行状态预设场景

图17　RPA 等新兴技术在数字供应链的适用场景

（六）通过数据治理，将数据要素转化为数据资产

数据治理是企业供应链数字化转型的基础。通过数据开放、治理，将原始数据转为数据要素，通过数据处理、数据管理，实现数据资源化，通过数据库搭建，实现数据资产化，最后通过实际的数据应用实现数据价值的转化。例如，中国移动通过搭建供应链大数据平台发挥数据要素价值，实现多维度数据统计分析以及采购策略与数据共享。如图18 所示。

四、数字供应链挑战与机遇共存

（一）数字供应链面临的挑战

1. 供应链韧性挑战：穿透式供应商管理，规避供应链断供风险

近几年供应链韧性问题成为业内关注的热点。据亿邦智库调研，供应链风险主要来自供应商供给问题，超六成企业认为供应商生产能力不足，影响产品交付，是供应链最主要的风险。因此企业更加关注多级供应商管理，不仅保证一级供应商供应，而且向二级、三级供应链穿透，实施穿透式供应商管理，才能更好地规避断供风险，提升供应链韧性。如图19 所示。

2. 供应链稳定性挑战：标准化奠定供应链稳定基础

《国家标准化发展纲要》提出"实施标准化助力重点产业稳链工程"，就是要促进产业链上下游标准有效衔接，对增强产业链供应链稳定性和产业综合竞争力，引导产业上下游"建链、补链、延链、强链"，打好产业基础具有重要意义。如图20 所示。

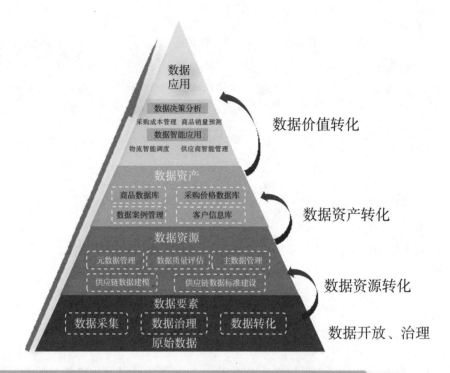

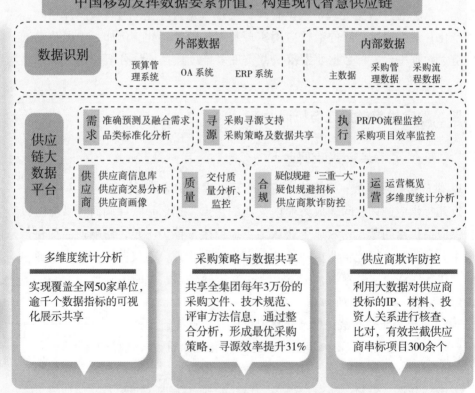

图18　数据治理及应用案例

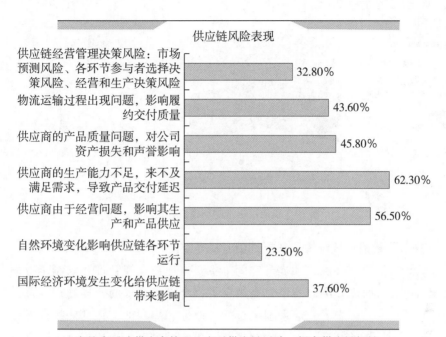

供应链风险表现

- 供应链经营管理决策风险：市场预测风险、各环节参与者选择决策风险、经营和生产决策风险 32.80%
- 物流运输过程出现问题，影响履约交付质量 43.60%
- 供应商的产品质量问题，对公司资产损失和声誉影响 45.80%
- 供应商的生产能力不足，来不及满足需求，导致产品交付延迟 62.30%
- 供应商由于经营问题，影响其生产和产品供应 56.50%
- 自然环境变化影响供应链各环节运行 23.50%
- 国际经济环境发生变化给供应链带来影响 37.60%

实施穿透式供应商管理，应对供应链风险，提高供应链韧性

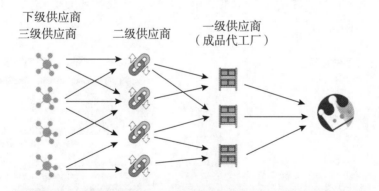

例如：2022年一汽很多产品面临断供危机，不是源于主链供应商，而是由于次级链供应商没有办法供给产品，导致主线产品没法上线。

因此，供应链上下融合非常重要。一汽只有在供应链上下穿透方面投入很多成本，不仅保证一级供应商供应问题，而且向二级、三级供应链穿透，才能应对供应链风险，保障供应链更加稳定、可靠。

图 19　供应链风险及管控

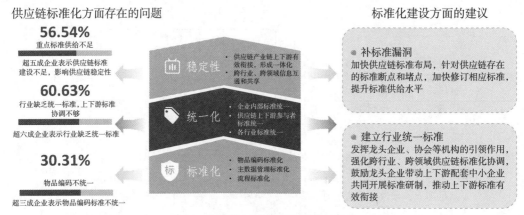

图20　供应链标准的问题及建设建议

3. 合规管理挑战：统一性和适配性仍有提升空间

合规管理方面仍存有挑战和提升空间。主要表现在合规管理要求制定方面，根据国资委出台的合规管理办法，各个央企制定了符合自身要求的合规管理规范，但由于这些规范缺乏统一，影响了合规管理执行的有效性和协同性，并且某些合规管理规范缺乏与业务实际场景的结合，加大了合规要求落实的难度。为此，行业协会应建立合规管理规范标准，并与业务实际场景紧密结合，保障合规管理的统一化和有效性。如图21所示。

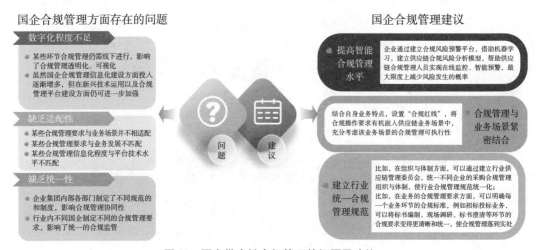

图21　国企供应链合规管理的问题及建议

（二）数字供应链的趋势

1. 智能化趋势：无人智能、人机协作与精益型供应链

智能化趋势由浅入深，未来智能化供应链已经不仅仅是运用 AI 技术进行辅助智能

管理和决策，而是逐步转为无人智能化供应链，可根据用户需求，自动、灵活地运行供应链环节。人机协作智能化运作对智能化技术要求更高，不仅可以智能执行，而且可以智能理解人的行为，协同处理更为复杂、更加精益的供应链场景，打造精益型供应链。如图22所示。

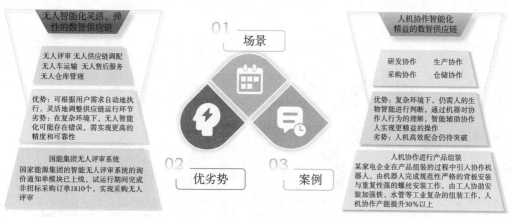

图22 数字供应链的智能化

2. 绿色化趋势：ESG（环境、社会和公司治理）成为供应链评价新标杆

为顺应供应链绿色化发展趋势，大多数供应链企业设立了ESG目标，包括公司治理责任、社会责任和环境责任。供应链企业连接了上下游，通过ESG管理，对带动上下游绿色化发展、构建ESG生态圈、促进行业可持续发展具有重要意义。如图23所示。

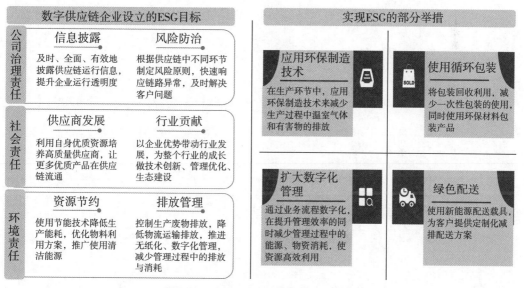

图23 数字供应链的ESG目标及措施

3. 全球化趋势：供应链出海劲头强劲

企业通过补充离岸生产加工能力、建设全球物流能力、整合全球资源，同时推动分销系统全球化和供应商全球化来加速供应链全球化布局优化。全球工业品出海需要稳扎稳打，从产品调研做起不断优化选品，推进本地化运营和企业抱团出海，提升整体竞争力。如图 24 所示。

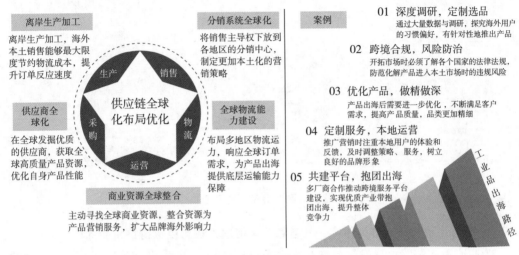

图 24　供应链全球化趋势

（亿邦智库）

军事采购发展报告

世界百年未有之大变局加速演进，新一轮科技革命和军事革命迅猛发展，我军建设正处在实现建军一百年奋斗目标的关键时期①。习主席强调，要认清全面加强军事治理的重要意义，强化使命担当，发扬改革创新精神，加大军事治理工作力度，以军事治理新加强助推强军事业新发展。军事采购是军事财力物力转化战斗力、保障力的关键，关联整个战略管理链路，体现军事治理水平和能力。军事采购领域深入学习贯彻习主席关于军事治理的重要论述，以治理的思维、系统的观念、链路的意识，全面推进军事采购各项工作，在各方面取得了明显进展。

一、完善军事采购制度，提升依法治理能力

全面加强军事治理，必然要求军事采购领域不断增强系统治理、依法治理、综合治理、源头治理能力，不断完善军事采购法规制度。

（一）军队采购评审专家等监督管理细则印发

经中央军委批准，军委机关印发了后勤系统、装备系统12个重点行业领域权力制约和监管规定，明确了相关行业领域权力运行制约和监管要求，适用范围为全军后勤、装备系统各级机关、部队、院校等不同类型单位和后勤、装备重点行业领域各项工作。一年多来，各级严格落实有关规定精神，围绕管好关键人、管到关键处、管住关键事、管在关键时，探索构建权力运行全流程、全领域、全方位监管格局，努力推进重点行业领域整肃治理走深走实②。

在重点行业领域权力制约和监管规定的基础上，军委机关优化完善相关实施细则。2023年11月28日，中央军委后勤保障部印发后勤系统军队单位经费报销结算和资金支付、附属油料保障、医疗机构药材供应保障、委托中央企业和省属企业承担军事设施建设任务、物资工程服务采购评审专家、物资服务采购单位等后勤系统6个分支领域监督管理细则，为深化后勤重点行业整肃治理，推动后勤系统依法治权、全程管权、

---

① 《全面加强军事治理 以高水平治理推动我军高质量发展》，《人民日报》，2023年7月26日。
② 孙兴维，《坚定不移打好重点行业领域整肃治理攻坚战持久战》，《解放军报》，2023年9月14日。

廉洁用权提供有力制度保障[①]。

6 个分支领域细则以习近平新时代中国特色社会主义思想为指导，深入贯彻习近平强军思想，认真落实习主席关于推进重点行业领域整肃治理重要指示精神；坚持问题导向，深刻分析后勤重点行业领域典型案例问题，着力解决突出问题，回应部队关切；强化刚性约束，围绕管好关键人、管到关键处、管住关键事、管在关键时，贯穿运用分权、共管、监审、公开、留痕、问责等硬性措施，最大限度压缩权力自由裁量空间；注重体系设计，探索构建权力运行全流程、全方位监管格局，形成分段制衡、分权管理的制度体系。这些细则适用全军后勤系统各级机关、部队、院校等不同类型单位和后勤行业领域。

军队采购评审专家是指符合规定条件，以独立身份参加军队采购评审工作与咨询活动的人员。集中采购涉及的评审专家入库审核、抽取使用、采购评审等监督管理工作，按照《军队物资工程服务采购评审专家监督管理细则》执行，严控专家质量，严把审核关口，严肃惩戒问责，建立健全配套制度机制，建设一支可靠托底的评审专业队伍。军队加强采购评审专家诚信管理，建立采购评审专家诚信档案，对不良行为记录采取诚信减分。相关部门依托军队采购信息平台组织专家进行评审实务和应知应会内容培训考核。

为管好关键人、管到关键处、管住关键事、管在关键时，推动依法治权、全程管权、廉洁用权，制定《军队物资服务采购单位监督管理细则》，适用于对物资服务集中采购项目需求生成与合同履约阶段相关工作的监督管理。需求生成阶段包括计划管理、需求编制、需求审核等工作；合同履约阶段包括合同签订、合同备案、履约监管等工作。采购单位对采购需求和合同履约监管负主体责任，接受采购管理部门的业务指导和监督。采购管理部门应当加强对采购单位的业务指导、服务和监督。采购机构应当为采购单位提供专业服务和支持。

（二）《军队装备采购信息发布管理办法（公开版）》发布

中央军委装备发展部 2023 年 6 月 21 日制定《军队装备采购信息发布管理办法》，6 月 29 日全军武器装备采购信息网公布公开版[②]。该办法是在装备采购信息发布工作的措施要求基础上，经过系统修改形成的部门规章，以法律形式规范装备采购信息发布活动，主要目的是提高军队装备采购透明度，促进公平竞争。

新管理办法对装备采购信息进行了重新定义，将装备采购信息分为采购项目信息、采购监管信息和其他装备采购相关信息。具体表述由原来的"……采购需求信息、采购公告信息、采购交互信息以及其他信息"修改为"……采购公告，中标（成交）结

[①] 张家满、孙兴维，《中央军委后勤保障部印发后勤系统 6 个分支领域监督管理细则》，《解放军报》，2023 年 11 月 28 日。

[②] 《军队装备采购信息发布管理办法（公开版）》，全军武器装备采购信息网，2023 年 6 月 29 日。

果公告等装备采购项目信息，投诉处理结果、监督检查处理结果等装备采购监管信息，以及装备采购政策、供应商及技术产品等其他装备采购相关信息"。

新管理办法对涉密类装备采购信息发布渠道和密级有新要求，"机密级以下涉密类装备采购信息通过采购网涉密网端发布，同步在互联网端发布脱密概要信息"。

新管理办法要求公开类装备采购信息通过采购网互联网端发布。装备采购单位在采购活动中应当按照及时有效、格式规范、内容完整、便于理解的要求，生成装备采购信息。意向需求发布期限一般不少于 20 个工作日，公开招标、竞争性谈判、询价、资格预审、评审确认等采购公告发布期限一般不少于 5 个工作日，中标（成交）结果公告发布期限一般不少于 3 日，其他信息发布期限按照有关规定执行。

新管理办法对信息公布环节的时间要求由 2 个工作日调整为 3 个工作日。"装备采购单位应当在装备采购信息审批后 2 个工作日内，将信息发布材料提交装备采购信息发布服务机构""（服务机构）在收到装备采购信息发布材料后 1 个工作日内完成审校并发布"。

新管理办法在信息公布环节对装备采购信息发布服务机构的审校过程提出详细要求。具体表述为"装备采购信息发布服务机构应当实行审校分离、双人把关、相互监督的审校机制"。

新管理办法对需要进行对接、反馈的装备采购信息的对接交互提出具体要求。具体表述为"受理对接申请应当在对接截止后 3 个工作日内完成，反馈对接结果应当在结果确定后 3 个工作日内完成，因特殊情况无法及时受理、反馈的应当予以解释说明"。

新管理办法明确提出接受监督工作的要求，"装备采购信息发布相关活动应当自觉接受纪检监察、巡视巡察、审计监督，支持配合监督工作"。

（三）《武器装备质量管理条例（草案）》公开征求意见

为适应新时代武器装备质量建设发展要求，提升武器装备质量管理水平，2023 年 4 月 8 日，国防科工局与军委装备发展部联合组织对国务院、中央军委 2010 年颁发的《武器装备质量管理条例》进行修订，形成了《武器装备质量管理条例（草案）》，通过国家国防科技工业局官方网站，面向社会公开征求意见。

该条例草案适用于武器装备以及用于武器装备的配套产品、专用元器件、原材料、数据产品和服务保障等的质量管理[①]。根据该条例草案，武器装备质量管理的基本任务是，按照有关法律法规和标准，通过建立健全质量管理体系，对武器装备质量特性形成、保持、恢复和改进等过程实施控制和监督，开展质量保障条件、质量工程技术、标准、计量、质量数据资源等建设，保证武器装备的战术技术性能、作战效能和作战

---

① 《武器装备质量管理条例（草案）》，国家国防科技工业局官方网站，2023 年 4 月 8 日。

适用性等满足作战使用要求。武器装备质量管理应当健全质量管理责任制，实行质量合格评定、问题报告和处置、责任追究、综合评价和综合激励等制度。国务院国防科技工业主管部门和中央军委装备发展部组织建立武器装备质量管理工作协调机制，加强武器装备质量管理工作军地协调和共同治理。

根据该条例草案第二十三条，订立武器装备研制、订购、修理合同，应当明确规定武器装备的性能指标、质量保证要求、依据的标准、验收准则和方法，以及合同双方的质量责任和违约赔偿等。

该条例草案第二十五条明确，武器装备研制、生产、修理单位应当对其外购、外协产品的质量负责，对采购过程实施严格控制，对供方质量保证能力进行评定和跟踪，并编制合格供方名录。未经检验合格的外购、外协产品，不得投入使用。订立武器装备研制、订购、修理分承包合同，应当将上一层级产品的质量要求传递或者细化为分承包合同的质量要求，并明确相应的质量责任。

此外，该条例草案还对合格评定、标准化、数据资源等与武器装备采购、质量有关事项进行了明确。国务院国防科技工业主管部门和中央军委装备发展部联合组织对承担武器装备研制、生产、试验、修理任务单位的质量管理体系实施认证，对用于武器装备的通用零（部）件、重要元器件和原材料实施认证。国务院国防科技工业主管部门和中央军委装备发展部在各自职责范围内，组织对武器装备检测和校准实验室实施认可，对质量专业人员实施资格管理。未通过质量管理体系认证的单位，不得承担武器装备研制、生产、试验、修理任务。武器装备论证、研制、生产、试验、修理单位和部队应当贯彻执行军用标准以及满足武器装备质量要求的民用标准，鼓励采用适用的国际标准和国外先进标准。国务院国防科技工业主管部门和中央军委装备发展部组织健全完善武器装备质量数据资源采集处理、共享交换、分析利用机制。

（四）《国防专利条例（修订草案）》公开征求意见

为进一步保护国防专利权人合法利益，促进国防科学技术发展，确保国家秘密安全，2023 年 12 月 30 日，中央军委装备发展部、国家国防科技工业局联合修订《国防专利条例（修订草案）》，通过国家国防科技工业局官方网站，面向社会公开征求意见。

该条例修订草案对国防专利、国防专利人、保护期限等事项进行了明确[①]。国防专利是指涉及国防利益以及对国防建设具有潜在作用需要保密的发明专利。国防专利权的保护期限为 20 年，自申请日起计算。利用国防经费以及国家直接投入的其他财政经费进行科研活动所产生的发明创造，符合该条例修订草案规定申请国防专利条件的，在不损害国防安全和利益的前提下，授权完成单位或者个人取得该发明创造申请国防专利的权利。国防专利申请被批准后，完成单位或者个人为国防专利权人。

---

① 《国防专利条例（修订草案）》，国家国防科技工业局官方网站，2023 年 12 月 30 日。

二、分领域构建采购策略与管理模式

军事采购涉及部队建设、训练等多个领域，各部门、各领域的需求与市场特点规律有一定差异，因此在共性的程序方式基础上，有必要分行业领域优化设计采购策略与管理模式。

（一）试行低值医用耗材区域带量集采

经过近两年试点实践，中央军委后勤保障部印发通知，从 2023 年 7 月起，在全军医疗机构、药材供应机构试行低值医用耗材区域带量集中采购。此举是推进采购制度改革、深化专项整治、提升保障质效的重要举措，将让部队官兵和人民群众得到更多实惠[①]。

2021 年以来，着眼解决低值医用耗材采购品规类型杂、价格差异大、分散组织难等问题，中央军委后勤保障部组织在联勤保障部队开展试点，依托无锡联勤保障中心探索医疗机构联采模式，指定驻闽某医院牵头，福建省内其他军队医疗机构、药材供应机构参加，遴选 5 个品种集中谈判议价，采购价格平均降幅 53%、最高降幅 87%；依托桂林联勤保障中心探索联勤区域统采模式，由其牵头组织华南 6 省军队医疗机构、药材供应机构参加，遴选 4 个品种集中谈判议价，采购价格平均降幅 39%、最高降幅 83%，试点取得明显成效。

本次组织全军范围试行，设计了医疗机构联采、联勤区域统采两种模式，由各区域联勤保障机构、解放军总医院分别牵头，相关医疗机构、药材供应机构自主联合组团，论证遴选适宜品种，按照上年度实际用量的 70%～80% 开展带量集采，采购结果共享共用。通过建立需求统筹归类机制，采用以量换价采购策略，实行谈判议价评审方法，严格价格监测管控措施，规范采购交易实施行为，在减负增效的同时，最大限度防范廉政风险。

低值医用耗材采购涉及面广、交易量大、敏感性强，中央军委后勤保障部要求各单位高度重视，落实党委管采，加强组织领导，紧前推进落实。牵头单位要建立协调联动机制，严密组织实施；医疗机构、药材供应机构要严格落实线上交易，确保全程留痕可溯；采购管理、卫生部门要严格履行行业部门廉政主管责任，加强采购过程和结果执行情况监管，压实中选供应商保质保供主体责任，确保采购活动规范有序、廉洁高效。

（二）军粮管理实现"产购储加销"全链条监管

规范加工企业遴选机制，从源头上把好军粮质量关；健全完善质量检查报告制度，

---

① 孙兴维、黄翔，《全军试行低值医用耗材区域带量集采》，《解放军报》，2023 年 8 月 22 日。

严格执行军粮质量领导责任制。我国军粮管理逐步实现"产购储加销"全链条监管，军粮供应链体系不断完善，确保军粮安全稳定供应①。

为进一步发挥市场在资源配置中的决定性作用，释放集约化筹措优势，提升军粮质量品质，增强军粮保障能力，国家粮食和物资储备局与财政部、中央军委后勤保障部三部门联合印发《军粮筹措管理暂行办法》，推行军粮全国统筹，创新完善军粮筹措运行机制，建立军粮全国统筹采购机制，构建军粮加工企业数据库。通过设置准入条件、网上公开竞争，引入优质加工企业服务部队，实现线上确定加工企业和产品价格，线下签订合同完成采购。下一步，全国军粮管理部门将加强规范化管理，不断完善机制，持续开展年度军粮质量财务专项检查，加大对军粮加工企业抽查力度，推进军粮供应信息化建设，提升技术监管手段，开展军粮质量全链条监管，为全方位支持部队练兵备战提供坚实的军粮保障。

（三）装备器材开启网上采购申领

打开计算机，选择商品，确认交易信息，完成下单……某部保障部一名助理员用时不到两分钟，就在线上完成了几十套单兵洗消盒和防毒面具的采购申领下单，不仅方便快捷，而且全过程有记录、可追溯。

2023年3月，上级启动装备器材网上采购申领平台试运行工作，选取低值易耗的通用型装备，面向试点旅团部队和供应商，提供网上采购申领服务②。平台上架装备器材由部队严格按照限量限额、双人把关要求网上下单，由军兵种装备部门负责结算，部队"见物不见钱"；下单、评价、售后、退货等环节都在网上公开运行，实现全程可视化监管……通过这种部队申领、军兵种结算的装备网上申领模式，以及部队自主采购并结算的维修器材网上采购模式，能够实现"点对点、直达式"保障，高效便捷，并且整个采购过程阳光透明，作为业务部门，进一步降低了廉政风险。

基层装备建设中，装备维修以及耗材的申领、采购等环节专业性强，涉及的单位散、程序杂，监管起来难度很大。过去对相关业务领域进行监管，存在因不懂业务、信息复杂而监督效能不高等问题，特别是近年来单位装备持续更新迭代，运用信息化手段，贯通整个监管流程，在提高保障力的同时强化廉洁力势在必行。

在上级启动相关信息平台后，该部积极与相关业务部门对接，将年度的相关器材采购全部纳入网上采购范畴。运行以来，该部对装备网上申领和维修器材网上采购进行穿透式全面过细检查清理，对发现的问题拉单挂账、责任到人、限期整改，为完善装备行业领域权力运行制约和监管规定提供了有益探索。

平台上线后，派出行业部门专业人员和纪检监察干部、基层风气监督员赴有关单

---

① 孙兴维、王鹏，《我国军粮管理实现全链条监管》，《解放军报》，2023年7月15日。
② 安普忠，《某部保障部强化业务监管——信息化助推保障力廉洁力双提升》，《解放军报》，2023年9月14日。

位学习平台操作方法，由纪检监察部门定期对平台信息进行核验，让平台的使用更加透明。信息系统能够实现关键信息"晾晒"、深度"挖掘"和自动"预警"，能够有效引导和规范采购行为，进一步规避采购风险。

三、多途径提升军事采购服务质效

日常工作生活中，大家经常在网上和商场购物，部队建设发展所需的物资、工程、服务等同样需要在各类市场购买，采购是第一道关，能不能采得快、采得好，既考验着采管人员的业务能力，也要求采购人员具备良好的服务意识和服务机制。

（一）开展业务培训提升服务质效

2023 年 10 月 9 日，中央军委后勤保障部有关部门组织军队采购系统相关人员业务培训[①]，对需求管理、评审管理、合同管理、应急采购等骨干法规以及采购标准文本、合同范本、业务运行流程规范等标准制度进行深度解读，系统梳理重大规划采购项目推进过程中面临的矛盾问题，深入分析制约采购保障质效的原因症结，研提加快采购任务落实的举措……旨在进一步提升全军"十四五"重大规划项目物资工程服务采购质效。

"采购"作为推动规划落地的关键枢纽和重要因素，直接影响和制约规划任务整体进程和质效。近年来，中央军委后勤保障部有关部门针对采购领域涉及范围广、运行链条长、参与主体多、协同要求高的实际，采取多种措施提升采购质效。这次业务培训就是为加快重大规划项目物资工程服务采购任务执行，进一步统一思想、凝聚力量、提升能力，培养一批懂政策、精实务、能攻坚的业务骨干，助力规划采购任务高效落实的具体举措。培训突出实践性、专业性，组织开展运用电子招投标平台，全要素、全流程组织实操训练，邀请相关行业领域专家，宣讲辅导战场环境保障、宣传文化、教育训练等领域建设标准、需求参数和基础知识，选取典型采购项目组织复盘分析，提升处理复杂问题的能力。同时，还邀请纪委、审计相关人员，讲解采购领域近年来发生的违法违纪典型案例，剖析案例反映的深层次内在问题，明晰防范应对措施，教育引导从业人员知敬畏、存戒惧、守底线。

为提高采购队伍能力素质，规范采购行业工作秩序，提升部队采购保障能力，2023 年 6 月 12 日至 13 日，海军在海军航空大学组织以采购行业岗位练兵为主要任务的"精采为战"集训比武[②]。来自海军各采购机构的采管人员，从幕后走到台前，同台竞技切磋采购技能。采购行业法规要求多、规范细，涉及部队发展建设各个领域，具备扎实的专业功底是每一名采管人员的岗位任职要求。这次集训比武活动，专门邀请军队采购行业领导和院校资深专家教授，围绕采购重难点问题，登台讲解、专题辅导、

---

① 韩松峰、孙兴维，《军队采购系统开展业务培训提升服务质效》，《解放军报》，2023 年 10 月 15 日。
② 江河、李权，《精"采"为战，这场集训比武相当有料》，人民海军微信公众号，2023 年 6 月 14 日。

释疑解惑。考试环节，既有采购法规政策的独立上机考试，考核对采购法规制度的熟悉掌握和独立运用能力，又有针对想定情节的团队实操，检验团队组织筹划、多方协同和临机处置能力，还有节奏紧张的知识竞答，考评团队相关法规适用及情况处置能力。"精'采'为战，保障打赢"，通过此次比武竞赛，参训人员进一步提升岗位任职能力，为加快推进"十四五"规划建设、推动海军转型发展打下了良好的基础。

（二）推广重大规划项目采购全过程咨询服务

为有效破解重大规划项目采购重难点问题，促进采购工作高质量发展，中央军委后勤保障部有关部门建立采购管理咨询服务制度，为重大规划项目采购提供专业化建议，近日对全军首批重大规划项目采购管理咨询专家进行了集中培训。

2023年以来，针对军队采购保障模式转变、采购流程机制发生全新变化，少数采购单位政策工具不会用、不敢用，需采衔接不顺畅、不紧密等问题，中央军委后勤保障部有关部门建立采购管理咨询服务制度，区分行业领域，先后在全军范围内遴选100余名专家，成立由采购专家和行业领域专家共同组成的咨询团队，为重大规划项目采购需求论证审查、采购策略设计、采购方式选用、政策工具运用、各类风险防控等提供专业化建议，通过贴近式、嵌入式服务，为重大规划项目采购提供智力支持和政策指导。为提升咨询服务质效，有关部门系统设置学习课程，组织专家进行全方位集中培训，对采购需求、招标评审、合同管理、质疑投诉、应急采购等相关采购法规进行解读和具体案例复盘，让行业专家尽快熟悉采购，让采购专家尽快融入各专业领域，不断交互融合形成战斗力，以此在全军逐步建立一支专业能力过硬、采购政策精通、综合素质全面的专家队伍。同时，为规范专家在采购咨询中的作用发挥，有关部门对专家实行聘用制管理，每届专家聘期为2年，配套建立动态调整、考核评价、过程监管等制度机制，对专家履职情况进行客观评价、奖优罚劣。

（三）打通供、需、采购间的快速通道

2023年以来，中央军委后勤保障部先后出台军队采购需求、评审、合同管理等多项采购制度，全面规范采购运行链路。2023年6月，中央军委后勤保障部推出多项措施，进一步推动军队采购供需衔接、链路贯通、质效提升[①]。此次出台的措施，着眼需采衔接流程环节多、参与主体多、时限要求高等特点，进一步聚焦实际问题、细化程序要求，着力打通供需采购快速通道。主要的措施包括：分级建立联合工作机制，对集中采购重难点事项实行"会商＋会签"模式，压减跨单位协调对接周期；加强采购任务分类统筹，推行集中归并、共享共用、项目集群采购，发挥批量集中优势。

有关措施从疏通需采衔接堵点、卡点入手，密切需采两侧联动，提高对接处置效

---

① 姜峰、孙兴维，《规范需采衔接 畅通保障链路 全军采购系统打通供需采购快速通道》，《解放军报》，2023年6月14日。

率，严控需求质疑答复、采购文件审核、流废标项目处置等衔接"结合部"事项的办理周期，压实需求管理主体责任，强化采购服务支撑。落实进度双向考核，对采购进度实施标准化统计，实现采购动态流程的可追踪、可复查、可问责，对采购单位、采购服务站两类主体，分别实施采购项目执行进展考核，确保采购供给侧和需求侧紧密协同。

同时，加强动态监控，将采购保障执行监管主动融入规划执行评估链路，对重大规划项目优先保障、紧前推进，采购任务执行月盘点、季监测和年评估，分阶段查摆矛盾问题。强化风险隐患防控，细化各级开展采购业务检查、备案抽查、联合督查、整肃治理等常态化监督方式，明确任务统筹、需求规范和专家管理要求，畅通纪检监察、审计部门监督渠道，确保采购质量进度与风险防控两手抓、两手硬。

四、面向社会发布供应商参与军队采购活动指南

军委后勤保障部政治工作局主管的微信公众号"现代后勤"自2023年4月起，分专题介绍军队采购活动程序方法，连续向社会公开发布"供应商参加军队采购活动须知"的文章，引起广泛关注和热烈反响，对扩大军队采购政策制度的信息公开和市场竞争，起到积极作用。

（一）如何参加军队采购机构组织的采购活动

军队物资工程服务采购依托市场资源、服务部队建设、符合军队相关资格条件要求的供应商，均可自主参加军队采购活动。供应商参加军队采购机构组织的采购活动，按照"凡采必入"要求，依托供应商管理信息系统实行集中统管。需要关注以下六个步骤[①]。

步骤一，自主注册登记。供应商参加军队采购活动前，需要登录"军队采购网"（http：//plap. mil. cn，该网站是办理军队物资工程服务采购业务的唯一官方平台），进入"供应商注册"系统，按照流程要求，完成线上注册，所有信息应当真实准确，并根据实际及时更新。

步骤二，关注采购需求。采购单位在确定采购需求前通常公开采购意向，供应商可以通过"军队采购网—采购信息"专栏及时获取采购意向信息，按照公告载明的方式和时限，反馈参与意愿和意见建议，提前做好参加采购活动各项准备。

步骤三，查询项目信息。公开招标项目，供应商可以通过"军队采购网—采购信息"专栏查看采购公告，获取项目信息，自主报名领取招标文件；邀请招标、竞争性谈判、询价采购项目，一般从供应商管理信息系统中公开征集、随机抽取或邀请，供应商可以及时登录军队采购网账号，关注抽取和受邀情况。

步骤四，参与投标（报价）。供应商依据采购文件明确的格式和要求，制作投标

---

① 《供应商参加军队采购活动须知（一）——如何参加军队采购机构组织的采购活动》，现代后勤微信公众号，2023年4月28日。

（报价）文件，并按照指定时间、地点和方式，线上或现地递交投标（报价）文件。

步骤五，查询评审结果。采购机构一般在评审结束后2个工作日内公示评审结果，投标（报价）供应商可以通过"军队采购网—采购信息"专栏查询相关信息。

步骤六，签订采购合同。评审结果公示无异议后，采购机构向投标（报价）供应商发出中标通知书和未中标通知书，由采购单位与中标供应商签订采购合同。

（二）如何依托军队自行采购平台参加采购活动

军队自行采购平台主要用于组织实施集中采购限额以下采购项目，设有网上超市、集采共享和快捷竞标3个专区①，其中，网上超市专区主要服务军地通用的标准货架商品采购，包含网上直购、普通竞价、拼量竞价3种采购方式；集采共享专区主要服务军队专用物资器材采购，包含结果共用、集采跟标和协议竞价3个功能板块；快捷竞标专区主要服务非标准化定制产品采购，包含公开招标、邀请招标、竞争性谈判、询价和单一来源5种采购方式。

网上超市专区。主要采取公开征集方式遴选，一般根据平台服务保障需要，参照公开招标资格预审方式，发布公告征集，组织资格审核、现地考察，确定最终入围供应商，相关信息可以关注"军队采购网—采购信息"专栏。完成平台入驻审核后，供应商可以在网上超市专区申请上架相应产品。其中，电商和生产商保障范围为全国，大型销售商保障范围为指定区域。

集采共享专区。目前处于试用开发阶段，主要采取公开征集方式遴选供应商，相关信息可以关注"军队采购网—采购信息"专栏。完成平台入驻审核后，供应商可以在集采共享专区上架相应产品，有效期一般不超过2年。

快捷竞标专区。目前处于试用开发阶段，供应商需要通过"军队采购网—供应商注册"系统登记注册，按照系统操作流程，自主参加各类自行采购项目。

（三）如何对军队采购活动提出质疑

供应商在参加军队物资工程服务采购活动中，如果认为采购文件、采购过程、中标（成交）结果存在争议，使自身权益受损的，可以通过递交书面质疑函来维护合法权益②。提出质疑的供应商，应当是参与所质疑项目采购活动的供应商；潜在供应商已依法获取其可质疑的采购文件的，可以对该采购文件提出质疑。

提出质疑的情形。供应商需区分以下5种情形，按时限提出质疑：①对资格预审文件提出质疑的，应当在提交资格预审申请文件截止时间2日前提出；②对招标文件

---

① 《供应商参加军队采购活动须知（二）——如何依托军队自行采购平台参加采购活动》，现代后勤微信公众号，2023年5月17日。

② 《供应商参加军队采购活动须知（三）——如何对军队采购活动提出质疑》，现代后勤微信公众号，2023年8月18日。

提出质疑的，应当在投标截止时间 10 日前提出；③对竞争性谈判和询价文件提出质疑的，应当在采购文件规定的期限内提出；④对采购过程（开标评审等）提出质疑的，应当在各采购程序环节结束之日起 3 日内提出，但是对开标的质疑应当在现场提出；⑤对中标（成交）结果提出质疑的，应当在中标（成交）结果公示期内提出。

书面质疑的内容。质疑函应当包括以下 6 个方面内容：①供应商名称、通信地址、联系人及联系电话；②质疑采购项目的名称、编号；③具体质疑事项和请求；④事实依据；⑤必要的法律依据；⑥提出质疑的日期。

不予受理的情形。以下情形不符合受理条件：①质疑供应商未参与质疑采购项目（潜在供应商对其已依法获取的采购文件的质疑除外）；②质疑供应商与质疑事项不存在利害关系；③质疑事项均超出采购文件、采购过程、中标（成交）结果范围；④质疑函不符合规定要求；⑤超过规定期限提出质疑；⑥质疑答复后，同一质疑供应商就同一事项再次提出质疑；⑦未按采购文件要求在规定质疑期内一次性提出针对同一采购程序环节的质疑；⑧不符合法律法规规定的其他情形。

质疑处理基本流程。供应商按规定期限递交书面质疑函，受理单位办理签收手续；受理单位审查质疑材料是否符合受理条件，不符合的，不予受理，给予书面回复并说明原因，符合条件的，受理并开展调查前准备工作；展开调查，采取询问相关供应商、征求采购单位意见、组织原评审委员会复核等方式核实质疑事项；质疑答复，自收到质疑函之日起 7 个工作日内作出质疑答复（需要委托相关单位或者第三方进行检验、检测、鉴定、专家评审的，所需时间不计算在质疑处理期限内）。

其他须知。供应商提起质疑后如果主动提出撤回请求，应当递交书面撤回申请书。质疑供应商需对质疑事项承担举证责任，如实反映情况，提供所需证据材料。未按要求提供相关证据、依据和有关材料的，视为放弃说明权利，依法承担不利后果。在质疑过程中存在捏造事实、提供虚假材料等情形的，按照军队采购有关规定给予违规处理。对受理单位在处理质疑过程中存在违规行为的，供应商可依法向相关部门反映。

（四）如何对军队采购活动提出投诉

供应商在参加军队物资工程服务采购活动中，如果对质疑答复不满意，或者质疑受理单位未在规定期限内做出答复的，可以向投诉受理部门提交投诉书[①]。

提起投诉的条件。供应商提起投诉应当满足的 3 个条件：①提起投诉前已依法进行质疑；②投诉书内容符合规定要求；③在投诉受理期限（即质疑答复期满后 15 个工作日内）内提起投诉。

书面投诉的内容。投诉书应当包括以下 6 个方面内容：①投诉人和被投诉人的名称、通信地址、邮编、联系人及联系电话；②质疑和质疑答复情况说明及相关证明材

---

① 《供应商参加军队采购活动须知（四）——如何对军队采购活动提出投诉》，现代后勤微信公众号，2023 年 8 月 19 日。

料；③具体、明确的投诉事项和与投诉事项相关的投诉请求；④事实依据；⑤法律依据；⑥提起投诉的日期。

投诉处理基本流程。供应商按规定期限递交书面投诉书，受理部门办理签收手续；受理部门审查投诉材料是否符合受理条件，不符合的，不予受理，出具《供应商投诉不予受理通知书》；符合条件的，受理并开展立项准备工作；正式立项，向投诉人出具《供应商投诉受理通知书》，向被投诉人发送《投诉立项通知书》、向相关当事人发送《投诉调查通知书》；展开调查，主要采取书面审查方式，必要时可以进行调查取证、组织专家论证或者当事人质证；投诉处理决定，自受理投诉之日起 30 个工作日内作出投诉处理决定书（需要进行检验、检测、鉴定、专家评审，以及需要投诉人补正投诉材料的，所需时间不计算在投诉处理期限内）。

其他须知。投诉人的投诉事项不得超出已质疑事项的范围，但是基于质疑答复内容提出的投诉事项除外。对受理单位在处理投诉过程中存在违规行为的，供应商可依法向相关部门反映。

（五）如何对军队采购活动提出复议

供应商如对投诉处理决定不服，可以向复议受理单位提交复议申请书[①]。

提起复议的条件。供应商提起复议应当满足的 3 个条件：①复议申请前已依法进行投诉；②复议申请书内容符合规定；③在受理期限（即收到投诉处理决定书之日起 15 个工作日）内提出申请。

书面复议的内容。复议申请书应当包括以下 5 个方面内容：①申请人和被申请人名称、通信地址、联系人、联系电话；②投诉和投诉处理决定情况说明及相关证明材料；③具体、明确的复议事项和与复议事项相关的请求；④事实依据和法律依据；⑤申请复议的日期。

复议处理流程。供应商按规定期限递交复议申请书，受理单位办理签收手续；受理单位审查复议材料是否符合受理条件，不符合的，不予受理，出具《复议不予受理通知书》，符合条件的，受理并开展立项准备工作；正式立项，向申请人出具《复议受理通知书》，向被申请人发送《复议立项通知书》、向相关当事人发送《复议调查通知书》；展开调查，原则上采取书面审查方式，必要时可以进行双方质证、实地核实、检验鉴定、法律咨询、专家论证等方式进行调查；复议处理决定，由受理单位调查完毕后报批审核单位作出复议处理决定。

其他须知。申请人的复议事项不得超出投诉事项的范围，但是基于投诉处理决定内容提出的复议事项除外。

---

① 《供应商参加军队采购活动须知（五）——如何对军队采购活动提出复议》，现代后勤微信公众号，2023 年 11 月 29 日。

（六）如何注册登记军队供应商管理系统

供应商参加军队各采购服务站和在编采购机构组织实施的采购活动，全面实行凡采必入，必须事先通过系统注册登记，获取相应权限资格。注册登记流程如下[①]。

一是登录系统，供应商通过互联网计算机，自行搜索并登录"军队采购网"（https：//www.plap.mil.cn），点击"供应商注册"栏，进入军队供应商管理系统（以下简称管理系统），阅读注册须知，了解军队供应商注册登记、审核的程序和要求。

二是注册账号。可选择两个渠道：①企业法定代表人使用微信"电子营业执照"小程序或支付宝扫码，领取电子营业执照，照面信息将自动填充到系统页面（已领取电子营业执照的，可由授权人直接扫码登录）；②下载"军队采购"App，按提示流程申领CA证书。取得CA证书后，使用App扫码进行注册。其中，企业法人可选择任一渠道注册，事业法人及其他非法人机构、组织只能通过第二个渠道注册。

三是填报信息。供应商使用电子营业执照小程序或通过移动CA在登录界面扫码进行身份验证，验证通过后系统跳转至供应商基本信息页面，供应商按照页面提示要求填报基本信息和扩展信息。

四是查询状态。供应商可以通过管理系统查询注册审核状态。共有以下5种状态。①已注册（信息已完善）。基础信息和扩展信息相关必填项已填报完整。②已注册（信息未完善）。基础信息和扩展信息相关必填项未填报完整。③注册不通过（系统审核不通过）。未通过系统风险筛查。④注册不通过（人工审核中）。供应商未通过系统风险筛查，提交相关证明材料，申请人工审核。⑤注册不通过（人工审核不通过）。供应商未通过人工审核，可完善相关证明材料后再次提交审核。

要注意以下事项。军队供应商管理系统由企业自主申请注册，不收取任何费用。供应商审核不通过时会提示审核不通过原因，供应商对审核结果有异议，可点击"人工申诉"按钮启用人工申诉通道，并上传相应证明材料。供应商系统操作手册在军队采购网"办事指南"栏下载。

五、发展趋势展望

2024年是深化改革创新、全面提升新兴领域战略能力的关键之年。笔者认为，军事采购将体现以下发展趋势。一是采购政策制度更加科学规范。将进一步完善采购评审质效、招标代理机构管理、专家评审、跨军地采购监管等各方面法规制度，形成较为完备配套的政策制度体系，为规范采购、高效采购提供法规依据，为增强新兴领域战略能力提供物质基础。二是采购数智化更加深化拓展。打造覆盖军事采购各领域、全过程、全链路的采购信息系统平台，深化应用电子化招投标，完善"军网商城"功

[①] 《供应商参加军队采购活动须知（六）——如何注册登记军队供应商管理系统》，现代后勤微信公众号，2023年11月30日。

能机制，丰富上架产品，完善供应商诚信管理规则，让部队官兵足不出户就能网购所需物资服务，享受电子化采购的更多"红利"。三是采购营商环境更加优质。加强集中统采和目录管理，引导鼓励部队单位更多地采购社会成熟产品、货架商品和社会服务；完善军队物资工程服务供应商资源管理体系，让各类企业更加公平、非歧视地进入军事采购市场，市场竞争更为充分，市场环境更加优质。四是军事采购专业化深度发展。将深入推进军事采购机构、采购人才队伍的专业化发展，进一步加强采购服务机构规范化、标准化建设，拓展采购资源、结果共享共用，批量集中采购模式深入推进，通过专业化来带动优质高效的服务保障。

（陆军勤务学院，柴亚光）

电信业采购供应链发展报告

当今世界正在经历百年未有之大变局，世界政治环境复杂多变，经济全球化遭遇逆流，保护主义、单边主义上升，产业链供应链不稳定性、不确定性大幅上升。近年来党中央、国务院高度重视供应链的发展，党的二十大报告、2023年中央经济工作会议强调"提升产业链供应链韧性和安全水平""确保重要产业链供应链安全""加快打造绿色低碳供应链"，国务院国资委明确提出未来央企将实现供应链现代化水平和全球竞争优势迈上新台阶、供应链管理水平明显提升，形成一批达到国际领先水平的供应链领军企业，国内电信业供应链发展方向明确。

在数字中国建设大背景下，以运营商为代表的电信行业企业，积极推动供应链上下游、内外部畅通循环，加强生态协同。运营商作为国家信息化建设主力军，面向党和国家提出的新要求、新任务，发力数字经济新赛道，提升电信行业链供应链现代化管理水平和全球竞争力，加速新一代信息技术与实体经济融合，赋能各行业数字化转型升级，为建设网络强国和数字中国贡献电信力量。

一、行业采购及供给情况

（一）行业供应链特点

运营商是电信行业供应链的关键环节，作为需求方，需要上游通信设备商、服务商帮助其建设通信网络。作为供给方，既为公众提供各类通信信息服务，也通过综合网络信息服务能力，赋能千行百业进行数字化建设。电信运营商提供的产品主要是无形的信息通信服务，产品的生产制造过程相对较短，与传统以制造业、零售业为主的供应链有较大区别。

制造业供应链是生产制造商建立生产和销售渠道，形成以生产制造商为主导的供应链，而电信业供应链则是更偏向服务的反应型供应链，需要供应商、制造商、渠道商甚至顾客都必须参与服务的全过程，生产与销售同时进行，并需要对客户需求做出快速反应。整体来看，二者在追求降低成本和费用、提升采购效益、缩短服务响应时间和为供应链整体增值的目标上是一致的，但在供应链性质、参与方、对顾客的响应模式、渠道、稳定性等方面存在一定程度的差异（见表1）。

表1   电信业供应链与制造业供应链对比

供应链	制造业供应链	电信业供应链
供应链类型	产品供应链	服务供应链
简要介绍	生产制造商建立生产和销售渠道，形成以生产制造商为主导的供应链	以客户为中心，将电信运营服务和配套设备提供给客户的供应链
供应链性质	主要强调供应链的物理功能，即以最低的成本将原材料转化为产品，实现供应链的增值	属于反应性供应链，它主要体现在供应链的市场中介功能，其目的是把产品分配到满足用户需求的市场，并对需求做出快速反应等
供应链各方参与的范围	产品供应链中的各方只需参与和自己直接相关的活动	服务供应链中的供应商、制造商、渠道商甚至顾客都必须参与服务的全过程
对顾客的响应模式	企业对其下游顾客需求的响应具有滞后性	服务供应链中企业的生产与销售是同时进行的，对其下游顾客的响应具有即时性
供应链渠道	供应商的供应商—供应商—制造商—客户—客户的客户	功能型服务提供商—服务集成商—客户
稳定性程度	产品供应链的稳定度较服务供应链的高	顾客不稳定的需求使供应商需随需求的变化而调整，因此稳定度较低

基于以上特点，电信业供应链具有采购金额大、物资技术含量高、需求变化快、物流与配送复杂等特征，随着数字化业务发展需要，电信业供应链不断优化其定位与战略，支撑5G、智算中心、云资源池、DICT（数字、信息、通信技术）业务发展，帮助企业更好地抓住时代和市场机遇，满足内外部客户的多样化需求。

（二）行业主要采购情况

1. 采购金额

2022年电信运营商采购金额比上一年略有增长，中国移动、中国电信、中国联通三家电信运营商采购总金额近10000亿元。其中，中国移动采购金额超5400亿元，是采购金额最高的电信运营商。如图1所示。

5400亿元+	2800亿元+	1600亿元+
中国移动2022年采购金额	中国电信2022年采购金额	中国联通2022年采购金额

图1　2022年三家电信运营商采购金额情况

资料来源：根据各运营商2022年年报测算。

2. 分品类采购情况

电信运营商采购的设备物资和服务种类繁多，主要分为通信设备与物资、非通信设备与物资以及服务三大类。其中，核心网、无线设备、传输网络、终端、IT 硬件、营销服务、工程建设服务等是目前电信运营商的主要采购范围。

以中国电信为例，从 2023 年采购金额分布来看，通信类设备与物资占比超 1/3，其中无线设备类、数据网络及有线接入设备类、IT 硬件类等设备物资采购金额占中国电信通信类设备与物资采购总额的比重相对较大，是中国电信云网建设方面的主要采购品类；营销服务、行政服务、维修/维护服务及工程建设类服务等服务品类的采购金额占服务类采购总额的 34%、30%、16% 和 11%。如图 2 和图 3 所示。

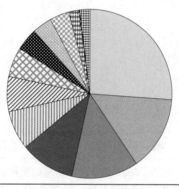

□ 无线设备	▨ 数据网络及有线接入设备	■ IT硬件
■ 终端和电信卡	▥ 管线	▨ 基础设施及设备
▨ 空调及电源	▨ 传输设备	▨ 软件
▨ 核心网设备	▦ 新技术应用系统及产品	▨ 仪器仪表及工具
▦ 非通信用品		

图 2　2023 年中国电信物资类采购金额占比

资料来源：中国电信供应链运营管理服务平台（CTSC 平台）。

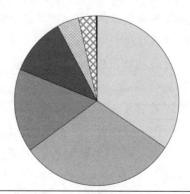

| □ 营销服务 | ▨ 行政服务 | ■ 维修/维护服务 | ■ 工程建设类服务 |
| ▨ 运营服务 | ▨ 咨询服务 | ▨ 其他服务 | |

图 3　2023 年中国电信服务类采购金额占比

资料来源：中国电信 CTSC 平台。

3. 数字信息基础设施建设情况

中共中央、国务院印发了《数字中国建设整体布局规划》，我国运营商积极响应国家战略部署，加大对 5G 网络、算力等智算网络建设的采购，各运营商全力推进新型信息基础设施建设，为建设网络强国、数字中国贡献力量。三大运营商启动的 5G 相关设备及服务的集中采购持续增多，截至 2023 年年底，全国移动通信基站总数达 1162 万个，其中 5G 基站 337.7 万个，占移动基站总数的 29.1%，占比较上年末提升 7.8 个百分点。

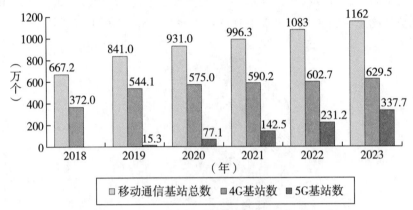

图 4　2018—2023 年移动通信基站发展情况

资料来源：工业和信息化部《2023 年通信业统计公报》。

2023 年通信业算力网络实现阶段性跃升。三家电信运营商为公众提供的数据中心机架数达 97 万架，比上年末净增 15.2 万架，净增量是上年的近两倍，可对外提供的公共基础算力规模超 26EFLOPS。适应跨网络算力调度、承载需求多样化等发展趋势，加强算力、能力、运力等协同提升，打造算力网络一体化与云网融合的全光底座；协同部署通用算力与智算算力，启动超大规模智算中心建设，不断优化算力供给结构；围绕国家算力枢纽、数据中心集群布局新建约 130 条干线光缆，启动 400G 全光省际骨干网建设，实现云、算力网络的高效互通[1]。

电信运营商积极构建人工智能基础设施体系。内部应用与外部赋能相结合探索 AI 应用新模式，推动"云网智"融合发展，全面向"AI +"战略转变。在网络规划—建设—维护—优化等网络运营各环节引入 AI 和大数据技术，提升网络智能化水平，降低网络故障率、节约基站能耗、优化信号覆盖。三家基础电信企业积极构建"1 个通用 + N 个专用"的通专结合大模型体系，通用大模型达千亿级参数级别，行业大模型可面向政务、应急、文旅等多个领域[2]。

根据运营商公布年报信息，2022 年全年通信运营商坚持稳健精准投资策略，重点

---

[1]　资料来源：工业和信息化部《2023 年通信业统计公报》。

[2]　同[1]。

保障移动网络、投资 5G、产业数字化等新兴领域。中国移动累计开通 5G 基站超过 128.5 万站，累计打造 5G 行业商用案例超 1.8 万个，积极推进多样性算力资源能力规模快速提升，累计投产云服务器超 71 万台，净增超 2 万台，算力规模达到 8.0 EFLOPS，净增 2.8EFLOPS；中国电信全年开支人民币 925 亿元，其中 5G 投资人民币 310 亿元，产业数字化投资人民币 271 亿元，新增天翼云算力 1.7EFLOPS，算力总规模达 3.8EFLOPS，同比增长 81%；中国联通资本开支 742 亿元，重点保障移动网络、家庭互联网及固话、政企及创新业务等方面，总计投资 678.9 亿元，其中 5G 完成投资 330.5 亿元，全年算力投资达到 124 亿元，资源供给能力更加充沛，算力布局完善，IDC 机架规模达到 36.3 万架，千架数据中心覆盖 23 个省。

（三）电信业主要供应情况

1. 供应商情况

（1）整体概况。

供应商是电信运营商供应链的重要组成部分。整体来看，目前各家电信运营商的注册供应商数量相当，都为 30 万家左右，活跃供应商数量则在 3 万家到 10 万家不等。以中国移动集中采购供应商为例，2020—2022 年集中采购的供应商数量情况如图 5 所示。

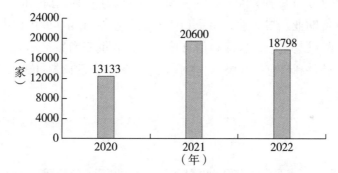

图 5　中国移动 2020—2022 年集中采购供应商数量

资料来源：中国移动 2022 年社会责任报告。

从交易金额来看，三家电信运营商的前五大供应商交易金额占比大，均在 30% 以上，集中程度较高。如图 6 所示。

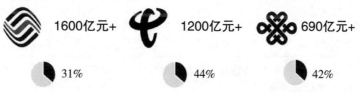

图 6　2022 年三家电信运营商的前五大供应商交易金额及占比

资料来源：运营商年报数据。

（2）不同采购品类的供应商分布情况。

根据电信业采购品类划分惯例，采购品类一般分为通信设备与物资、非通信设备与物资、服务。

以中国电信为例，中国电信服务类供应商涵盖营销服务、行政服务、维修/维护服务、工程建设类服务、运营服务、咨询服务以及其他服务，具有数量多、交易总额大且分布复杂等特点。从供应商行业分布来看，中国电信服务类的供应商主要来自软件和信息技术服务业，在建筑业、信息传输业、租赁和商务服务业、物业管理等行业也有一定分布；从供应商企业规模分布来看，中小微民资企业在服务类供应商中采购额占比超过50%。

中国电信2023年通信设备与物资供应商以大型供应商为主，以采购金额占比最大的无线设备供应商为例。无线设备中的无线接入设备、无线配套设备、移动通信设备等物资的供应商数量较多。从供应商行业分布来看，无线设备的供应商主要分布在软件和信息技术服务业、信息传输业、建筑业、零售业、工业和批发业等行业；从供应商企业规模分布来看，国内企业是无线设备的供应主力，占比超过97%，中小型供应商虽然数量众多，占比超过80%，但大型企业采购金额占比超过94%。

（3）供应商行业分布。

从供应商行业分布来看分布较广，主要分布在软件和信息技术服务业、建筑业、物业管理、信息传输业、零售业、租赁和商务服务业等行业。以中国电信为例，在通信设备与物资品类供应商中，软件和信息技术服务业供应商数量第一；在非通信设备与物资采购中，软件和信息技术服务业供应商数量第一，占比超过30%。如图7所示。

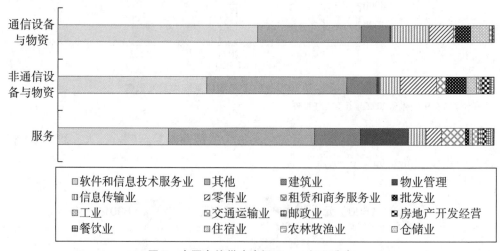

图7　中国电信供应商概况——行业分布

资料来源：中国电信CTSC平台。

（4）供应商企业性质与规模分布。

从供应商企业性质分布来看，目前电信运营商的供应商主要为国内供应商。以中国电信为例，在中国电信的供应商中国内供应商占比超过90％，其中民资企业数量最多，采购金额占比最大。如图8所示。

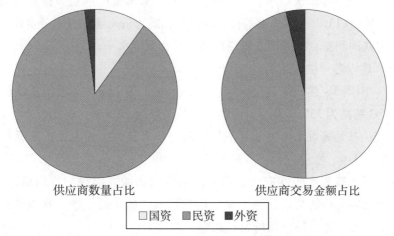

供应商数量占比　　　　　　供应商交易金额占比

□国资　■民资　■外资

图8　中国电信供应商概况——企业性质分布

资料来源：中国电信CTSC平台。

从供应商企业规模分布来看，大型企业供应商数量占比较少，但采购金额占比大，尤其体现在通信设备和物资这一品类中，中小微企业在供应商数量中占比较多，但采购金额占比较小。

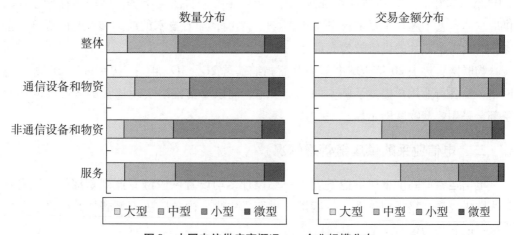

　数量分布　　　　　　　　　交易金额分布

整体

通信设备和物资

非通信设备和物资

服务

□大型　■中型　■小型　■微型　　　　□大型　■中型　■小型　■微型

图9　中国电信供应商概况——企业规模分布

资料来源：中国电信CTSC平台。

2. 关键元器件供应情况

从目前运营商的重点发展业务来看，云计算、5G、数据中心、终端等业务发展对芯片需求量较大，尤其是高精度工艺制成芯片。2023年高端芯片市场总体处于供不应求的状态，供给不稳定、供给周期较长等现象比较普遍，对通信行业造成一定影响，也成为行业与企业共同关注的重点。随着外部环境形势的变化，芯片供应的格局也发生了一定变化。电信运营商聚焦自身重点业务，与参会供应商在5G、云计算、传输网、服务器、CPU、手机终端等方面开展深度合作，如中国电信与诺基亚、爱立信、戴尔、AMD、三星5家国际合作伙伴达成采购合作意向，采购范围涵盖数据和传输设备、固网终端、服务器、CPU、手机终端等设备及服务，助力进一步深化对外合作、扩大产业生态圈、维护共同利益、提升产业链供应链韧性和安全水平。

（1）云网建设芯片供应市场。

5G建设：中国5G建设保持全球领先水平，2023年全国移动通信基站总数达1162万个，其中5G基站为337.7万个，占移动基站总数的29.1%，占比较上年末提升7.8个百分点[1]。5G基站等设备所需芯片的供应商主要来自中国国内，占比近90%；而射频PA等器件由日本、欧洲厂商供应。

云计算：服务器芯片的供应由于多方因素受到影响，出现交货周期延长等现象。但服务器作为数字经济的核心底座，更是电信运营商的主要资产，在当前数字化转型大潮下，服务器市场也将持续保持增长态势。

传输网：传输网设备芯片主要包括DSP（数字信号处理器）、OTN（光传送网）、Framer（成帧器）、存储和CPU。其中，传输网设备中的核心DSP芯片主要由欧美供应；存储芯片则主要来自美国和韩国[2]。

（2）终端芯片供应市场。

手机：手机芯片汇聚先进的制程工艺，包括CPU/GPU/存储/基带/射频/电源/WIFI等。其中，CPU和高端射频芯片供应市场主要来自欧美市场；韩国是存储芯片的供应主体；基带芯片主要来自东亚和北美[3]。当前，随着技术的成熟和产能的提升，全球范围内手机芯片的供应较为充足。

物联网：过去20年全球电信运营商相继部署2G、3G、4G、NB-IoT、5G等蜂窝网络，给各行业用户提供了坚实的基础设施，而以蜂窝网络实现连接的各类物联网设备都会采用蜂窝物联网芯片。

二、电信业采购供应链管理情况

电信运营商高度重视供应链管理顶层设计，均设置供应链专业规划部门，统筹规划采购供应链战略规划体系，持续深入贯彻党中央、国务院决策部署，共同推进采购供应链的管理与运营水平提升。

（一）支撑科技创新

当今科技创新已成为制胜未来的关键变量，是企业发展的原动力、供应链发展的

---

[1] 资料来源：工业和信息化部《2023年通信业统计公报》。
[2] 资料来源：SIA（美国半导体行业协会）、BCG（波士顿咨询公司）、Gartner（高德纳公司）。
[3] 同[2]。

加速器。电信运营商贯彻落实国家科技强国战略，以科技创新推动产业创新，着力加快形成新质生产力、发展新动能，推进创新链、产业链、供应链融合，支撑企业高质量发展。

中国电信坚持创新在发展全局中的核心地位，通过整合供应链内外部资源，全面支撑科技创新与战新业务的发展。推广应用国内关键核心技术产品，开展国产化替代攻关，加强自主研发，提高供应链自主可控能力。通过建立集团级和省级两级自研成果清单，加大研发投入，优化供应布局，降低物资供应受外部的制约。中国电信在2023年完成22项自研成果集采，签约金额同比提升60%，全年自研产品下单金额增长64%。同时，中国电信建设线上"翼商城"科技成果专区支撑科技创新产品采购，2023年科研成果采购金额已突破8亿元[①]。

（二）支撑产业数字化发展

数字经济是未来经济发展的关键力量，随着新一轮科技革命和产业变革深入发展，以云计算、人工智能、网络安全等技术为核心的新产业将成为未来数字经济的新基础设施。电信运营商作为数字经济建设主力军，积极适应全球信息通信行业发展趋势，拥抱数字经济发展机遇，重点部署以5G、云计算为代表的产业数字化业务。据工业和信息化部统计，2023年运营商共完成新兴业务收入3564亿元，比上年增长19.1%（见图10），其中，云计算、大数据业务收入比上年均增长37.5%，物联网业务收入比上年增长20.3%。

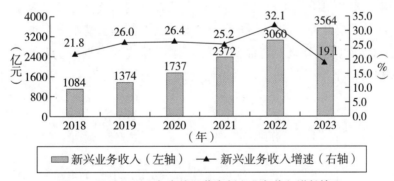

图10　2018—2023年电信运营商新兴业务收入增长情况

资料来源：工业和信息化部《2023年通信业统计公报》。

中国电信通过创新采购方式，推动产数业务高质量发展。通过建立产数业务集采协同工作机制，进一步规范产数业务采购行为，扩展产数业务集采寻源，提高了产数业务集采比重，充分发挥规模优势，实现产数业务的降本增效。由于产数业务采购产品个性化需求强、服务要求高、供应商相对分散的特点，中国电信采用通用框架寻源、

---

① 资料来源：中国电信 CTSC 平台。

产数专用框架寻源、代理模式寻源、合作伙伴选择寻源 4 种模式，扩大寻源供应商和寻源品类范围，满足业务需求。2023 年全年产数集采金额超过 100 亿元，节资率达 20%。

（三）采购管理

近年来，电信运营商积极推进集约化采购，通过规模效应降低采购成本，提升合规水平，实现采购效益最优化。目前，电信运营商均实现了高度集约化采购，集采率均在 90% 以上。中国电信通过集团级和省级两级采购模式，对各类物资和服务开展集中采购，实现集团和省两级纵向管理；中国移动构建了覆盖全集团各单位的"横向归口、纵向集中"的两级采购管理机制，搭建统一、完备的制度体系，通过需求整合、需采协同、产品标准化等集约化管理，规模效应充分发挥，降本增效成果显著。

近年来，电信运营商不断加强采购计划管理与需求管理，推动实现供给与需求的精准匹配。以中国电信为例，集团按 S&OP 管理模式建立跨部门的采购需求联合会审机制，组织采购需求归口管理部门结合供给侧、需求侧、集团重点战略等数据进行集体讨论决策，促进采购需求准确合理；建立供需调度会制度，实现季度/月度需求计划与战略供应商的生产计划协同，滚动同步需求信息及供应信息。

在品类管理方面，电信运营商普遍存在采购品类众多、应用场景复杂、管理难度较大等问题。各家电信运营商通过积极开展供应市场研究与需求分析，对采购物资进行了科学合理的划分，形成了具有自身企业特点的物资、品类管理办法。以中国电信为例，中国电信对全集团采购物资进行供需分析，确定品类定位，将全集团采购物资划分为核心网及无线设备、数据设备等 20 个品类进行管理。基于卡拉杰克矩阵，根据战略重要性和供应风险分级，将品类下的具体产品或服务划分为战略型、杠杆型、瓶颈型和一般型四个类型，建立采购策略矩阵，制定集团集采品类的采购策略（见图 11）。

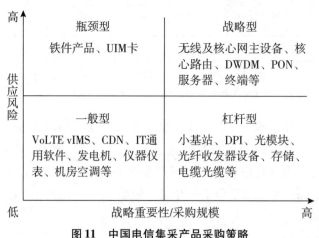

图 11　中国电信集采产品采购策略

成本管理是采购管理的核心之一，运营商为增加市场竞争力、提升资金利用效率，近年来持续优化采购成本管理策略，逐渐由单一采购成本管理向全生命周期成本管理转型。中国移动践行全生命周期管理理念，根据不同品类建立产品全生命周期成本模型，分析可见成本和隐性成本，统筹考虑新建和扩容成本、软件对硬件资源占用、设备运行能耗成本等因素，制定最优化采购策略，实现采购总成本最优；中国电信实施TCO（Total Cost of Ownership）管理策略，分析不同品类产品全生命周期成本，匹配策略优化方案，在采购阶段将物资全生命周期成本考量纳入价格评估及技术服务评价，实施相应的价格管理和评标管理策略，在交付管理、使用管理以及回收处置阶段，基于相关物资的全生命周期成本测量，实施差异化交付策略、质量管理策略以及退网物资处置策略。

在采购招投标管理方面，电信运营商依据国家相关法规要求，组织实施招投标采购，主要法规包括《招标投标法》《招标投标法实施条例》以及《通信工程建设项目招标投标管理办法》等，同时根据企业自身特点，制定了各自企业的管理办法、工作流程和各类操作规则，规范采购招标投标活动，确保招投标采购过程合规、高效、透明。目前，招投标采购是电信运营商的主要采购方式，在采购总支出中占比最高，同时各运营商近年来积极探索招投标新方式，为采购实施提供更加省时便捷的途径手段。以中国电信为例，近年来积极探索远程数字化异地评标，开展专用评标室建设，推动优质专家资源跨地域共享，降低评标成本，提升评标效率和质量。中国电信融合天翼云眼、天翼云会议和统一云认证等自研产品能力，结合人脸识别、数字签名技术，建设了中国电信远程异地评标系统，为远程异地评标平稳运行提供了全方位数字化保障。

（四）仓储物流管理

近年来，集约化管理逐步成为电信运营商仓储物流发展方向。

中国移动构建了大区平面和省平面两级仓储物流业务架构。大区工作定位细分为通用物资辅助供应中心、紧要物资备份中心和多级融合的协同供应中心，采用VOI模式，即存入大区物资的所有权属于供应商，管理权属于中国移动，纳入大区仓储库存储的物资，由大区物流中心统一安排供应；省公司在集团公司统一组织下，开展物流体系建设，通过跨地市、跨项目统筹调拨切实保障各类物资需求，而纳入一级、二级采购目录的实物类物资由省公司采购物流部门统一组织向需求部门集中供应。

中国联通建立了集团与省份集中管理、省份与地市集中储备的物流体系。集中储备和集中供应的主要物资品种有无线设备、传输设备、接入设备、各种线缆、配套设备等物资。在仓储管理方面，规范仓库建设的硬件标准，以满足仓储物资的精细化、标准化管理；在物流管理方面，对接第三方物流服务商，提供快递、零担、整车等物流服务，实现物流可视化运营，提高物流自动化、智能化水平，推动物流链降本增效。

（五）供应商生态建设

近年来，电信运营商建立了完善的供应商管理制度与流程体系，加强供应商评价考核，培育优秀合作伙伴，强化供应链上下游各方协同，防范化解供应风险，保障供应链安全。

中国电信集团持续推动供应商管理由传统采买博弈关系向协作共赢模式深入转变，建立了统一、标准化的供应商管理制度与流程，包括供应商寻源、评估、考核（评价）、处罚等内容；创办天翼供应链生态发展论坛，打造天翼供应链生态圈，与战略供应商开展全方位协同与合作，与论坛成员共同起草并发布《EFSC天翼供应链生态发展论坛协同规范》、启动"GROW"行动计划，制定并明确了供需协同、系统协同、创新协同、发展协同四方面协同原则，引导供应链产业链高质量可持续发展，充分发挥供应链的增值作用，营造产业链有序良性的竞合环境。

（六）采购合规管理

近年来，电信运营商持续加强采购合规管理，推进阳光采购、加强风险内控管理、推行合规数字化、全面建设长效机制、加强员工合规意识培养，推动合规管理再上新台阶。

电信运营商坚持公开、透明原则，持续推进阳光采购，加强信息披露，优化营商环境。除在法律法规规定的中国招标投标公共服务平台、通信工程建设项目招标投标管理平台外，同时通过本企业招标采购平台、企业微信公众号、App等多媒介实施推送，拓宽公开渠道，加大信息公开力度。经过多年努力，各家电信运营商公开采购率均高于99%，电子招标率均达到100%；中国移动践行"阳光采购"理念，建设数百个专用封闭评标场所，实现招、投、开、评、定等各环节的线上化、采购全流程的结构化、自动化、智能化，确保"全程在案、永久追溯"。

在风险内控管理方面，电信运营商持续完善采购及供应链风险与内控管理体系，加强风险预警、防控机制和能力建设，做到风险早发现、早研判、早预警、早处置，着力防范化解突发事件。如中国电信在集团和二级企业层面建立了成熟的风险与内控管理体系，编制下发相关管理制度，进一步规范采购供应链全流程操作；持续加强供应链风险评估与预警，编制全年风险综合评估报告，对计划内物资分类进行风险评级，制定对应采购策略等，完成全年的采购管理；严格落实上级单位提出的自主可控考核要求，提升自主可控采购比例，提升供应链安全韧性；成立供应链安全领导小组和工作专班，统筹负责供应链安全管理制度和体系的管理工作，处理紧急安全突发事件。

中国移动建立常态化分析研判供应链安全形势机制。按季度开展供应链安全专题分析，研究国内外供应形势变化、突发事件、关键核心产品的供应风险，重点聚焦半导体行业发展态势及对公司供应的影响，全面筛查产业链潜在风险，对相关产品进行供应风险预警，制定有效应对措施；建立多元化供应体系，与主要企业建立战略合作，保持长期稳定合作，推进部件多元化，引导供应商在设计源头管控独家物料，超过数十个品类产品具备备选方案，提升供应链韧性。

在建立合规管理长效机制方面，以中国电信为例，近年来中国电信持续打造全面与重点相结合、线上与线下相结合、自查与互查相结合的监督检查体系。持之以恒完善制度建设，建立监督检查"三函一会"合规闭环管理机制，针对检查发现的问题组织专家集体讨论，通过风险提示函、工作通报函、整改督办函督促采购实施单位进行整改，实现从监督检查到整改落实的闭环管理；同时，中国电信加强采购专业化人才队伍建设，持续开展全集团采购管理及实施岗位五级认证体系建设。在岗位认证课件中补充"靠企吃企"风险防范相关内容。加强采购人员法律法规、政策规章等的教育培训，不断提高采购人员专业知识水平，确保采购活动合法合规，持续强化采购人员廉洁自律意识。

三、电信业采购供应链发展四大趋势

（一）趋势一：重视供应链韧性与安全

产业链、供应链是畅通国民经济循环的关键，也是经济发展安全的生命线。习近平总书记在二十大报告中两度提及"供应链韧性与安全"，在中央经济工作会议提及"提升产业链供应链韧性和安全水平"，更凸显供应链安全的重要性。采购供应链安全是电信运营商确保网信安全的关键，面对复杂多变的外部环境，产业链、供应链风险加大，因此电信运营商亟须增强供应链韧性，提高供应链现代化水平，保障供应链安全稳定。

保障供应链安全是企业稳定发展的生命线，中国电信对采购供应链风险管理的认识从防止断供保障安全，加强自主可控解决卡脖子问题，发展到体系化提升采购供应链韧性，上下游高度协同共同打造高韧性供应链网络。随着对采购供应链安全认识的逐步加深，中国电信坚持供应链生态系统整体安全观，积极推进供应链安全制度建设和供应链安全体系建设，成立供应链安全领导小组和工作专班，编制印发相关管理规定，通过变革软件开发采购模式、强化重要物资供应保障、建立战略储备等举措保障供应体系安全可控，通过强化软件安全管理、供应商绩效考核评估等举措保证产品服务安全可靠，通过建强供应链人员队伍、建立整改督办机制与数字化风险防控等手段保障人员队伍安全可信。中国移动坚持筑牢产业链供应链安全防线意识。针对5G、传输、IT、基础软件等关键领域，梳理技术卡点图谱，通过投资拉动、采购策略引导、多元化供应等方式带动产业链开展核心技术攻关。在设备整机安全可控的基础上进一步向关键器件延伸，进一步保障网信安全。

保障供应链安全不仅是构建新发展格局的必然要求，也是我国应对世界产业变化的战略考虑。面对数字技术深入融合实体经济的发展趋势，电信运营商更应提升产业链供应链风险预警能力，推动产业链供应链优化升级，从根本上保障供应链安全稳定

发展。

（二）趋势二：注重技术赋能，向智能化发展

大数据、5G、人工智能、区块链等新一代信息技术为制造业带来了深刻变革，不断改变着生产模式、组织模式和发展模式，对研发、生产、管理、服务等产业链各环节全过程进行赋能，数智化已经成为全球制造业发展的重要方向，更是电信运营商构建可持续竞争优势的普遍路径。

中国电信以"云改数转"战略为指引，近年来发展智能化，打造供应链运营管理服务平台（CTSC），变简单线上化为供应链数智化并取得积极成效。2023年实现端到端业务在线、全流程可视，地市以上的仓储对接率达到100%，实现关键环节采购文件100%结构化，利用RPA技术开展关键单据自动办理，平均业务办理时间缩短80%，大幅提高业务效率与规范化水平。完成全国31家省公司和110家公司翼商城上线，电子采购率达到100%，2023年电商化采购平台年交易额超2000亿元。

中国移动统筹谋划、全面推进供应链数智化转型，建成涵盖电子采购与招标投标系统（ES）、数智供应链管理系统（SCM）、内部电商平台、供应链大数据平台等在内的数智化信息系统，有力支撑全集团供应链生产运营。积极融合新技术应用赋能智慧供应链，融合云计算、大数据、人工智能、区块链等新技术，设计涵盖需求、采购、订单、仓储在内的供应链端到端智能化应用全景图，并明确落地场景和应用方案，同时引入智能流程自动化（IPA）、光学字符识别（OCR）、视频会议等能力，赋能生产运营，支持供应链科学决策。

中国联通全面推进供应链智能化，引入大数据、云计算、人工智能、区块链、5G+等新技术，搭建一级架构系统"中国联通智慧供应链平台"，推动"一个联通、一个平台、一体化能力聚合、一体化运营服务"的供应链智慧运营，实现了供应链全业务流程应用智慧化、平台智慧化、运营智慧化的全面升级，提升供应链数字化、智慧化水平，满足公司全专业线全品类物资需求，支撑企业发展。

供应链智能化发展，本质是借数字化能力，在瞬息万变的环境中提升供应能力和供应链运作效率效益。展望未来，把握智能化转型已成为行业变革主旋律，抓住转型发展的关键契机是未来供应链发展的必由之路。

（三）趋势三：更加开放协同的生态化发展

当前，新一轮科技革命与产业变革加速演进，全球产业链供应链竞争日趋激烈，未来的发展不是依靠单个企业、单个产品、单个环节的发展，而是依托于产业链和供应链整体的发展，组织间协同的主体与类型日益多元化，促进供应链各方利用各资源和特点，共同提升产业链整体竞争力和价值地位。

国家高度重视供应链生态发展，由工业和信息化部指导，中国互联网与工业融合

创新联盟定期联合主办全球供应链大会，鼓励各行业的供应链领导者和创新公司链接，积极有效地推动供应链创新和组织变革，致力于推动供应链创新与进步。面对新形势，电信运营商同时发挥链长作用，促进上下游领域的信息衔接，提升供应链运营效率，培育发展新优势，催生发展新动能，推动电信业发展行稳致远。

中国电信秉持开放合作、互利共赢的精神，汇聚信息产业上下游合作伙伴，共同促进相关产业关系发展。中国电信倡议发起的"天翼供应链生态发展论坛"致力于打造敏捷、柔性、安全、绿色、协同的供应链生态，论坛品牌影响力初步形成，成员达到 60 家，推进上下游产业链、供应链企业共同发展，与论坛成员共同制定并发布了供需协同、系统协同、创新协同和发展协同规范，为成员间合作提供指导。

中国联通坚持"合作、共赢、共享、协同、绿色"的理念，打通供应链上下游环节，打造供应链生态圈，推进社会数字化转型和生产方式变革。在满足公司内部全品类物资供给需求的同时，中国联通供应链平台公开招募 3.9 万家创新应用合作伙伴入驻，引入智慧城市、智慧医疗、智慧交通、智慧政务等解决方案近 10 万个，发布产业互联网重点自研产品 162 个，为社会提供服务 5.3 万次[①]，为供应链上下游企业和各类企业提供全专业全品类物资供应专业服务。

未来，电信运营商将不断做大供应链生态"朋友圈"，与合作伙伴一同为产业发展和技术变革贡献力量，为数字经济与实体经济融合发展增添动能。

（四）趋势四：可持续发展、绿色低碳的发展

绿色低碳循环发展的经济体系是党中央、国务院作出的重大战略决策，是促进生态文明建设、构建现代化经济体系和实现高质量发展的必然要求。社会逐步意识到供应链对环境和社会的影响，随着对 ESG（环境、社会和公司治理）关注度持续升高，可持续发展成为供应链发展的未来主题。电信运营商作为国家新型基础设施建设的主力军，肩负推进"双碳"的重大责任。近年来，电信运营商先后发布碳达峰、碳中和行动计划，推进节能减碳与绿色应用，促进企业与经济、社会、环境的和谐共生、持续发展。

以中国电信为例，中国电信坚持贯彻生态发展、绿色发展理念，引导和鼓励产品绿色低碳设计与制造，促进供应链上下游伙伴共同向绿色化发展；全面深化与中国联通共建共享合作，减少 4G/5G 基站重复建设，大幅提升已建基站利用率，保护自然环境和景观，节约土地、能源和原材料的消耗，并持续深化杆路、管道、光缆等基础设施共建共享，截至 2022 年已为两家企业节省网络建设投资超过 2700 亿元，年化运营成本节省超过 300 亿元，年节电超过 175 亿千瓦时；推动实现供应链活动全流程无纸化操作；推进绿色仓储与绿色物流，加强新能源车辆、绿色可循环包装等绿色资源的应用，

---

① 资料来源：中国联通官网。

打造绿色化供应链，确保供应链的健康可持续发展①。

中国移动秉持绿色发展理念，积极打造绿色供应链，绿色环保理念延伸至产品和业务的全生命周期，不断完善绿色采购制度，引导供应链绿色生产，带动产业链绿色转型。制定"绿色采购"标准，在超过90%的设备中将绿色节能技术测评结果纳入采购评分，提升集采设备能效；将SA8000（社会责任标准）、ISO45001（职业健康安全管理体系）、ISO14000（环境管理系列标准）认证作为供应商资格审查、动态量化考评及综合实力考量评价标准，开展常态化集中采购供应商信息核查工作等，2022年一级集中采购目录中移动通信网络设备、传输网设备、IT硬件设备、电源及动力环境类有源设备共102种②。

面向未来，"双碳"战略不仅是遏制全球继续变暖的重大战略，更是一场经济社会系统性变革，电信行业更应扛起国之重任，积极开展"双碳"行动，加强产业合作，以数字化技术赋能节能减排和低碳发展，推动"双碳"目标的早日实现。

（中国电信集团采购供应链管理中心）

---

① 资料来源：运营商年报。
② 同①。

建筑工程行业招标投标发展趋势报告

一、建筑工程行业情况综述

(一) 建筑工程行业总体趋势

1. 建筑工程行业年度发展趋势

随着城市化进程的加速和基础设施建设的不断扩大，建筑产业已成为我国国民经济重要支柱。近五年，我国建筑工程行业项目数量整体呈上升趋势。剑鱼标讯①平台监测数据显示：2019 年我国建筑工程行业项目数量约 52.23 万个，截至 2023 年年底，项目数量已达 125.76 万个，年复合增长率高达 24.56%；然而，我国建筑工程行业项目规模自 2020 年增长 50.43%，达到近 10 万亿元之后，已呈弱增长趋势，2023 年项目规模更是锐减至 7.51 万亿元左右。从行业发展角度看，建筑工程行业正在从项目数量少、平均规模大的投资驱动型增长模式逐渐转向项目数量多、平均规模小的内需拉动型高质量增长模式，项目种类更加丰富多元。

2. 建筑工程行业规模预测

2023 年是三年新冠疫情防控转段后经济恢复发展的第一年，我国各级政府陆续出台加快推进建筑业高质量发展的相关意见或措施，加快建筑业转型升级、提质增效，引导中小型建筑业企业向"专、精、特、新"方向发展。2024 年开年以来，政策继续下沉，已有多地政府继续出台进一步加快建筑业高质量发展的举措。如表 1 所示。

表1 2023 年至 2024 年 2 月我国建筑业高质量发展相关政策

发布单位	发布时间	发布文件
潍坊市人民政府	2023 年 1 月 3 日	《关于加快建筑业高质量发展的实施意见》
青海省人民政府	2023 年 1 月 15 日	《青海省促进建筑业高质量发展若干措施》
南昌市人民政府	2023 年 2 月 11 日	《关于推进我市建筑业高质量发展的若干措施》
长沙市人民政府	2023 年 3 月 22 日	《关于推动智能建造与新型建筑工业化协同绿色低碳高质量发展行动方案》

---

① 本文中建筑工程行业项目数据由剑鱼标讯提供，剑鱼标讯数据来源于全国各省区市政府采购中心、公共资源交易中心等公开招投标信息的网站。由于少部分网站信息未被有效采集和处理，可能导致统计数据与实际值出现一定误差。

续表

发布单位	发布时间	发布文件
鄂尔多斯市人民政府	2023 年 9 月 29 日	《鄂尔多斯市人民政府关于支持建筑业高质量发展的实施意见（试行）》
江苏省人民政府	2023 年 11 月 22 日	《省政府关于促进全省建筑业高质量发展的意见》
住房城乡建设部	2024 年 1 月 29 日	《推动内蒙古住房城乡建设事业高质量发展的实施方案》
扬州市人民政府	2024 年 1 月 31 日	《市政府关于促进全市建筑业高质量发展的意见》
宁德市住房和城乡建设局等十二部门	2024 年 2 月 7 日	《关于加快建筑业高质量发展的十条措施》
温州市住房和城乡建设局	2024 年 2 月 20 日	《关于进一步支持建筑全产业链高质量发展的实施意见（征求意见稿）》

剑鱼标讯预测，到 2024 年年底，我国建筑工程行业项目规模预计将达到 9.18 万亿元，2024 年项目规模增长率有望突破 20%，到 2025 年，我国建筑工程行业项目规模将有望达到 10 万亿元左右。如图 1 所示。

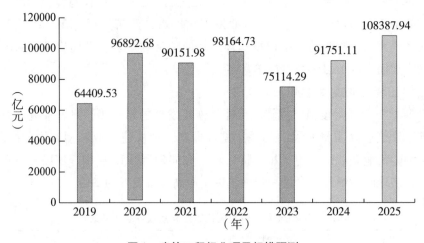

图 1　建筑工程行业项目规模预测

（二）建筑工程行业发展特点

1. 绿色化发展趋势

建筑产业是我国国民经济的重要支柱，也是公认的高耗能产业之一。2021 年，国务院印发《关于完整准确全面贯彻新发展理念做好碳达峰碳中和工作的意见》，强调要大力发展节能低碳建筑，持续提高新建建筑节能标准，加快推进超低能耗建筑等规模化发展。据剑鱼标讯统计，自 2021 年至 2023 年，我国建筑工程行业绿色建筑相关项目数量年复合增长率为 41.07%。绿色建筑的发展也离不开新型建材的支撑，2021 年至 2023 年我国新型建材应用相关项目数量的年复合增长率为25.92%，低于绿色建筑年复合增长率，在我国实现"双碳"目标的关键时期，建筑行业向绿色化、低碳化发展已是必然趋势，建筑企业应该把握机遇，积极布局节能减排的新技术、提高新型建材应用率，才能实现高质量发展。

2. 数字化发展趋势

随着数字经济迅速崛起，全球正加速迈向以万物互联、数据平台为支撑的数字经济时代。作为国民经济支柱产业之一的建筑业，由于其产业体量大、多关系方等特征，当前仍面临着多重问题，比如资源能源消耗大，质量和品质不高等，亟须借助数字化转型对全产业链进行更新、改造和升级。据剑鱼标讯统计，2023年建筑数字化项目数量同比增速为13.42%，但从建筑数字化项目数量占比来看，仅为6.54%，也就是说，我国建筑工程行业数字化发展尚处于起步阶段，在"数字化变革"上，建筑工程行业依然有较大的发展和提升空间。

二、建筑工程行业现状分析

（一）建筑工程行业月度趋势

从建筑工程行业项目规模上看，2023年全国项目规模7.51万亿元，同比下降23.48%，其中，第一季度依然呈增长趋势，同比增速为22.22%，2月，同比增速高达46.16%，同时，2023年第一季度项目规模季度最高，为2.16万亿元，占全年的28.81%，1月项目规模月度最高，为8125.60亿元，占全年的10.82%；第二、第三、第四季度则呈下降趋势，整体同比下降33.54%，尤其9月，同比下降50.56%；同时，2023年第四季度项目规模较第三季度有轻微回升。如图2所示。

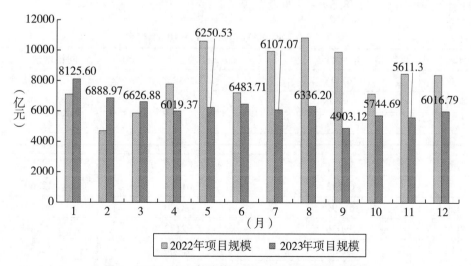

图2 2022—2023年建筑工程行业项目规模月度趋势

（二）建筑工程行业地区市场分布

从建筑工程行业市场项目规模 TOP10 的地区分布来看，2023 年项目规模超过 5000 亿元的地区有 5 个，分别为江苏、广东、浙江、山东、福建，项目规模共计 3.85 万亿元，占全国市场的 51.26%，与 2022 年相比，其中仅广东的项目规模实现正增长，同比增长 7.60%。如表 2 所示。

表 2　　　　　　　　　　**建筑工程行业市场项目规模 TOP10 的地区**

地区	2023 年项目规模（亿元）	2022 年项目规模（亿元）	同比增速（%）
江苏	12863.97	13198.01	-2.53
广东	7512.98	6982.15	7.60
浙江	7331.98	7790.26	-5.88
山东	5572.06	7360.67	-24.30
福建	5183.55	5592.50	-7.31
四川	3018.51	3464.72	-12.88
安徽	2889.16	2620.00	10.27
河南	2617.21	3142.98	-16.73
北京	2490.69	2886.27	-13.71
陕西	2335.79	3287.00	-28.94

从项目数量 TOP10 的地区分布来看，2023 年项目数量超过 7 万个的地区有 5 个，分别为广东、湖南、浙江、新疆、江西，市场项目数量共计 50.15 万个，共占全国市场的 39.88%。与 2022 年相比，广东、山东和湖北的项目数量为负增长，江西的项目数量同比增速最高，为 78.59%。如表 3 所示。

表 3　　　　　　　　　　**建筑工程行业市场项目数量 TOP10 的地区**

地区	2023 年项目数量（个）	2022 年项目数量（个）	同比增速（%）
广东	161113	163862	-1.68
湖南	105495	74828	40.98
浙江	85976	70809	21.42
新疆	77711	45411	71.13
江西	71251	39896	78.59
江苏	69732	61931	12.60
河北	61391	43720	40.42
山东	59036	62172	-5.04
四川	50655	45000	12.57
湖北	46208	47100	-1.89

（三）建筑工程行业业主类型分布

从建筑工程行业项目规模 TOP10 的业主类型来看，2023 年建筑业业主的项目规模远超其他行业，约 1.07 万亿元，其次是金融业，项目规模 6300.53 亿元，远超第三名；从同比增速情况来看，项目规模 TOP10 业主类型的项目规模与 2022 年同比均为下降趋势，仅水利和建筑业的同比降幅低于 10%，分别为 5.87%、7.73%。如表 4 所示。

表 4   建筑工程行业项目规模 TOP10 的业主类型

业主类型	2023 年项目规模（亿元）	2022 年项目规模（亿元）	同比增速（%）
建筑业	10658.73	11552.21	−7.73
金融业	6300.53	9759.84	−35.44
能源化工	3503.48	5164.41	−32.16
交通	3206.30	4196.09	−23.59
政府办①	3099.21	8694.11	−64.35
住建	2180.27	3662.76	−40.47
学校	1912.63	5833.53	−67.21
水利	1554.47	1651.47	−5.87
制造业	1161.88	1375.83	−15.55
医疗	1128.55	2567.93	−56.05

从项目数量 TOP10 的业主类型来看，2023 年项目数量超过 5 万个的业主类型有 5 个，分别为政府办、学校、建筑业、能源化工、金融业，市场项目数量共计 51.62 万个，共占全国市场的 41.05%；与 2022 年相比，项目数量 TOP10 的业主类型均实现正增长，其中制造业、建筑业的项目数量同比增速较高，分别为 45.42%、39.36%。如表 5 所示。

表 5   建筑工程行业市场项目数量 TOP10 的业主类型

业主类型	2023 年项目数量（个）	2022 年项目数量（个）	同比增速（%）
政府办	167050	138672	20.46
学校	154607	120178	28.65
建筑业	88973	63844	39.36
能源化工	55506	44996	23.36
金融业	50053	45254	10.60
制造业	47300	32527	45.42
自然资源	44509	36916	20.57

---

① "政府办"指政府组织协调工作部门，如国务院办公厅、政务管理办公室等。

续表

业主类型	2023 年项目数量（个）	2022 年项目数量（个）	同比增速（％）
医疗	38155	30930	23.36
交通	35884	28969	23.87
住建	33114	27974	18.37

（四）建筑工程行业细分市场分析

建筑工程行业按建筑类型不同，可以划分为许多不同细分领域，如居住建筑、智能建筑工程、轨道交通工程、公路工程、办公建筑、消防工程、构筑物工程等。从各领域项目规模来看，居住建筑近三年的项目规模最大，为 2.26 万亿元，占比 9.19%，远超其他细分领域；其次是智能建筑工程，近三年项目规模 1.19 万亿元，占比 4.84%。从各领域近三年复合增长率来看，管道工程、电气工程、桥涵隧道工程、其他道路工程等领域近三年复合增长率较高，分别为 33.90%、30.88%、19.40%、16.16%。如图 3 所示。

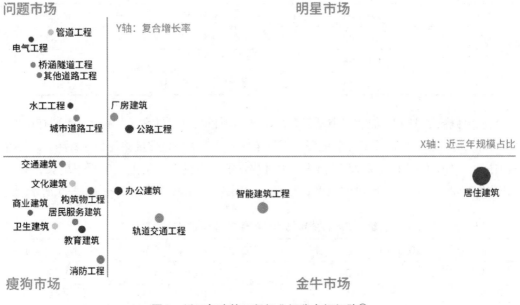

图 3　近三年建筑工程行业细分市场矩阵①

---

① 横轴是各细分市场近三年市场规模占比，左低右高；纵轴是各细分市场近三年复合增长率，下低上高；各建筑细分领域点的大小代表近三年市场份额；坐标轴交点为近三年市场市场规模占比及复合增长率的平均值（1.84%，-19.01%）。明星市场是指处于相对高市场份额、高增长率象限内的建筑细分领域，这类市场是当下的热门市场，市场利润空间也在不断扩大；金牛市场是指处于相对高市场份额、低增长率象限内的建筑细分领域，这类市场是较为成熟的市场，未来可能面临衰退；问题市场是指处于相对低市场份额、高增长率象限内的建筑细分领域，这类市场中可能有未来的热门市场，需要重点关注；瘦狗市场是指处于相对低市场份额、低增长率象限内的建筑细分领域，这类市场可能是已经处于衰退期的市场，整个市场利润空间在不断缩小。

三、建筑工程行业中标企业分析

（一）建筑工程行业中标企业类型分析

从建筑工程行业中标企业类型来看，施工类企业数量明显最多，2023 年有 90748 家施工类企业中标建筑工程行业项目，占建筑工程行业中标企业总量的 59.9%，与 2022 年相比，施工类企业数量同比增长 15.34%，同时，其他类型的企业数量同比也均有不同程度增长。2023 年建筑工程行业整体中标企业数量同比增长 19.13%，建筑工程行业市场竞争已越发激烈，建筑企业必须不断提升自身核心竞争力，才能在激烈的市场竞争中脱颖而出，实现可持续发展。如图 4 所示。

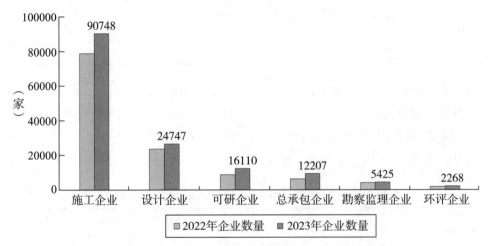

图 4　2022—2023 年建筑工程行业中标企业类型分布

（二）建筑工程行业中标企业来源地分析

从建筑工程行业中标单位来源地来看，2023 年中标供应商主要来自广东、湖南、山东、浙江、江苏、四川等地区，其中，广东、湖南的中标企业数量较多，合计占比 13.60%。如表 6 所示。

表 6　　　　　　　　　　2023 年各地区中标企业数量分布情况

地区	中标企业数量（家）	地区	中标企业数量（家）
广东	35295	内蒙古	12130
湖南	30473	甘肃	11147
山东	28850	福建	10652
浙江	28188	重庆	9733
江苏	27426	辽宁	9515

续表

地区	中标企业数量（家）	地区	中标企业数量（家）
四川	27001	广西	9459
新疆	23524	云南	9136
江西	22878	上海	9027
北京	22235	贵州	7778
湖北	20999	天津	6443
陕西	18842	吉林	6335
河南	18496	青海	3496
安徽	18290	海南	3465
河北	17241	宁夏	3355
山西	16670	西藏	2802
黑龙江	12871		

从建筑工程行业企业中标项目数量分布情况看，2023 年北京、上海、天津等地区企业中标外地项目占比较高，其中，北京企业中标 37305 个建筑工程项目，占全国建筑工程行业项目数量的 2.97%，北京本地企业中标外地项目数量为 20643 个，中标外地项目数量占比为 55.34%。如表 7 所示。

表 7　　　　2023 年各地区中标企业中标外省项目情况（按照项目数量）

中标企业来源地	中标项目数量（个）	中标外地项目数量（个）	中标外地项目数量占比（%）
北京	37305	20643	55.34
上海	27196	11911	43.80
天津	12880	5009	38.89
四川	56617	19591	34.60
陕西	36989	12011	32.47
河南	43317	13656	31.53
贵州	16856	5078	30.13
海南	4363	1195	27.39
福建	20939	5247	25.06
辽宁	18669	4661	24.97
江苏	73243	18110	24.73
安徽	34250	7859	22.95
山东	57053	11890	20.84
宁夏	5213	1053	20.20

中标企业来源地	中标项目数量 （个）	中标外地项目数量 （个）	中标外地项目数量占比 （%）
重庆	24197	4736	19.57
河北	55821	10837	19.41
湖北	43627	8259	18.93
内蒙古	16091	2456	15.26
吉林	11189	1708	15.26
广西	14423	1973	13.68
浙江	74267	9887	13.31
山西	29179	3652	12.52
云南	14629	1618	11.06
广东	139029	13793	9.92
甘肃	20022	1800	8.99
西藏	2500	211	8.44
青海	5161	406	7.87
黑龙江	26868	1750	6.51
江西	59768	3865	6.47
湖南	100207	5655	5.64
新疆	69851	1336	1.91

从建筑工程行业企业中标项目规模分布情况分析，2023年天津、北京、宁夏等地区供应商中标外地项目规模占比较大，其中，天津企业中标项目规模达到1134.16亿元，占全国建筑工程项目规模的1.51%。天津企业中标外地项目规模为824.21亿元，中标外地项目规模占比为72.67%。如表8所示。

表8　　　　2023年各地区中标企业中标外省项目情况（按照项目规模）

中标企业来源地	中标项目规模 （亿元）	中标外地项目规模 （亿元）	中标外地项目规模占比 （%）
天津	1134.16	824.21	72.67
北京	3925.25	2814.94	71.71
宁夏	407.47	275.81	67.69
上海	2836.52	1861.83	65.64
湖北	2635.24	1295.99	49.18
湖南	2046.57	981.18	47.94
陕西	2670.80	1191.51	44.61

续表

中标企业来源地	中标项目规模（亿元）	中标外地项目规模（亿元）	中标外地项目规模占比（%）
辽宁	593.82	258.46	43.52
重庆	517.04	204.22	39.50
河北	2027.74	791.47	39.03
广西	748.94	292.18	39.01
四川	2998.98	1097.95	36.61
安徽	2151.23	784.37	36.46
山西	1421.66	487.24	34.27
福建	945.64	307.11	32.48
河南	2376.96	761.77	32.05
广东	3957.97	1188.55	30.03
江苏	4775.22	1253.93	26.26
山东	3326.08	861.35	25.90
贵州	1283.11	298.38	23.25
青海	238.74	52.65	22.05
江西	1444.91	317.88	22.00
内蒙古	649.99	136.70	21.03
浙江	6321.1	1011.75	16.01
甘肃	737.75	117.08	15.87
黑龙江	519.73	81.52	15.69
海南	238.46	35.14	14.74
云南	1215.87	176.99	14.56
新疆	835.73	120.20	14.38
吉林	491.97	61.95	12.59
西藏	200.44	7.00	3.49

（三）建筑工程行业市场开放度分析

近年来，国家出台了《中共中央 国务院关于加快建设全国统一大市场的意见》等一系列文件，整顿和规范招投标市场的秩序，对于打破地方封锁和行业保护，为建立公平开放的市场具有重大意义。2023年，全国各地区建筑工程行业项目（按数量）市场开放度（由外地企业中标的占比）平均为26.70%。其中，建筑工程行业市场开放度排名靠前的地区主要有北京、西藏、海南、内蒙古、天津，其中，北京开放度最高，为60.64%；湖南、新疆、黑龙江等地区开放度较低，从侧面反映出由本地企业中标的项目数占比较高，其中，湖南占比达到89.10%。如表9所示。

表9　　　　2023年建筑工程市场开放度（按照项目数量）

地区	项目数量（个）	外地企业中标项目数量（个）	开放度（%）
北京	39550	23985	60.64
西藏	5012	2818	56.23
海南	6108	3128	51.21
内蒙古	23559	11101	47.12
天津	12700	5115	40.28
青海	7258	2713	37.38
宁夏	5902	2163	36.65
安徽	39798	14257	35.82
云南	19218	6835	35.57
重庆	28733	9732	33.87
广西	17979	6075	33.79
山西	36568	12113	33.12
吉林	13268	4143	31.23
贵州	16452	5113	31.08
辽宁	19784	6097	30.82
四川	50655	15363	30.33
上海	20866	6123	29.34
河北	61391	17516	28.53
山东	59036	15907	26.94
湖北	46208	12380	26.79
福建	21048	5632	26.76
浙江	85976	22973	26.72
河南	38621	10219	26.46
陕西	32232	8181	25.38
甘肃	23557	5715	24.26
广东	161113	37952	23.56
江苏	69732	16137	23.14
江西	71251	15766	22.13
黑龙江	31365	6565	20.93
新疆	77711	9899	12.74
湖南	105495	11496	10.90

按照项目规模计算，2023 年全国各地区建筑工程行业项目（按规模）市场开放度（由外地企业中标的占比）平均为 32.20%。其中，海南省建筑工程行业由外地企业中标的项目规模占比高达 67.23%，占领全国第一的位置；福建省、江苏省等地区开放度较低，从侧面反映出由本地企业中标的项目规模占比较高，其中，福建省本地企业中标项目的规模占比达到 93.64%。如表 10 所示。

表 10   **2023 年建筑工程市场开放度（按照项目规模）**

地区	项目规模 （亿元）	外地企业中标项目规模 （亿元）	开放度 （%）
海南	620.45	417.13	67.23
辽宁	818.53	483.16	59.03
内蒙古	1211.42	698.13	57.63
天津	699.54	389.58	55.69
北京	2490.69	1380.37	55.42
重庆	700.84	388.02	55.37
安徽	2889.16	1522.29	52.69
西藏	397.06	203.62	51.28
广西	877.10	420.34	47.92
河北	2261.31	1025.03	45.33
青海	336.04	149.95	44.62
广东	7512.98	3205.89	42.67
新疆	1224.52	508.98	41.57
山西	1557.03	622.60	39.99
江西	1875.11	748.09	39.90
河南	2617.21	1002.02	38.29
四川	3018.51	1117.48	37.02
湖北	2126.63	787.38	37.02
陕西	2335.79	856.50	36.67
吉林	669.65	239.63	35.78
宁夏	202.15	70.48	34.87
甘肃	942.14	321.47	34.12
上海	1426.67	451.98	31.68
湖南	1544.83	479.44	31.04
云南	1503.80	464.92	30.92
黑龙江	626.47	188.26	30.05
贵州	1394.33	409.61	29.38

续表

地区	项目规模 （亿元）	外地企业中标项目规模 （亿元）	开放度 （%）
浙江	7331.98	2022.64	27.59
山东	5572.06	1342.68	24.10
江苏	12863.97	1851.47	14.39
福建	5183.55	329.47	6.36

（四）建筑工程行业近五年中标金额 TOP10 企业

2019 年至 2023 年五年间，建筑企业中标金额前 10 强被三大建筑央企包揽。其中，中建上榜 6 家，中铁上榜 2 家，中铁建上榜 2 家。中建八局以 3515.77 亿元的中标金额荣获建企中标榜首；中建三局以中标金额 2440.34 亿元位居第二；中建五局以中标金额 1447.23 亿元位居第三。如表 11 所示。

表 11　　　　　近五年建筑工程行业中标规模 TOP10 建筑企业名单

排序	中标单位名称	项目规模（亿元）	项目数量（个）
1	中国建筑第八工程局有限公司	3515.77	1119
2	中建三局集团有限公司	2440.34	1090
3	中国建筑第五工程局有限公司	1447.23	628
4	中铁四局集团有限公司	1373.81	510
5	中国建筑第二工程局有限公司	1035.44	483
6	中铁建工集团有限公司	998.63	432
7	中国建筑一局（集团）有限公司	874.35	406
8	中铁建设集团有限公司	855.49	344
9	中铁十二局集团有限公司	853.19	336
10	中国建筑第四工程局有限公司	797.71	369

（剑鱼标讯）

公共采购领域社会信用体系建设报告

公共采购领域的信用体系建设，作为社会信用体系的关键一环，对于优化公共资源分配、降低市场主体交易成本、有效防控市场风险具有重大意义。自党的十八大以来，党中央和国务院日益加强对该领域的关注，通过实施一系列政策与制度，有力推动了公共采购信用体系的快速构建。目前，已建立起一套现代化、高效的监管体系，涵盖了事前监管的信用承诺机制、事中监管的信用评价制度以及事后监管的失信联合惩戒措施。本报告深入剖析了公共采购领域信用体系建设的成效与不足，并提出了针对性的策略与措施，旨在推动公共采购市场的健康发展。

一、政策背景

2014 年，国务院发布了我国首个国家级社会信用体系建设专项规划《社会信用体系建设规划纲要（2014—2020 年）》，它作为我国社会信用体系建设的顶层设计，明确了建设方向、重点领域和关键措施。该纲要强调，要加强政府信用管理，强化联动惩戒，保护政府采购当事人的合法权益，为公共采购信用体系建设指明了方向。

作为公共资源交易管理的重要环节，公共采购信用体系建设不仅是深化"放管服"改革、提升政府治理效能的基石，更是当前优化营商环境、激发市场活力的重要着力点。为切实规范公共采购信用管理，营造"公平、公正、公开"的公共采购环境，近些年，中央部委、地方省区市相继出台了公共采购信用体系建设规范性文件（部分文件见表1），以促进公共采购信用信息共享、管理等制度的完善。同时，各省区市结合当地实际情况，积极探索公共采购领域信用体系建设创新举措，进一步提升公共采购全生命周期信用管理实效，推动构建诚实守信的公共采购环境，助推经济社会高质量发展。

二、建设现状

公共采购信用体系的建立和完善，引导公共资源交易相关主体在进入市场前就具备基本的信用意识和责任担当，有效规避了采购过程中的信用风险，大大提高了公共采购市场的透明度。信用体系的透明化管理还提升了公共采购市场的整体透明度，为中小企业参与政府采购活动创造了更加公平的环境，充分释放了市场活力。根据财政部官网发布的数据，2022 年，全国政府采购授予中小企业的合同金额高达 25884.2 亿元，占全国政府采购规模的 74.0%，同比上年增长了 4.37%。其中，小微企业在政府

表 1 公共采购领域社会信用体系建设相关政策文件

发布时间	政策文件	主要内容
综合性政策		
2023 年	《国务院办公厅关于深入推进跨部门综合监管的指导意见》（国办发〔2023〕1 号）	积极开展跨部门联合信用监管。根据跨部门综合监管对象的属性和风险特点，积极探索符合行业监管需要的信用监管模式，充分发挥信用监管在配置监管资源、防范化解风险等方面的重要作用
2023 年	《中共中央 国务院关于促进民营经济发展壮大的意见》	完善社会信用激励约束机制。完善信用信息记录和共享体系，全面推广信用承诺制度，将承诺和履约信息纳入信用记录
2022 年	《中共中央 国务院关于加快建设全国统一大市场的意见》	健全统一的社会信用制度。编制出台全国公共信用信息基础目录，完善信用信息标准，建立公共信用信息同金融信息共享整合机制，形成覆盖全部信用主体、所有信用信息类别、全国所有区域的信用信息网络
2022 年	《中共中央办公厅 国务院办公厅印发〈关于推进社会信用体系建设高质量发展促进形成新发展格局的意见〉》（国务院公报 2022 年第 11 号）	围绕市场经济运行各领域各环节，对参与市场活动的企业、个体工商户、社会组织、机关事业单位以及自然人等各类主体，依法加强信用建设
2021 年	《中华人民共和国国民经济和社会发展第十四个五年规划和 2035 年远景目标纲要》	要健全社会信用体系，开启社会信用体系建设新征程
2020 年	《国务院办公厅关于进一步完善失信约束制度构建诚信建设长效机制的指导意见》（国办发〔2020〕49 号）	行政机关认定失信行为必须以具有法律效力的文书为依据。可认定失信行为的依据包括：生效的司法裁判文书和仲裁文书、行政处罚和行政裁决等行政行为决定文书，以及法律、法规或者党中央、国务院政策文件规定可作为失信行为认定依据的其他文书。行政机关认定失信行为后应当如实记录失信信息
2019 年	《国务院办公厅关于加快推进社会信用体系建设构建以信用为基础的新型监管机制的指导意见》（国办发〔2019〕35 号）	在政府采购、招标投标、行政审批、市场准入、资质审核等事项中，充分发挥公共信用服务机构和第三方信用服务机构出具的信用报告作用

续表

发布时间	政策文件	主要内容
2016 年	《国务院关于建立完善守信联合激励和失信联合惩戒制度加快推进社会诚信建设的指导意见》（国发〔2016〕33 号）	在实施财政性资金项目安排、招商引资配套优惠政策等各类政府优惠政策中，优先考虑诚信市场主体，加大扶持力度。同时强调，对包括出借和借用资质投标、围标串标等在内的严重破坏市场公平竞争秩序的行为实施联合惩戒，并限制严重失信主体参与有关公共资源交易活动
行业政策		
2023 年	《国家发展改革委等部门关于完善招标投标交易担保制度进一步降低招标投标交易成本的通知》（发改法规〔2023〕27 号）	依托公共资源交易平台、招标投标公共服务平台、电子招标投标交易平台、信用信息共享平台等，依法依规公开市场主体资质资格、业绩、行为信用信息和担保信用信息等，为招标人减免投标保证金提供客观信息依据
2023 年	《国家发展改革委关于完善政府诚信履约机制优化民营经济发展环境的通知》（发改财金〔2023〕1103 号）	畅通违约失信投诉渠道。违约失信范围包括政府部门在政府采购、招标投标、招商引资、政府与社会资本合作、产业扶持、政府投资等领域与民营企业签订的各类协议、合同中的违约毁约行为
2023 年	《国家发展改革委办公厅关于规范招标投标领域信用评价应用的通知》（发改办财金〔2023〕860 号）	各地方不得以信用评价、信用评分等方式变相设立招标投标交易壁垒，不得对各类经营主体区别对待，不得将特定行政区域业绩、设立本地分支机构、本地缴纳税收社保等作为信用评价加分事项
2022 年	《国家发展改革委等部门关于严格执行招标投标法规制度进一步规范招标投标主体行为的若干意见》（发改法规规〔2022〕1117 号）	加快推进招标投标领域信用体系建设，构建以信用为基础、衔接标前标中标后各环节的新型监管机制
2021 年	《关于建立健全招标投标领域优化营商环境长效机制的通知》（发改法规〔2021〕240 号）	抽查检查结果通过有关行政监督部门网站及时向社会公开，接受社会监督，并同步归集至本级公共资源交易平台、招标投标公共服务平台和信用信息共享平台
2020 年	《政府购买服务管理办法》（财政部令第 102 号）	购买主体应当根据购买内容及市场状况、相关供应商服务能力和信用状况等因素，通过公平竞争择优确定承接主体

续表

发布时间	政策文件	主要内容
2019 年	《中华人民共和国招标投标法实施条例》	国家建立招标投标信用制度。有关行政监督部门应当依法对招标人、招标代理机构、投标人、评标委员会成员等当事人违法行为的行政处理决定进行公告
2018 年	《关于对政府采购领域严重违法失信主体开展联合惩戒的合作备忘录》	明确经政府采购监督管理部门依法认定的存在严重违法失信行为的政府采购当事人将在三十余项市场活动中受到限制，其中包括：获取财政补助补贴性资金和社会保障资金支持，参与政府投资工程建设项目投标活动，等等

采购市场中的表现尤为抢眼，它们获得的合同金额达到了 15148 亿元，占全国政府采购规模的 43.3%，表明小微企业在政府采购市场中的竞争力有了显著提升。

（一）推行信用承诺，降低交易成本

信用承诺是指法人或自然人主体根据行政机关或行业组织的要求或出于主动表示诚实守信的意愿，对自身遵信守法行为、自愿接受监督以及违约责任等作出承诺。在这一机制下，投标供应商在资格审查时仅需提交信用承诺函，便可省去提供营业执照、财务报告、税收社保缴纳记录和无重大违法记录等烦琐材料，简化对供应商的形式审查。这一举措显著减轻了企业负担，有效提升了政府服务效率和采购流程的顺畅性，同时也强化了企业的诚信意识和自我约束能力。

合肥市公管局不断加大公共资源交易领域营商环境改革力度，强化建立健全信用承诺制度，形成"承诺—践诺"闭环管理机制，增强市场主体诚信意识，不断推动公共资源交易高质量发展，成为 2023 年度全国信用承诺优秀案例之一。合肥市公管局一是通过对标前招标条件核实实行"容缺受理承诺"，即招标人出具承诺函和风险承诺函，承诺开标前完善材料并承担相关风险，项目可以先行启动招标。自通知发布以来，在所有的工程建设类项目受理中，均使用了"容缺受理"机制，大大提高了招标效率。二是通过投标人、评标专家、代理机构分别承诺在公共资源交易活动中诚信交易、诚信履职，并将信用承诺作为事中事后监管的重要依据，为交易减负提速。2022 年，合肥市完成的 14530 个政府采购和工程建设项目标段中，均推行了投标信用承诺，大大减轻了企业负担。三是推行诚信企业减免房建市政项目投标保证金，持续为市场主体"加油减负"，拿出真招实招释放便企惠民政策红利。2022 年，累计减免房建、市政工程建设项目投标保证金 36.51 亿元。

（二）建立信用评价制度，强化结果运用

各省区市积极探索信用评价制度，通过收集、整理和分析公共采购活动中涉及的各方参与者（如供应商、采购代理机构、评审专家等）的履约行为、履约能力、履约意愿等信用信息，通过量化评分对其进行客观、公正、全面的信用评价，以此作为参与公共采购活动决策的重要依据。目前，重庆市、广东省、浙江省、江苏省等省（区市）均积极探索建立了涵盖采购人、采购代理机构、评审专家、供应商的全方位信用评价体系。通过信用等级划分、星级标识、计分评价等方式，量化被评价对象的信用结果，如浙江省、黑龙江省将供应商划分为 A、B、C、D、E 五个等级，山西省划分为 A＋、A、B＋、B、B－、C＋、C、C－、D 四等九级，江苏省则采取星级标识，供应商信用等级从高到低划分为五星、四星、三星、二星、一星。另外，通过建立线上信用评价系统，鼓励政府采购活动当事人信用互评，充分应用信用评价结果，促进采购工作提质增效。

2023 年，广州以数据赋能为基础、以"互联网＋"信用监管为手段，推出了"广州公共资源交易政府采购领域信用评价体系 3.0"，采用"公共信用＋市场信用"双维度，为供应商绘制信用脸谱、赋予信用分值，覆盖公共信用信息、交易信用信息和跨区域信用信息，分别占信用分值 70％、20％、10％。信用评价实行每日一评、动态更新，当天凌晨计算的信用评价分及时公布在广州公共资源交易信用平台，并将信用评价结果运用到政府采购项目中，在评审中占 5％ 的权重。广州市政府采购中心定期对采购项目或电子卖场履约评价情况进行抽检，并将履约评价信息进行归集、总结和应用。在招投标实践中，信用分值也已逐渐成为供应商能否中标的关键因素，信用评价的应用有助于提升供应商参与政府采购活动的诚信度，让"诚信优质企业脱颖而出"逐渐成为常态。

国务院国资委高度重视国有企业采购，下属事业单位商业信用中心推出以提升国有企业供应商信用风险监管水平、推动和支撑各级单位提升供应商信用风险管理能力为核心目标的国有企业采购供应信用管理平台，为中央国企、地方国企及其下属供应商服务。国有企业通过平台可以建立一级、二级、三级企业分类库和关联供应商档案库，查看供应商全貌信息，获取供应商的信息变更和风险提醒。供应商通过平台可以与国有企业进行关联，查看自身全貌信息，并可申请信用评价获得信用评级，实时了解自身整体信用状况和风险。

（三）强化信用信息公开共享，注重失信联合惩戒

当前，公共采购领域正有序推动违法违规和不良行为的公示，逐步形成信息公开长效机制，市场主体可在"中国政府采购网""信用中国"等网站查询到相关违法失信记录。自 2014 年以来，财政部归集了大量政府采购领域违法失信信息，并在"中国

政府采购网"公示"政府采购严重违法失信行为记录名单"。2023 年，中国政府采购网共发布 779 条政府采购严重违法失信行为信息记录，主要涵盖 7 类违法失信行为，其中因供应商提供虚假材料谋取中标类违法失信行为数量最多，共有 386 条，占比约为 49.6%，其次是与采购人、其他供应商或者采购代理机构恶意串通类违法失信行为，共有 235 条，占比约为 30.17%。如图 1 所示。（注：因处罚时间到期等原因，部分严重违法失信行为记录现已被"中国政府采购网"移出）

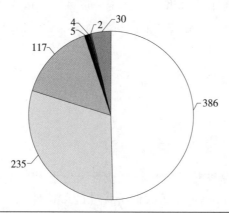

图 1　2023 年政府采购严重违法失信行为类型情况

针对不同领域严重违法失信主体，2018 年，国家发展改革委、中国人民银行、财政部等 29 个部门共同签署合作备忘录，对政府采购领域严重违法失信主体开展联合惩戒，限制政府采购严重违法失信行为人、失信被执行人、重大税收违法案件当事人等参与政府采购活动。江苏省南通市成功实现了公共信用信息联合奖惩系统与公共资源交易平台的实时对接。当采购供应商通过市公共资源交易平台参与政府采购活动时，系统会实时调用"信用中国"网站的信息，自动核查供应商是否被列入失信被执行人、重大税收违法案件当事人名单或政府采购严重失信行为记录名单。这一机制在后台静默运作，具备自动识别、自动拦截、自动惩戒和自动反馈的功能，能够精准打击严重失信者，从而构建了一个"一处失信，处处受限"的信用惩戒环境。

（四）借助数字优势，积极推进政府采购数字化

随着信息技术的飞速发展，各省区市积极响应数字化转型的号召，不断深化互联网思维和大数据理念的应用。这一转型不仅体现在政府采购流程的线上化，更在于通过互联网技术和大数据分析，实现了政府采购流程的优化和效率的提升。各省区市公共资源交易主管部门通过建立电子交易平台，实现了采购信息的电子化发布、投标过程的在线管理以及评标结果的快速公示，极大地提高了采购的透明度和便捷性。同时，

利用大数据分析技术，能够对市场趋势、供应商行为、采购成本等关键信息进行深入分析，从而为采购决策提供科学依据，优化采购策略。

广东省打造全流程数字化政府采购云平台，实现省内采购单位、代理机构、评审专家、供应商、商品等基础信息"一站式"注册登记，全省共享使用。此外，通过数字化技术创新监管模式，利用智慧云平台构建起全流程监控规则，针对12个政府采购运行环节，设置104个风险监控点，开展智能监控和实时预警，实现"事前预警、事中监控、事后分析"的智慧化监督预警。云南省以数字化改革为总抓手，在政府采购领域实现两个全省"一张网"，通过"云南省政府采购管理信息系统"，监管事项实现"一次办"和"不见面办"目标，并利用"政采云电子卖场"，实现小额零星项目"淘宝式"采购，大幅提高了政府采购效率。

三、存在问题

（一）信用评价标准尚未统一

目前，各省区市公共采购信用评价标准缺乏统一指引，在评价指标上，往往根据自身的实际情况和需求进行设定，导致评价指标的多样性和差异性；在得分规则上，有的地区可能更侧重于业绩，而有的地区则可能更注重质量和服务，这种得分规则的不一致使得供应商在跨区域竞争中难以形成统一的竞争策略，也增加了评价结果的不确定性；在评价结果应用上，一些地区可能将评价结果作为供应商资格审查的重要依据，而另一些地区则可能仅将其作为参考，这种应用的不统一使得供应商在参与公共采购时面临更多的不确定性和风险，增加了供应商的合规成本，也可能导致评价结果的不公平，影响市场的公平竞争，不利于全国统一大市场的建设。

（二）信用信息存在"数据孤岛"现象

公共采购过程中，供应商履约过程的数据不仅是衡量其诚信和履约能力的重要参考，更是信用评价不可或缺的依据。然而，由于各省区市在信息系统建设上仍存在一定的短板，相关数据采集、存储和共享机制尚未健全，导致供应商履约数据以及招标方评价数据难以被有效整合和应用到信用评价体系中，形成了一个个"数据孤岛"。此外，一些供应商可能存在隐瞒真实履约情况、提供虚假数据等行为，也增加了获取真实数据的难度。这种"数据孤岛"现象的存在，使得采购方难以全面、准确地了解供应商的履约情况，也无法对供应商的信用状况进行客观、公正的评价。不仅削弱了信用评价的准确性和有效性，也影响了公共采购活动的公平性和透明度。

（三）数字化采购应用能力不足

信息的真正价值在于其能够有效整合并被充分利用，尤其在政府采购领域，数据整合的深度和广度直接影响着采购效率和透明度。然而在我国，公共采购数据整合的实际效果受到数字化应用能力的限制，这一点在各级政府间表现得尤为明显。具体来说，政府采购的关键环节，如预算编制、投诉处理机制、合同管理等，尚未实现全面数字化，导致功能上的缺失，从而降低了采购流程的效率，也影响了公共采购的公正性和透明度。此外，我国不同地区在数字化应用能力上存在显著差异。一些地区可能已经建立了较为完善的电子政务系统，实现了政府采购流程的数字化，而一些地区则可能还在依赖传统的、纸质的采购方式。这种区域间的能力差异，不仅影响了公共采购的统一性和规范性，也制约了全国范围内采购制度改革的深入推广。

四、对策建议

（一）建立统一信用评价标准

一是制定国家级统一标准。由国家相关部门牵头，根据现行的信用相关国家标准，制定全国统一的公共采购信用评价标准和指南，该标准应明确评价指标的选取原则、评价方法的操作流程以及评分流程的具体步骤，确保各地区在信用评价过程中能够遵循统一的标准和框架。同时，考虑到各地实际情况的差异，各地可在统一的评价框架基础上，结合本地特色和需求进行适当调整，以形成既符合国家标准又适应地方实际的信用评价体系。二是建立评价结果互认机制。为减轻供应商在不同地区重复评价的负担，降低市场主体的合规成本，鼓励各地区之间建立信用评价结果的互认机制。该机制应明确互认的范围、条件和程序，确保评价结果在不同地区之间具有通用性和可比性。通过加强地区间的合作与交流，推动信用评价信息的共享与互认，促进公共采购市场的公平竞争和健康发展。三是动态更新评价标准。定期对信用评价标准进行修订和更新，以适应新的市场需求和监管要求。修订过程中应广泛征求各方意见，充分考虑行业发展趋势和技术创新成果，确保评价标准的前瞻性和实用性。同时，加强评价标准的宣传和推广，提高市场主体的认知度和参与度，推动公共采购信用评价体系的不断完善和发展。

（二）持续完善信用信息共享机制

一是建设全国性公共采购信息共享平台。建立公共采购信用信息长效共享机制，根据数据整合难易程度，逐步归集在采购人、采购代理机构、监管部门、行业协会等机构沉淀的包括政府采购预算数据、项目数据、监管数据、代理机构数据、供应商资料数据、评审专家数据、履约数据、绩效评价（评估）数据及其他资料数据等，打破"数据孤岛"现象，实现信息的全面整合与高效利用。二是推动数据标准化。制定统一的数据格式和接口标准，便于不同系统间的数据交换和集成，提高数据的可用性和准确性，为信用评价提供坚实的数据支撑。同时，加强数据标准化工作的宣传与推广，引导各地区和部门积极参与，确保数据标准的一致性和普遍性。三是强化数据安全和隐私保护。在推进信息共享的同时，采取有效的数据安全措施，包括加强数据加密、建立严格的访问控制机制以及定期进行安全审计等，保护个人和企业信息不受侵害。同时，加强数据使用监管，防止数据泄露和滥用，确保信息的合法、合规利用。

（三）进一步加快采购数字化建设

一是制定数字化建设规范。通过出台统一的数字化建设标准和技术规范，为各地区和部门的政府采购数字化建设提供明确的指导，旨在确保各个系统之间的兼容性和互操作性，从而形成一个统一、高效的数字化采购体系。二是进一步完善采购平台有关功能。平台开发供应商投标、合同签订、信用评价、履约验收等线上功能，以便线上化采集和处理信用数据，也进一步提升供应商参与政府采购活动的便捷度，增强采购活动的公正性和透明度。三是推广电子采购平台。鼓励和支持各地区和部门积极建设和使用电子采购平台，提高采购流程的自动化和智能化水平，减少人为因素的干预和操作失误，提高采购活动的准确性和效率。加大宣传力度，提高供应商和采购单位对电子采购平台的认知度和使用率。

（重庆征信有限责任公司，熊伟、龚瑜、张余）

世界银行公共采购营商环境评价体系
发展报告

营商环境是指企业等市场主体在市场经济活动中所涉及的体制机制性因素和条件，这些条件不受企业所控制，但对企业整个生命周期中的商业行为具有重大影响。世界银行长期开展全球经济体营商环境测评和排名，对各国改善营商环境、吸引投资，以及经济和社会发展产生了广泛的影响。面对实践发展和评价改革要求，2022 年世界银行构建了新的营商环境评价体系，特别是增加了公共采购评价，为提升公共采购营商环境提供了指引。从 2023 年开始，世界银行对包括我国在内的经济体开展首轮营商环境评价。

我国高度重视营商环境建设，党的二十大报告强调"完善产权保护、市场准入、公平竞争、社会信用等市场经济基础制度，优化营商环境"。为促进政府采购领域公平竞争、优化营商环境，2019 年财政部发布《关于促进政府采购公平竞争优化营商环境的通知》（财库〔2019〕38 号）。为加快营造市场化、法治化、国际化的一流营商环境，2023 年财政部办公厅发布《关于做好世界银行营商环境成熟度评估政府采购有关工作的通知》（财办库〔2023〕181 号）和《关于进一步提高政府采购透明度和采购效率相关事项的通知》（财办库〔2023〕243 号），提出了对标世界银行营商环境评价的要求和优化营商环境的举措。面对新一轮世界银行营商环境评价，我国应认真研究公共采购评价体系的新内容，深入分析发展变化和趋势，做好公共采购营商环境评价准备工作，进一步优化和提升我国公共采购营商环境。

一、世界银行公共采购营商环境评价体系发展历程

（一）"营商环境"评价项目

2002 年世界银行启动营商环境（Doing Business，DB）评价项目，自 2003 年开始连续 17 年发布年度《营商环境报告》，对全球经济体量化排名，评价国内中小企业投资经商的便利与友好程度。《营商环境报告》为了解和改善世界各国营商监管环境提供了客观依据，其国际影响力日益提升，促进了各国营商环境、全球投资和国际贸易的改善。《营商环境报告》覆盖了影响企业生命周期的 11 个领域监管法规，包括开办企业、办理施工许可证、获得电力、登记财产、获得信贷、保护少数投资者、纳税、跨境贸易、执行合同、办理破产和劳动力市场监管，但营商便利度排名不包括劳动力市

场监管的数据。

公共采购是指公共部门从私营部门采购货物、工程和服务，平均占国内生产总值的 10%～25%。世界银行认为公共采购规模巨大，可以影响市场的结构和运作，也可以促进经济发展、创新和就业；而效率低下的公共采购成本极高，不仅损害竞争，提高了价格，还容易受到欺诈和腐败的不良影响，公共采购市场的竞争在很多层面都至关重要。因此，世界银行营商环境研究团队开发了公共采购指标，于 2017 年对 78 个经济体进入和引导公共采购市场的难易程度进行了评估，帮助各经济体加强采购系统，促进私营部门的竞争。公共采购作为纳入全球营商便利度的观察指标，只收集数据，不做排名和计算分数。随着指标的完善，2020 年《营商环境报告》将公共采购数据收集扩展至 190 个经济体，测评全球公共采购系统的效率、质量、透明度、问责制和完整性，并提出将纳入 2021 年营商便利度评分中。但 2020 年 8 月世界银行发表声明，确认营商环境报告存在数据违规行为。2021 年 9 月世界银行决定停止营商环境报告及其数据的发布，并宣布将制定新的方法来评价商业和投资环境。

（二）"营商就绪"评价项目

世界银行 2022 年 2 月发布新的营商环境评价项目概念说明，12 月正式发布营商环境新评价项目《概念书》，项目名称暂定为"宜商环境"（Business Enabling Environment，BEE），介绍了项目的基本目标和方法，引入一套初步指标，并提出了项目实施方案。根据计划，从 2023 年开始对全球主要经济体分三批开展首轮评价。中国香港地区属于第一批，自 2023 年 1 月启动，于 2024 年 4 月前发布第一份评价报告；中国大陆和台湾地区属于第二批，自 2023 年 6 月启动，于 2025 年 4 月前发布第二份评价报告；第三批将在 2024年 6 月启动，于 2026 年 4 月前发布所有评价报告。中国澳门地区不在首轮评价范围内。

世界银行 2023 年 3 月明确新项目名称为"营商就绪"（Business Ready，B‐READY），5 月公布了《方法论手册》和《说明及指南》，包括项目的指标设置、调查问卷、评分指南和数据收集方法等内容，改进和替换了营商环境评价体系，对全球各经济体营商环境展开新一轮评价。营商就绪评价体系的目标是通过定量评估推动经济改革，促进私营部门发展、经济增长和增加就业，最终达到消除贫困和共同繁荣的目标。按照开业、运营和关闭的企业生命周期，评价体系共确定了 10 个专题领域，即企业准入、经营场所、公用设施连接、雇用员工、金融服务、国际贸易、税收、争端解决、市场竞争和办理破产。

世界银行认为，拥有活力和竞争性的市场是实现快速增长和更低价格的关键，公平的市场竞争通过提高行业和企业的创新能力和生产效率可以刺激经济增长，带来更高质量的商品、更多更好的工作和更高的收入。竞争政策是确保市场竞争不会受到减少经济福利限制的一套政策和法律，对于营商环境和经济发展至关重要，有助于减轻贫困和促进共同繁荣。因此，营商就绪评价体系新增了"市场竞争"领域作为其重要的评价指标，从整个私营部门的角度来衡量促进竞争行为和创新的关键法规基准，包括竞争法规和制度、知识产权和创新、公共采购三个类别。在公共采购市场中，公共部门是主要的购买者，政府法规的设计和实施直接影响市场进入和企业行为。作为"市场竞争"领域的重要评价内容，公共采购指标纳入正式评价指标中。

二、世界银行公共采购营商环境评价体系发展内容

在"营商环境"评价项目中，2017 年公共采购指标衡量公共采购合同的交易成本，涉及与提高企业与各经济体政府开展业务便利性相关的五个方面：无障碍和透明度、投标安全、付款延误、对中小企激励措施和投诉机制。2020 年公共采购指标通过案例研究记录了参与和获得工程合同的程序和时间，对公共采购生命周期的效率进行了基准测试。公共采购指标从办事便利度和监管框架两个维度进行评价，具体考察三个方面。一是必要的程序。程序数量描述了承包商和采购实体、发放许可证的机构、法院等公共机构之间的互动。二是所需时间。天数描述这些交互需要多长时间。三是适用的法律规定。法律指数衡量公共采购过程哪些方面受法律监管。这三个方面的内容涵盖了公共采购生命周期各个阶段，包括需求和预算、招标、收集投标、开评标、授予和签订合同、合同修订、发票和支付。在"营商就绪"评价项目中，保留了营商环境项目核心内容，进一步拓展和优化了公共采购指标。"市场竞争"主题有三个维度，每个维度的总分被进一步调整为从 0 到 100 的值，权重为 0.33。公共采购指标从公共合同招标法规、电子采购服务和公共采购法规效率三个维度进行评价，内容具体如下。

（一）公共合同招标法规

市场竞争主题评价的第一个维度是促进市场竞争法规的质量，涵盖监管框架的法律特征，为企业提供公平竞争的市场条件和创新环境，让企业公平参与政府市场的竞争。如表 1 所示，公共合同招标法规质量分为进入和竞争、物有所值、采购过程公平性和透明度四个子类别，共有 25 个指标，在市场竞争主题中调整后的总分为 33.3。促进公共市场进入和竞争法规的质量确保了公共采购基本法律框架的建立，通过公开竞争性采购作为公共合同的默认方式、制定框架协议程序的指引、明确参与公开招标的条款和条件等指标来评价；公共采购法规的核心是确保公共资金以最有效的方式使用，要确定政府在选择公共合同时是否采取了良好的监管措施，通过授予合同前对公共合同总成本和生命周期成本明确评估、确定最具经济优势投标标准等指标来评价；保护招标过程公平性的公共采购框架可以确保投标人的机会和待遇平等，促进公共市场的有效竞争。采购过程公平性通过授予公告和合同签订之间的停顿期、投标截止期限、采购结果通知和上诉追索权等指标来评价；透明度是高质量公共采购的核心原则之一，公开透明的采购程序可以改善竞争和提高效率。透明度通过公共采购程序的每个阶段持续公布采购信息等指标进行评价。

表1 公共合同招标法规质量指标类别和评分

类别	子类别	指标	赋分
公共合同招标法规质量	进入和竞争	公开竞争性采购是默认方式	9.33
		外国公司参与投标限制：需设立子公司或与本地公司合作投标	
		能够将合同拆分	
		规定采购实体向承包商付款的法定期限	
		制定框架协议采购程序	
		促进公共采购中的性别平等	
		促进中小企业参与的方法	
	物有所值	建立识别异常低价投标的标准	10.67
		为创新采购指定专门招标方法，并授权鼓励使用	
		在标准招标文件中纳入可持续性条款，并鼓励在投标中考虑可持续性	
		在标准招标文件中纳入性别条款，并鼓励在投标中考虑性别	
		明确采购计划最低限内容，以及公布新投标机会前估算合同价值使用工具的指南	
		采购计划最低限内容包括性别维度	
		在评标中考虑总拥有成本和生命周期成本	
		评标时使用最具经济优势投标因素	
	采购过程公平性	在合同授予公告和合同签订之间的停顿期，允许受损害的投标人对该决定提出质疑	6.67
		明确从发布招标公告到提交截止日期的最短期限，禁止通过拆分合同规避公开招标限额	
		通知公司采购决定的义务，法律框架规定如何处理潜在投标人的澄清请求	
		有专门的采购法庭和质疑授予决定的权利	
		解决上诉的时限和延迟解决的法律追索权	
	透明度	公布采购计划	6.67
		公布招标公告	
		公布招标文件	
		公布授予决定	
		公布合同和合同修订	

资料来源：《营商就绪方法手册》。

（二）电子采购服务

市场竞争主题评价的第二个维度是促进市场竞争的公共服务充分性，从而评估市场中营造公平竞争环境、培育和促进创新服务的实际提供情况。如表2所示，电子采购服务质量分为电子采购平台公开访问和交互性、透明度和采购程序数字化三个子类别，共有18个指标，在市场竞争主题中调整后的总分为33.3。电子化采购具有节省时间、提高效率和促进进入市场的优势，通过平台提供便利性、开放数据等指标进行评价；采购信息的公开透明可以促进所有企业平等获得信息，增加对政府合同的竞争，通过公布招标信息、授予决定和合同等指标进行评价；采购程序应用数字技术可以提高公共服务的质量和政府市场的竞争质量，通过供应商注册、提交标书和保证金、开标、签订合同和付款等采购流程，以及框架协议和反向拍卖等采购安排中是否应用数字技术等指标进行评价。

表2 电子采购服务质量指标类别和评分

类别	子类别	指标	赋分
电子采购服务质量	电子采购平台公开访问和交互性	中央电子采购平台的可用性	7.41
		以机器可读格式公布合同的开放数据	
		以机器可读格式公布标书的开放数据	
		按性别分类公布标书和合同的开放数据	
	透明度	以电子方式获取采购机会的通知	9.26
		以电子方式获取招标文件	
		以电子方式获取授予决定（包括其理由）	
		以电子方式获取合同和合同修订	
		以电子方式获取环保标签和环境友好型产品和服务的规范、标准或准则	
	采购程序数字化	以电子方式注册为供应商，并申请供应商的生态认证或生态标签	16.67
		要求采购实体以电子方式进行澄清和通知决定（澄清、授予等）	
		以电子方式提交投标书	
		以电子方式开标和虚拟工作空间管理招标程序	
		以电子方式提交投标保证金和可进行电子验证的履约保证	
		电子合同签订及电子合同管理与实施模块	
		以电子方式向采购实体提交发票并接收采购实体的付款	
		框架协议管理模块和电子反向拍卖模块	
		批准的供应商电子目录和绿色目录	

资料来源：《营商就绪方法手册》。

（三）公共采购法规效率

市场竞争主题评价的第三个维度是促进市场竞争的关键服务执行效率，反映法规质量和公共服务充分性这两大支柱如何有助于在实践中推动市场竞争。如表 3 所示，公共采购法规效率分为授予公共合同时间、收到付款时间和逾期付款处罚、进入政府市场、政府供应商的性别差异和参与投标行政要求中的性别差异五个子类别，共有 5 个指标，在市场竞争主题中调整后的总分为 33.33。公共采购合同授予的流程过长会阻碍市场进入并助长串通行为，延期支付也会给企业带来负面的外部因素，这些都会影响公共采购执行效率。公共采购法规效率通过授予公共合同时间、进入政府市场和政府供应商的性别差异等指标进行评价。

表3 公共采购法规效率指标类别和评分

类别	子类别	指标	赋分
公共采购法规效率	授予公共合同时间	授予公共合同时间	6.67
	收到付款时间和逾期付款处罚	收到付款时间和逾期付款处罚	6.67
	进入政府市场	进入政府市场	6.67
	政府供应商的性别差异	政府供应商的性别差异	6.67
	参与投标行政要求中的性别差异	参与投标行政要求中的性别差异	6.67

资料来源：《营商就绪方法手册》。

三、世界银行公共采购营商环境评价体系发展分析

世界银行"营商就绪"评价项目的启动，标志着营商环境评价体系进入新阶段，公共采购评价也得到了进一步发展和完善。通过梳理公共采购营商环境评价体系新内容，分析营商环境评价的发展变化和关注重点，有助于我国做好新一轮评估工作，推动公共采购营商环境的提升。

（一）重视公共采购评价工作，促进市场竞争

公共采购市场规模庞大，在各国经济和国际贸易中占有重要位置，拥有广泛的影响力。公共采购连接政府和市场，既是财政支出的管理手段，也是国家治理的重要工具，既可以影响市场的结构和运作，也可以促进经济发展、创新和就业，其运行机制的改革和市场环境的营造是优化整体营商环境的关键环节之一。因此，公共采购在优化营商环境中不仅可以有所作为，更应成为重要抓手，发挥积极作用。

世界银行公共采购营商环境评价体系的发展变化，体现出两个趋势。一是世界银行对公共采购评价工作越来越重视。随着营商环境评价实践发展和项目改革，世界银行认识到公共采购对营商环境的重要影响，逐步引入公共采购领域评价。在"营商环

境"评价项目阶段，公共采购评价由无到有，2017年首次作为观察指标被引入，2020年指标体系进一步完善。在"营商就绪"评价项目阶段，公共采购指标作为市场竞争主题的内容成为正式指标。公共采购评价的发展过程，从观察指标到正式指标，数据收集由试点经济体扩展到全部经济体，评分由不计入营商排名到计入排名，说明世界银行对公共采购营商环境评价认识的深入以及重视，为进一步推动公共采购营商环境优化和发挥公共采购的作用提供了手段和工具。二是公共采购评价由公共采购领域的单独发力，变成市场竞争领域下的协同发力，发挥作用的空间越来越大。公平竞争作为市场经济的核心，是市场机制高效运行的重要基础，涉及反垄断、反不正当竞争、知识产权保护和公共采购市场等诸多要素。世界银行将"市场竞争"作为一项全新指标纳入考察范围，市场竞争评价通过考虑各种要素，最大限度优化营商环境。公共采购市场是公共部门作为购买者形成的特殊市场，是推动市场竞争的重要组成部分。因此，在新的营商环境评价体系中，公共采购不是独立的评价专题，而是与竞争政策、知识产权和创新共同支撑"市场竞争"主题，通过三大支柱的统一协调和通力合作，共同发挥促进市场竞争的重要作用。

（二）引入多元评价维度，全面客观评价公共采购领域

"营商就绪"评价项目改进了原有营商环境评价体系，在评价角度、评价维度和数据采集等方面都有较大程度的创新和提升。根据营商环境评价改革思路和市场竞争主题要求，公共采购评价体系也进行了相应改革，包括拓展评价视角、引入多元评价维度和改进数据收集方式等，全面客观地评价公共采购领域。

从评价视角来看，"营商环境"评价项目是对中小企业参加公共采购活动便利度的测评，考虑的是单个企业办事的难易程度。而"营商就绪"评价项目从整个私营部门发展的角度对公共采购营商环境进行评价，而不只考虑对单个公司的影响，拓展了评价角度，目标更具综合性。从评价维度来看，"营商环境"评价项目从办事便利度和监管框架两个维度对公共采购进行评价，具体考察企业参与公共采购活动的必要程序、所需时间和法律规定等内容，体现出重便利、轻监管的评价理念。"营商就绪"评价项目从监管框架、公共服务和办事效率三个维度对公共采购进行评价。新评价项目将商业环境定义为一系列企业无法控制的条件，这些条件对企业在整个生命周期中的行为有重大影响。因此，公共采购评价不仅考察办事效率，还重点考察了公共采购监管框架质量和公共采购服务可及性，评价维度更加多元化，评价范围也更全面。从数据收集方式来看，"营商环境"评价项目通过案例研究记录了中小企业参与和获得公共工程合同的程序和时间，以专家回答调查问卷的方式采集数据，调查的企业对象仅限于传统行业的中小企业。而"营商就绪"评价项目在原有专家调查基础上，新增了企业调查法收集数据。公共采购监管框架和公共采购服务的评价采用专家调查法收集数据，要求评价专家应具备公共采购方面的专业知识和经验，如律师、协助准备招标的顾问

和内部采购人员等。在实际评价中不仅会收集公共采购法律法规的信息，也会收集反映实际执行情况的信息和测量结果，注重法律法规与实际执行的均衡。公共采购办事效率的评价是通过企业调查法采集数据，从传统行业拓展至服务业、数字经济等新兴行业，中小企业拓展至内外资、大中小各类型企业，从各经济体个别样本城市变为全域范围获取企业数据。企业调查问卷由企业股东或高级管理层匿名填报，评估企业在公共采购活动中的真实感受度。这些调查提供了关于企业创新以及政府合同实践的代表性数据。如果由于某种原因无法获得企业调查的必要数据，可与私营部门专家协商来收集这些数据。新评价体系数据采集方式更加合理，覆盖的企业、行业和地域范围更广，使各类公共采购数据相互补充验证，为测量公共采购营商环境提供可靠的依据。

（三）设计评价指标和赋分，指引公共采购优化方向

公共采购是公共部门为政府目的获取货物、工程和服务的行为，采购活动应按照法定的规则和程序规范运作，公开透明。公共采购法律制度为规范公共采购行为、提高资金使用效益、促进公平竞争和发挥政策功能提供了法律保障，是公共采购健康发展的重要基石。随着电子通信和网络技术的发展，数字技术广泛应用于公共采购领域，采购服务方式发生革命性改变，提高了采购效率和质量、降低了风险和加强了创新，助力公共采购可持续发展。公共采购法规和电子采购服务的质量直接影响公共采购的执行效率，关系到公共采购营商环境的好坏。因此，"营商就绪"评价项目从监管框架、公共服务和办事效率三个维度对公共采购进行评价，并将每个维度的评价内容具体化为评价指标。

世界银行通过设计具体指标构成和赋分，详细说明了公共采购营商环境的评价内容，使评价项目得以操作和落实，也为各经济体优化营商环境指引了方向。公共采购评价指标共有48个，其中公共合同招标法规质量的评价指标为25个，数量最多，占总指标的52.1%，调整后总分为33.3；电子采购服务质量指标为18个，占总指标的37.5%，调整后总分为33.33；公共采购法规效率指标为5个，占总指标的10.4%，数量最少，调整后总分为33.33。公共采购营商环境评价中，公共合同招标法规质量和电子采购服务质量的指标数量占总指标的89.6%。虽然三个维度的赋分一样，但前两个指标的质量会直接影响公共采购执行效率和效果，是优化营商环境的重点方向。每个维度下子类别的指标数量有多有少，赋分也不同，体现出评价具体考察内容的侧重点。在公共合同招标法规质量评价中，物有所值的评价指标为8个，赋分最高，为10.67分。"物有所值"是公共采购所追求的目标，也是进行采购决策、评估采购成功与否的标准，体现出公共采购的价值追求，是法规质量重点考察内容，涉及采购计划、标准文件、创新采购方法和评标；在电子采购服务质量评价中，采购程序数字化的评价指标为9个，赋分最高，为16.67分。全流程电子化是将信息技术优势融入公共采购全生命周期之中，搭建高效、便捷、智能化的采购平台，提供高效的公共采购服务，是服

务质量重点考察内容，涉及以电子方式完成注册供应商、发布通知、提交投标、开标、合同签订和管理、付款、框架协议管理和电子反向拍卖等采购流程。此外，对电子采购平台建设的关注度增加，涉及公开访问和交互性；在公共采购法规效率评价中，考核5个指标，赋分相同，都为6.67分，重要性相当，涉及合同授予时间、付款时间、进入市场等关键服务的执行效率。综上所述，在优化公共采购营商环境时，应重点关注公共采购招标法规质量的提升和电子公共采购服务可及性的扩大。同时，认真对标每个维度下的评价指标，特别是分析评价指标考察所关注的重点和难点，在优化公共采购营商环境的实践中着力解决。

（四）考虑可持续因素，发挥公共采购战略性作用

公共采购是财政支出的管理工具，也是体现国家政策功能的战略工具。公共采购政策功能包括保护本国产业、保护环境、促进中小企业发展、推动创新和履行社会责任等方面。近年来，公共采购国际改革方向趋向于从只关注采购程序合规性向发挥采购战略功能转变。世界银行主张"贷款项目的采购支持借款人在可持续发展过程中以诚信为本实现物有所值"的理念，并以此为基础设计了核心采购原则和采购策略。世界银行从战略高度认识公共采购的政策功能，在"营商就绪"公共采购评价中考虑可持续因素，加入"环境保护""性别平等""促进中小企业"等指标，推动公共采购发挥战略性作用。

在公共采购营商环境评价中，三个评价维度都考虑了可持续因素，共有12个指标，占总指标的25%。其中，公共采购合同法规质量维度有6个指标，主要涉及进入和竞争中促进公共采购中的性别平等、中小企业参与，物有所值中使用创新采购方法、在标准招标文件中纳入可持续条款和性别条款、采购计划中包括性别维度等；电子采购服务质量维度有4个指标，主要涉及电子采购平台访问中按性别分类公布标书和合同的开放数据，透明度中以电子方式获取环保标签及环境友好型产品和服务的规范，采购程序数字化中以电子方式申请供应商的生态认证或标签、电子绿色目录；公共采购法规效率维度有2个指标，主要涉及政府供应商的性别差异、参与投标行政要求中的性别差异。在上述可持续因素中，性别因素共有6个指标，环境保护因素共有3个指标，分别占可持续因素总体的50%和25%，凸显了在评价考察中的重要性。公共采购评价中考虑性别和环境保护等因素，为女性参与公共采购活动创造有利环境，促进绿色生产和消费，推动可持续发展。

在"营商环境"评价项目中，我国营商环境便利度排名从2006年的108位提升至2020年的第31位，整体营商环境改善成效显著，说明我国对优化营商环境的重视程度和工作力度。公共采购营商环境评价实现了从无到有，2017年作为观察指标引入。在"营商就绪"评价项目中，重视市场竞争，完善了公共采购指标评价体系，实现了由观察指标到正式指标的转型，将对各经济体营商环境排名产生重要影响。在面对新一轮

公共采购营商环境评价时，我国应通过深入研究世界银行评价的新基准和新方法，把握公共采购营商评价基准和"最佳实践"。通过对标和比较，检查和发现我国公共采购营商环境的差距和不足，着力解决营商环境评价中的重点和难点领域，加快营造市场化、法治化和国际化的公共采购营商环境。

（国际关系学院经济金融学院，孟晔）

理论探讨篇

从供应链和数字技术看招标采购管理制度改革

——试析招标采购实践与管理制度的结构性矛盾

供应链的概念萌芽于 20 世纪 80 年代，初期主要研究如何提高企业内部各职能团队之间的协同效率，降低库存和减少浪费；继而发展成一个专门的学科，研究重点延展到企业之间为何、如何结成上下游伙伴，以及全链伙伴企业如何高效协同、创造价值。采购，被视为供应链构建和管理的关键环节，但是从供应链的视角来看，现行的国企招标采购实践与招标采购管理制度存在着结构性矛盾。

发展数字经济，具体的抓手是数字技术落地应用，以提高生产力，创造价值、服务民生为目的，改变甚至颠覆现行的生产经营模式和作业方式。包括采购在内的供应链数字化转型，是数字经济题中应有之义。现行招标采购的许多作业模式和标准是受法律法规规范甚至被固化了。新技术在这些作业模式所涉场景中落地应用，往往与既有的招标采购管理制度"不兼容"，这是新技术发展应用与管理制度的"结构性矛盾"，并非一句"法无禁止皆可为"所能解决的。

《招标投标法》的修订是从顶层设计解决上述结构性矛盾的最佳时机，对于提高国企治理水平和核心竞争力，促进经济高质量发展具有非常重要的意义。

一、从供应链视角看招标采购实践与管理制度之间的结构性矛盾

笔者曾有幸应国务院国资委邀请，以供应链专家身份参与央企 2021 年采购和供应链工作考评（第八组），有机会近距离了解央企在保障国家发展中的战略担当，也了解到央企运营中采购环节所遇的制度性困难。近年来也曾有机会参与有关部门组织的《招标投标法》修法调研和座谈讨论，听闻不少企业反映招标采购实践与管理制度"不兼容"所带来的难处。虽然具体案例各不相同，关于困境的成因，归纳起来比较有代表性的认知和表述是，"国家层面缺少针对国有企业采购的政策制度或指导性文件，现有非招标采购的国家政策制度与国有企业采购实践存在一定不适用性"。

笔者认为，此处的"不适用性"，应该是现行招标采购实务实操与管理制度之间存在结构性矛盾的一种具体表现。这一问题的解决需要调研"不适用性"发生的具体场景，更要深入分析其本质性的成因。

招标投标只是诸多采购交易方式中的一种。一个采购项目选用何种交易方式，传

统经济学认为主要取决于市场供求关系。但是从供应链的角度来看，除了供求关系，更需要考虑采购的目的；而采购目的必定服务于采购企业经营管理的目标。不同的企业会有不同的战略目标，不同时期也会有不同的阶段性目标，但这些目标都服务于企业终极目标"盈利且可持续"的实现。其他的目标诸如承担社会责任、提供就业机会，包括绿色发展和公益服务，都是以"盈利且可持续"终极目标的达成为前提的，或者是互为条件的。一个经营不善濒临破产的企业是没有能力提供就业机会反而有可能成为社会的负担，一个投机取巧生财有道的企业如果不依法经营、不走绿色发展道路也必定是不可持续的。

企业采购是供应链构建的重要环节。遗憾的是，供应链在国内受到重视并见诸政府文件和新闻媒体，只是近些年的事。在起草《招标投标法》的那些年，我们对供应链理论知之甚少，因此没有从供应链的视角来看待采购。可以想见，当时只是聚焦于如何用招标投标的交易方式来规范采购的作业方式、流程和标准，忽略了采购的目的，忽略了采购工作背后的逻辑和规律以及对于达成企业经营目的所能发挥的作用。

企业的采购实践告诉我们，每一项采购任务，都有其特定的目的。这个目的的设定以及为达成目的所采取的手段（作业方式、流程和标准）是否妥当，检验标准在于是否服务于如上所述企业经营的终极目标。管理常识告诉我们，把手段当成目标去追求是企业经营之大忌。

总体来说，企业采购大致可以分为两大类：投资性采购和经营性采购。就央企和超大型地方国有企业而言，由于其规模巨大，办公耗材需求量极大，消耗的公共资金也颇为可观，因此可以将办公耗材的采购列为第二类。本文聚焦分析经营性采购，因为，笔者在梳理分析前述一些国企所列举"不适用性"的相关实践案例时发现，这些案例大多发生在经营性采购业务中。

经营性采购的主要目的是维持企业的日常生产经营活动；采购的物料物资用途是作为企业所生产的最终产品的组成部分，如原材料、备品备件以及包装材料；或者，对最终产品的生产和服务的提供是不可或缺的，如石化行业用于维修生产设备的备品备件。

经营性采购具有以下特点：一是其总支出在企业的生产成本中占比很大，与企业利润息息相关；二是同一物料物资的采购具有持续性，对供应源头的稳定性十分重视；三是采购计划的实施与生产计划执行强关联，对供货的数量和时间要求很严格；四是有些非通用物料如部件或备品备件，可替代性较差，供应商资源比较有限，甚至需要由需方企业指导供方企业设计才能加工生产，这类采购常见的是"外加工"或"外包"；五是供应商提供的标的物的质量直接影响采购方所生产的产品质量。供应链理论将这些特点归纳为采购的"六正确"：正确的产品，且质量正确、数量正确、地点正确、时间正确、成本正确。

鉴于经营性采购的这些特点，企业在采购实施和管理方面都设定了具有针对性的作业方式和标准。首先，对供应商实行严格的"准入"管理，有意愿的供应商通常需要经受采购方为期半年的考察甚至是"调教"才能获得报价的资格，以确保供应商提供的是"正确的产品"同时还保证"成本正确"。其次，经营性采购授予合同不考虑"最低价中标"，因为"最低价"极有可能存在质量风险，低劣的质量会直接损害采购企业自身产品的质量。"成本正确"，既顾及了供应商的盈利意愿，也含有采购方规避风险，持续盈利的追求。在这个原则下，供应商为了获得合同采取低于合理成本的报价，反而会被拒，因为存在不可持续的风险，且这种风险会传递至采购方，严重影响采购企业的生产排期、产品质量和可持续生产。最后，同一物料的采购合同不会只授予一家供应商。比较主流的做法是按照 5：3：2 的比例分别与三家供应商签订合同。这种做法既体现了风险规避意识，营造了竞争氛围，又能鼓励供应商不断改进工艺、提高质量、降低成本、保障可持续等。在合理的供货价格下，同一物料有多家供应商存在，既是供应链稳定性的战略需要，也是构建敏捷供应链的必然要求。供应链不稳定将影响采购方企业既定的生产排期，甚至影响采购方企业作为供方的履约能力和品牌声誉，总之，是为了"盈利且可持续"的终极目标。

深入分析企业经营性物资采购的实施过程，可以发现企业的采购职能具有两种属性：一是大家所熟知的"采买"的属性，即履行物资采购的职责，完成采购计划的施行；二是"构建"的属性，即履行构建和管理供应链的职责。具体来说，每一次经营性物资采购的实施和决策，采购方企业不仅选择了与哪家或哪几家供应商成交，同时也决定了与哪家或哪几家供应商构成供应链伙伴关系。采购实施的过程本质上就是供应链构建和管理的过程，是企业培育供应链竞争优势的重要环节。在这个重要的环节，企业可以对供应商进行留优、汰劣、纳新以及扶弱（具有战略合作价值、但尚处发展初期的供应商）等管理措施。遗憾的是，"构建"的属性迄今仍然没有受到充分的重视。

以上两种属性，在企业经营性采购的执行层面，就成了采购作业时必须兼顾的双重目的。如果企业的采购团队没有履行好"采买"和"构建"的职责，很可能会导致供应链构建失败或运行不畅，最终影响企业的经营秩序和战略执行效果。对于企业来说，这些都是难以承受的损失。

以上分析说明，经营性采购的作业方式、流程和标准，都是以采购的目的为出发点和落脚点，是依照供应链运行的客观规律而设定的。当前央企抱怨的"不适用性"，具体发生在经营性采购领域，原因是采购企业想按供应链规律办事，但是招标采购管理制度却不认可不允许。简单两个例子：非最低价中标、一次招标采购多家供应商中标，都是招标采购管理制度所不允许的。

以供应链理论来分析，与采购方签约的供应商，是采购方企业的第一层供应商，该供应商还有自己的供应商，也就是最初采购方的第二层供应商。同理，第二层供应商也会有自己的供应商。我们不难想象，由多层供应商构成的供应链，其中任何一家企业如有"风吹草动"都可能形成"蝴蝶效应"，殃及供应链伙伴企业。笔者在走访企业调研时发现，已经有采购团队考虑在授予合同之前，将供应商的供应商也列入评标条件之一。这充分说明他们对供应链运行规律的认知在不断加深，防范风险以求供应链稳定运行的措施也在不断加强。但是，对照招标采购管理制度，这样的评标规则也是不被认可的。

如上所述，招标投标只是采购交易方式之一。但是自《招标投标法》实施以来，招标采购管理制度性文件越来越多，招标采购方式的应用范围越来越广，近乎但凡采购必须招标，形成了"独尊招标"的局面。现行《招标投标法》所设定的招投标流程，在很大程度上是以世界银行的招标投标方式为范本。仔细研究世行招标投标实践，我们即可发现世行采购的目的基本上都不是为了满足日常生产经营所需，而是为了满足世行资金所涉项目的建设所需，以及对项目资金使用的监管。这样的采购目的和监管需求采用招标投标交易方式，具有一定的合理性和必要性，但对于企业的经营性采购活动来说，因为采购目的不同，照搬这样的招标投标交易方式就导致了管理制度与业务实践"不兼容"。

为了解决招标管理制度与采购业务实践"不兼容"，相关部门和行业组织也推出了一系列非招标采购的规范性文件。令人遗憾的是，这些规范文件的出发点还是立足于交易过程的管理，在流程设计上几乎是招标投标方式的翻版，实践中多半是作为招标失败后的补救措施。如果说《招标投标法》立法当年，我们对供应链的理论知之甚少，尚属事出有因情有可原。但是，现如今从中央部委到地方政府都在强调要保供应链稳定的政策取向之下，这些规范或范本依然无视采购的目的，无视经营性采购的特点，国企也就依然会抱怨"国家层面缺少针对国有企业采购的政策制度或指导性文件，现有发布非招标采购的国家政策制度与国有企业采购实践存在一定不适用性"。

为避免误会，笔者特意在此郑重声明：笔者并不反对招标投标交易方式，而是不赞成"独尊招标"。在投资性采购和办公耗材的采购方面采用招标投标方式，流程清晰监管到位，就"适用性"而言基本不成问题。以上所述只是试图分析论证国企抱怨的"不适用性"，主要发生在经营性采购，这类采购应该从供应链的视角来制定相应的管理制度。

笔者认为，供应链外无企业，供应链运行规律具有普适性，随着对供应链的认知不断加深，企业将会从既往的不自觉逐步转变为自觉地用供应链思维制定发展战略、配置资源、组织生产经营。企业经营始终处于动态变化的市场环境之中，企业经营管理团队的主要职责或者说是企业经营自主权之内的事项是分析变化，判定方向，顺势而为，随机应变般地调整供应链，其中包括设定并不断改进作业方式和升级作业标准以及数字技术在其中的应用。因此建议，《招标投标法》的修订，要重点考虑一个问题：是否有必要在法律层面制定并固化企业采购的作业方式、作业流程和作业标准。

二、数字技术应用创新与招标采购管理制度之间的结构性矛盾

当下我们正处于供应链的时代，市场竞争是在供应链和供应链之间。当下也是数字化的时代，企业需要借助数字技术构建供应链竞争优势。具体来说，企业的产品要数字化、作业方式要数字化、数据要资源化。而归纳起来，就是借助数字技术的应用和创新，提高生产力。新技术的应用和创新将深刻影响我们的生活和工作，甚至颠覆我们既有的作业方式和商业模式。但是，技术创新带来的业务突破性与前瞻性也会与既有的法律法规"不兼容"，形成结构性矛盾。

《招标投标法》的起草工作始于 1994 年 6 月，历经 5 年多时间，于 1999 年 8 月 30 日经第九届全国人大常委会第十一次会议审议通过，2000 年 1 月 1 日起实施。2001 年 5 月，中国国际招标网上线试运行，这是国内第一个服务于招标投标行业的互联网平台。作为亲历者，笔者清晰地记得我们在筹划、调研、设计和开发建设中国国际招标网的过程中，知晓《招标投标法》的起草工作正在进行。只不过立法团队和中国国际招标网的开发团队"各自为战"，没有进行过任何正式的交流与沟通；当然，我们也不了解《招标投标法》起草团队是否与其他专业人士就互联网的应用有过交流和沟通。总之，于 2000 年开始施行的《招标投标法》全文并没有任何涉及互联网和信息技术在招标投标领域应用的条款。

互联网和信息技术在我国的发展之快远远出乎人们的意料，招标投标从业机构和人员对于这些新技术在招投标业务中的应用也表现出极高的热情。在国家鼓励创新和创业的政策引领下，许多互联网企业和软件服务商也瞄准机会跃跃欲试。很显然，新技术的应用必定改变既有的作业方式，而既有的方式又是依照《招标投标法》所设定。因此，招标采购管理制度与互联网和信息技术之间的"不兼容"所导致的"不适用性"逐渐凸显。例如，很长一段时间里，电子文档形式的招标投标文件，因为没有法律效力，还要伴随着纸质文件。如此这般的"线上"和"线下"并行，劳民伤财，严重制约了招标投标业务的发展。

为了解决这一"不兼容"，国家招投标行政监督部门在《招标投标法》框架下研究并制定了《电子招标投标办法》（国家发展改革委等八部委令第 20 号），含附件《电子招标投标系统技术规范 第 1 部分：交易平台技术规范》，并于 2013 年 5 月 1 日起施行。为满足前述办法规定的系统"检测认证"需求，2015 年 9 月 1 日开始施行与之相配套的《电子招标投标系统检测认证管理办法（试行）》。这些法规和办法较为有效地解决了《招标投标法》与信息技术在招投标业务应用之间的"不适用性"问题，确保了《招标投标法》的严肃性和有法必依的原则，同时保障了招投标活动在新技术支撑下的依法有序进行。这次成功的关键，在于准确把握了"不适用性"的实质，即信息技术在招投标领域的应用缺乏法律规范和支撑。

历史虽然不会重复，但有惊人的相似之处。数字技术尤其是生成式人工智能的飞

速发展，让我们再次面临新技术发展和应用与招标采购管理制度"不兼容"所导致的"不适用性"。

分析制造业企业的数字化转型，笔者认为它们主要面临"四大任务"：产品数字化、生产加工数字化、经营管理数字化以及数据资源化。其中"生产加工数字化"和"经营管理数字化"很大程度上是作业方式的数字化。就制造业生产加工来说，将会更多地利用智能机器人。我们在很多企业已经可以看到高效率运行的"黑灯工厂"和无人装配线，都是生产加工数字化转型的成功案例。

拿制造业做一个类比，招标投标行业作业方式的数字化转型，将会更多地利用生成式人工智能技术。生成式人工智能的技术特点是生成文字、代码、图片、音频和视频，可以在招标投标行业的作业方式中找到很多的应用场景。当然，这项新兴技术并非可以取之即用，无所不能，而是需要根据具体的业务场景研发专用的 AI 应用。很多数字化专家预言人工智能首先将取代简单重复的劳动岗位，招标投标行业的从业机构和有识之士却更希望利用人工智能技术解决招标投标业务实操中的难点痛点。例如，招标投标作业流程"招、投、开、评、定"五大环节中，"评（评标）"是一个最容易受到人为干扰的环节，轻则是因评标专家的"人情分"影响评标结果，重则是专家被"围猎"甚至主动寻租。这些干扰都会严重伤害招标投标的公开、公平和公正，败坏营商环境。于是业界有人提出要利用生成式人工智能技术开发自动评标 AI 助手，希望利用人工智能目前"六亲不认"只认数据的特点，杜绝评标环节的人为干扰。笔者认为，这个想法值得点赞，但有待法律认可。因为现行以《招标投标法》为主体的招标采购管理制度明确规定，每一个招投标项目都要成立评标专家委员会，评标结果需要由每一位专家签字确认。问题由此而来：由 AI 应用代劳生成的评标报告由谁签字？有谁愿意为其签字负责？简单来说，程序不合法，结果能有法律效力吗？诚然，招标采购管理制度并没有明文禁止作业方式的创新，但是，此情此景之下，一句"法无禁止皆可为"能解决问题吗？这个新技术应用与招标采购管理制度"不兼容"的结构性矛盾不容回避。

其实这还只是人工智能技术在招标投标作业流程中应用的一个阶段性小成就。随着数字化和人工智能技术的飞速发展，很有可能出现的窘境是，当招投标行业专家和法律专家还在就是否对 AI 生成的评标结果给予法律效力而争论时，新的更具颠覆性的创新或已不期而至。笔者在 2023 年 5 月就曾在一篇文章中做过以下的遐想。

细察所有的交易方式即可发现，信息交互是采供双方在交易达成之前最主要最核心的工作。在招标采购项目启动之前，采购方就已经利用各种渠道进行市场调查收集资料，其目的是与供应方尽可能达成信息对称。《招标投标法》及相关管理制度所规范的交易方式，在一定意义上是对信息的交互设定了规则，严谨周到，堪称经典。进入招投标程序，采购方和供应方就必须根据法定的招投标流程和作业标准进行交互信息。即使进入评标环节，专家的主要工作还是补充信息并对投标方提供的信息进行甄别，与采购方的需求信息进行比对。

遐想由此而来：如果采购方所需要的所有信息和数据，借助包括大数据技术在内的数字技术，能够在公域数据中"一键可得"，甚至比招标投标交易方式或其他既有的各种方式来得更充分、更完整、更精准，且由于区块链技术的加持，还省去了甄别真伪的麻烦。在这样的前提之下，生成式人工智能技术大有施展"才能"的地方。

一是采购方可以根据具体需求以及评标原则（包括专家意见）和标准，利用 AI 应用即可以生成招标文件。

二是采购方根据公域数据中潜在投标人的基本情况、经营和产品特点，"代劳"生成投标文件。

三是将采购方的需求与"代劳"生成的所有潜在投标人的投标文件进行比对（类似评标）并列出预中标人选清单。

四是根据不同中标候选人生成不同的合同要约，供双方做最后的协商并签字完成交易。

可以看出，不仅只是评标环节，而是现行招标投标全流程的作业方式，都有可能由生成式人工智能应用全程代劳了。毋庸置疑这是作业效率最高，最具数字经济属性的创新发展。但是，问题依然还是"这样的作业方式是否属于违法行为？所产生的结果是否具有法律效力？"很显然，我们还没有为交易方式的颠覆性创新准备好法律环境，现行的招标采购管理和监管制度都不支持这样的商业交易模式创新。可以想见，新技术支撑下的作业方式创新，与现行招标采购管理制度形成的结构性矛盾将日益凸显。

由此，我们需要举一反三，思考一个更为深层的问题：我们在鼓励对新技术的应用、鼓励创新创业的同时，需要考虑既有的作业方式包括商业模式是否正受到法律的规范和保护并固化下来，而这样规范和保护是否在有意无意之中形成了对创新和新技术应用的障碍。

可以肯定的是，我们不会因为这样创新的作业方式缺乏法律效力而拒绝数字技术和人工智能技术的应用。但是，这样的应用在得到法律的认可之前，很可能还要经历一场"大辩论"才能形成共识并以法律形式予以确认。这就是所有新技术的应用都必然要经历"无法可依"的阶段。各界期盼的是这个阶段走得更顺快一些，窘境的代价小一些。

另一个需要注意的问题是，当下数字化时代技术和产品相对于工业化时代的技术和产品，生命周期要短很多；技术进步和产品迭代会更快更频繁。摩尔定律表面讲的是芯片发展，实际揭示的是技术进步的速度之快。

以 OpenAI 的 ChatGPT 为例，2022 年 11 月底发布的是 3.5 版，大约一个月之后就出了 4.0 版，随后网上关于 5.0 版的六大超级能力的讨论开始铺天盖地了，而有关GPT6.0 版探索也开始积聚能量。对很多人来说，大型语言模型（LLM）尚在消化理解之中，现在又出现了大 AI（Big AI）的概念。数字技术一直以超乎人们想象的速度在发展。

数字技术和产品的生命周期短了，连带的结果是，与数字技术应用相关的管理制度的"适用周期"也短了。在招标采购领域，就形成了新技术应用与既有招标采购管理制度的结构性矛盾。我们不能被动地"见招拆招"，不能在新技术应用并创新作业方式时才逐一考虑是否接纳、是否给予法律效力。否则，法律法规的修订将会陷于疲于奔命的与新技术创新应用的追逐赛。因此，建议修法改规要尽量前瞻，需要系统性思维，着眼于长效机制。重点考虑的是管理规范招标采购交易的终极目的，而不是拘泥于具体的作业方式；为今后数字化环境下的商业模式创新留足空间；同时还要避免修法改规过程中耗神费力，吃力不讨好地去规范那些行将被数字技术替代的招标采购的作业方式和管理方法。

（北京隆道网络科技有限公司，吴树贵）

政府采购供应商质疑投诉之外的维权
及其救济

政府采购供应商通过质疑、投诉进行维权，不服投诉处理决定可以申请行政复议、提起行政诉讼。这是《政府采购法》规定的供应商维权、救济之路。因该法 2002 年制定以来未经大修，二十多年来随着《中华人民共和国行政诉讼法》（以下简称《行政诉讼法》）、《中华人民共和国行政复议法》（以下简称《行政复议法》）、《中华人民共和国反垄断法》（以下简称反垄断法）、《信访工作条例》等法律法规的制定或修订，《最高人民法院关于审理行政协议案件若干问题的规定》（以下简称《行政协议若干规定》）、《最高人民法院关于适用〈中华人民共和国民法典〉合同编通则若干问题的解释》（以下简称《合同编通则解释》）的发布，许多供应商依据新规定，不经质疑、投诉，另辟蹊径维权，主要有信访、申请履行法定职责、反行政垄断及反不正当竞争、以政府采购合同争议为由维权等。这些维权手段，确实给供应商维权开拓了新渠道，成功者有之；也给不少机关、单位，主要是财政部门、采购人及其代理机构提出了新挑战。笔者现对此进行初步研究与探讨，抛砖引玉。

一、政府采购领域的信访

（一）信访的原因及其特点

近年来，涉及政府采购的信访很多，主要原因有：一是供应商对质疑、投诉丧失信心，认为即使质疑、投诉成立，自己的权益也难以维护，通过信访也许能碰到党政领导关注，可能有一线希望；二是错过了质疑、投诉法定期限，而信访没有严格的期限限制；三是质疑、投诉主体只能是参加政府采购的供应商和潜在供应商，而信访主体没有此限，范围很广；四是质疑、投诉只能针对采购文件、采购过程和采购结果，而信访可以针对政府采购活动中的一切违法违规行为。这也造成了政府采购领域信访的"三多"现象：一是信访主体多类化，有供应商、其他利害关系人与无利害关系者；二是受理主体多元化，有党委、纪委监委，有政府（包括 12345 热线）及其信访部门，有财政等监管部门，有采购人或集中采购代理机构；三是求决内容多样化，有针对采购项目提出重新开展采购活动、认定中标或者成交结果无效、撤销合同、废标、另行确定自己中标的，有要求对采购人、采购代理机构、供应商予以行政处罚或作出其他处理的等。

（二）信访事项的类别及其处理

信访事项根据《信访工作条例》第二十九条、第三十条、第三十一条规定进行分类，可分为建议意见、检举控告、申诉求决等3类。政府采购信访建议意见类的很少，后2类居多，且检举控告与申请求决两者界限有时不明，有时兼而有之。从处理方式上进行分类，可以分为作为普通信访处理的与作为申请履行法定职责处理的2类，本文将在后面予以区别分析。

对于信访事项应根据《信访工作条例》第三十一条规定，一是导入相应程序处理，如某信访人对财政部门投诉处理决定不服而信访，被引导申请行政复议、行政诉讼程序等处理，最终化解了纠纷；某信访人举报政府采购中的违法违规行为，被引导通过政府采购质疑、投诉、行政处罚的行政程序，最终得以解决。二是履行法定职责或者答复，如某供应商举报内容属于申请查处违法行为、履行保护合法权益职责，某财政局收到后不作为普通信访处理，答复其拟依法进行监督检查来履责。三是出具信访处理意见书，如某信访人反映某高校对食堂承包项目招标违法，财政局查实该项目不属于政府采购项目，不应导入相应程序处理和履责的，便听取信访人陈述事实和理由，并调查核实，出具了信访处理意见书，化解了纠纷。对于其他普通信访事项，根据《信访工作条例》第二十三条规定，对属于本系统下级机关、单位职权范围的，应当转送、交办有权处理的机关、单位，并告知信访人转送、交办去向；对不属于本机关、单位或者本系统职权范围的，应当告知信访人向有权处理的机关、单位提出。

（三）不服信访处理的救济

一般说来，对普通信访处理不服不能申请行政复议、提起行政诉讼，而应根据《信访工作条例》第三十五条、第三十六条规定，请求原办理机关、单位的上一级机关、单位复查，对复查意见不服的，再请求复查机关、单位上一级机关、单位复核。复查、复核机关、单位常因对项目情况不了解，或对政府采购法规不熟悉，经常又将信访事项转原办理机关答复，造成信访循环往复，信访数量多却是"空转"，而不能实质性解决争议。如G公司是某投标人的设备制造商，因该投标人未能中标，便向该市财政局举报中标人Z公司伪造证明材料，还提供了Z公司投标文件中的该证明材料。经财政局调查该举报失实，Z公司要求追究G公司非法取得证据材料举报的责任，G公司辩驳其是信访不是投诉，不能按《政府采购质疑和投诉办法》承担责任。财政局答复G公司举报不成立后，G公司向该市政府申请行政复议，后复议决定驳回其复议申请。复议机关认为，财政局对G公司举报有调查处理的法定职责，G公司不是案涉项目的供应商，与该项目中标结果之间没有利害关系，其并非为维护自身合法权益进行举报，因此不具有行政复议申请人资格。对于案涉举报事项，财政局作出的《举报答复》系信访答复，如果申请人不服该答复，可以申请信访复查。① G 公司向该市政府申请信访复查，承办的信访部门又要求财政局答复。G 公司又向众多上级机关提起新的信访，最终还是转财政局处理。可见，G 公司的信访、申请复查、申请复议乃至向众多上级机关提起新的信访，表面上审查不断，实际上却是程序"空转"。其原因除了举报事实不存在外，还因以信访"掩护"其非正当途径取得证据材料举报以规避处罚，后又否认信访而申请行政复议，再又以不服信访申请复查。其前后反复、自相矛盾的做法，并不可取。

对于不服信访处理如何救济？根据《最高人民法院关于适用〈中华人民共和国行政诉讼法〉的解释》（以下简称《行政诉讼法解释》）第一条相关规定，行政机关针对信访事项作出的登记、受理、交办、转送、复查、复核意见等行为，均不属于人民法院行政诉讼的受案范围。《信访工作条例》第三十一条第（五）项规定了"属于申请查处违法行为、履行保护人身权或者财产权等合法权益职责的，依法履行或者答复"的内容，实际上信访事项中可以包括申请履行法定职责的内容。近年来，信访人经常以此为由，而申请行政复议、提起行政诉讼，大多被受理。但最终以属于信访事项，或者申请人（原告）不具有申请（起诉）主体资格，被驳回复议申请或者驳回起诉；也有因行政主体没有相应法定职责或者已经履行法定职责的，被驳回复议请求或者诉讼请求的。

因此，笔者认为，政府采购领域的建议意见类、举报类的事项可以通过信访救济渠道解决，而投诉类、申诉求决类事项应通过质疑、投诉等法律所规定的救济渠道解决，效果将会更好。

二、政府采购领域的申请履行法定职责

政府采购领域的法定职责，是指依法对政府采购负有管理监督的行政主体，依其职权范围实现其具体行政管理监督职能所应承担的法定职业内容和责任义务。这里的行政主体，主要指财政部门，还包括审计机关、采购人、集中采购代理机构等。监察机关尽管对政府采购也负有监督职责，但由于监察体制改革，监察机关已经不属于行政机关，对监察机关履行法定职责不满意的，已经不能进行行政复议与行政诉讼。

（一）申请履行法定职责的类别及其处理

政府采购领域申请履行法定职责的内容较多，其中有关反行政垄断及反不正当竞争为维权类别的，将在后面专门讨论。申请履责提出的形式主要有两类：一是以信访形式提出，即以信访投诉、申诉求决的形式；二是以直接申请形式提出，即请求行政主体查处违法违规政府采购行为，履行法定职责。行政主体收到后，应当进行审查，

---

① 参见：《溧阳市人民政府驳回行政复议申请决定书》〔2022〕溧行复第 6 号。

如果当事人与政府采购项目有利害关系，且行政主体有相应的法定职责，应当依法履行并予以答复；否则，可以作为信访处理并予以答复。如何辨别是否属于申请履行法定职责呢？应注意以下两点。

一是从申请主体上看，是否与该政府采购项目有利害关系。这里可以借鉴《最高人民法院行政法官专业会议纪要（六）》中"投诉与举报的区分标准"："认为第三人实施的违法行为侵犯自身合法权益，请求行政机关依法查处的，属于……投诉。投诉人与行政机关对其投诉作出或者未作出处理的行为有法律上的利害关系。""认为第三人实施的违法行为侵犯他人合法权益或者国家利益、社会公共利益，请求行政机关依法查处的，属于举报。举报人与行政机关对其举报作出或者未作出处理的行为无法律上的利害关系。"这与《政府采购法》第五十五条规定的供应商投诉与第七十条规定的任何单位、个人控告和检举，可说不谋而合。但申请履责中的投诉与质疑后的投诉，在性质上是完全不同的。采购阶段参加政府采购活动的供应商、潜在供应商，签约履约阶段的供应商以及政府采购合同的利害关系人，都可以成为申请履责的主体。

二是从受理主体上看，申请事项涉及的政府采购项目是否在受理机关、单位采购或监管的职权范围内。如该项目属于采购人对应的预算级次本级机关、单位且在其职权范围的，应当认为受理机关、单位具有相应的法定职责。从采购活动看，采购人或者集中采购代理机构都有可能成为保障公平竞争的申请履责的受理主体；从监管活动看，主要是财政部门，还有审计机关、市场监管部门等，都有可能成为政府采购监管的申请履责的主体。

如果完全具备以上两个条件，则应认为属于申请履行法定职责，应当予以履行。还要注意是否符合履责的期限，如法律、法规、规章或者规范性文件有明确规定的，按规定的期限予以履行；如无明确规定，应在接到申请之日起两个月内予以履行。

（二）不服行政主体履行法定职责的救济

1. 救济途径

对于行政主体的履责行为法律救济途径主要是，先申请行政复议，对行政复议决定不服再提起行政诉讼。[①] 从《行政复议法》第十一条第（十一）项、《行政诉讼法》第十二条第（六）项的规定看，一是将申请行政机关履行保护人身权利、财产权利、受教育权利等合法权益的法定职责，行政机关拒绝履行、未依法履行或者不予答复，纳入了受案范围；这里的"合法权益"自然包括《政府采购法》第一条所规定的"政府采购当事人的合法权益"。二是对履责的违法状态予以明确规定，如政府采购利害关系人要求行政主体履责，行政主体未履行、未答复都可以申请行政复议，如对履行不满意也能以未依法履责为由申请行政复议，而后还能提起行政诉讼。

---

① 这是因 2024 年 1 月 1 日开始施行新《行政复议法》第二十三条第一款第（三）项对履责类行政争议增加了复议前置规定。

2. 救济期限

根据《行政复议法》第二十条规定，可以自知道或者应当知道行政机关拒绝履行、未依法履行或者不予答复之日起六十日内提出行政复议申请。如果行政机关履行或者答复时，未告知申请行政复议的权利、行政复议机关和申请期限的，申请期限自知道或者应当知道申请行政复议的权利、行政复议机关和申请期限之日起计算，但是自知道或者应当知道行政行为内容之日起最长不得超过一年。《行政诉讼法解释》第六十六条规定，对行政机关不履行法定职责提起诉讼的，应当在行政机关履责期限届满之日起六个月内提出。鉴于《行政复议法》对履责类行政争议增加了复议前置规定，笔者认为该条直接起诉的期限将不再生效。

3. 救济处理

根据《行政复议法》《行政诉讼法》相关规定，对于政府采购领域的履责争议的救济，有以下4种处理方式。

（1）决定或者判决在一定期限内履责。

根据《行政复议法》第六十六条、《行政诉讼法》第七十二条规定，行政主体不履行法定职责的，决定或者判决其在一定期限内履行。例如，供应商申请财政部门对政府采购项目进行监督检查，财政部门予以拒绝、未依法监督检查或者不予答复，都可以决定或者判决其在一定期限内进行监督检查。

（2）确认履责行为违法。

根据《行政复议法》第六十五条第二款、《行政诉讼法》第七十四条第二款规定，行政主体不履行或者拖延履行法定职责，责令或者判决履行没有意义，确认该行政行为违法。例如，甲公司以乙公司提供虚假材料投标致使自己未能中标，申请财政部门查处被认为证据不足。甲公司申请行政复议，待复议机关查明属于虚假材料时，乙公司已被注销，便决定财政部门履责行为违法。

（3）撤销或者部分撤销履责行为，决定或判决在一定期限内重新履责。

根据《行政复议法》第六十四条第一款、《行政诉讼法》第七十条规定，行政主体履责时存在主要证据不足、适用的依据不合法、违反法定程序、超越职权、滥用职权等情形时，撤销或者部分撤销该行政行为，并可以责令或者判决行政主体在一定期限内重新履责。

（4）驳回复议请求或者诉讼请求。

根据《行政复议法》第六十九条规定，行政复议机关受理复议申请后，发现行政主体没有相应法定职责或者在受理前已经履行法定职责的，决定驳回行政复议请求。根据《行政诉讼法》第六十九条规定，原告申请被告履责理由不成立的，法院判决驳回原告的诉讼请求。

近年来，法院受理了不少政府采购领域申请履责类的行政诉讼案件，如不属于履责范围的，驳回起诉；如属于履责范围，则审查财政部门等行政主体是否依法履责。

2020 年 6 月，南京某学院进行公开招标，S 公司于 7 月 20 日对中标结果提出质疑，S 公司收到答复后未投诉。11 月 5 日，S 公司以该项目供应商名义提交《举报信》要求财政部门履责。12 月 15 日，S 公司提起行政诉讼，诉请法院判决财政部门履责，认定中标无效。12 月 31 日，财政部门经调查答复 S 公司，该项目不属于政府采购项目，建议其向教育部门反映。后法院作出的一、二审行政裁定，均未对 S 公司举报是否属于信访作出认定，而是认定不属于财政部门权限范围而驳回起诉、驳回上诉。[①] S 公司维权失败，其原因是履责申请送错门，其尽管属于该招标项目的利害关系人，但其申请履责的事项不属于财政部门履责范围。由于从 2024 年 1 月 1 日起，履责类行政争议必须先申请行政复议，不服复议决定才能提起行政诉讼，将有更多的政府采购履责类争议纳入行政复议轨道。

三、政府采购领域的反行政垄断及反不正当竞争

政府采购领域是行政垄断和不正当竞争的高发地，严重影响供应商之间的公平竞争。近年来，不少供应商以反行政垄断、反不正当竞争为抓手进行维权，值得关注。

（一）政府采购领域行政垄断的类型

1. 限定交易

限定交易是指行政主体滥用行政权力，限定或者变相限定单位或者个人经营、购买、使用其指定的经营者提供的商品。例如，某市环保局于 2017 年 2 月 7 日通过政府采购程序，确定了 3 家污染源自动监控设施第三方运营服务中标单位；于 3 月 7 日向重点污染源企业下发通知，要求有关污染源企业在当年 3 月 31 日之前与中标单位签订污染源自动监控设施运营服务合同；规定由该局统一安排第三方运营单位运营管理污染源自动监控设施；要求设备关键零部件的维修、更换事宜由企业与中标单位另行协商的条款，有变相限定有关企业接受中标单位设备零部件维修、更换服务之嫌疑[②]。限定交易的行为，违反《反垄断法》第三十九条规定。

2. 地区封锁

地区封锁是指行政主体滥用行政权力，以设定歧视性资质要求、评审标准或者不依法发布信息等方式，排斥或者限制经营者参加招标投标以及其他经营活动。例如，采购文件将项目所在地的供应商作为特定要求进行资格审查，评分项中将在项目所在地的业绩、奖项、具备售后服务点作为加分项，采购信息只在本市县网站发布，等等。这些情形违反《反垄断法》第四十二条、第四十三条规定。

---

① 参见：《江苏省高级人民法院行政裁定书》〔2021〕苏行终 1059 号。
② 参见：马鹤银、刘武，《公平竞争审查制度的落地做实需要执法监督》，《中国市场监管报》，2017 年 12 月 14 日，第 6 版。

3. 强制供应商垄断

强制供应商垄断是指行政主体滥用行政权力，强制或者变相强制经营者从事垄断法规定的垄断行为。例如，强令供应商达成固定价格、划分市场等垄断协议。这是违反《反垄断法》第四十四条规定的情形。

4. 制定规定垄断

制定规定垄断是指行政主体滥用行政权力，制定含有排除、限制竞争内容的规定。例如，2023 年 5 月 29 日，某市某区人民政府印发文件规定，该区区级机关各部门、各镇（街道）园区、各区属国资公司，对政府投资的施工单项合同估算价在 60 万元人民币以上（含 60 万元）、400 万元人民币以下（不含 400 万元）的项目，单项合同估算价在 30 万元人民币以上（含 30 万元）、200 万元人民币以下（不含 200 万元）的重要设备、材料等货物的采购，单项合同估算价在 30 万元人民币以上（含 30 万元）、100万元人民币以下（不含 100 万元）的勘察、设计、监理等服务的采购，应优先选择区属中小建筑业企业建设或者承接。该省市场监管局认为，排除、限制了外地建筑业企业平等参与相关市场竞争，违反了《反垄断法》第四十二条、第四十五条规定，构成滥用行政权力排除、限制竞争行为。① 制定规定垄断是违反《反垄断法》第四十五条规定的情形。

（二）反行政垄断、反不正当竞争的维权途径

1. 向市监总局或者省级市监局反映

《反垄断法》第十三条规定，国务院反垄断执法机构负责反垄断统一执法工作，根据工作需要，可以授权省级政府相应的机构，负责有关反垄断执法工作。2018 年国务院机构改革，在反垄断执法方面，将原国家工商行政管理总局、国家发展改革委、商务部的反垄断执法与国务院反垄断委员会办公室等职责整合，统一归属市场监督管理总局。后该局授权各省级政府市场监督管理部门，负责本行政区域内有关反垄断执法工作。这就说明，反垄断执法工作是由国家市监总局和省级市监局行使的。

不少政府采购供应商根据《反垄断法》第四十六条、第五十二条、第六十一条规定，对涉嫌垄断的行为向反垄断执法机构举报，该机构调查核实后，对构成垄断的行为依法作出处理决定并向社会公布。有的由上级机关责令改正，有的直接负责的主管人员和其他直接责任人员还受到处分。该机构有的还向有关上级机关提出依法处理的建议，有垄断行为的行政主体将有关改正情况书面报告上级机关和反垄断执法机构。

2. 直接申请行政复议或者提起行政诉讼

《行政复议法》第十一条第（九）项、《行政诉讼法》第十二条第（八）项都将"认为行政机关滥用行政权力排除或者限制竞争"纳入受理范围。如供应商甚至供应商

---

① 参见：浙江省市场监管局纠正嘉兴市南湖区人民政府滥用行政权力排除、限制竞争行为，https：//www. samr. gov. cn/fldys/tzgg/xzjj/art/2023/art_ 6dc9182652464d9281fa287034c0bde9. html。

之外的利害关系人，认为采购文件、采购过程、采购结果或者采购合同中有此情形，可能会不经质疑、投诉，直接以采购人为被申请人申请行政复议，或者以采购人为被告提起行政诉讼。江苏省某市行政审批局作为采购人，通过政府采购活动采购新办企业印章刻制服务，与 3 家成交供应商签订政府采购合同，被未参加政府采购活动的供应商 T 单位提起行政诉讼，法院终审判决该政府采购合同无效，其中一个理由就是认为，该合同事实上造成隐形垄断和限制、排除市场竞争，损害了原告以及其他潜在市场主体的公平竞争权。该案判决的意义在于扩大了政府采购公平竞争权保护的范围，表明不仅要平等对待参加政府采购活动的供应商，还要平等对待各类市场主体。传统诉讼保护权益重在竞标阶段中参加政府采购的供应商之间的公平竞争权，而该案诉讼保护权益重在成交供应商履行合同阶段中与其他供应商之间的公平竞争权，保护的权益更加多元。该案判决认为，政府采购活动应当依法平等对待各类市场主体，有多种政府采购方式或者服务方式可供选择的，应当选择有利于增进公平竞争的方式，维护市场在公共服务领域资源配置中的决定性作用。该市行政审批局未严守职权法定的行为边界，未认识到以政府采购方式为新开办企业免费提供印章刻制服务的行为，对市场公平竞争秩序带来的不利影响。被诉政府采购合同明显违反《政府采购法》《反垄断法》等规定的精神实质，同时也违反了国务院办公厅、国家市场监督管理总局政策文件的具体要求，不具有合法性，损害了 T 单位以及其他潜在市场主体的公平竞争权。保护权益的突破，影响在于供应商既可以在竞标阶段以公平竞争权争取中标或者成交，落标后还可以在中标者、成交者履行合同阶段仍然以公平竞争权为由否定政府采购合同。①

对于行政主体滥用行政权力，制定含有排除、限制竞争内容的规定，尽管有经国务院同意于 2021 年 6 月 29 日修订的《公平竞争审查制度实施细则》第二条规定进行规制，即在制定招标投标、政府采购等涉及市场主体经济活动的规章、规范性文件、其他政策性文件以及"一事一议"形式的具体政策措施时，应当进行公平竞争审查，评估对市场竞争的影响，防止排除、限制市场竞争。但如经审查、评估，还未能防范上述制定规定垄断行为，当事人可以根据《行政复议法》第十三条、《行政诉讼法》第五十三条规定，在申请行政复议或者提起行政诉讼时，一并请求对上述规范性文件、其他政策性文件进行审查。

四、以政府采购合同争议为由维权

2014 年修改的《行政诉讼法》将行政协议纳入受案范围后，开始出现以政府采购合同争议为由的维权案件。《行政协议若干规定》2020 年开始施行，更是助推这一维权方式。随着 2023 年 12 月 5 日起施行的《合同编通则解释》第四条"采取招标方式

---

① 参见：杭正亚，《一起"事后诸葛亮"的诉讼》，中国政府采购新闻网，http：//www.cgpnews.cn/articles/63748。

订立合同"相关内容的规定，新《行政复议法》2024 年开始施行，此类维权可能还会出现许多新方法、新手段。

（一）直接以采购人为被申请人或者被告，申请行政复议或者提起行政诉讼

1. 哪些政府采购合同争议可以申请行政复议或者行政诉讼

《行政复议法》第十一条第（十三）项将认为行政机关不依法订立、不依法履行、未按照约定履行或者违法变更、解除行政协议，第（十五）项将"认为行政机关的其他行政行为侵犯其合法权益"纳入复议范围；行政诉讼法第十二条第（十一）项将认为行政机关不依法履行、未按照约定履行或者违法变更、解除行政协议，第（十二）项将"认为行政机关侵犯其他人身权、财产权等合法权益"纳入受案范围；《行政协议若干规定》第五条将"参与招标、拍卖、挂牌等竞争性活动，认为行政机关应当依法与其订立行政协议但行政机关拒绝订立，或者认为行政机关与他人订立行政协议损害其合法权益""其他认为行政协议的订立、履行、变更、终止等行为损害其合法权益"纳入受理范围。鉴于《行政诉讼法》第四十四条规定，对属法院受案范围的行政案件，可以先向行政机关申请复议，对复议决定不服的，再向法院提起诉讼，也可以直接向法院提起诉讼。笔者认为，凡是纳入行政诉讼受理范围的，当事人都有选择是否申请行政复议的权利。现根据政府采购实践，对当事人因政府采购合同申请行政复议或者提起行政诉讼的受理范围探讨如下。

一是不依法订立政府采购合同，指采购人不履行与供应商订立合同的义务，或者在合同订立主体、内容和程序等方面违反法律、法规和规章的情形。如采购人在中标（成交）通知书发出之日 30 日内，未按照采购文件确定的事项签订合同；采购人让下属单位出面签订合同，或者签订的合同内容违法，或者签订程序违法，等等。

二是不依法履行政府采购合同，指采购人未按照法律、法规、规章、规范性文件履行合同。如采购人违反《保障中小企业款项支付条例》第八条有关对中小企业严格的付款期限规定，不是自货物、工程、服务交付之日起 30 日内支付款项，付款超过最长期限 60 日的屡见不鲜；再如采购人违反该条例第十一条规定，强制以审计机关的审计结果作为结算依据，等等。

三是未按照政府采购合同约定履行：采购人未按照合同的约定内容接受供应商履行合同，供应商提供货物、服务时，供应商在合同约定内容之外再提新义务要求供应商履行，否则就予以拒绝；采购人对合同中约定的自己的义务未全面履行，如对供应商不予配合、延期付款，等等。

四是违法变更、解除政府采购合同，指采购人违反行政、民事法律规范，对政府采购合同进行变更或者解除。例如，无正当理由要求供应商降价，否则就解除合同；以经费已经用完为由，要求延期至第二年履行或者解除合同等。

2. 申请行政复议或者提起行政诉讼，能让采购人承担什么责任

《行政复议法》第七十一条规定："被申请人不依法订立、不依法履行、未按照约定履行或者违法变更、解除行政协议的，行政复议机关决定被申请人承担依法订立、继续履行、采取补救措施或者赔偿损失等责任。""被申请人变更、解除行政协议合法，但是未依法给予补偿或者补偿不合理的，行政复议机关决定被申请人依法给予合理补偿。"《行政诉讼法》第七十八条规定："被告不依法履行、未按照约定履行或者违法变更、解除本法第十二条第一款第十一项规定的协议的，人民法院判决被告承担继续履行、采取补救措施或者赔偿损失等责任。""被告变更、解除本法第十二条第一款第十一项规定的协议合法，但未依法给予补偿的，人民法院判决给予补偿。"《行政协议若干规定》也规定了许多行政主体承担责任的方式。笔者针对政府采购实践，经综合整理，认为复议决定或者法院判决由采购人承担的责任主要如下。

一是依法订立政府采购合同，经复议机关或者法院审查，认为申请人或者原告请求订立合同理由成立的，应决定或者判决采购人承担依法订立政府采购合同的责任。

二是继续履行政府采购合同，如行政复议机关认定采购人不履行合同，可以决定或者判决采购人承担继续履行合同的责任。

三是确认政府采购合同违法，如采购人订立、履行、变更、解除合同的行为不具有法定职权，或者滥用职权，或者适用法律法规错误，或者违反法定程序，或者明显不当等，经复议机关或者法院的合法性审查，认定或者判决确认政府采购合同违法。

四是确认政府采购合同无效，如当事人不具有《政府采购法》第二条第二款所规定的采购人主体资格，或者不具有《政府采购法》第二十二条所规定的供应商主体资格，签订合同没有依据等重大且明显违法情形，申请人或者原告申请确认政府采购合同无效的，决定或者判决确认政府采购合同无效。

五是撤销政府采购合同，如合同存在违反法定程序、适用的依据不合法、超越职权或者滥用职权，合同存在胁迫、欺诈、重大误解、显失公平等情形，决定或者判决撤销政府采购合同。

六是变更政府采购合同，如合同内容不适当、未正确适用依据，复议可以决定变更该合同，但不得作出对申请人更为不利的变更，但是第三人提出相反请求的除外。这里要注意的是，因无法律依据而不能诉请法院判决变更政府采购合同。

七是采取补救措施，如因采购人原因，政府采购合同无法履行或者继续履行无实际意义的，决定或者判决采取补救措施。

八是赔偿损失，因采购人行为导致政府采购合同被确认违法、无效或者被撤销而对供应商造成损失的，决定或者判决采购人承担赔偿损失的责任。

九是补偿损失，若采购人因国家利益、公共利益考虑，导致政府采购合同不能继续履行，或者继续履行将对供应商增加额外负担的，决定或者判决采购人承担补偿损失的责任。

（二）供应商直接凭取得的中标、成交通知书以采购人为被告提起行政诉讼或者民事诉讼

《合同编通则解释》第四条规定对政府采购来说，一是对中标通知书，明确了《民法典》所规定的"到达主义"，改变了《政府采购法》所规定的"发信主义"；二是对政府采购合同，当事人请求确认合同自中标通知书到达中标人时成立的，法院应予支持；三是对合同内容，拒签书面合同，法院应当依据招标文件、投标文件和中标通知书等确定合同内容。这对中标、成交供应商以政府采购合同争议为由维权，可说是雪中送炭，其只要取得中标通知书，既可以对采购人提起行政诉讼或者民事诉讼，跳过政府采购合同签订程序而主张合同已经成立，以实现合同权利；还可以在其他供应商提起可能影响采购结果的质疑、投诉时，与采购人或者采购代理机构的质疑答复、财政部门的投诉处理相抗衡。由于对质疑、投诉没有中止的规定，财政部门如果作出与法院判决相冲突的处理决定，将会有负面影响。这对采购人，特别是财政部门都是极大的挑战。对于行政处理与司法诉讼的冲突处理，由于现行《政府采购法》没有规定，有待争议处理实践中探索。

（江苏博事达律师事务所，杭正亚）

变革中的产权交易市场平台发展现状与趋势

整合建立全国统一的公共资源交易平台改革工作实施多年来，市场配置资源体系和要素内容不断完善，在全国范围内已经建成了国家、省（自治区、直辖市）、市三级公共资源交易平台体系，公共资源交易相关制度、交易系统、服务标准等。公共资源交易平台改革作为国家治理体系和治理能力现代化组成部分的重要内容，也是我国市场配置资源活动的一次变革，其变革成效和作用不断显现，日益受到全社会的广泛关注。

一、产权交易市场在整合建立统一的公共资源交易平台改革过程中的发展现状

整合建立统一的公共资源交易平台之初，各地就将从事土地使用权和矿业权出让、国有产权交易等平台机构纳入了公共资源交易平台体系，并作为其重要的业务支撑。2022 年是全国公共资源交易全面推进、积厚成势的一年，全国工程建设项目招标投标、政府采购、土地使用权和矿业权出让、国有产权交易这四大板块交易数 146 万宗，交易额达 22 万亿元，同比分别增长 21% 和 8%。以上海市为例，上海市公共资源成交总金额为 13065.13 亿元，其中土地使用权出让成交 3321.96 亿元，国有产权交易成交 2104.22 亿元，占公共资源成交总金额的 41.53%。全国其他地区产权交易市场成交量占公共资源成交量份额也基本在 38%～55%。2023 年 3 月，陕西省公共资源交易中心受省自然资源厅委托，成功组织了神木市木独石犁南—牛定壕区块煤炭勘探探矿权等 7 宗矿业权挂牌出让活动，实现了 62.0564 亿元的矿业权挂牌价卖出了 396.5164 亿元的好结果，服务增值达 334.46 亿元，平均增值率高达 538.96%，受到了全国煤炭企业和市场主体的广泛关注。可见，新时期产权交易市场平台从交易领域、交易规模、市场影响力等方面正在快速发展壮大，已成为公共资源交易平台重要组成部分。

随着全面深化改革工作不断推进，产权交易市场平台迎来了创新发展的历史机遇，其地位和作用日益突显，但同时也面临很多问题和困难，需要给予重视和解决。一是顶层制度安排和市场发展现状存在相互矛盾现象。例如，国务院国有资产监督管理委员会《关于调整从事中央企业国有资产交易业务产权交易机构的通知》（国资厅产权〔2020〕333 号）要求，"自 2021 年 1 月 1 日起，请各中央企业分别选择上述机构开展权益类和实物资产类交易业务"，但列举的上述机构有一些并没有纳入当地公共资源交

易平台体系，一些地方也存在产权交易平台没有纳入当地公共资源交易平台体系现象，与国务院关于公共资源"应进必进"要求不相一致，也影响了产权交易市场发展。二是国家要求将进入公共资源交易平台的目录范围逐步扩大到适合以市场化方式配置的自然资源、资产股权、环境权等各类公共资源，这些领域资源交易基本上属于产权交易范畴，现阶段缺乏规范有效的交易规则和管理办法等指引性交易文件，交易方式不统一，交易系统缺乏统一标准，制约了产权交易市场标准化、规范化和规模化发展。三是专业人才短缺和规范化服务水平低。由于产权交易市场最早是在企业国有产权交易平台基础上建立的，行业发展面窄，缺乏相应的专业培训机构，人才成长基本属于口口相传的师傅带徒弟模式，且各地运行产权交易市场时多为一个平台运行。公共资源交易平台建立后，各地设立了省、市多个交易平台，每个交易平台分设了产权交易部门，承担产权交易市场发展任务，这些新部门、新人员对产权交易市场规范化发展认识需要一个过程，工作中难免出现这样或那样的问题，影响和制约了当地产权交易市场健康、快速发展。四是产权交易市场的影响力、辐射力有限，市场发现潜在买家和项目价值能力有待提升。对市场主体而言，产权交易活动属于偶发事件，缺乏专业的管理部门和人员，交易活动项目具有资源稀缺、非标准化项目价值难以衡量、项目信息不透明不共享、投资（购买）意愿不强烈不确定、转让标的与投资目的匹配度低、组织交易活动复杂、需要协调的主体和要素较多等特点，影响和制约了产权交易市场平台影响力、辐射力和发现能力提升。

二、市场配置资源不同的需求和特点，决定了组织产权交易活动的特征和内容

公共资源交易平台是各级政府设立的市场配置资源综合性有形平台，包括了以工程建设项目招标投标、政府采购、医药器械耗材采购等为代表的"买方市场平台"（即用钱买物资、买服务）和以产权交易市场为代表的"卖方市场平台"（即用权益、资产换钱）。当前，这两类市场平台建设所依据的政策法规、交易规则、业务流程和组织市场配置资源的方法、内容存在着很大区别，确定竞得主体（包括中标人、供应商、受让人）的交易方式、原则与内容等也截然不同，在各地现实市场交易活动中，存在着市场主体的关注度、供求关系、社会影响力、辐射力水平等要素存在着显著差异。这就要求在建设公共资源交易平台时，要注重结合市场配置资源在不同市场交易平台的内在需求、交易内容、交易特点，结合当下交易平台建设存在的主要瓶颈和困难，有针对性地完善交易平台功能，提升市场主体的关注度，提高组织交易活动的便捷性、规范性，不断提高交易平台的影响力、辐射力和市场发现能力。

在产权交易平台建设过程中，要紧紧围绕市场主体的关注点不断完善交易平台功能，有针对性地开展工作。如转让方在组织产权交易活动中，其关注点主要集中在如何高效完成交易活动、实现高溢价的转让价格、保障交易资金安全等。意向受让方

（包括受让方、投资方等）的关注点主要集中在交易标的与购买（投资）意图是否匹配、交易价格是否合理、标的企业发展前景、合作背景、受让条件、交易价款安全性、资产（股权）移交（变更）效率、受让行为在标的企业权益保障等。由于交易标的非标准化特点，以及交易双方各自的关注点不同等原因，组织开展产权交易服务工作，涉及审计、法律、评估、金融、投资、产权经纪等专业，具有政策性强、涉及面广、内容多、要求高、风险点多样、社会关注度高、市场主体期望值高等特点。围绕产权交易平台市场配置资源的特点和内在要求，在组织开展产权交易活动服务工作中，一是要全面、及时、准确地推介项目信息，通过项目信息预披露、项目路演、开展多渠道合作交流等方法，扩大项目信息辐射范围，精准撮合有需求的市场主体，提高交易平台成交率和增值率。二是要为全面考察交易要素和标的公司发展情况提供便利。要通过查阅项目资料、现场勘查、与合作股东恳谈、调研企业发展环境等方法，全面、准确掌握交易标的情况，分析判断标的价值和对投资（购买）活动的影响与价值利用。三是要准确介绍项目交易所涉及的交易成本等事项。由于各地市场发展环境、配套设施设备、产业链供应链情况不同，交易所涉及的交易成本对交易活动成败有着重要影响。在交易活动开始前，交易主体应全面了解项目交易所涉及的交易成本情况，避免投资行为超出预期。四是要提供高效、便捷、专业化、低成本的服务工作。通过产权交易平台网站便捷获取项目交易信息，查阅项目交易相关资料，通过现场勘查、视频发布、电话交流、线上对接等方式方法，为投资（购买）人提供高效、多样的交流方式，有利于全面掌握交易标的资讯，了解交易标的价值。通过交易平台全流程电子化交易系统，按规范流程和标准完成交易信息受理与发布、报名登记、交易保证金交纳、参加网上竞价活动、网签交易合同、线上开展交易价款结算、及时组织交易标的移交等工作，是产权交易平台为市场主体参与交易活动应提供的服务工作内容和工具，也是市场主体高效、便捷、低成本开展产权交易活动的内在要求。着眼这些环节和要素内容，建设低成本、网络化、便捷式、指尖办的交易平台功能体系，是交易平台能够降低交易成本的重要内容。

三、全国统一大市场背景下，产权交易市场面临广阔发展领域和更高发展要求

《关于深化公共资源交易平台整合共享的指导意见》和《中共中央 国务院关于加快建设全国统一大市场的意见》是新时代国家推进全面深化改革的重要内容，这些改革举措和要求对产权交易市场平台提出了更高的发展要求。一是进场交易的产权资源将变得更广泛，市场配置方式变得更复杂。随着整合建立统一的公共资源交易平台改革不断深入，土地使用权出让转让、矿业权出让转让、国有企业产权交易、金融企业产权交易、行政事业单位资产转让、林权交易、农村集体产权交易、无形资产交易、特许经营权交易、排污权交易、司法机关和行政执法部门开展的涉诉、抵债或罚没资

产处置等业务种类陆续进入了产权交易平台，部分交易平台还把科技成果转化、煤炭产能指标交易、民营企业产权交易、合同见证和资金结算服务、集体建设用地使用权转让和出租、企事业单位房产和设备租赁等《公共资源交易目录》外项目纳入进场交易服务范围。全国产权交易市场正在研究探索碳汇交易、碳排放交易、水权交易、用能权交易、数据交易、其他要素交易等新业态交易品种。这些业务领域和品种比传统的国有企业产权交易市场规模有较大幅度增长，产权交易市场正迎来快速发展的格局。二是产权交易活动与推进国家治理体系和治理能力现代化紧密相关。发挥市场配置资源的决定性作用，推进"放管服"改革，坚持新发展理念等治国理政改革举措，与产权交易活动紧密相关。比如，优化营商环境就涉及交易信息公开、公平交易、降低交易成本、提供优质便捷服务等。推进各级政府治理体系和治理能力现代化就涉及管办分离、智慧监管、交易全过程公开透明、用交易规则和制度约束权力对交易活动的干预等。可以说，产权交易作为全面深化改革工作的重要一环，是衡量市场相关主体对改革是否满意，检验改革是否成功，衡量市场配置资源能否发挥决定性作用的一项重要工作，其工作意义不仅仅只是完成了几宗项目交易，确定了交易价格和受让方，而是以市场配置资源的理念和方法，通过公开、公平、公正的现代交易平台体系，在满足市场相关主体的知情权、平等参与权、社会监督权，交易公允性、有效性，防止权力干预交易活动、提高市场配置资源效率和效益等方面发挥着重要作用，对规范交易秩序、化解社会矛盾、国有资产保值增值、激发市场活力、优化营商环境、推进预防和惩治腐败体系建设等方面工作有着不可替代的重要作用，是新时期国家推进全面深化改革工作的重要组成部分和重要改革举措。三是全国统一大市场对产权交易市场平台发展提出了更高要求。《中共中央 国务院关于加快建设全国统一大市场的意见》明确提出了提高市场运行效率，加快清理废除妨碍统一市场和公平竞争的各种规定和做法，营造稳定公平透明可预期的营商环境，降低市场交易成本，让需求更好地引领优化供给、让供给更好地服务扩大需求，以统一大市场集聚资源，推动增长、激励创新、优化分工、促进竞争，提升统一交易平台的影响力和辐射力等任务和新要求。可以预见，全国统一大市场是产权交易市场平台的发展趋势，建立全国统一的交易基础制度规则、规范的交易流程和服务工作内容、高标准的先进设施联通系统、激发市场配置资源活力、提高市场配置资源效率和公平性等将成为今后产权交易市场平台建设的重要内容。四是不断增强交易平台综合服务能力，实现合作共赢将成为产权交易市场平台繁荣发展的有效模式。组织产权交易活动的复杂性和涉及专业的广泛性，客观上要求产权交易平台要建立强大的综合服务体系，汇聚包括审计、法律、评估、金融、投资、产权经纪、拍卖、招标投标、计算机技术等专业服务能力。受平台编制和人员专业性限制，自建强大的交易平台综合服务体系是一件不可能完成的事情。坚持合作共赢的发展理念，吸引社会各方面专业人士围绕开展产权交易服务活动共建合作机制，通过共享资源，实现产权交易市场平台的健康发展与市场繁荣，满足市场主体日益增多的服务要求。五是对产权交易市场平台标准化、规范化建设提出了更高要求。《中共中央 国务院关于加快建设全国统一大市场的意见》指出，要强化市场基础制度规则统一，完善统一的产权保护制度，实行统一的市场准入制度，维护统一的公平竞争制度，健全统一的社会信用制度。实践中，交易平台的标准化、规范化建设永远没有标准答案。随着政策、市场、技术和服务能力等因素变化，平台标准化、规范化建设永远在路上。为此，产权交易市场平台标准化、规范化建设要树立创新发展理念，要以提高市场配置资源效率和公平性为目标，不断丰富和完善交易平台标准化、规范化内涵，确保每一项工作、每一次流程、每一处场所、每一个岗位工作边界清晰、工作内容和标准明确、工作要求知晓、工作方法熟练，把功夫下在落实方面，不断提升组织产权交易活动服务能力。六是在不同区域和平台围绕交易服务效率和质量的市场竞争越来越激烈。长期以来，市场配置资源属地化管理、垄断性经营、公益性事业编体制机制，妨碍了交易服务市场化竞争水平提升。重庆市、深圳市、上海市等地在整合建立统一的公共资源交易平台过程中，坚持走市场化发展道路，用公司制代替了传统的事业制模式，不断整合碎片化、重复建设的交易平台，在市场激烈竞争中淘汰服务效率低、服务质量差的交易平台，激励服务效率高、社会影响好、服务质量优的交易平台做大做强。这一发展理念和市场机制，是在交易平台体系之间引入竞争机制，实现优胜劣汰，更有利于提高市场配置资源效率和公平性，也给当下的产权交易市场平台发展提供了新思路、新模式、新方法。

（陕西省公共资源交易中心，李锋）

通信运营企业非招标采购方式创新研究

一、引言

近年来，国家对国有企业招标采购方面的监管力度不断加强，推动通信运营企业招标采购管理水平不断提升，招标采购管理已步入发展快车道。通信运营企业招标采购管理制度体系健全，采购实施操作流程完善，采购活动阳光、规范、高效，有力地支撑了企业的高质量发展。随着通信运营企业业务领域不断拓展，现有的采购方式已经难以满足新形势下企业生产经营需求，需要进行优化和改善。

二、非招标采购体系

现有的采购方式分招标和非招标方式两大类型。在法定招标范围内的建设工程项目，应依法采用招标方式选择中标人，法定招标范围外的项目，可使用非招标的采购方式。2002 年，国家发布实施《政府采购法》，对政府采购领域的非招标采购活动的采购方式、采购程序进行了规范。《政府采购法》发布实施后，一些央企集团公司，其中包括中国移动、中国电信、中国联通等通信运营企业，参照《政府采购法》的非招标采购流程搭建了企业的非招标采购制度体系，设计了竞争性谈判、询价、单一来源等采购方式，运用于非招标采购活动，企业招标采购的规范化管理水平得到大幅度提升。

2019 年，中国招标投标协会发布团体标准《非招标方式采购代理服务规范》（T/CTBA 001—2019），中国物流与采购联合会发布了团体标准《国有企业采购操作规范》（T/CFLP 0016—2019）。通过以上两个标准，行业协会从不同的管理层面和视角对非招标采购方式名称、适用场景以及操作流程进行了明确和规范，有力地推动了行业在非招标采购领域的快速发展。

因此，现有招标采购行业领域内的非招标采购体系包括政府采购、中国招标投标协会（以下简称中招协）、中国物流与采购联合会（以下简称中物联）三大体系。

政府采购是中招协、中物联两个非招标采购体系的基础，在非招标采购制度设计方面"同中存异"。基本的采购方式都包括询价、谈判、单一来源采购，中招协、中物联体系受当时企业通用采购制度体系影响，在采购方式中增加了比选采购。比选采购实质上是招标活动的简化版，在采购方案、实施程序和操作规范上与招标大同小异。主要差异表现在缩短公告发布、编制应答文件等环节的时间要求，简化操作流程，以提高采购效率。三大非招标采购体系采购方式详见表1。

表1   **三大非招标采购体系采购方式**

体系	政府采购	中招协	中物联
采购方式	—	询比采购	比选采购
	询价		询价采购
	竞争性谈判	谈判采购	竞争谈判/合作谈判
	竞争性磋商	—	—
	单一来源采购	直接采购	单源直接采购
	—	竞价采购	多源直接采购

以上三者在采购制度架构、采购方式设计、实施流程、适用条件方面大体一致。

三、通信运营企业招标采购现状

（一）通信运营企业主要采购方式

经过调研，中国移动、中国电信、中国联通和中国铁塔等四大运营企业主要采购方式基本一致，均包括公开招标、邀请招标、公开比选、邀请比选、公开询价、邀请询价、邀请竞争性谈判，以及单一来源采购。通信运营企业采购方式详见表2。

表2   **通信运营企业采购方式**

序号	主要采购方式	中国移动	中国电信	中国联通	中国铁塔
1	公开招标	√	√	√	√
2	邀请招标	√	√	√	√
3	公开比选	√	√	√	√
4	邀请比选	√	√	√	√
5	公开询价	√	√	√	√
6	邀请询价	√	√	√	√
7	公开竞争性谈判	√	√	—	√
8	邀请竞争性谈判	√	√	√	√
9	竞争性磋商	—	—	—	√
10	单一来源采购	√	√	√	√

（二）通信运营企业采购方式差异

四大通信运营企业采购方式差异不大，几种采购方式的适用场景、操作实施流程也基本一致。所不同的是，中国联通竞争性谈判仅有邀请方式，而中国铁塔增加了竞争性磋商。与三大采购体系相比不同的是，四大通信运营商将招标、比选、询价均明确细化为公开和邀请两种方式，增强了采购制度的实用性。

（三）现行采购制度的优势

四大通信运营企业现行采购制度体系已经稳定运行十余年，经过多年的采购实践，制度设计越来越严密，制度执行也越来越有效，基本满足了企业的生产经营需要。同时，各企业依据现行采购制度各自搭建了集团统一的电子招标采购平台，采购实施流程也已全部嵌入电子招标采购平台，采购交易活动已全面实现信息化、在线化和数字化，基本完成数字化转型，为招标采购活动的智能化奠定了坚实的基础。

（四）现有采购制度存在的不足

1. 无法及时响应 ICT 项目

ICT（Information Communication Technology）项目，是指为客户提供"通信服务"（CT）+"信息化应用"（IT）的完整的、端到端"一站式"解决方案，向客户提供包括通信服务、信息内容服务、信息技术服务的个性化整体服务。

据业界预测，2024 年 ICT 业务总量将超过万亿，是通信信息业务发展的蓝海，已经成为通信运营企业竞争的主战场。ICT 业务主要客户为政府、企事业单位，项目主要是从参与政府采购中心和大型企业的公开招标或者其他方式的采购活动中获取。获取项目后，与客户签订合同，项目进入建设阶段。ICT 项目中的 CT 部分，如果通信运营企业自身具有网络资源或项目实施能力，建成后即可交付客户。少量特殊的 CT 和 IT 部分在建设过程中，需向第三方采购项目所需的勘察设计服务、设备、材料、IT 开发服务和系统集成服务、监理服务等。此时，现行采购方式出现了不足，无论是哪种采购方式，采购周期一般都无法及时满足 ICT 项目紧迫的交付要求。

2. 难以支撑技术研发项目的采购需求

近年来，受中美贸易战、科技战影响，信息通信领域一些关键设备和技术的全球供应链屡次受到美国和西方国家制约，如半导体芯片等产品，欧美对我国高科技"卡脖子"已经成为常态。为此，国家陆续出台政策，大力鼓励企业在重点领域进行科技创新和自主研发，推动核心产品国产化、核心技术自主可控。科技创新和技术研发存在一定的不确定性，风险较大，通信运营企业现行的采购制度中的任何一种采购方式，都无法顺畅、便捷、高效而规范地满足研发项目的采购需求。

3. 与供应链采购转型的趋势不符

英国供应链管理专家马丁·克里斯托弗在 1992 年提出：21 世纪的竞争不再是企业和企业之间的竞争，而是供应链和供应链之间的竞争。供应链已经成为企业核心竞争力之一，供应链安全性、稳定性和韧性、良好的供应链生态成为供应链价值的重要标志。近年来，各大国企纷纷推动传统采购向供应链采购转型。通信运营企业现有的采购方式均具有明显的一次性特点，与供应商的黏性不足，难以与战略供应商形成长期战略合作关系，供应链稳定性无法得到充分而有效的保障，现有采购制度已无法满足供应链采购转型的需求，亟须进行采购方式创新。

四、改善对策建议

通过以上分析可以看到，现有非招标采购制度体系虽然在特定的时期很好地完成历史使命，但面对新形势、新业态和新要求，已经力不从心，需要进行升级和变革。通信运营企业应当正视现有采购制度存在不足，分析和借鉴行业采购制度设计经验，适时增加新型采购方式进行有针对性的改善。

（一）新增新型采购方式

1. 战略协议采购

面对 ICT 项目实施过程中的采购周期长、构建战略供应生态链乏力等痛点，对于一些战略性产品的非招标采购，通信运营企业可参照借鉴国际大型企业和国内民营企业普遍使用的"短名单""入围制"等采购模式，新增"战略协议采购"方式，稳定、高效地满足法定招标范围外的采购需求。

战略协议采购方式可按三阶段实施。第一阶段：启动供应商入围甄选。发布战略类产品供应商入围征集公告，公告中明确采购周期、本期采购预计数量、技术标准等信息。组成评审小组，按照事先明确的供应商入围评审办法，对报名应答的供应商应答文件进行评审，确定入围供应商短名单及产品采购价格。甄选结束后签订入围框架协议，协议中约定采购人选择供货供应商规则、短名单进入和退出规则、产品价格变动规则等。第二阶段：当出现框架协议产品采购需求时，采购人按照约定的规则在入围供应商中选择一家或多家供应商供货，向其发出书面订单，被选中的供应商据此组织供货。第三阶段：定期开展入围供应商绩效评估，淘汰绩效评价低的供应商，引入新增供应商，在短名单范围内形成供应商的激励和竞争氛围，保障战略类产品供应稳定、可靠。

鉴于战略协议采购特点，设计采购实施流程时应注意以下几点。一是要明确这种采购方式适用条件，避免使用范围泛化，防止新型采购方式被滥用。二是要科学合理地制定短名单内供应商选择、供应商进入和退出等规则，对入围供应商实行良性的闭环管理，推动供应商持续提高供应产品质量和服务水平。三是要严格审批程序，强化集体决策，严格控制产品采购经理、采购部门负责人等关键角色的自由裁量权，防控审批和决策风险。四是要利用信息化手段，打通采购人与供应商的供应链系统接口，实现采供双方的合同、订单系统协同，充分体现这种采购方式的先进性和高效性，切实增强供应链的价值创造能力。

2. 合作创新采购

近日，财政部研究起草了《政府采购合作创新采购方式管理暂行办法（征求意见稿)》，向社会公开征求意见。该办法中的合作创新采购方式，基于采购人与供应商风险共担的基本原则，为科技创新产品的研发和应用推广，提出了堪称完美的一体化采购解决方案。方案兼顾了采购活动的公平性、竞争性以及研发产品风险大等因素，对科技创新和研发产品采购将产生十分重大的推动作用。

合作创新采购的实质是科技创新产品的研发与研发产品后续采购合二为一。合作创新采购分为两个阶段：第一阶段采购研发服务，第二阶段验收合格的研发产品或技术。合作创新采购有以下几个特点。一是有明确的适用范围，即市场现有产品或技术不能满足需求，需要进行技术突破的采购项目；以研发创新产品为目的，提高企业经营绩效的采购项目。二是使用合作创新采购方式的采购项目，在需求管理阶段应进行市场调研和专家论证，以确认其产品和技术市场不能满足需求。三是具有竞争性，除只能从唯一供应商处采购的项目外，使用合作创新采购的项目都应通过竞争确定供应商。四是组合式签约模式，即研发合同＋补充协议的签约模式。第一阶段签订研发服务合同，约定研发周期、验收标准、研发产品首次采购价格上限、产品和技术的升级迭代规则、验收不合格时供应商研发成本补偿标准等内容。研发产品和技术验收通过后，进入第二阶段，即产品采购谈判阶段，双方经谈判确定产品采购的数量、价格，作为研发合同的补充协议。研发产品验收不通过时，合同终止执行，按合同约定支付供应商研发成本补偿。

从合作创新采购方式的特点来看，特别有利于通信运营企业集中资金、技术资源对欧美"卡脖子"技术进行技术创新和技术突破，以及利用内外部技术资源开展信息通信创新产品研发的采购项目，通信运营企业可以在此基础上设计自身的合作创新采购新方式。

(二) 规范新增采购方式适用条件

经过优化、整合后的通信运营企业非招标采购方式有以下六种：比选采购、询价采购、竞争性谈判采购、战略协议采购、合作创新采购和单一来源采购。加入新型采购方式后，应梳理和界定现有与新增采购方式的使用条件和适用范围，确保新旧采购方式充分融合，构建科学、完整、高效的采购制度体系。优化后的通信运营企业各种采购方式的适用条件详见表3。

表3　　　　　　　　　　　　　六种采购方式的适用条件

序号	采购方式	适用条件
1	比选采购	依法必须招标范围以外，采购人对采购的工程、货物或服务能够提出明确的采购标准或技术要求，并且需要按采购文件要求对供应商提供的报价和技术指标或应答方案进行综合评审的，可以采用比选采购方式进行采购

续表

序号	采购方式	适用条件
2	询价采购	依法必须招标范围以外，采购的货物或服务规格、标准统一，性能质量差异较小，货源充足且以价格为主要评价标准，可以采用询价采购方式进行采购
3	竞争性谈判采购	依法必须招标范围以外，采购的工程、货物或服务符合下列条件之一时，可以采用竞争性谈判采购方式进行采购： （1）技术复杂或者性质特殊，采购人不能事先确定详细规格、具体技术指标要求或技术方案的； （2）因为购买的工程、货物或服务属于少数供应商垄断的市场、卖方强势市场或尚未形成市场化的竞争机制，需要通过多次谈判才能获取市场化的价格和服务的
4	战略协议采购	依法必须招标范围外，符合下列情形之一的，可以采用战略协议采购方式进行采购： （1）其他采购方式采购周期不能满足采购需求的； （2）以长期战略合作、增强供应链价值为目标的战略类、杠杆类产品采购
5	合作创新采购	依法必须招标范围外，符合下列情形之一的，可以采用合作创新采购方式进行采购： （1）市场现有产品或者技术不能满足要求，需要进行技术突破的； （2）以研发创新产品为基础，形成新范式或者新的解决方案，能够显著改善功能性能，明显提高绩效的
6	单一来源采购	依法必须招标范围以外，符合下列条件之一的，可以采用单一来源采购方式进行采购： （1）需要采用不可替代的专利或者专有技术的； （2）需要向原中标人采购，否则将影响施工、功能或服务配套要求的； （3）涉及国家安全、国家秘密，由于保密要求仅有唯一供应商可供选择的； （4）基于技术限制或市场垄断，只有一家供应商可供选择的； （5）其他采购方式未能成立，只有一家供应商可供选择的

五、结语

现阶段，通信运营企业面临的市场竞争环境越来越复杂，面对的业务形态也越来越多样，企业高质量发展对供应链价值创造能力的迫切要求，以及来自内外部的诸多挑战，已经成为企业采购制度体系变革和优化的重要驱动力。企业应当认真剖析采购制度存在的不足，充分借鉴行业和国内外不同经济主体在采购制度设计方面的经验，探索和优化非招标采购制度体系，增强采购机制的规范性、适用性和便捷性，保障企业供应链安全、稳定、敏捷、高效，助力通信企业高质量发展。

（中国移动通信集团陕西有限公司，程建宁）

行贿受贿一起查，适时启动招标采购领域行贿人黑名单查询制度

中共第十九届中央纪律检查委员会第五次全体会议的工作报告中提出，要"探索推行行贿人'黑名单'制度，严肃查处多次行贿、巨额行贿行为"。按照中央纪委副书记、国家监委副主任肖培在二十大记者招待会上的解释，受贿和行贿是一体两面，要坚持受贿行贿一起抓，实行行贿人名单管理制度，运用纪律、法律、行政、经济手段，通过限制企业资质市场准入等，让行贿人付出应有代价。按照二十大部署，国家将进一步提高打击行贿的精准性有效性，同时还要保障企业的合法经营，保障涉案人和相关企业合法经营的权利，实现政治效果、纪法效果、社会效果等有机统一。

从纪检监察、审计、巡视巡察等反馈的结果看，招标采购领域仍然是腐败的高发领域。探索适时在招标采购中启动行贿人"黑名单"查询制度，不仅是"运用行政手段精准打击行贿人"要求的具体实施，也能通过让行贿人行贿后需承担更多经济上的不利后果，进一步强化对行贿人的全方位无死角惩戒，对行贿者形成更大震慑，从而净化招标采购行业空气，降低腐败发生风险。

一、行贿黑名单查询制度的发展沿革

对于招标采购代理机构来说，在正式评审前做好行贿犯罪档案查询工作这一点，他们并不陌生。2002年浙江宁波市北仑区检察院在全国率先推出行贿人"黑名单"，将1998年以来办理的建筑领域贿赂案件纳入行贿资料库中，并向相关单位提供查询服务。

对于这一创新，最高检曾邀请专家进行专题论证，并牵头在多个部委、多个省份开展工程建设领域行贿犯罪档案查询试点。2006年，最高检出台《最高人民检察院关于受理行贿犯罪档案查询的暂行规定》，在全国全面推广行贿犯罪档案查询制度。

检察院主导的行贿人"黑名单"，是检察机关将立案侦查并经法院生效判决、裁定认定的行贿罪、单位行贿罪、对单位行贿罪、介绍贿赂罪，以及相关联的受贿罪等信息整理、存储而建立起来的。只要有需要，任何单位和个人都可以按规定进行查询。根据查询结果，相关部门及单位会对有行贿犯罪记录的单位和个人作出限制准入、取消投标资格、降低信誉分或资质等级、中止业务关系等处置。

当然，上了"黑名单"也不代表着单位和个人永无出头之日。行贿犯罪信息的查

询期限为 10 年，当单位犯罪自人民法院判决、裁定生效之日起，个人犯罪自刑罚执行完毕之日起，超过 10 年的，行贿犯罪信息将不再向社会提供查询。

2012 年，全国行贿犯罪档案库和信息查询平台的使用，使行贿人"黑名单"数据实现了全国联网。不过，行贿犯罪档案查询工作于 2018 年 8 月停止。当时官方的解释是，在我国的监察体制改革中，由于反贪部门从检察院转隶到纪委监委后，再由检察院主导行贿犯罪档案查询工作已与检察职能不符，检察机关掌握的信息也不完整。基于以上原因，行贿档案查询工作不宜再继续开展下去。

有反腐专家向媒体透露，行贿档案查询工作停止的另一个原因是，检察机关反贪、反渎、职务犯罪预防职能转隶到纪委监委后，该查询系统并未一同转隶，因为这涉及工作衔接、职能调整、工作流程重塑、职责关系厘清、数据收集扩容等实际问题。

行贿档案查询工作虽然在国家层面业已停止，但多个层面的工作探索仍在继续。例如，据媒体报道，厦门集美区曾建立"行贿人黑名单库"；国家医保局也拟建信用评级，药企商业贿赂等行为将被纳入黑名单。2020 年，湖南曾将涉及贿赂问题的 13 家企业、36 名个人列入失信行为"黑名单"，列入黑名单者将受到限制从事招投标活动、取消享受财政补贴资格等联合惩戒，这多少也类似地方版的"行贿黑名单"。

二、重启行贿人黑名单查询工作的必要性

一是反腐败斗争的时代需要。党的十九届四中全会通过的《中共中央关于坚持和完善中国特色社会主义制度推进国家治理体系和治理能力现代化若干重大问题的决定》明确提出，要增强监督严肃性、协同性、有效性，形成决策科学、执行坚决、监督有力的权力运行机制。经过持续不断的努力，健全党和国家监督体系，已由前期的夯基垒台、立柱架梁，中期的全面推进、积厚成势，进入目前系统集成、协同高效的新阶段。2022 年 6 月 17 日，习近平总书记在中共中央政治局第四十次集体学习时要求，一体推进不敢腐、不能腐、不想腐，必须三者同时发力、同向发力、综合发力，推动各项措施在政策取向上相互配合、在实施过程中相互促进、在工作成效上相得益彰。行贿人黑名单查询制度，尤其是招标采购的行贿人黑名单查询制度，正是综合施策，确保各项措施同向发力、严厉惩治腐败、祛除腐败产生土壤的重要举措。

二是反腐败制度建设走向全面深入的需要。2020 年 12 月初，在中央纪委国家监委主办的有关深化纪检监察体制改革征求意见建议座谈会上，有专家学者就正式提出探索推行行贿人"黑名单"制度的建议。2021 年 9 月，中央纪委国家监委与中央组织部、中央统战部、中央政法委、最高人民法院、最高人民检察院联合印发《关于进一步推进受贿行贿一起查的意见》。该意见指出，中央纪委国家监委正在探索建立行贿人"黑名单"制度，并组织开展对行贿人作出市场准入、资质资格限制等问题进行研究。中央纪委国家监委案件监督管理室负责人在答记者问时也表示，当前腐蚀和反腐蚀斗争依然严峻复杂，行贿作为贿赂犯罪发生的主要源头，行贿不查，受贿不止，因此必须

坚持受贿行贿一起查。

三是数字政府建设与信用管理的需要。对失信行为进行联合惩戒，是社会信用管理的重要内容。从《全国公共信用信息基础目录（2021 年版）》来看，将对行贿人的处理信息归入应当依法审慎纳入的公共信用信息，具体来说，就是有关机关根据纪检监察机关通报的情况，对行贿人做出行政处罚和资格资质限制等处理，拟纳入公共信用信息归集范围的，应当征求有关纪检监察机关的意见。在《全国公共信用信息基础目录（2022 年版）》中则不再区分，直接将其归入公共信用信息中。换言之，对行贿人的处理信息，直接纳入公共信用信息中，简化了纳入的行政机关审核程序，使行贿人信息统一进入不良信用类名单实施起来更加便利。

在当前数字政府的建设中，也要求消除"信息孤岛"，汇总各类政府信息。行贿人黑名单的全国联网查询，也属于数字政府建设的范畴，将在数字政府建设的热潮中得到有序推进。

同时我们注意到，《全国失信惩戒措施基础清单（2022 年版）》仍未单独提出行贿人黑名单的概念，依然沿用 2021 年版的体例，以列举方式将"依法依规纳入政府采购严重违法失信行为记录名单""依法依规纳入公共资源配置黑名单"等 41 个名单作为"依法依规纳入严重失信主体名单"的组成部分，列入公共信用信息的基础目录当中。《全国失信惩戒措施基础清单（2022 年版）》中涉及行贿的内容仍然保留了两个条目，即以串通投标或以行贿的手段谋取中标，情节严重的，在一定期限内依法取消参加依法必须进行招标的项目的投标资格；向海关工作人员行贿，构成犯罪的进出口货物收发货人、报关企业，依法禁止从事报关活动。这也为行贿人黑名单查询制度的推出及在招标采购领域使用留出了制度余地。

三、推出行贿人黑名单招标采购查询的制度设计

一是将行贿人黑名单制度打击的重点行为全部纳入查询数据平台，确立招标采购行贿人黑名单查询的权威性。《关于进一步推进受贿行贿一起查的意见》明确了行贿人"黑名单"的五个重点：①多次行贿、巨额行贿以及向多人行贿，特别是党的十八大后不收敛不收手的；②党员和国家工作人员行贿的；③在国家重要工作、重点工程、重大项目中行贿的；④在组织人事、执纪执法司法、生态环保、财政金融、安全生产、食品药品、帮扶救灾、养老社保、教育医疗等领域行贿的；⑤实施重大商业贿赂的。这些数据的形成，有可能要经过多个部门，如党员和国家工作人员行贿的，就有可能经过纪委监委、检察院、法院等多部门。因此在制度建立时需要事先统一数据格式，形成规范，统一执行，保证数据在流动过程中不失真，在进入黑名单数据库时要素完整，提供对外查询兼顾个人信息保护与行贿查询功能的实现。招标采购监管部门也应建立内部工作机制，及时归集并向行贿人黑名单查询平台提供数据。比如，湖南省纪委监委曾发出通报，将湖南省铁工建设集团有限公司等 13 家企业、36 名个人列入湖南

省工程建设项目招投标突出问题专项整治第一批"黑名单"。自名单发布之日起一年内，他们都将受到限制从事招投标活动、取消享受财政补贴资格、强化税收监控管理等联合惩戒。诸如此类黑名单的产生，离不开招标监管部门数据供给机制的形成和完善。

二是坚持行贿人黑名单数据有效共享。行贿人黑名单数据平台的建立，要有效整合原检察机关行贿犯罪档案信息查询的基础性数据，并与公安、检察院、纪委监委、市场监管、政府采购、招标监管等系统对接。比如，深圳前海区纪委监委就依托公共信用平台，将检察机关原有行贿犯罪档案信息和被纪检监察机关做出党纪政务处分的行贿人（包括法人和自然人）信息，以及协调公安、法院两部门获取的相关信息进行统一录入，向全社会公开，提供查询服务。同时，该黑名单数据应该与失信联合惩戒平台数据共享，及时联动，确保惩治力度。在行贿人黑名单平台建设中，要坚持统一规划，避免出现各地自建黑名单平台导致信息互不联通，浪费了资源且容易让行贿人在不同地区之间钻空子。

三是要进一步严密行贿人黑名单规制体系。例如，有些中小企业、个人企业通过行贿揽生意跑业务，被司法机关查处以后，重新进行企业登记、变更法人代表等，再改头换面继续做生意，以此规避行贿犯罪档案查询，这种行为要在行贿人黑名单制度中予以坚决打击。

为了避免前述"借尸还魂"现象产生，在行贿人黑名单平台录入单位行贿人时，除了要录入名称外，也要准确录入法定代表人名称并可根据组织机构代码进行查询。同时要在公司、企业登记管理中应用行贿人黑名单查询，确保加强对公司股东、董事、高级管理人员的身份审查，限制已被列入行贿人黑名单中的企业控制人及相关从业人员改头换面重开张。未来在个税申报、企业经营等系统完善且与现有行贿人黑名单平台形成数据有效共享的情况下，还可以尝试使用大数据技术，穿透企业、公司至其实际控制人，防止进入黑名单的人员躲在法定代表人身后实际操控公司规避惩处。

四是强化行贿人黑名单制度在招标采购领域的结果运用。除了要在招标采购领域的供应商查询中全面应用行贿人黑名单查询外，评审专家库的专家入库、复核与动态调整，采购人代表的核准等也要加大对行贿人黑名单查询的应用，确保受到行贿处分的人员不得成为采购人代表和评审专家。

行贿人黑名单制度还可以作为与招标采购领域有关的行贿受贿案件侦办、起诉、审判和行政裁决、行政和解等行政案件办理过程中加速办案进程的震慑武器。例如，行贿案件侦办和起诉、审判过程中，办案人员或审判人员应对嫌疑人阐明行贿人黑名单制度的威力，这将有力促使行贿嫌疑人尽早认罪认罚，从而适用认罪认罚从宽制度避免进入行贿人黑名单。在政府采购行政裁决或行政处罚执行中，涉嫌行贿处分的当事人如果能够尽快接受裁决和执行处罚，也有利于其避免进入行贿人黑名单。这样加大行贿人黑名单制度的运用力度，也会提升招标采购相关争议的处置效率。

五是完善行贿人黑名单退出机制。按照检察院原来的行贿犯罪记录查询制度，行贿犯罪信息的查询期限为 10 年。过了 10 年期限，黑名单中的单位和个人将不受黑名单查询披露的限制影响，这本质上是一种黑名单管理的退出机制。在当下行贿人黑名单制度建立过程中，要有效与信用监管中的信用修复制度形成联动与数据共享，与招标投标、政府采购领域的行贿人及时履行相关义务、主动承认问题等形成联动，确保认罪悔罪、认罚领罚、社会危害不大的行贿人能够过罚相当、罪罚相当，有恰当的渠道修复信用，能够凭借良好的合作态度及时退出行贿人黑名单。适当的退出机制，将使行贿人黑名单制度更好地促进社会良法善治的实现。

国家发展改革委已经印发了《失信行为纠正后的信用信息修复管理办法（试行）》（2023 年国家发展改革委令第 58 号，以下简称《试行办法》），明确在信用修复中，失信行为的认定单位负责移出严重失信主体名单和修复其他失信信息，归集机构负责终止公示行政处罚信息。行贿人黑名单的退出机制，可以参照《试行办法》这种机制，由黑名单的认定部门如检察院、纪委监委、公安部门、法院等，承担在固定披露期限（如 10 年）后及时将行贿人移出黑名单的职能，并通知行贿人黑名单查询平台的运营单位。由运营单位负责将行贿人信息及时移出黑名单查询系统。

按照《国务院关于建立完善守信联合激励和失信联合惩戒制度 加快推进社会诚信建设的指导意见》（国发〔2016〕33 号）文件精神，相关领域需要建立健全信用信息异议、投诉制度，有关部门单位在因错误采取联合惩戒措施损害有关主体合法权益时，应积极采取措施恢复其信誉、消除不良影响。这其实对各领域的信用修复制度建设提出了比较高的要求，目前各有关领域虽然出台了相关规定，但仍需向前述政策目标努力靠近。行贿人黑名单制度由于具备后发优势，应该在退出机制上早做考虑，更加完善，以便于包括招标采购单位在内的相关主体查询使用。

六是坚定行贿人黑名单招标采购查询制度实施的自信。曾经在政府采购行贿犯罪记录查询实施过程中有这样一种迷思，有人认为，让供应商在报名参加政府采购活动前要提供由检察院出具的无行贿犯罪记录证明，是让供应商自证清白，公权力不能要求他人自证清白，相关做法不合理，是将反腐败的责任推给了企业和社会。这种观点是不正确的。

试想，如果一个企业去发债融资，没有评级机构的良好评级，没有担保机构的增信，企业的债券大概率是要发行失败，是过不了相关部门的审核也得不到市场的信任的。行贿人黑名单查询本身不是自证清白，而是增信行为。推行行贿人黑名单查询制度，尤其是招标采购的查询制度，不能受这样的所谓行政机关推卸反腐败责任论的影响。

当然，从便捷查询以减轻供应商负担的角度来讲，行贿人黑名单查询的数据平台必须保持简单易用，确保数据安全，保证系统稳健性与查询速度，使查询人可以足不出户网上查询，不必拘泥于有形特定场所的查询。招标采购单位也可以通过代理机构进行黑名单的查询，进一步优化行贿人黑名单查询在招标采购领域运用的工作环节，提高查询使用效率。

七是强化对行贿人黑名单招标采购查询制度运行的监督。要通过人大监督、审计监督、财政监督、纪检监察监督、舆论监督等多种方式，确保行贿人黑名单查询在招标采购领域信息使用得当，数据流动安全，更新及时准确，工作机制适时公开，健全因黑名单查询或单位个人进入黑名单的争议处理等。

四、统筹行贿人黑名单查询与招标采购现有信用管理的融合

一是要在概念上融合。行贿人黑名单制度，本身也应是信用管理体系的一部分。按照《全国公共信用信息基础目录（2022年版）》的口径，失信信息定义为：全国公共信用信息基础目录和地方公共信用信息补充目录中所列的对信用主体信用状况具有负面影响的信息。严重失信主体名单被定义为"以法律、法规或党中央、国务院政策文件为依据设列的严重失信主体名单"。行贿人黑名单符合依据党中央有关政策设列的严重失信主体名单的特征，应纳入失信制度管理体系，进入《全国公共信用信息基础目录（2022年版）》。对行贿人黑名单的查询，应遵循公共信息使用的一般规定，适用行贿人黑名单规范性文件的专门规定，不适用所谓个人信息隐私保护的规定。

二是要在法律系统上融合。从目前招标采购信用管理的规范性文件体系来看，行业内已形成以《国务院关于建立完善守信联合激励和失信联合惩戒制度 加快推进社会诚信建设的指导意见》（国发〔2016〕33号）和《国务院办公厅关于进一步完善失信约束制度 构建诚信建设长效机制的指导意见》（国办发〔2020〕49号）两个政策性文件为顶层具体指导，以《全国公共信用信息基础目录（2022年版）》《全国失信惩戒措施基础清单（2022年版）》为基本规范，以《政府采购法》《招标投标法》两部专门法及其实施条例为代表的一系列招标采购法律规范性文件体系为具体遵循，着力落实《财政部关于在政府采购活动中查询及使用信用记录有关问题的通知》（财库〔2016〕125号）、《关于在招标投标活动中对失信被执行人实施联合惩戒的通知》（法〔2016〕285号）和部门失信联合惩戒备忘录、地方失信联合惩戒备忘录的基本信用管理格局。建议财政部、国家发展改革委等招标采购监管部门，可以在行贿黑名单查询平台建设完毕后，在规范性文件这个法律层级要求在招标采购活动前需查询供应商是否在行贿人黑名单中，这样可以实现行贿人黑名单查询制度快速融入现有招标采购信用管理法律体系。

三是要在治理经验上进行融合。行贿人黑名单查询制度设立，应充分吸纳现有信用管理的既有经验。

比如，《中华人民共和国社会信用体系建设法（向社会公开征求意见稿）》（以下简称《社会信用体系建设法》（征求意见稿））规定了监管机关应及时免费应市场主体申请进行信用修复，还明确了信用信息查询免费。《社会信用体系建设法》（征求意见

稿）第94条规定，公共信用信息共享平台向信用主体提供"不限次数"的免费查询服务。在行贿人黑名单制度的行政相对人权利救济和黑名单平台查询的具体规则设计上，应该要坚持这两个免费的原则。这样可以使得无论是代理机构还是供应商，在参与招标采购过程中依然可以基本延续原有通过检察院系统"无犯罪记录"平台免费查询信用信息的工作模式，减少行贿人黑名单招标采购查询的制度切换成本。

再如，受理行政相对人移出行贿人黑名单查询平台的办理时限应得到规范。国家发展改革委《试行办法》规定，"信用中国"网站自收到认定单位共享的移出名单之日起三个工作日内终止公示严重失信主体名单信息；对于终止公示行政处罚信息，受理单位为国家公共信用信息中心，自受理之日起七个工作日内作出决定。在进行行贿人黑名单制度设计时，不妨参照前述《试行办法》的相关规定，明确相关部门在受理移出行贿人黑名单申请时的办理时限，确保制度运行顺畅，提高行贿人黑名单制度的运转效率。

行贿人黑名单查询制度还应该明确行政相对人救济措施。《社会信用体系建设法》（征求意见稿）中规范了信用异议的具体程序。国家发展改革委《试行办法》则规定了行政相对人可以行使申诉权，即当行政相对人认为信用平台网站对其行政处罚信息的公示内容有误、公示期限不符合规定或者行政处罚决定被依法撤销或变更的，可以向国家公共信用信息中心提出申诉。行贿人黑名单查询制度在制定时，应参照前述信用管理的治理经验，确保救济措施合法有效。

《试行办法》规定的终止公示行政处罚信息的时限要求，也对行贿人黑名单查询制度的建立有一定的借鉴作用。前述《试行办法》对失信信息展示时间的规定很灵活，普通程序的行政处罚信息，最短公示期为三个月，部分重点领域行政处罚信息最短公示期为一年，最长公示期为三年。最短公示期满才可申请提前终止公示，最长公示期满自动停止公示。行贿人的处罚部门不一样，严重程度不一样，停留在黑名单中供人查询的最短与最长时间也不应该一刀切。行贿人黑名单查询制度应该综合考虑行贿人的处罚性质，合理确定黑名单供有关主体查询展示的时间上限与下限。

与其他失信名单不同，行贿人黑名单具有更高的敏感性。因为《中华人民共和国刑法》的相关修正案都在落实行贿受贿一体查办，加大行贿与受贿罪名刑期更好承接的精神。一旦被列入行贿人黑名单中，提供对外查询，不但面子上过不去，而且对个体以及家人都可能造成不利影响。因此，有必要在制度设计中对实施监管及操作的公务人员实施更严格的监督与惩戒措施，确保行贿人黑名单查询制度执行不走样。

《社会信用体系建设法》（征求意见稿）中着重强调了政务诚信的概念，将政务诚信建设一章列于政务诚信、商务诚信、社会诚信和司法公信建设四大领域之首，显示了法律对规范政务诚信的高度关注。此外，征求意见稿还使用了多个条款，明确指出行政机关和公务人员在政府采购、招标投标、PPP领域的守信义务，通过建立公务人员诚信档案、失信问责、政务诚信纳入政府绩效考核，项目守信承诺纳入政府方信用记录等多管齐下，构建有效的政府和公务人员失信惩罚体系。这一系列措施，都对在行贿人黑名单制度设计中，应如何明确对行使相关权力的公务人员实施全面监督与加大惩戒力度，提供了很好的参考。

当然，在招标采购领域出台行贿人黑名单查询需要把握好政策出台时机，要以相关部门的行贿人黑名单数据库为基础。但由于招标采购监督具有监管部门较多，管理门类复杂的特点，因此有必要综合施策、多点发力，提前准备，确保招标采购领域的行贿人黑名单制度严密易行，取得实效。

（大连大窑湾海关，张泽明）

从典型案例看评定分离模式下的定标注意事项

2023 年 7 月，国家发展改革委办公厅、住房城乡建设部等十一部门联合发布了《国家发展改革委办公厅等关于开展工程建设招标投标领域突出问题专项治理的通知》（发改办法规〔2023〕567 号）（以下简称《通知》），决定在工程建设招标投标领域开展突出问题专项整治。在重点治理内容第一条"所有制歧视、地方保护等不合理限制"中规定："三是评标、定标规则向国有企业、本地企业、大型企业倾斜，排斥民营企业、外资企业、外地企业、中小企业。"《通知》深入贯彻《中共中央 国务院关于促进民营经济发展壮大的意见》，全面落实公平竞争政策制度，进一步稳定公平透明可预期的发展环境。

一、案例介绍

某县博鳌路夜景亮化改造工程项目，招标人为某县开发区国有资产公司，资金来源为 100% 国有，最高投标限价为 954 万元。2022 年 3 月 11 日，受委托的招标代理机构发布了"关于中标候选人的公示"，公示期 2022 年 3 月 12 日至 14 日。公示内容包括中标候选人、资格条件业绩公示汇总表、评分业绩公示汇总表以及否决投标的单位和原因。其中，中标候选人及其投标报价分别为中元公司（781.5 万元）、领路公司（787.6 万元）、新欣公司（784.7 万元）、永通公司（790.3 万元）。2022 年 4 月 2 日，该市公共资源交易平台发布中标公告，确定新欣公司为本项目中标单位，同时公布了评审专家对各有效投标单位的定量评审结果。经汇总，上述四家中标候选人的评审总分分别为 97.08 分、96.48 分、95.66 分、95.59 分。

该项目招标文件规定，"本项目采用评定分离法，评标委员会根据评标办法推荐 4 名中标候选人"，定标原则：权责统一、规则公开、竞争择优。同时，招标文件第 7.2.1.7 条规定："定标委员会应当根据定标要素综合考量，按照定标要素权重比例择优选定中标人。定标要素包括：①价格因素（10%），主要包括投标人的商务报价高低，中标候选人价格最低且并列时报价的合理性等；②企业实力（15%），包括企业规模，资质等级，专业技术人员规模，近几年的财务状况、过往业绩（含业绩影响力，难易程度）等；③企业信誉（5%），包括企业信用情况，过往业绩履约情况，建设单位履约评价等；④投标方案优劣（35%），包括投标人的技术标情况，工程建设时重难点问题的解决方案，主要材料品牌等；⑤拟派团队能力与水平（10%），包括团队主要负责人类似工程业绩，拟派项目团队人员的资信实力等；⑥评标委员会评审意见（5%），包括评标委员会的评审报告，评标专家的意见建议等；⑦招标人认为需要考量的其他要素（20%），考量投标人针对照明设备（LED 灯具、控制系统）的专业技术能力，以及是否拥有独立解决照明系统疑难问题的实力。"

二、分析

（一）工程建设招标投标评定分离模式下的定标要素有哪些

2019 年 12 月，国家发展改革委牵头起草的《招标投标法》（修订草案征求意见稿）第四十七条规定，招标人按照招标文件规定的定标方法，结合对中标候选人合同履行能力和风险进行复核的情况，自收到评标报告之日起二十日内自主确定中标人。实务中，定标办法包括价格竞争定标法、票决定标法、集体议事法以及招标文件规定的其他定标方法。其中，票决定标法因其择优功能突出，且具备一定的竞价功能，在一些重大或复杂的项目中应用广泛。票决定标法可分为直接票决法（票决数量、票决计分或票决权重）、逐轮票决法（逐轮择优或淘汰）、票决抽签法等。票决定标法需要在招标文件中载明作为定标票决的要素，如价格因素、企业实力、企业信誉、评标委员会评审意见、投标方案等。笔者认为《招标投标法》（修订草案征求意见稿）第四十七条规定的"合同履行能力和风险"包括"能力"和"风险"一正一反两个维度，相应地，在定标要素的设置上也宜包括"择优"和"比劣"两大要素。虽然"比劣"这个要素在实务中以违反法律、行政法规等强制性规定予以"一票否决"，但在多因素组合投票中不同投标人合同履行的风险同时存在时通过"差""较差""非常差"等因素进行比劣，以达到汰弱留强之目的。

（二）本案例中定标要素设置是否合法、合理

本项目定标要素设置主要是针对"竞争择优"这一定标原则设置的"择优要素"。其中"价格因素"（10%）体现了"竞争"的原则，从四家中标候选人报价来看，与平均价相差 10% 以内，权重设置为 10% 也是合理的。"企业实力"（15%）在权重上并未出现定向设置违反公平竞争的情形，但其内容"包括企业规模、资质等级、专业技术人员规模"的表述有向大型企业倾斜的意向，与《通知》的要求不符，且企业的规模与履约能力并不存在直接正相关。企业信誉（5%），主要包括企业信用情况。2022年 11 月公布的《社会信用体系建设法》（征求意见稿）标志着我国社会信用制度建设迈入新阶段，在推进信用体系建设过程中，招投标等重点领域的资源配置急需信用评价，但应以政府权威机关提供的信用信息作为依据，不得变相设立交易壁垒，应以客观公正的企业信用评价指标助推招投标领域诚信建设。评标委员会评审意见（5%），该项定标要素权重设置过小。根据《中华人民共和国招标投标法（修订草案公开征求

意见稿)》第四十七条对"评定分离"的表述,"招标人根据评标委员会提出的书面评标报告和推荐的中标候选人……",定标权在行使过程中应当将评标报告或评审意见作为定标依据之一,使得定标跟评标的结果相互印证。同时,将评标委员会评审意见或打分作为一项定标要素在设置时赋予一定权重,亦能督促招标人加强对评标报告的审查,强化招标人的主体责任。

(三)本项目定标委员会由七人组成,其投票情况和理由如下

(1)有四位定标委员会成员将"价格因素"(10%)投票给了中元公司,其余三位定标委员会成员投票给了新欣公司。前者报价是781.5万元,后者报价是784.7万元,那么新欣公司能获得这三票的依据是什么?根据本项目招标文件的规定,价格因素主要包括投标人的商务报价高低,中标候选人价格最低且并列时从报价的合理性等。显然,上述三位定标委员会成员未按照招标文件规定进行投票。

(2)根据该省工程建设项目招标投标"评定分离试点定标操作指引(试行)"文件的附件4《定标委员会成员定标投票表(示例)》,定标委员会成员应当填写推荐中标人及理由。本项目定标委员会成员最终推荐的中标人及理由情况为:新欣公司获得5票,中元公司获得1票,领路公司获得1票。其中投票给新欣公司的5张票中,有3张票的推荐理由是"价格较低",而本项目最低价并非新欣公司,而是与之相竞争的评审总分最高的中元公司,且本项目定标要素的价格权重只占据10%。因此,仅以价格较低作为推荐理由没有说服力,定标委员会在定标理由的书写上应与定标要素及其内容相对应,叠加各个要素后推荐中标人。

(3)本项目中有一项定标要素起到关键性作用,即投标方案优劣(35%)。该项要素在本项目中权重最大,且从投票上看,每一位定标委员会成员推荐的中标人均在该项定标要素上获得了投票。因此,投标方案的优劣与否应当作为本项目推荐中标人理由之一。同时,招标文件对"投标方案优劣"这一重要定标要素内容的定义是:包括投标人的技术标情况,工程建设时重难点问题的解决方案,主要材料品牌等。而该项定标要素与招标文件技术标评分30分的评审因素在内容上存在一定重合,那么定标委员会的判断与评标专家的评判是否一致,需要查看评标报告给出结论。通过评审报告中技术标打分表汇总,第一名是27.08分,第二名是27.06分,但是招标人的定标委员会却把这一票投给第二名,谁的评判更具合理性。从供应链、价值链的角度,都有其合理性和价值。从合规性上,值得思考的是将投标方案作为定标要素,尤其在内容上,应当如何设置才能体现"评定分离"这项制度的修正功能,同时又不会架空评标委员会评审机制,仍须进一步探索。

三、启示

公开、公平、公正和诚实信用,是招标投标活动应当遵循的基本原则。合规定标,

必须以上述原则为依托，提高公开透明度和规范化水平，充分保障投标人的知情权。近年来，各地相继出台规范性文件，要求招标人填写定标理由。尤其是将定标投票情况及其理由对外公示，使评标结果和定标结果处于可比较、能追溯的情境之下，无疑是解决投标人对评标结果与定标结果疑惑的一剂良药。这就要求招标人不仅要合法、合理设置定标要素，同时应当提高定标人员的专业化水平，强化监督，公正定标，让评定分离这项制度得以发挥实效，行而致远。

（浙江泽大律师事务所，邬洪明）

差分隐私技术在招标采购数据共享方面的应用

随着计算机科学的飞速发展，信息技术已经成为我国招标采购工作正常开展的重要支撑。早在 2017 年，国家发展改革委等六部委《关于印发〈"互联网＋"招标采购行动方案（2017—2019 年）〉的通知》（发改法规〔2017〕357 号）就提出，电子招标采购系统要覆盖全国、互联互通，公共服务体系和综合监督体系要以协同共享、动态监督和大数据监管为基础，招标投标行业要实现信息化、智能化转型。

应该承认，电子交易发展到今天，招标采购活动整体上变得更加公正和透明，但是存在的不足和短板也不少，其中一个突出问题是不同区域、不同行业的电子招标采购平台割裂、封闭，数据开放共享工作困难重重，普遍存在"不愿、不敢、不会"现象。所谓"不愿共享"主要与数据资产的确权、流通、收益机制不清晰有关；"不敢共享"主要是数据所有人基于数据隐私保护可能存在失控风险的顾虑；"不会共享"则主要受到招标采购信息化平台异构系统之间数据规范不统一、共享技术门槛高等因素制约。简言之，数据共享和隐私保护之间实质上存在不可调和的冲突，从隐私权衡理论角度来看，数据所有人通常会将共享收益与潜在风险进行权衡，当预计收益大于已知风险时，数据所有人会倾向数据共享，反之则会拒绝。

具体到招标采购领域，有效的数据共享，本质上是要取得数据主体（招标采购活动中产生的各类数据电文）、数据所有人（一般指招标采购平台运行服务机构）、数据使用人（招标采购交易主体、数据管理部门、社会公众等）三者间的平衡。因此，如何能够在充分保护隐私的前提下最大限度地实现数据的开放共享是招标采购管理部门亟待解决的难题。

一、数据开放共享与隐私保护之间的冲突和解决方案

（一）数据泄密

招标采购活动涉及大量的个人敏感信息和企业商业秘密，个人敏感信息一旦泄露或者非法使用，容易导致人格尊严受到侵害，或者人身、财产安全受到危害，而投标企业的商业秘密则是企业的核心竞争力，对企业的经营至关重要，有的甚至直接影响企业的生存、发展。比如，有的地方要求在确定中标候选人名单时同步公开企业有关类似工程的业绩、信用等级、财务能力、负债情况等具体信息，而这些信息如果不加过滤地直接公开，很可能就已经泄露了企业的商业秘密。

（二）数据滥用

招标采购活动产生的数据被不当使用或滥用，对个人权益、社会利益和公共安全都会产生负面影响。比如，有的利用政府采购公开评审专家名单的便利围猎评委；有的利用投标企业在注册登记阶段对外公开的主体信息组织串通投标；有的利用中标公示阶段对外公开的主要标的物信息发起恶意投诉等。这些都是由于在信息开放共享过程中没有进行恰当的技术处理导致的。

（三）数据篡改

开放的数据还面临被篡改、损坏或恶意利用的风险。媒体曾公开报道过，2014 年至 2017 年，绵阳市公共资源交易中心信息科原副科长胡某伙同科员左某、软件维护人员王某，多次违规为有关人员提供参与投标企业的数量和名单。为确保特定投标人中标，胡某等人还非法登录评标服务器，修改特定投标人的投标文件，甚至采取删除排名靠前的其他投标企业业绩文件等方式使这些企业废标，达到帮助特定投标人中标的目的。

关于已经对外公开的信息是否就可以肆无忌惮地挖掘、改造和利用，司法层面其实已经有了定论。2022 年 12 月，最高人民法院发布了 4 起指导性案例，其中，"熊昌恒等侵犯公民个人信息案"的裁判结论是：未经公民本人同意，或未具备具有法律授权等个人信息保护法规定的理由，通过购买、收受、交换等方式获取在一定范围内已公开的公民个人信息进行非法利用，改变了公民公开个人信息的范围、目的和用途，不属于法律规定的合理处理，属于侵犯公民个人信息罪中的"以其他方法非法获取公民个人信息"行为。据此推断，即便是招标采购已经对外公开的信息亦受法律的严格保护。

尽管法律已经有了规制，但是仍不足以打消招标采购管理部门对完全、彻底开放数据共享而可能被非法利用的疑虑。因为实践中，少数投标人/供应商利用数据开放共享的便利作为实现不当利益诉求的手段，把公开的数据信息作为向招标采购管理部门表达个人诉求的途径，损害了招标采购活动信息公开的权威性与公信力，消耗大量行政资源，应当要采取措施应对数据开放共享对隐私保护产生的冲击和不利影响。

很显然，解决数据共享与隐私保护冲突需要综合考虑法律法规、技术手段和管理措施等多个方面的因素，其中技术手段投入低、效率高，往往能起到立竿见影的效果，尤其是最近几年"差分隐私"技术的广泛应用为解决以上难题提供了可能。隐私计算能够做到数据的"可用不可见"，既实现了数据价值的流通与共享，又能兼顾数据的隐私保护要求。

二、差分隐私技术产生的背景、概念、特点及其分类

（一）差分隐私技术产生的背景

20 世纪 90 年代，美国马萨诸塞州发生了一起医疗数据隐私泄露事件。该州基于公共医学研究需要对外发布了一组数据，发布人删除了 ID 号（身份证）、姓名、地址等

个人敏感信息。但是卡内基梅隆大学的研究员将"匿名化处理"过的数据与选民登记记录比对后，获得了匿名人员的健康数据。2006年，Netflix通过电影评分推测用户喜好，公开数据中虽然已经抹去了用户的可识别信息，但是研究人员将公开数据与IMDb（互联网电影数据库）网站的记录进行关联计算后识别出了匿名用户的身份。上述这些对隐私信息的窃取方法就是"差分攻击"，可见"差分攻击"攻击力强，破坏力大。国内的例子也屡见不鲜，无论是圆通10亿快递信息的泄露，还是万豪酒店5亿用户开房信息的丢失以及国泰航空940万乘客数据的非法贩卖都有"差分攻击"的影子。

对于拥有海量交易数据的招标采购管理部门而言，这种"差分攻击"可能是致命的。比如，一些地方在专家评委抽取时设置了频率的限制（如一个月只能抽取两次），然而由于专家评委总量有限，攻击者只要将专家名单与固定周期内专家评委的应答频率作"差分比较"，就能提前圈定专家抽中的概率。传统的做法一般是对敏感数据作匿名化、模糊化处理，但这种做法一来不符合招标采购活动信息公开的有关规定，二来过度的隐私保护对数据的流通、共享利用产生了障碍，不利于发挥数据的价值。

而差分隐私技术就是专门用来防范"差分攻击"的方法，为了防止攻击者利用减法思维获取到个人隐私，差分隐私的基本思想是：在一次统计查询的数据集中增加或减少一条记录，输出结果则基本相同。也就是说任何一条记录，它在不在数据集中，对结果的影响可忽略不计，从而无法从结果中还原出任何一条原始的记录。

（二）差分隐私技术的概念、原理和特点

2008年，美国科学家Cynthia Dwork首次提出差分隐私（Differential privacy）的概念。她使用随机应答（Randomized Response）方法确保数据集在输出信息时受单条记录的影响始终低于某个阈值，从而使第三方无法根据输出的变化判断单条记录的更改或增删，这是目前学界公认的基于扰动的隐私保护方法中安全级别最高的方法。

差分隐私已经从数学上证明了即使攻击者已掌握除某一条指定记录之外的所有记录信息（即最大背景知识假设），也无法确定这条记录所包含的隐私数据。那如何才能得到差分隐私呢？最直接的方法是加噪声，也就是在输入或输出上加入随机化噪声，以期将真实数据掩盖掉。

假设原始数据集为 D，增加或减少一条记录构成 D'，D 和 D' 构成相邻数据集；若隐私算法为 $A(\ )$，对数据集 D 添加噪声后的运算结果为 $A(D)=V$；对数据集 D' 运算添加噪声后的运算结果为 $A(D')=V'$；差分隐私的目标是使相邻数据集的运算结果尽可能一致，即 $V=V'$。

由于输入不同，输出也会不同，以 $P(\ )$ 表示 $A(D)=V$ 的概率，则对于所有的输出 V，当 ε 比较小时，可以写成如下的形式：

$$e^{-\varepsilon} \leqslant \frac{P(A(D)=V)}{P(A(D')=V')} \leqslant e^{\varepsilon} \ \text{或者} \ 1-\varepsilon \leqslant \frac{P(A(D)=V)}{P(A(D')=V')} \leqslant 1-\varepsilon \qquad (1)$$

上式可以称为差分隐私保护判别式，也就是凡添加的噪声满足判别式条件的，即可认

为起到了隐私保护的目的。式中，ε 称为隐私保护预算，它用来表征隐私算法在相邻数据集上获得相同输出的概率的比值。ε 越小，隐私泄露的风险就越小，但是引入的噪声就越大，输出的数据集的研究价值也越小。如果 $\varepsilon = 0$，则表示该差分隐私算法在相邻数据集上获得了完全相同的输出，即不可能泄露任何用户的隐私，但是噪声干扰过大，数据研究价值趋近于 0。

目前，Facebook 和 Apple 就是使用这种方法来收集用户的聚合数据，不需要识别特定的用户。在这一过程中，虽然不知悉用户的隐私，依然能知道用户整体的使用偏好。

差分隐私技术的工作原理如图 1 所示。

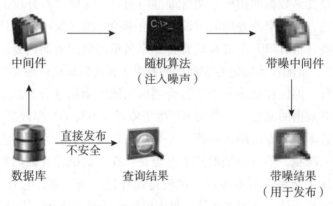

图 1　差分隐私技术的工作原理

（三）差分隐私的分类、利弊分析和适用情形

差分隐私可以分为本地化差分隐私、中心化差分隐私、分布式差分隐私和混合式差分隐私四类。

（1）本地化差分隐私。本地化差分隐私主要是利用客户端就能实现对数据的训练以及对隐私的保护，用户可以全权掌握数据的使用与发布，无须借助中心服务器。

本地化差分隐私机制具有轻量化的特点，适用于本地化场景，但是对隐私需求的样本量极大，相较无噪模型的训练需要更多的数据集。在本地化场景中，由于没有中心服务器的协调，参与者无法得知来自其他参与者的样本信息，因此很难决定自己所添加随机噪声的大小，噪声的分布不均将会严重降低模型性能。

（2）中心化差分隐私。中心化差分隐私方法一定程度上弥补了本地化差分隐私的缺陷。它支持在服务器端收集用户的梯度更新后，通过逐个加噪的方式来隐藏单个节点的个别贡献，这意味着单一训练用户的表现是可以匿名的，实验证实这种方法的模型训练效果要优于本地化差分隐私。

当然，中心化差分隐私在实际应用中同样也有缺陷，因为需要首先确立一个可信的中心化服务器，很多场景下可信服务器的选择本身就不容易。因此，有时候可以采用分布式差分隐私来作为本地化与中心化的折中方案。不过，由于招标采购管理部门一般都依托政府推动设立的集中交易平台（如公共资源交易中心）组织交易活动，以集中交易机构的中心端（或者公共服务平台）作为单一的可信节点是交易各方主体都能接受的。

本地化差分隐私与中心化差分隐私的工作原理如图2所示。

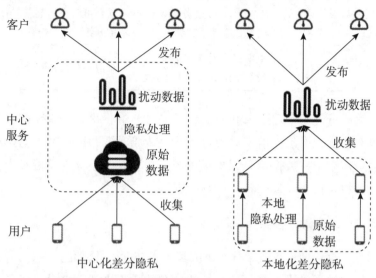

图2　本地化差分隐私与中心化差分隐私的工作原理

（3）分布式差分隐私。分布式差分隐私指的是在若干个可信中间节点上先对部分用户发送的数据进行聚合并实施保护，然后将加密或者扰动后的数据送到服务器端，确保服务器端只能得到聚合结果而无法得到原始数据。

这种分布式差分隐私解决方案同时都兼具本地化与中心化差分隐私的优势，缺点是需要构建多个可信节点。由于当前招标采购交易数据分布在行业主管部门、行政监督机构、运行服务平台等多个部门的信息化系统，系统之间大多是异构关系，没有统一的数据交换或者通信协议，所以构建多可信节点技术上难度很大。

（4）混合式差分隐私。混合式差分隐私方案根据用户对服务器信任关系的不同对用户进行分类。比如，最不信任服务器的用户可以使用最低隐私预算的本地化差分隐私，而最信任服务器的用户甚至可以直接发送原始参数。该方案的缺点是要付出额外的预处理成本以划分信任等级。当前招标采购领域的信用管理体系还不完善，可信交易环境尚未完全形成，混合式差分隐私方法应用场景受限较多。

本地化、中心化、分布式、混合式差分隐私的优缺点比较如表1所示。

表1　　　　　　本地化、中心化、分布式、混合式差分隐私的优缺点比较

类别	扰动终端	优点	缺点
本地化差分隐私	用户本地	无须信任关系，数据在用户手中，去中心化	隐私和可用性难以平衡，影响模型性能
中心化差分隐私	中心化服务器	兼顾隐私性与可用性，单一用户训练可匿名	需要高度可信的中心化服务器

续表

类别	扰动终端	优点	缺点
分布式 差分隐私	用户与服务器间的 可信节点	不需要中心服务器，也不 需要在本地添加噪声	需要可信中间节点，需要较大的通 信开销
混合式 差分隐私	多信用等级服务器	根据用户对服务器信任等 级的不同对用户进行分类	难以划分信任等级

结合招标采购行业的管理要求和现实状况来看，中心化差分隐私方法尽管从技术性能上而言不算最优，但是凭借其对现有系统改造成本低、可信节点易达成共识的特点，是最适合应用在交易数据隐私保护场景的方法。在中心化差分隐私方法中，最常用的扰动机制是拉普拉斯（Laplace）噪声机制。

（四）拉普拉斯噪声机制实现方法

拉普拉斯噪声是一种连续概率分布，因其概率密度函数满足拉普拉斯分布而得名，该机制通过在输出结果中添加符合拉普拉斯分布的噪声来达到差分隐私的目的，噪声添加可在查询结果时加入，也可在输入或中间值运算过程中加入。

1. 拉普拉斯概率密度函数表达式

$f(x \mid \mu, b) = \dfrac{1}{2b} e^{\frac{|x-\mu|}{b}}$ ，其中 μ 是位置参数， b 是尺度参数。

$$不难证明，f(x \mid \mu, b) = \begin{cases} \dfrac{1}{2b} e^{\frac{|x-\mu|}{b}}, & x < \mu \\ 1 - \dfrac{1}{2b} e^{\frac{|x-\mu|}{b}}, & x \geq \mu \end{cases} \qquad (2)$$

其函数图像如图 3 所示。

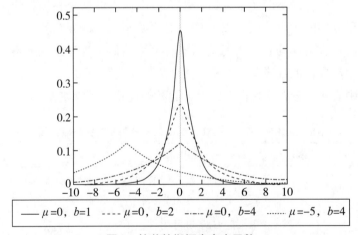

图3 拉普拉斯概率密度函数

2. 拉普拉斯加噪过程

设存在两个相邻数据集 D 和 D'，给定映射关系为 $f: D \rightarrow R^d$，则查询输出函数为 $f(D) = (x_1, x_2, \cdots, x_d)^T$，设加入拉普拉斯噪声后的输出函数为 $A(D)$，则有：

$$A(D) = f(D) + \left(Lap_1\left(\frac{\Delta f}{\varepsilon}\right), Lap_2\left(\frac{\Delta f}{\varepsilon}\right), \cdots, Lap_d\left(\frac{\Delta f}{\varepsilon}\right) \right)^T \qquad (3)$$

其中敏感度 $\Delta f = \max_{D,D'} \| f(D) - f(D') \| p$（相邻数据集最大偏差，范数 $=1$）。

由于在数学上已经严格证明了式（3）满足差分隐私保护判别式［即式（1）］，这样也就表明拉普拉斯加噪过程有效。

3. 噪声生成方法——求解拉普拉斯概率密度函数的反函数

由式（2）可知，只要求得其反函数，就能得到具体需要添加的噪声值，如可取随机变量 $\alpha \in (0, 1)$，代入反函数计算式，即取得满足条件的噪声值：

$$f^{-1}(x) = \begin{cases} b \ln(2\alpha) + \mu, & \alpha < 1/2 \\ \mu - b \ln(2(1 - \alpha)), & \alpha \geq 1/2 \end{cases} \qquad (4)$$

这样，利用式（4）就得到了拉普拉斯机制生成的具体加噪数值。

三、拉普拉斯噪声机制在数据共享中的应用

我国的招标采购活动主要依托政府推动设立的公共资源交易中心进行，一般的交易中心都建设了电子招标采购平台并且配置有专家评委库、主体信息库、信用信息库等基础组件，对外提供信息服务的途径主要是公共服务平台（如公共资源交易网、政府采购信息网、招投标公共服务网站），服务对象是各类交易主体、行业监督、审计、监察等有关机构或者个人。以中心化方式实施差分隐私保护可以将训练模型部署在当地交易中心的服务器（或者政务云）上，对共享数据添加拉普拉斯机制噪声后提供对外查询或者其他形式的公共服务，异构系统之间（如项目投资管理平台、工程管理平台、预算资金管理平台、信用信息管理平台）的数据共享则可以通过调用 API 接口、共享目录、数据库复制或者分布缓存等方式来实现。

图 4 是搭建在交易中心的服务器并通过添加拉普拉斯噪声机制提供数据共享的拓扑图。

在招标采购活动中，常见的差分攻击场景及其防范思路如下。

1. 利用主体信息变量信息提前获知投标企业的潜在投标意向

我国的招标采购流程一般都要求投标企业（供应商）在交易前首先要在电子交易平台完成主体信息申报，即要求企业把资质（资格）证书和业绩（合同）材料等文件上传并向社会公开，投标时递交的投标文件必须是经过对外公开的材料方予以认可，这种做法是在电子交易背景下杜绝虚假材料、营造可信交易环境的有效方法，但是其缺陷也十分明显，如利用"差分攻击"方法能够较为精准地预测潜在投标企业的投标意向。

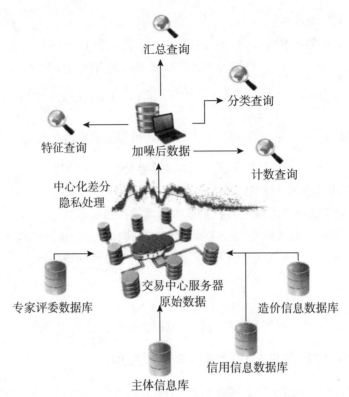

图4 交易中心服务器添加拉普拉斯噪声拓扑关系

由于电子交易平台对于企业申报的主体信息是完全对外公开的，因此攻击者首先将当前全体企业的注册信息进行整体的"包库监控"，待招标采购信息发布以后，只要实时监控到出现"新增"注册企业或者存在已注册企业更新主体信息资料的，那么这些企业就是参与该项目投标的潜在"热门"，这其实就是典型的利用差分方法获知保密信息的手段。事实上，由于动态监测数据库工具很多，几乎没有任何技术门槛，这就使得"差分攻击"变得轻而易举。本人利用这种方法对中原地区某县房屋建筑企业诚信库数据做过攻击测试，一些特征要求比较明显的招标项目（即资质、业绩等条件设定较高，潜在投标企业相对少），最高一次预测结果与实际投标验证的契合程度超过了七成以上。"差分攻击"过程如图5所示。

从防范角度而言，首先要采取措施防止攻击者通过"爬虫"方法将整个主体信息库"包库"下载到本地，对于主体信息端口被恶意频繁请求访问的，首先使用验证码或者限制请求频率，其次要在查询请求返回值中加入拉普拉斯噪声，让攻击者无法通过"减法"差分计算出"变量"或者更新信息。

2. 利用中标公示专家名单圈定待抽取专家评委的范围

我国的《政府采购评审专家管理办法》规定，评审活动完成后，采购代理机构应当随后公开评审专家名单，并对自行选定的评审专家做出标注。这种规定对于规范专家的评审行为，增强采购活动透明度大有裨益。不过也有副作用，如攻击者可以采用

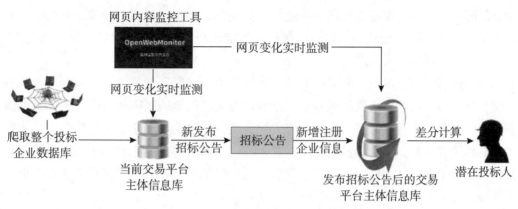

图 5　差分攻击获取潜在投标人名单

"差分聚合"方法掌握全体评审专家的名单，如果辅助以抽取频率因素考量，甚至还能进一步预测潜在参与评审的专家名单。常用的攻击手段是利用数据聚合技术，分析公开的专家评委信息，并结合评委抽取规则的概率分布情况来预测抽取的专家评委名单。

　　针对此类攻击，合适的做法是采用扩充评委数量、引入随机数调整评委抽取频率、实施远程异地评审等方法，也就是增加访问查询的扰动，这已经不限于拉普拉斯噪声机制了，还可以辅之以指数机制、高斯机制等多类型组合噪声干扰，使得攻击者无法获得确定的反馈结果信息。

3. 利用管理员权限比较评委库差量获知项目评审专家名单

　　为便于管理，一般的交易机构都安排专人负责专家评委库的管理工作，为了防止"监守自盗"，对于管理员的操作权限有一定的限制，如禁止其直接查看待评审项目专家的名单，然而，由于管理员拥有查询整个专家数据库的名单的条件，通过"差分攻击"方法是能够提前获知评审专家名单的。比如，在有限时段内比较专家评委库的存量信息就能够推测出大致的专家抽取范围。

　　2021 年，华东某省发生了一起重大专家评委信息泄密案件，交易中心信息管理员利用其掌握专家评委库查询权限的便利条件，在项目评委抽取后，采用"差分撞库"的方法，仔细比较原始专家库名单与被抽取专家后的名单，推算出"差量"即是被抽取专家的具体信息，提前掌握了项目标段和专家评委之间的对应匹配关系。这就是通过"差分计算"推测出"变量"信息进而获得加密信息的攻击方法，使得原本看似严密的管理规定失去了作用，利用这种方法该管理员贩卖了 20 多份专家评委名单。这起典型的利用"差分攻击"漏洞获知涉密信息的案件涉案金额超过 900 万元，在全省引发了极大的震动。遗憾的是，在纪检监察和司法部门的介入下，该案件虽已严肃查处相关责任人，但是关于此案引发的招标采购数据安全风险还没有系统、完善的解决方案，尤其是隐私数据保护防范机制建设进展落后，类似高危风险点依旧存在。

　　此类情形的防范措施主要依靠管理制度上的进一步完善，因为作为交易中心管理人员，在其拥有极大的权限的前提下任何技术防范手段都是无效的，无论是在返回值中添加噪声还是在专家评委数据库中进行防御扰动，都可能起不到效果。当然必要的技术手段还是要尽可能应用，如使用堡垒机的审计功能、操作系统权限最小化配置、加强日志服务器的分离管理等。

从上述例子可以发现，大多数电子招标采购平台在隐私保护方面已经有一些防范措施，只不过随着攻击手段的多样化，原本以为通过简单的匿名化处理就可以达到数据保密目的的想法行不通了，特别是像"差分攻击"这类新型工具的出现，使得传统的安防体系在这种强大的武器面前"不堪一击"，如果不能构建起严密的安防系统，就只能以牺牲数据共享为代价。而基于拉普拉斯加噪机制的差分隐私保护方法在数据共享方面能够大有作为，发挥积极作用。

四、结语

在招标采购领域推进数据充分共享是多年来困扰管理部门的难题，随着安全多方计算、零知识证明、可信执行环境、同态加密等密码学新技术的不断迭代和升级，数据共享有望借助差分隐私技术挣脱隐私保护的束缚。而只有在隐私得到充分保护的前提下，招标采购领域的数据共享工作才能"轻装上阵"并更加有力地促进有关部门提升交易服务的质量和水平。实践表明，基于拉普拉斯加噪机制的差分隐私技术理论逻辑清晰，实现过程简单，具有很好的适应性，可以在数据充分共享和隐私严格保密之间求得最大的平衡，其实用价值和推广前景不可估量。

［南通市公共资源交易中心（南通市政府采购中心），汤骏］

我国公共危机事件中的政府应急
采购问题与对策研究

公共危机是指在社会运转过程中突然发生的、给社会的生产和生活秩序以及公民的人身财产安全造成严重危机的紧急事件。包括重大自然灾害、公共卫生安全事件、事故灾难事件和社会安全事件等。此类事件发生后，政府的反应能力会直接影响到事件的影响范围、受灾群众数量以及受灾程度等。中共二十大以来，党和政府一直在强调建立中国应急管理体系现代化，其中政府采购是建立应急管理体系现代化的关键环节。面对突然发生的公共危机事件，政府不仅要在事后做到应急采购供应的保障，同时也要在事前做好应急采购的评估和准备工作。近年来，政府采购在公共危机治理过程中扮演的角色越来越重要，逐渐成了危机治理的必要手段。与政府采购制度建立初期相比，目前的政府采购无论是在需求还是在流程上都有了较为显著的成效，但在实践工作中依旧存在一些影响经济发展、社会稳定的问题。尤其是近年来新冠疫情和复杂的国际局势相叠加，我国经济环境的复杂性、严峻性和不确定性不断上升，其中出现的对政府采购质疑的声音越来越多，采购腐败现象时有发生，严重影响到政府的公信力和公众的满意度。例如，某市在疫情防控中采用单一来源采购方式以46800元/个的方式购入3000多个核酸检测亭，中标单位仅成立13天；某市人民检察院计划财务装备处检查装备科科长利用职务之便为投标公司提供便利，从中牟利164万元，被当地人民检察院依法提起诉讼等。公共危机的特殊性会导致采购行为的非常规性，采购部门或个人往往会有意无意地简化程序、降低标准、放松要求，很容易出现行政瑕疵和寻租行为。

一、公共危机中政府采购的特殊性

近年来，随着经济的快速发展与社会公共服务的不断增加，我国政府采购的规模在逐年扩大，与此同时，政府采购的风险也逐步暴露出来。如何防范和化解在公共危机情境下政府采购方面的风险隐患，成为当前社会亟须解决的问题。表1是对公共危机下政府采购与一般事件下政府采购的对比分析。

二、公共危机下政府采购面临的困难与挑战

笔者尝试通过查询中国裁判文书网、中国政府采购网等，对政府在履行职能过程

表1 公共危机下政府采购与一般事件下政府采购对比

	公共危机下政府采购	一般事件下政府采购
定义	公共危机是指一种突然发生的紧急事件或者非常态的社会情境，给社会正常的生产与生活秩序以及人们的生命财产安全带来严重威胁的紧急事件或者紧急状态	一般事件是指具有普遍性、常规性等特征的普通事件，即不会给社会生产与安全等带来较大范围影响的事件
特殊性	时效性和紧迫性 重大性和复杂性 资金多，监管难度大	普遍性和稳定性 影响范围较小 程序化决策较多
决策类型	非程序化决策	程序化决策
采购方式	符合"发生了不可预见的紧急情况不能从其他供应商处采购"的单一来源采购适用条件	公开招标；邀请招标；竞争性谈判；单一来源采购；询价

中受到干扰的可能性进行分析，以此来判断政府采购公共危机的影响。以中国裁判文书网为例，从2018年到2023年上半年与政府采购有关的案件高达270例。在对其进行深入调查后发现主要的问题在于行贿、钻流程漏洞，供应商通过与流程中的相关负责人进行钱权交易来完成采购项目，从而得利。

由此可见，供应商"诚信经营"的意识淡薄、专家评审"履职尽责"不到位、政府依法采购执行不严等，都将导致采购流程中出现严重问题。

1. 公共危机下政府采购执行过程扭曲

政府采购实施的过程中为不同的采购方式设置了不同的政府采购流程。但在公共危机情形下，该程序就会变得繁杂、冗长，无法与紧急情况相匹配；同时，采购程序不完善，导致出现部分企业或个人"钻空子"的现象。故遇到此类情景时，政府与相关投标企业通常会跳出该流程，导致所使用的流程缺乏有效性、合理性，从而产生了公众对采购的质疑，降低了政府的公信力。政府在公共危机下的采购通常存在重程序而轻过程、重结果而轻验收的情况。首先，采购的需求时高时低，有的甚至带有明显的对标性要求，这造成了投标过程中不公平的现象；其次，重视以价格为主导的选择，但低价往往意味着产品质量和服务治理的低下，造成了"劣币驱逐良币"的现象；最后，对验收工作不够重视，没有明确验收责任，缺少相关的惩罚性措施。如在某省政府采购网发布的某项目公开招标采购中发现投标人在政府采购活动中有违法、违规、违纪行为。深究其中标过程发现投标公司中存在投标书异常一致的情况，并且投标报价呈规律性差异，投标书可能是由同一家单位或者个人编制，具有明显的串通投标情形。综上所述，公共危机下政府采购过程需要进行优化和明确，以防造成因采购流程不规范所产生的问题。

2. 公共危机下的应急采购管理条例缺失

在公共危机情境下，政府为了更好地应对突发事件必须将市场引入其中，既要考虑到资源配置的稀缺性和紧迫性，也要考虑到采购成本和效率的问题。为更好地提高政府采购的质量，要完善政府在公共危机下采购管理条例缺失的问题。在查询各地关于公共危机情境下政府采购管理条例时发现，政府并未明确出台关于公共危机下政府采购管理实施条例或暂行办法，这容易造成运行过程中出现混乱和不合理的现象。如某市在突发公共卫生事件时进行物资供应的公司，注册时间最短的竟仅6天，这样的资质却承接政府采购项目，在当时引起一片哗然。

3. 公共危机下政府采购地方保护壁垒较高

在推行数字化采购的过程中，各省区市积极建立了政府采购网站，针对本省区市的采购信息进行发布，但在实际运行过程中却发现中标公司大多来自当地企业。同时，查询各地的政府采购项目公示中发现，部分省份的政府采购项目中大多数是由本省公司中标，极易形成"地域壁垒"的情况，增加了地方保护主义倾向。如在招标文件中提出："获得近三年S市食用农产品质量安全快速筛查和定量检测预处理点建设扶持项目A级补助得40%，B级补助得20%，提供检测设备的图片、购置发票，建设扶持项目补助收款凭证扫描件，否则不得分，原件备查"，根据S市市场和质量监督管理委员会《S市食用农产品质量安全快速筛查和定量检测预处理点建设扶持补贴资金实施办法》规定，必须符合"在S市注册并经营2年以上"等条件的农产品批发市场、农产品配送企业、集贸市场、超市等单位方可以申请补贴资金。本项招标文件条款对S市以外地区注册经营的企业存在限制性和排他性。

三、对策建议

1. 建立应急采购全链条程序机制

在突发事件发生之前，需要通过风险评估和预测，对可能出现的危机情况制定应急采购方案，这有助于提前储备必要的物资，并增强应对危机的能力和韧性。在进行应急采购时，签订采购合同是必要的。合同应明确物资的规格、数量、价格、质量标准、交货方式和支付条件等条款。此外，需要遵守相关法律法规，确保采购过程的合法性和合规性。在采购过程中选择合适的供应商对于应对危机显得至关重要，故应考虑供应商的信誉、供货能力、价格和交货时间等因素，事先制定应急采购供应商目录，可以通过招标、询价或与事先认可的供应商建立合作关系来实现供应商的选择。同时，对供应商进行评估，确保其符合相关规定和标准，以便在危机发生后迅速进行选择和应对。建立强大而可靠的供应链管理系统，确保应急物资的顺利采购和交付，这包括订单管理、库存管理、运输和配送等方面，通过使用物流技术和信息系统，可以实现库存跟踪、运输路径规划和交货时间控制。根据突发事件的性质和影响范围，进行危机事件等级划分，从而有助于详细分析物资需求，这包括确定需要的物资种类、数量、质量要求以及使用期限等。

明确不同级别的决策权限和责任归属，按照分级授权的决策模式，建立与组织机构、采购业务相适应的内部授权管理体系。为了进一步完善公共危机采购的事前阶段和事中阶段，可以根据实际情况来明确究竟使用单一来源采购还是竞争性谈判等方式，并确保其在法律框架下进行。在紧急情况下，当只有一家供应商能够满足要求时，可以考虑采用单一来源采购方式。然而，为了确保公正和透明，须通过书面形式加以保障，并提供充分的信息佐证，如供应商能力、信誉以及单一来源采购的必要性等方面的评估报告等。若要采用竞争性谈判采购的方式，必须通过与应急采购供应商目录中的客体进行商务谈判，获得更有利的价格和条件。同样，必须在书面文件中明确列出谈判过程、结果以及最终合同条款，以确保整个过程的合规性；在某些特定的条件下，可以尝试采用口头征求建议的采购方式，更加迅速地满足紧急需求。但是，在采购过程中必须确保有相关记录，如会议纪要或口头征求建议报告，以确保决策的可追溯性和透明度。同时，采购方应当充分了解市场情况，以确保供应商选择的公正性。根据采购方式与金额的大小，设定不同层级的审批权限。较小金额的采购可以由低层级管理人员或专门的应急采购团队批准，以提高采购效率。较大金额的采购需要经过高层级管理人员或相关专业部门审批，并确保审批程序严格遵守内部控制和风险管理要求。

通过综合考虑以上详细信息，可以提高应急采购的效率和可靠性，确保在突发事件发生时能够及时、准确地满足紧急需求。保持信息畅通、提前准备和及时调整是确保应急采购成功的关键。应急采购全链条程序机制如图 1 所示。

2. 建立应急采购全方位监督审查机制

加强对采购活动的全方位监督控制，着力突出重点环节，确保整个政府采购项目的规范运行。对于应急采购中确实存在一些特殊情况和风险的，需要采取一些额外的措施来强化过程控制和风险防范。为了增强应急采购风险的防范能力，可以成立一个专门的委员会负责监督和管理应急采购过程中的风险，增强采购的计划性和合理性。该委员会由相关部门的代表组成，其目的是提高编报与执行政府采购预算、实施计划的系统性、准确性、及时性和严肃性，制定政府采购实施计划执行时间表和项目进度表，有序安排采购活动。同时，合理设计评估指标体系是防范应急采购风险的重要步骤。该体系应包括供应商的履约能力、资质认证、质量控制体系等方面的考量，以确保选择的供应商具备足够的能力和信誉来满足紧急需求。对未编制采购预算和实施计划的不得组织采购，无委托代理协议不得开展采购代理活动，对属于政府采购范围未执行政府采购规定的采购方式或程序不符合规定的及时予以纠正。一方面，从事前发布采购公告开始设立相应监督审查机关，强化应急采购合同定价管理和公告发布，以强化政府应急采购的事前监督，防止出现违反竞争性谈判要求或事先规定的事件；另一方面，要对供应商的采购资质进行相应评估，从而减少不确定性的发生。在事中阶

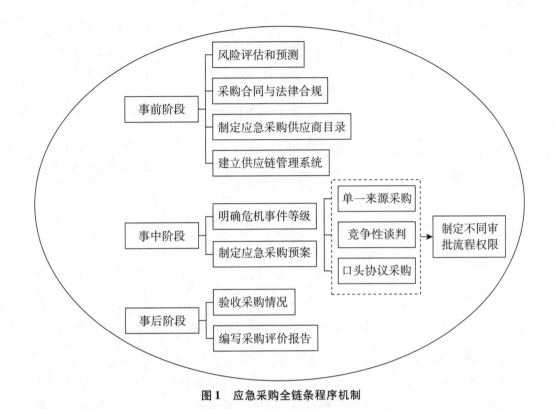

图1 应急采购全链条程序机制

段对采购的实况、采购数量和质量进行调查和监督，以防出现供应商粗制滥造的现象。采购人、集中采购机构和监管部门应当厘清利益冲突的主要对象、具体内容和表现形式，明确与供应商等政府采购市场主体、评审专家交往的基本原则和界限，细化处理原则、处理方式和解决方案。采购人员及相关人员与供应商有利害关系的，应当严格执行回避制度。在事后阶段对采购结果和采购合同进行对比和评判。在设计应急采购项目绩效评价指标体系时，可以考虑从经济效益、社会效益和环境效益等多个方面进行评估，以全面了解项目的实际表现并提供改进方向的指导，根据实际情况撰写采购评估报告书，并公布其结果，保证应急采购工作可以在阳光下有序开展。此外，强化对政府机关的职能进行全方位监督和审查，包括应急采购申请理由、采购决策、预算金额、供应商选择、谈判过程、采购合同和价格、资金支付等。为了防止电子设备损坏等紧急情况导致数据丢失，还应该保存纸质材料备份，以确保采购过程的可控性和透明度，同时为后续的审计检查和公众监督提供支持。应急采购全方位监督审查机制如图2所示。

3. 建立应急采购数字化统一采购大平台

中共十九届五中全会提出，要建立健全市场体系基础制度，坚持平等准入、公正监管、开放有序、诚信守法，形成高效规范、公平竞争的国内统一市场。而在实现这一目标的过程中就要求各省区市联合建立政府采购平台，应尽可能在电子化平台完成采购工作或者留存完整的采购行为记录。部分地区、行业有着地方性、区域性的自我

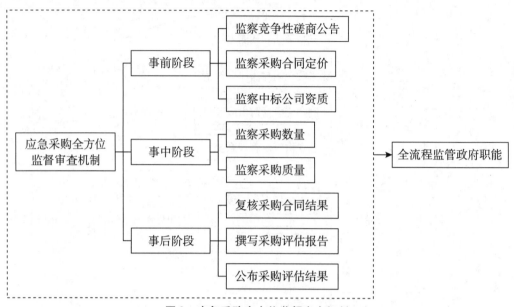

图2 应急采购全方位监督审查机制

保护措施，更倾向于考虑地方利益，而忽视了全国统一大市场的这个概念。

为了提升应急采购效率、及时控制和消除突发公共事件的不利影响，并促进国家治理能力现代化，我们可以借助互联网与大数据技术来推行"互联网＋"采购，进而可以更好地处理公共危机事件。具体可以从以下两个方面进行改善。首先，构建专门性的电子化应急采购平台。我们可以参照中央国家机关集中采购品目，完善协议定点供货制度，并建立应急采购品目库和供应商库。通过在互联网平台上公布入围供应商名单、入围品目、产品参数、价格标准等信息，采购人员可以直接与供应商对接商谈，并通过在线平台自动生成成交结果和交易合同，帮助供需双方迅速达成协议、满足紧急需求，并通过定期更新和优胜劣汰机制，形成一个稳定可靠的应急供应商体系，实现全国统一的应急采购"一张网"。其次，进一步推行"不见面"的办事制度。特别是在突发公共事件，尤其是重大疫情期间，应进一步发挥电子采购的优势，尽量减少面对面接触。除了电话咨询外，供应商报名、获取采购文件、提交响应文件、开标、质疑、投诉、签订合同等采购业务都可以采用网上受理、网上审核和网上答复等方式。采购人员和采购代理机构应依法利用网络信用系统查询信用记录，并尽量减少要求供应商提供非实质性材料的要求。这样可以使相关当事人"少跑腿、多办事"，进一步提升应急采购的效率。

通过以上改善措施，政府采购可以借助互联网与大数据技术，推动"互联网＋"应急采购建设，从而提升应急采购效率，及时控制和消除突发公共事件的不利影响，并促进国家治理能力现代化。

四、结语

为了更好地应对突发事件，政府不断提升自身及时响应的速度和满足受灾群众基本需求的能力。在处理危机过程中势必会牵扯到基本物资的采购，但目前我国并没有针对危机采购这一情景设置专门的采购管理条例和暂行办法，导致了采购过程中乱象频出，降低了国家的公信力；同时，各地在采购过程中条块分裂的现象较为严重，需要进行管制。应加强以实际问题为导向的思路，建立全国数字化采购一体的大平台，进一步从事前、事中和事后三个阶段去细分政府采购流程，并以此为基础来完善相应的监察机制，将可能的问题尽早、尽快地扼杀在摇篮之中，在紧急采购的情境中也可以做到有法可依、有章可循。

（上海理工大学，张晶晶、李婷）

一起工程款争议纠纷引发的法律思考①

一、案件背景

（一）工程款争议相关事实

2015年4月20日，兴百公司与中集公司签订《消防工程专业分包合同》，约定兴百公司分包6#教工宿舍楼等3项（北京华文学院新校区）火灾自动报警与消防联动控制系统（以下简称"涉案工程"），涉案工程合同金额为固定总价，合同总金额为1376659.81元，任何情况下不再调整。第7.2条关于进度款的约定：第一次付款，工程过半并经承包人、监理方验收合格后支付已完工程量的30%；第二次付款，工程全部完工并经各方验收合格后支付至合同价款的60%。第7.3条关于结算款的约定：第三次付款，整体工程全部完工验收合格，经发包人上级主管部门审计合格并办理完总包结算付款后付至合同价款的95%。第7.4条关于保修金的约定：本分包工程质保金为合同总额的5%，即63832.99元（人民币）。合同第16条质量保修期约定：本分包工程的质量保修期为两年，自整体工程竣工验收合格之日起至保修周期结束……合同中还对工期、违约责任等相关事项进了约定。

经法院向招标代理机构调查得知，涉案工程系中集公司作为招标人委托该公司对工程进行招投标。根据北京市人民政府89号令，涉案工程金额在200万元以下，不属于依法必须招标的工程，是自行招标工程，故既不需要办理前置审批程序，也不需要到北京市招标投标办公室备案。涉案工程从招标公告到最后招标结果的公布，均在北京市招投标公共服务平台发布。

涉案工程《中标通知书（施工）》（未载明签发时间）记载，兴百公司于2015年3月10日递交中集公司的施工投标文件，中集公司已接受，并确定兴百公司为中标人。

2015年4月28日，兴百公司按照管理部门要求办理了工程备案登记手续，备案合同价款为1376659.81元，并取得《交易备案登记证书》。兴百公司进场并进行了工程施工，2015年11月20日，兴百公司与中集公司以及建设单位、设计单位、监理单位签署了《工程竣工验收报告》，2016年5月27日北京市昌平区公安消防支队出具了京公（昌）消验字〔2016〕第0047号《建设工程消防验收意见书》，综合评定消防验收

---

① 北京兴百建设安装集团有限公司与中集建设集团有限公司建设工程分包合同纠纷案，涉及判决包括：北京市昌平区人民法院民事判决书（2018）京0114民初16179号、北京市第一中级人民法院民事判决书（2019）京01民终2570号、北京市高级人民法院民事判决书（2020）京民再8号。

结论为合格。中集公司已向兴百公司给付工程款 450000 元。

原告兴百公司向北京市昌平区人民法院起诉要求：①被告中集公司支付原告工程款 862826.82 元及逾期付款利息；②被告支付原告工程质保金 63832.99 元及逾期付款利息；③诉讼费由被告负担。

本案审理期间，中集公司出具：①2014 年 12 月 31 日兴百公司为其出具的《承诺书》，载明，"如我公司中标，自愿在中标价款的基础上作出让利，让利后，以 75 万元总价签订分包合同"；②2015 年 3 月 20 日双方签订的《消防工程材料设备采购及安装施工合同》一份，该合同文本除工期与 2015 年 4 月 20 日合同文本内容不一致外，其他内容一致。中集公司同时表示，该合同本文为原始合同文本，2015 年 4 月 20 日合同文本系为配合中集公司办理备案登记签署的；③2015 年 3 月 21 日双方签订的《补充协议》，约定对原合同价款 1376659.81 元让利优惠为 750000 元。兴百公司对上述三份证据真实性予以认可，但表示《承诺书》及《补充协议》均非其真实意思表示，应当以《交易备案登记证书》中记载的合同价款为准。

（二）分包工程相关事实

涉案工程为北京华文学院教工宿舍楼的分包工程。根据发包人北京华文学院和承包人中集公司签订的《北京华文学院教工宿舍楼工程施工总承包合同》，合同附件 3《专业分包工程整项暂估价表》载明消防火灾报警系统暂估价为 194.5 万元。

2018 年 9 月 14 日，北京华文学院向中集公司发送《关于领取并确认〈工程结算审查书〉的函》，该函中记载北京华文学院委托第三方对中集公司报送的结算文件进行复核并形成审核报告，通知中集公司领取审核报告并进行确认。此后，中集公司三次向北京华文学院复函表示不同意第三方出具的审核报告。后中集公司因未与北京华文学院就工程款结算达成一致，将北京华文学院起诉至北京市昌平区人民法院，要求其支付工程款、违约金、利息等。

二、一审法院观点

兴百公司与中集公司签订的《消防工程专业分包合同》系双方当事人真实的意思表示，未违反相关法律的禁止性规定，合法有效。双方当事人应当按照合同约定履行各自权利义务。当事人就同一建设工程另行订立的建设工程施工合同与经过备案的中标合同实质性内容不一致的，应当以备案的中标合同作为结算工程价款的根据，《交易备案登记证书》记载的合同价为 1376659.81 元。虽中集公司出示了兴百公司出具的《承诺书》及之后双方签订的《补充协议》均对合同价款进行了减少，但根据司法解释规定，仍应以经过备案的中标合同作为结算工程款的根据，兴百公司认可中集公司已经支付工程款 450000 元，故中集公司应支付的剩余工程款（95%）金额为862826.82 元。涉案工程已经于 2015 年 11 月 20 日通过包括双方在内的五方单位验收，涉案工程的保修期应于 2018 年 5 月 26 日届满，中集公司应当向兴百公司支付质保金，质保金（5%）金额应为 63832.99 元。

关于中集公司抗辩双方分包合同系通过"议标"形式签署，不应以备案的中标合同作为结算依据一节，根据兴百公司出示的《中标通知书（施工)》看，中集公司认可收到兴百公司递交的投标文件，且确定兴百公司为中标人，符合相关法律规定的招投标程序，故对于中集公司的抗辩，法院不予采信。

关于中集公司抗辩兴百公司主张给付工程款及质保金的条件根据合同约定未成就一节，法院认为，涉案工程分包合同约定的结算款付款条款属于附期限条款，而非附条件条款，但该期限属于约定不明。法院酌情确定中集公司知晓兴百公司起诉时间为兴百公司要求中集公司履行剩余工程款期限，认定中集公司应当自 2018 年 7 月 11 日向兴百公司履行给付工程款及质保金的给付义务。

北京市昌平区人民法院于 2018 年 12 月 5 日作出（2018）京 0114 民初 16179 号民事判决：①中集公司于判决生效后 7 日内给付兴百公司剩余工程款及质保金共计 926659.81 元；②中集公司于判决生效后 7 日内给付兴百公司逾期付款利息；③驳回兴百公司其他诉讼请求。

中集公司不服一审判决，上诉至北京市第一中级人民法院。

三、二审法院观点

中集公司主张依据双方签订的《消防工程专业分包合同》第 7.3 条约定，本案尚未达到支付剩余工程款的条件。该合同条款系双方当事人的真实意思表示，应当认定有效。一审法院认为该合同条款关于付款期限的约定系对附期限条款和附条件条款的错误理解，法院予以纠正，该约定应当理解为中集公司向兴百公司支付工程款的条件。中集公司在工程竣工验收后一直在向发包人积极主张进行结算，并不存在怠于主张己方权利的行为，故约定的付款条件尚未成就，且不存在阻碍条件成就的行为，一审法院判决中集公司向兴百公司支付剩余工程款错误，法院予以纠正。兴百公司可待中集公司与北京华文学院之间就工程款结算完成后再行主张。对于中集公司主张的中标通知书系伪造的上诉意见，因本案付款条件未成就，兴百公司的诉讼请求应当予以驳回。

综上，北京市第一中级人民法院判决：①撤销一审判决；②驳回兴百公司的全部诉讼请求。

兴百公司不服二审判决，向北京市高级人民法院申请再审。

四、再审法院观点

（一）兴百公司在一审诉讼请求中是否没有关于"质保金"的具体诉讼请求

经审查，兴百公司只是在起诉状中将剩余工程款和质保金统一提出诉讼请求，而且明确说明了质保金是合同总金额的5%，庭审中进一步明确了诉讼请求包括工程款和质保金以及各自的利息起算时间点，并不是中集公司所称兴百公司没有在一审中提出关于"质保金"的具体诉讼请求，故对中集公司的该项抗辩法院不予支持。

（二）本案应该以什么标准作为工程款和质保金的计算依据

首先，关于涉案工程是否属于依法必须经过招投标的工程的问题。

根据《中华人民共和国招标投标法实施条例》第二十九条规定，分包合同在总包合同中有暂估价，在依法必须招标的项目范围内且达到国家规定规模的才属于应当依法招标的工程。而根据当时有效的《工程建设项目招标范围和规模标准规定》《北京市工程建设项目招标范围和规模标准规定》相关规定，暂估价在200万元以上且属于依法必须招标项目范围的工程为依法必须招标的工程。本案涉案工程是分包工程，暂估价在194.5万元，不属于依法必须招投标工程，故本案进行的招投标是自行招标行为。

中集公司所称涉案工程资金来源属于100%国有自筹及项目总投资额为1.0835亿元以上，认为分包合同属于依法强制招标的工程，是以总包合同的情况来主张分包合同的情况，混淆了二者的区别。对于非依法必须招标工程而自行进行招标的行为，相关法律法规并没有要求必须进行前置备案、审批等手续，也没有要求必须在建委监督平台上发布。故对中集公司主张涉案工程招投标未办理前置审批、审核手续，非依法招标导致合同无效的抗辩不予支持。

其次，关于中集公司所称申请人与被申请人在招投标前对实质性内容进行了谈判，合同应属无效的问题。

从兴百公司2014年12月31日出具的《承诺书》以及2015年3月21日双方当事人签署的《补充协议》看，双方当事人确实在确定中标人之前就实质性内容进行了谈判。根据法律的规定，属于依法必须进行招标的建设项目如果违反《招标投标法》第四十三条规定，在确定中标人前招标人与投标人就投标价格、投标方案等实质性内容进行谈判的，中标无效，但对不属依法必须进行招标的建设项目，法律中并无相应条款规定中标无效。可见，《招标投标法》第四十三条规定系从行政管理角度对开标前订立合同进行规范，属于管理性强制规定，并非效力性强制规定。而本案工程属于非依法必须招标项目，即使在中标前双方就实质性内容进行了谈判，也不能直接认定所签合同无效，而应该根据工程招投标情况、合同的订立及履行情况综合进行判断。本案中，中集公司通过招标代理机构进行了招投标，并在北京市招投标公共服务平台上进行了公示，中集公司向兴百公司出具了中标通知书，双方当事人签署了《消防工程专业分包合同》，该合同系双方当事人真实意思表示，没有损害国家、集体、他人的利益，后双方又互相配合向建设主管机关进行了备案，且合同已经履行完毕并验收合格，故应当认定双方当事人签订的合同有效。

综上，本案所涉工程不属于依法必须招标的工程，系当事人自行招标工程，实际上也经过了招标程序，并且在北京市招投标公共服务平台上进行了公示，中标后双方签订了《消防工程专业分包合同》并办理了工程备案登记手续，备案合同价款为1376659.81元，故一审法院关于本案合同系经过备案的中标合同认定正确，法院再审予以维持。当事人就同一建设工程另行订立的建设工程施工合同与经过备案的中标合同实质性内容不一致的，应当以备案的中标合同作为结算工程价款的根据，故本案应该按照备案合同金额作为工程款计算的标准。但双方当事人确实在中标前进行了实质性谈判，双方均违反了法律的规定，虽不因该行为导致双方所签合同无效，但对该行为也不应该鼓励，故对兴百公司的利息请求法院不予支持。

（三）中集公司是否应当向兴百公司支付剩余工程款及质保金的问题

双方当事人签订的《消防工程专业分包合同》第7.2条进度款约定，工程全部完工并经各方验收合格后支付至合同价款的60%。涉案工程已经通过包括双方在内的五方单位验收并经综合评定消防验收合格。故中集公司应按约定以备案合同金额支付至60%，即应支付825995.886元。现中集公司已支付450000元，尚欠375995.886元应予支付。

双方签订的《消防工程专业分包合同》第7.3条结算款约定：第三次付款，整体工程全部完工验收合格经发包人上级主管部门审计合格并办理完总包结算付款后付至合同价款的95%。该条款是约定在什么条件下，中集公司应当向兴百公司支付合同价款，故该条款系对支付剩余工程款的所附条件的约定。一审法院认为该条款是关于付款期限的约定系理解错误，二审法院予以纠正，法院再审予以维持。根据二审查明的事实，中集公司在工程竣工验收后向发包人北京华文学院积极主张进行结算，双方就整体工程的结算事宜始终未达成一致意见，中集公司已将北京华文学院起诉至法院，并不存在怠于主张己方权利的行为，也不存在阻碍条件成就的行为，故双方合同约定的第三次支付工程款的条件尚未成就，兴百公司可待中集公司与北京华文学院之间就工程款结算完成后再行主张。

另外，双方当事人在合同第7.4条保修金约定，本分包工程质保金为合同总额的5%，即63832.99元（人民币）。第16条则约定了质量保修期的期限和起算时间。可见，关于质保金的条款，是独立于工程款予以约定，不仅计算方式明确，数额也明确，且双方当事人都认可二者的支付时间和条件不同。根据一审查明的事实，涉案工程的保修期于2018年5月26日届满，故兴百公司关于中集公司应当向兴百公司支付质保金63832.99元的主张于法有据，应当予以支持。

再审法院判决：

（1）撤销一审判决、二审判决；

（2）中集建设集团有限公司于本判决生效后七日内给付北京兴百建设安装集团有限公司工程款375995.886元和质保金63832.99元；

（3）驳回北京兴百建设安装集团有限公司其他诉讼请求。

五、案例要点

（一）非依法必须进行招标的项目，存在标前谈判的，不影响中标合同效力

《招标投标法》第四十三条规定："在确定中标人前，招标人不得与投标人就投标价格、投标方案等实质性内容进行谈判。"

《招标投标法》第五十五条规定："依法必须进行招标的项目，招标人违反本法规定，与投标人就投标价格、投标方案等实质性内容进行谈判的，给予警告，对单位直接负责的主管人员和其他直接责任人员依法给予处分。

"前款所列行为影响中标结果的，中标无效。"

根据上述规定，属于依法必须进行招标的项目如果违反《招标投标法》第四十三条规定，在确定中标人前招标人与投标人就投标价格、投标方案等实质性内容进行谈判的，中标无效，但对不属依法必须进行招标的建设项目，法律中并无相应条款规定中标无效。

本案工程属于非依法必须招标项目，即使在中标前双方就实质性内容进行了谈判，也不能直接认定所签合同无效。本案中，中集公司通过招投标代理机构进行了招投标，双方当事人签订了《消防工程专业分包合同》，该合同系双方当事人真实意思表示，且合同已经履行完毕并验收合格，故应当认定中标合同有效。尽管本项目存在标前谈判的情况，最终仍然以中标合同作为结算工程价款的根据。

需要注意的是，法院并不鼓励标前谈判的行为，因此法院并未支持兴百公司对利息的主张。

另外，对于国企而言，即使是非依法必须进行招标的项目，也不应进行标前谈判，否则可能会因此承担违法违纪的责任。

（二）工程总承包分包项目应当进行招标的要件

《招标投标法实施条例》第二十九条规定："招标人可以依法对工程以及与工程建设有关的货物、服务全部或者部分实行总承包招标。以暂估价形式包括在总承包范围内的工程、货物、服务属于依法必须进行招标的项目范围且达到国家规定规模标准的，应当依法进行招标。

前款所称暂估价，是指总承包招标时不能确定价格而由招标人在招标文件中暂时估定的工程、货物、服务的金额。"

根据该规定，工程总承包分包项目在同时具备以下三个条件时应当进行招标：

第一，在总承包范围内有暂估价形式的工程、货物、服务的分包项目；

第二，分包项目属于依法必须招标的范围；

第三，分包项目达到国家规定的规模标准。

因此，除以暂估价形式包括在工程总承包范围内的工程、货物、服务分包项目之外的其他项目并非依法必须招标项目，国有企业工程总承包方有权自主选择采购方式，作为总承包单位就其已竞价部分直接向有资质单位进行发包，不违反法律规定。

（三）关于"以备案的中标合同作为结算工程价款的根据"的规定已经废止

《最高人民法院关于审理建设工程施工合同纠纷案件适用法律问题的解释》（2005年1月1日起施行）第二十一条规定："当事人就同一建设工程另行订立的建设工程施工合同与经过备案的中标合同实质性内容不一致的，应当以备案的中标合同作为结算工程价款的根据。"

2021年颁布的《最高人民法院关于审理建设工程施工合同纠纷案件适用法律问题的解释（一）》已经废止了上述规定。因此，中标合同备案与否对于合同效力以及该合同能否作为结算工程价款的根据并无影响。

另外，《最高人民法院关于适用〈中华人民共和国民法典〉合同编通则若干问题的解释》第十三条规定："合同存在无效或者可撤销的情形，当事人以该合同已在有关行政管理部门办理备案、已经批准机关批准或者已依据该合同办理财产权利的变更登记、移转登记等为由主张合同有效的，人民法院不予支持。"

根据该规定，合同备案与否并不产生合同是否有效的法律后果。

（四）是否可以将审计机关的审计结论作为工程项目结算依据

关于审计机关的审计结论能否作为工程项目结算依据，有关部门作出以下规定（复函）。

《住房和城乡建设部办公厅关于加强新冠肺炎疫情防控有序推动企业开复工工作的通知》（建办市〔2020〕5号）第二条第（七）项和《住房和城乡建设部办公厅关于印发房屋市政工程复工复产指南的通知》（建办质〔2020〕8号）第7.4条均规定："政府和国有投资工程不得以审计机关的审计结论作为工程结算依据，建设单位不得以未完成决算审计为由，拒绝或拖延办理工程结算和工程款支付。"

《保障中小企业款项支付条例》（中华人民共和国国务院令第728号）第十一条规定："机关、事业单位和国有大型企业不得强制要求以审计机关的审计结果作为结算依据，但合同另有约定或者法律、行政法规另有规定的除外。"

全国人大常委会法工委于2017年作出《全国人民代表大会常务委员会法制工作委员会关于对地方性法规中以审计结果作为政府投资建设项目竣工结算依据有关规定提出的审查建议的复函》（法工备函〔2017〕22号），该复函认为："地方性法规中直接以审计结果作为竣工结算依据和应当在招标文件中载明或者在合同中约定以审计结果作为竣工结算依据的规定，限制了民事权利，超越了地方立法权限，应当予以纠正。"

《关于纠正处理地方政府规章中以审计结果作为政府投资建设项目竣工结算依据的有关规定的函》（国法秘备函〔2017〕447号）要求全国有关省区市纠正处理在地方政府规章中以审计结果作为政府投资建设项目竣工结算依据的有关条款。

根据上述规定可以看出，政府和国有投资工程不得以审计机关的审计结论作为工程结算依据；机关、事业单位和国有大型企业不得强制要求以审计机关的审计结果作为结算依据，但合同另有约定或者法律、行政法规另有规定的除外；地方性法规和地方政府规章不得规定以审计结果作为竣工结算依据。

本案中，兴百公司与中集公司签订的《消防工程专业分包合同》第7.3条结算款约定：第三次付款，整体工程全部完工验收合格经发包人上级主管部门审计合格并办理完总包结算付款后付至合同价款的95%。这一约定并不违反前述规定。

为什么不能强制以政府审计结论为工程结算依据？

第一，政府审计与工程结算所关注的内容不一致，两者无必然联系。

根据《政府投资项目审计规定》第六条的规定，审计机关对政府投资项目重点审计的内容有：履行基本建设程序情况、投资控制和资金管理使用情况、项目建设管理情况、有关政策措施执行和规划实施情况、工程质量情况、设备物资和材料采购情况、土地利用和征地拆迁情况、环境保护情况、工程造价情况、投资绩效情况等。可见，政府审计是一种行政监督行为，主要目的是对财政投资规模、资金使用情况、有无截流国家资金、有无任意扩大投资、是否存在腐败浪费问题等行为进行审查监督，并给出合规性审查意见。

工程结算是指发包人与承包人就工程建设项目的工程造价、其他应付款及相应的已付款、应扣款，还有质保金、付款计划等各方面内容进行协商，据以确定最终欠付金额及后续履行安排的过程。工程结算最主要关注点为工程造价的最终确认，系平等民事主体之间的民事法律行为。

因此，政府投资工程中的政府审计与工程结算所关注的内容并不一致，两者并无必然联系。

第二，在"招标文件或合同中以审计结论为工程结算依据"的地方性法规已经被废止。

有些地方通过制定地方性法规，明确规定在招标文件或合同中须以审计结论作为工程结算价款的依据。由此使得大量政府投资项目的发包人以等候政府审计结论为由拖延支付工程款、材料款，严重损害了承包人以及下游供应商和劳务企业的权益。

根据法工备函〔2017〕22号和国法秘备函〔2017〕447号的规定，政府投资项目不可以以政府审计结论作为工程结算的法律依据。因此，如果在建设工程施工合同中未约定将建筑工程以政府审计结论作为工程结算的依据，则建设工程款的结算不能以政府审计结论作为工程结算的依据。

需要注意的是，如果建设工程施工合同中已经约定了以政府审计结论作为工程结算的依据，则工程结算必须以政府审计结论作为工程结算的依据。

在采购实务工作中，有以下两点建议。

第一，国有大型企业不得强制要求以审计机关的审计结论作为结算依据，也不宜利用优势地位在合同中作出以审计机关的审计结论作为结算依据的约定。

第二，在政府投资工程项目中当事人如未明确约定以审计结论作为结算依据时，审计部门对建设工程所作审计结论不能作为工程的结算依据。如果在施工合同中已经约定工程结算以政府审计结论作为工程结算的依据，则工程结算必须以政府审计结论作为工程结算依据。

（五）"背靠背"条款的法律性质与法律效力

"背靠背"条款通常是指在上下游合同关系中，合同一方将其与上游合同相对方约定的责任和义务以一定的形式转移给下游合同相对方，以上游合同相对方履约、给付作为其向下游合同相对方履约、给付的前提条件。在建设工程领域，承包人与分包人在分包合同中约定诸如"按照发包人支付进度付款""在业主资金到达承包方账户后按比例支付分包方工程款""承包人在收到发包人工程款之后，再向供货商或者分包人付款"等类似条款，此类"背靠背"条款均以发包人向承包人支付工程款为前提，其本质是承包人将发包人支付工程款的风险传递给下游分包人。

关于"背靠背"条款的法律性质，司法实践中存有不同意见。本人认为"背靠背"条款是附条件的合同条款，即将发包人向承包人支付工程款作为承包人向分包人支付工程款的条件。由于发包人向承包人支付工程款的时间和数量均不确定，因此承包人与分包人约定的"背靠背"条款属于附条件的合同条款。

关于"背靠背"条款的效力，司法实践中也存在不同意见。

第一种观点认为"背靠背"条款内容不违反法律和行政法规的强制性规定，是双方当事人根据建筑工程行业规则和行业惯例所作的约定，体现了当事人对市场风险判断的共识，符合意思自治原则，因此"背靠背"条款具有法律效力。

第二种观点认为"背靠背"条款的设定使得承包人实际通过该条款转嫁自身风险，必将对分包人的利益造成损害，由于"背靠背"条款排除了分包人的主要权利，且违反了公平原则，应属于无效或可撤销条款。

第三种观点认为"背靠背"条款对工程款支付时间约定不明，如发包人和承包人无法就支付时间达成明确的合意，则分包人有权请求承包人在合理期限内支付工程款项，即"背靠背"条款对于分包人不具有约束力。

本案中二审法院和再审法院均采第一种观点，即认为"背靠背"条款属于附条件的合同条款，且具有法律效力。

之所以"背靠背"条款具有法律效力，大致有以下几点理由。

第一，"背靠背"条款是承包人与分包人双方的真实意思表示。

建设工程分包合同的分包人接受了"背靠背"条款，就意味着预判并接受了合同价款支付风险，因此分包人并不存在被动接受被发包人转嫁风险或者被动接受被发包人排除主要权利的情形。接受"背靠背"条款，是分包人的真实意思表示。

第二，"背靠背"条款不违反法律、行政法规的强制性规定。

《民法典》第一百五十八条规定："民事法律行为可以附条件，但是根据其性质不得附条件的除外。"我国目前现行法律、行政法规，既没有对"背靠背"条款作出禁止规定，也没有禁止分包合同中约定附条件的支付条款，"背靠背"条款本身也没有否定分包人取得工程款的合同权利。因此，作为附条件的合同条款，"背靠背"条款符合《民法典》前述规定。

第三，"背靠背"条款不妨碍建筑工人权利保护，不损害社会公共利益。

根据《最高人民法院关于适用〈中华人民共和国民法典〉合同编通则若干问题的解释》第十七条第一款规定："合同虽然不违反法律、行政法规的强制性规定，但是有下列情形之一，人民法院应当依据《民法典》第一百五十三条第二款的规定认定合同无效……（二）合同影响社会稳定、公平竞争秩序或者损害社会公共利益等违背社会公共秩序的……"，即损害社会公共利益的合同条款无效。

尽管承包人可能会适用"背对背"条款拒绝向分包方工程款，进而可能会导致分包人拖欠工人工资引发社会问题，但是"背靠背"条款本身并未阻碍分包人取得工程款，也未阻碍承包人向发包人主张工程款。"背靠背"条款仅仅是将发包人付款作为承包人向分包人付款的条件。不应以保护建筑工人权利为由，认为"背靠背"条款损害社会公共利益。

［北京盈科（沈阳）律师事务所，赵路］

促进首台（套）重大技术装备推广应用
激发市场主体创新活力

工业和信息化部、国家发展改革委、国务院国资委联合印发的《关于支持首台（套）重大技术装备平等参与企业招标投标活动的指导意见》（以下简称《意见》），针对首台（套）重大技术装备［以下简称首台（套）］参与企业招标投标活动面临隐性壁垒、中标难等问题，从规范招标要求、明确评标原则、加强监督检查三个方面，提出一系列支持首台（套）平等参与企业招标投标的创新举措。《意见》出台是促进重大技术装备创新发展和推广应用的重要举措，是激发各类市场主体活力和创造力的现实需要，是优化营商环境、建设全国统一大市场的必然要求。

一、致力破除隐性壁垒，促进首台（套）突破"市场关"

招标投标是用户购置重大技术装备的主要方式，也是首台（套）进入市场的重要路径。重大技术装备技术复杂、价值高、直接关系生产经营质量，用户偏向选择经过市场验证的成熟产品。首台（套）制造企业参与招标投标面临应用业绩、设备参数等隐性壁垒，存在无业绩难中标、不中标无业绩的恶性循环。《意见》的出台，明确招标投标活动不得限制或排斥首台（套）制造企业参与投标的具体情形，免除首台（套）市场占有率、应用业绩等门槛要求，提出评标办法应当有利于促进首台（套）推广应用，对已投保的首台（套）一般不再收取质量保证金等。《意见》是招标投标领域支持首台（套）推广应用的具体依据，将加快打破"玻璃门"，促进首台（套）突破"市场关"。

二、要求按需设置技术参数，助力打通首台（套）供需循环

解决首台（套）推广应用难题，关键在于打通首台（套）的供需循环。招标投标是供需连接的重要桥梁，《意见》以指导和规范招标技术参数设定为切入点，强调招标活动不得超出招标项目实际需要或套用特定产品设置技术参数，要求首台（套）同类型产品的招标文件中应公布推广应用目录中的主要参数指标，鼓励开展需求调查等。这些措施将排除技术参数隐性壁垒，促进重大技术装备用户加强调研装备企业和产品，推动供需精准匹配，逐步形成市场需求与研发创新相互促进、良性互动的发展格局。

三、以招标要求驱动市场需求，牵引提升首台（套）供给质量

招标投标是市场资源配置的重要方式之一，也是公平竞争政策与产业政策协同发展的重要切入点，在需求牵引供给、引领创新方面发挥重要作用。《意见》贯彻落实加快重点领域关键核心技术攻关、提升产业链供应链韧性和安全水平、推进高端化智能化绿色化发展等新型工业化要求，明确评标办法应落实支持重大技术装备攻关创新、促进绿色低碳循环发展、维护产业链供应链安全稳定等要求，评审指标应包含技术创新、资源能源利用效率、售后服务、后续供应、特殊或紧急情况下的履约能力等。这些措施以招标要求驱动市场需求，引导装备企业提升产品与服务供给质量，带动重大技术装备高质量发展。

四、统筹发展和安全，落实国家安全有关要求

重大技术装备是关系国民经济命脉和国家战略安全的国之重器，对保障国家安全至关重要。《意见》抓住重大技术装备进入市场的关键环节，要求首台（套）招标投标活动严格落实国家安全有关规定，在评标办法中明确重大技术装备不得在境外远程操控、在中国境内运营中收集和产生的个人信息和重要数据应当在境内存储等要求，对于不符合《中华人民共和国网络安全法》（以下简称《网络安全法》）、《中华人民共和国数据安全法》（以下简称《数据安全法》）、《中华人民共和国个人信息保护法》（以下简称《个人信息保护法》）等有关国家安全法律法规的，经评标委员会认定，应否决其投标，从招标环节筑牢国家安全屏障。

五、注重监督检查，保障政策落地落实

目前，关于招投标活动的行政处罚主要针对程序性违法违规行为，对歧视性待遇问题的监督检查和行政处罚较少。首台（套）招标投标领域一直没有专项监督措施，信息公开、投诉渠道不够畅通。《意见》聚焦不合理限制或排斥条件、首台（套）门槛等潜在问题，要求开展"双随机、一公开"监督检查，建立首台（套）参与招标投标问题线索联合处置、督导督办机制，开通首台（套）招标投标领域妨碍全国统一大市场问题线索和意见建议征集窗口等，弥补了监管空白，有利于充分发挥政策导向作用。

[中国机电设备招标中心（工业和信息化部政府采购中心），刘爱民]

提高首台（套）市场竞争能力 助力 "国之重器" 攀高逐新向远而行

工业和信息化部联合国家发展改革委、国务院国资委出台的《意见》，抓住企业招标投标这一重大技术装备进入市场的关键环节和关键领域，明确提出支持首台（套）平等参与招标投标活动的具体措施。这是落实《关于促进首台（套）重大技术装备示范应用的意见》（发改产业〔2018〕558号）（以下简称558号文）以来，相关部委首次聚焦首台（套）参与招标投标市场竞争，提出的具体指导意见。《意见》从招标要求、评标原则、监督管理三方面，列出十条举措，促进市场主导和政府引导相结合，进一步支持首台（套）平等参与市场竞争。

装备竞争是高技术含量、高技术性能、高附加值、高技术成果战略性应用的价值链高端竞争，对一国工业体系和产业链现代化具有决定性作用，是国民经济高质量发展的战略支撑，关系国家战略安全和国民经济命脉。在国际形势日趋复杂、逆全球化趋势不断加剧、百年未有之变局加速演进的新形势下，我国重大技术装备创新发展面临新特点和新要求，尤其在解决首台（套）推广应用瓶颈问题方面，仍需实施覆盖面更为广泛的配套政策，大力引导市场积极支持首台（套）应用。我们应充分认识三部委出台《意见》的重要意义，它是贯彻落实558号文和建设全国统一大市场要求的具体举措，它以优化招标投标市场竞争环境为切入点，提出深化细化实化支持首台（套）的配套措施，为进一步拆壁垒、去门槛，充分调动企业在创新驱动发展中发挥作用提供依据。此外，《意见》还建立了有利于首台（套）推广应用的招标投标监督管理保障机制，引导市场供需双方在发展首台（套）方面各自发力、主动作为，为首台（套）创新发展、向远而行创造良好环境。

一、为促进首台（套）突破"三关"出实招

推广应用难问题是首台（套）普遍面临的困境。企业投入上亿元经费研发出达到国际领先水平的装备，价格只有进口产品的1/3。但产品投放市场后并没有形成竞争优势，反而因为国产身份而遭受冷遇，品牌影响力处于弱势，在招投标活动中被应用业绩、设备参数、评审打分等隐形关卡拒之门外。实际上，任何新产品都会存在各种各样的问题，都需要在市场应用中不断"试错"，才能快速迭代技术和提升质量。但首台（套）因为价值量大，试错成本较高，"市场关"也更为难过。针对这一痛点难点，

《意见》明确提出首台（套）相关证明材料即视同满足市场占有率、应用业绩，招标活动不得超出项目实际需要或套用特定产品设置技术参数，评标办法应当有利于促进首台（套）推广应用等，助力首台（套）突破"应用业绩、设备参数、评审打分"三道隐形关卡。此外《意见》还针对首台（套）参与招投标活动提出监督检查的具体机制和措施，成为工业领域第一项招标投标监督管理政策。

二、为打通供需循环出办法

破除门槛是助力首台（套）迈入市场第一步的重要举措，但打通供需循环才是解决首台（套）推广应用长期问题的关键所在。当前，技术革新推进产品创新速度越发加快，各地首台（套）认定数量屡创新高。但在招标投标市场，供应方可以通过招标公告等各种途径了解市场需求，需求方却对供应方的信息了解不足，难以建立对产品和品牌的信任。供需双方在交易前的信息不对称，导致首台（套）应用对接"最后一公里"不畅通。《意见》以招标投标活动作为供需连接的重要桥梁纽带，以指导和规范招标技术参数设定为切入点，要求首台（套）同类型产品的招标文件中公布推广应用目录中涉及的主要参数指标，鼓励招标人通过市场调研、专家咨询论证等方式深入开展需求调查，按照招标项目的具体特点和实际需要提出技术条件等。这些措施有力促进了重大技术装备用户加强调研装备企业和产品，为供需双方创造了及时有效的信息交流和沟通渠道，推动形成市场需求与研发创新相互促进、良性互动的发展格局。

三、为需求牵引供给增措施

我国工业产业链上的参与主体很多，但每个主体实际上都在微笑曲线的底端，产业链呈现大而不强的问题。加大首台（套）应用政策的支持力度，核心是要提升产业链附加值，提高产业链真正的市场化水平。以规模扩大、结构升级的内需，牵引和催生优质供给，增强首台（套）及其产业链的生存力、竞争力、发展力、持续力意义重大。招标投标是市场资源配置的重要方式，在需求牵引供给、引领创新方面发挥重要作用。《意见》充分遵循公平竞争政策与产业政策协同发展思路，贯彻落实加快重点领域关键核心技术攻关、提升产业链供应链韧性和安全水平、推进高端化智能化绿色化发展等新型工业化发展要求，坚持问题导向，创新鼓励措施，一是明确评标办法应当有利于促进首台（套）推广应用，二是强调评标办法应落实支持重大技术装备攻关创新、促进绿色低碳循环发展、维护产业链供应链安全稳定等要求，三是提出评审指标应包含技术创新、资源能源利用效率、售后服务、后续供应、特殊或紧急情况下的履约能力等。这些措施将驱动招标市场需求，引导装备企业提升产品与服务供给质量，带动重大技术装备高质量发展，激发全链条创新积极性。

四、为促进政策落实强保障

为深刻转变政府职能，2019 年《国务院关于加强和规范事中事后监管的指导意见》（国发〔2019〕18号）发布，提出要进一步加强和规范事中事后监管，以公正监管促进公平竞争。对涉及面广、较为重大复杂的监管领域和监管事项，相关部门要协同配合，建立健全工作协调机制，创新和完善监管方式，提升监管透明度等。该意见充分落实上述要求，一是明确了实施"双随机、一公开"监督检查，对相关重大技术装备招标投标活动开展跨部门联合抽查。二是强调建立健全跨部门、跨区域联动响应和协作配合机制，实现首台（套）参与招标投标有关问题的线索互联、监管互通。三是开通了首台（套）招标投标领域妨碍全国统一大市场建设问题线索和意见建议征集窗口，建立统一的负面行为信息公示平台等。这些措施是促进政策实效发挥的重要保障。一方面，为检查不合理限制或排斥首台（套）的现象，进一步提供了监督依据；另一方面，长期有力度的监督检查不但能够彻底清除市场壁垒，还能不断发现针对首台（套）特点设置的"玻璃"屏障，持续掌握首台（套）参与市场竞争的难点堵点，为进一步补充完善首台（套）推广应用的支持措施提供更多依据。

首台（套）具有高新技术突破、带动产业发展、市场潜力较大、处于推广应用初期等特点，是衡量企业核心竞争力、激发市场创新需求、体现制造业高质量发展水平的重要标志之一。2022年3月以来，国家加强央企原创技术策源地和相关制度体系建设，同样高度重视地方国企和民企的创新主体能力建设，全面加强创新生态制度环境建设。《意见》恰逢其时地以首台（套）参与企业招标投标活动为场景，促进首台（套）平等参与市场竞争，为企业创新发展争取更多机会持续提供保障，支持引导国内市场良性发展，推动重大技术装备水平整体提升。

［中国机电设备招标中心（工业和信息化部政府采购中心），徐淑娟、李亚亚］

为国有企业评标办法创新提供合规性支撑

工业和信息化部等三部门联合下发的《意见》于 2023 年发布实施，对国有企业招标首台（套）将是重大利好，突出体现在为国有企业招标采购首台（套）创新评标办法提供了政策依据和合规性支撑。

一、对首台（套）重大技术装备评标规则做出明确规定

《意见》虽然名称为"关于支持首台（套）重大技术装备平等参与企业招标投标活动的指导意见"，但仔细通读全文之后会发现其是从规范企业招标首台（套）同类型产品的招标行为入手，来力求实现支持首台（套）平等参与企业招标投标活动这一政策目标的。

《意见》共发布了十项政策措施，其中三项措施对国有企业招标首台（套）评标原则进行了明确规定，分别为第五项、第六项、第七项。《意见》列出了国有企业招标首台（套）招标文件的一项负面清单、参与供应商的两项负面清单和一项准入条件。招标文件的一项负面清单，即在市场占有率、应用业绩等方面设置歧视性评审标准。供应商的两项负面清单：一是重大技术装备在境外远程操控，二是重大技术装备不符合我国《网络安全法》《数据安全法》《个人信息保护法》等国家安全法律法规的强制性规定。供应商的一项准入条件为，重大技术装备在中国境内运营中收集和产生的个人信息和重要数据必须在中国境内存储。

重大技术装备是国之重器，事关综合国力和国家安全。首台（套）是指国内实现重大技术突破、拥有知识产权、尚未取得市场业绩的装备产品，包括前三台（套）或批（次）成套设备、整机设备及核心部件、控制系统、基础材料、软件系统等。

国家发展改革委等四部委 2008 年发布的《首台（套）重大技术装备试验、示范项目管理办法》第一条规定："本办法所指的首台（套）重大技术装备中的成套装备总价值在 1000 万元以上，单台设备价值在 500 万元以上，总成或核心部件价值在 100 万元以上。"第六条规定："对政府采购范围之外的首台（套）重大技术装备试验、示范项目，项目业主单位应按照《招标投标法》的规定，招标确定拟采购的首台（套）重大技术装备和研制单位。招标方式可以是公开招标，也可经国家投资主管部门批准后采取有限邀请招标、竞争性谈判等方式。招标过程中，需考虑首台（套）重大技术装备的技术创新、节能环保因素，并视情况合理设置技术创新、节能环保评标因子或权

重，不得以业绩为由排斥该类设备参与投标、评标和中标。首台（套）重大技术装备试验、示范项目的装备招标采购须严格按照项目核准的实施方案进行，在执行过程中，确需调整的必须将调整方案报项目投资主管部门审核；属技术路线等重大调整的，须对项目进行重新核准（审批）。"

由此可见，国有企业作为项目业主单位，原则上应按照《招标投标法》的规定，招标确定拟采购的首台（套）和研制单位。《招标投标法》的立法目的主要是规范依法必须招标的工程建设项目，其重心是规范招标投标活动，《招标投标法》的程序和评标规则自然也主要是围绕工程建设项目来进行设置的。因此，对于确定拟采购的首台（套）或研制单位，《招标投标法》的程序性规定是可以完全适用的，但对于评标规则，《招标投标法》相关规定则不一定能完全适用首台（套）和研制单位选择的"首创性"和"创新性"特点。比如，拿一般招标项目的市场占有率和应用业绩来要求首台（套）或研制单位就不合适，原因在于首台（套）的本质特性就是"首创性"和"原创性"，自然是没有市场占有率和应用业绩的。鉴于此，《意见》明确规定："首台（套）参与招标投标活动，仅需提交首台（套）相关证明材料，即视同满足市场占有率、应用业绩等要求。"并把项目业主单位在招标文件中对首台（套）的市场占有率、应用业绩要求列为负面清单。

二、对现行评标办法进行了两个方面的实质性突破

更为重要的是，《意见》关于国有企业招标首台（套）评标办法的规定，对现行《招标投标法》的评标办法进行了两个方面的实质性突破。

一是明确规定"评标办法应当有利于促进首台（套）推广应用"。这一规定极具政策张力和覆盖力，为国有企业在招标确定拟采购的首台（套）或研制单位时对现行《招标投标法》评标方法进行符合项目实际的创新提供了合规性的有力支撑。在招标实务中，企业要从三点入手进行精准把握。

第一，企业需要全面准确理解"有利于"三个字。企业可以将利于促进首台（套）推广应用的评标办法写入招标文件，既包括现有的在招标采购实践中被证明行之有效的评标办法，也包括企业自行探索出来的对促进首台（套）推广应用有利的评标办法。

第二，企业需组织专门人员或通过向第三方专业机构购买服务的方式，真正掌握评标办法的技术要点。评标办法至少包含评标方法、评审标准、评审因素、评审程序、评审结果确定等五个方面。现行《招标投标法》规定的评标方法的分类有两种：一种是最低价评审法，另一种是综合评价法。这两个大类又可以细分出多个细类。根据首台（套）作为标的物的特殊性，最低价评审法显然不适用，综合评价法比较适合首台（套）招标项目。目前我国招标法律法规体系中值得企业在实施首台（套）招标项目时重点研究的综合评价法，主要有商务部2008年发布的综合评价法、财政部2004年发

布的性价比法、国家计委等七部委 2001 年发布的综合评估法等。此外，联合国项目事务署 2019 年发布的累积分析法也值得研究。在评审结果确定方面，首台（套）十分适合深圳已探索实施近十年的评定分离定标法。

第三，企业招标首台（套），要下大力气研究项目需求和项目实际。招标的底层逻辑是"三公一诚"，应立足于首台（套）项目需求和项目实际，进行评标办法创新。

二是《意见》明确规定"评标办法应落实支持重大技术装备攻关创新、促进绿色低碳循环发展、维护产业链供应链安全稳定等要求，将技术创新、资源利用效率、售后服务、后续供应、特殊或紧急情况下的履约能力等纳入评审指标范畴"。这一规定极具政策前瞻性，且为企业项目的后期落地产生实效提供了坚强保障。招标作为一种选择供应商的方式，其最大的价值在于项目正式启动之前的战略安排，招标的战略安排集中体现在招标文件的评标办法里。

攻关创新、促进绿色低碳循环发展、维护产业链供应链安全稳定等三方面的要求是首台（套）作为国之重器的战略目标。那么，这些战略目标如何落地呢？可通过将技术创新、资源利用效率、售后服务、后续供应、特殊或紧急情况下的履约能力等纳入评审指标范畴来进行落实。而这也是专业技能，企业需要组织专门人员或者通过向第三方专业机构购买服务的方式，在正式实施首台（套）招标前，将项目的技术创新、资源利用效率、售后服务、后续供应、特殊或紧急情况下的履约能力等评审指标（评审因素），结合项目实际，通过充分的市场调查，把每一项评审因素对项目实施的重要性或影响程度进行合理的权重设置，合理构建项目的综合评价指标体系，为评标办法充分实现"有利于"奠定基础。

（《中国招标》杂志社有限公司，张松伟）

案例展示篇

◎ 政府采购案例

广州：加快政府采购文件标准体系建设

2014—2015 年，广州市政府采购中心制定了 42 个品目的采购文件标准化模板，各模板均包括法律法规及标准、资格要求、采购需求、合同格式以及评标方法等，充分突出了各品目的特点，内容科学规范，可操作性强。得益于上述成功经验，2023 年，广州市政府采购中心制定了软件开发项目采购文件模板，得到了广州市财政局的大力支持与高度认可，广州市财政局于 2023 年 9 月发布了《关于印发政府采购软件开发项目采购文件参考模板的通知》，为此类项目采购文件编制提供工作指引和参考，有效推动采购活动的规范化、科学化，提高政府采购效率、降低政府采购风险、保障政府采购质量、保障妇女权益，体现国家意志、提升政府采购形象、推动政府采购制度改革。

一、行业发展背景

（一）行业发展现状

（1）招标代理机构的数量经历了跨越式的大发展。我国 1984 年开始在工程建设领域实行招投标制度，2000 年《招标投标法》颁布后，招投标制度得到了全面推行，同时确立了招标代理机构的法律地位，为招标代理机构的发展提供了契机。经过二十多年的发展，据 2022 年统计，全国招标代理机构企业单位数量 46258 家。

（2）随着社会主义市场经济建设的推进和改革的深入，原有的招标代理机构竞争格局正在发生转变。招标代理机构正处于由简单的、低层次的程序服务，向高质量的、高层次的专业技术咨询服务转变。单纯依靠招标程序服务的招标代理机构缺乏持续发展的动力，激烈的市场竞争迫使招标代理机构将合法、优质、高效、专业的服务摆在发展首位。

（3）从法律上看，《政府采购法》对集采机构的定位是非营利事业法人，这一点在《政府采购法（修订草案征求意见稿)》中也没有发生变化。同样属于代理机构，广州市政府采购中心作为非营利的集采机构，与追求利润的社会代理机构相比，其价值取向和实务操作必然有所不同。从实践来看，集采机构操作项目往往更强调合规性，每一个流程都严格追求合法合规性。社会代理机构则以拿到项目为第一生命线，对操作的规范性关注度明显不如集采机构。

正因为有这样的差异，从采购人的视角看，对于社会代理机构而言自己是"甲方"，话语权较强；而集采机构往往同采购人是平级机构，更强调在流程严谨的前提下满足采购人的需求，实践中由于彼此沟通和专业理解不同等问题，采购人对集采机构的"柔性"服务能力有更高的渴求。

（二）行业面临的痛点、难点和堵点

目前，招标代理机构在数量规模、技术水平、企业建设、规范管理等方面取得了长足的发展。但以下几个方面存在的问题严重制约招标代理机构的发展。

1. 管理体制不协调

（1）上位法法律条款口径不一问题。《招标投标法》与《政府采购法》法律条款口径不一问题，增加了招标代理工作中的执行难度。

（2）地区、行业间协调问题。行业间、地方政府间变相垄断。某些行业和地方行政主管部门自立"规定"、设置门槛，以达到排斥外地供应商的目的；行业之间缺乏协调性和统一性。

（3）法律、政策执行问题。虽然我国《招标投标法》《政府采购法》实施已超过二十年，但是一些行业和地方主管部门的理解和执行力度还不够，同时缺乏有效的检查和监督机制，部分法律规章没有得到扎实的贯彻和落实，市（县）级以下地区管理部门尤为明显。

（4）部门、行业、地方性监管文件制定的过多问题。一些部门、地方以及建筑市场交易中心仅站在本地区、本部门的立场考虑问题，制定本地区、本部门、本行业的监管规定，制度机制自成体系、缺乏协调，甚至存在相互摩擦，导致招标代理工作无所适从，不仅增加了管理成本，而且时常因为自身利益而相互掣肘、扯皮，降低了行政效能。

2. 招投标活动操作不规范

（1）招标人问题。调查显示，有的招标人在部分项目，尤其是部分中央投资项目中存在场外运作、规避招标的现象，并且规避招标手段层出不穷。

（2）投标人问题。有些投标人存在串标抬标，排斥他人等问题，其通过部分联盟或全部联盟，相互勾结和串通，以事先约定投标报价的方式，控制中标结果。或与招标人或代理公司串通，使公开招标流于形式，不仅损害了国家利益，而且破坏招投标正常秩序。

（3）招标代理机构问题。有的代理机构专业不专，立场不公。代理机构从业人员素质参差不齐，专业技术力量不够强，无法通过有效服务为招标项目把关，导致投标人质疑、投诉较多。有的代理公司未站在公正的立场，在代理活动中，以招标人的意图和想法为标准，给招投标市场带来隐患。

（4）评标专家问题。一是评标专家专业不对口，不同行业在抽取评标专家时，存在与项目要求不对口现象，导致招标效果不好。二是评标专家素质良莠不齐。除专业

技术外，评标专家职业道德水平亟待提高，评标敷衍了事现象比较普遍。三是针对评标专家责任和义务在法律中没有明确规定。评标专家行为不仅没有详细规范，在执行现有的评标专家有关规定时，还存在走过场及执行走样现象。

（三）未来发展趋势

1. 信息化发展

国家正在鼓励推行电子招投标制度，各地区公共资源交易中心也在尝试研发和使用电子招投标系统，加上5G、大数据等各类技术的应用，电子化已经是大势所趋。

2. 多元化发展

随着《招标投标法》的不断深入贯彻实施，我国的招标投标覆盖到基础设施建设、建筑工程、成套设备、政府采购、药品招标采购等多个领域，不断创新服务模式，提升服务质量，在发展中求创新。以创新促发展，是当前招标代理企业发展的核心。要从传统的单一的招标模式，向提供全过程、多领域、深层次的服务方向发展。

3. 提高人员素质、培养专业人员

人才的培养是企业不断创新、持续发展的原动力。招标代理是典型的知识密集型行业，但是，目前整个行业从业人员职业道德素质、专业技能水平良莠不齐，加之对招投标政策法规知识和操作实务知识的掌握和理解程度不一，导致招投标活动流于形式，损害国家利益、社会公共利益和当事人的合法权益。

编制采购文件是招标采购活动的源头，要提高招标采购的质量，必须从源头抓起。建立采购文件标准化模板，将提高政府采购效率、降低法律风险、提升政府采购形象、优化营商环境，广州市政府采购中心以标准化为抓手和突破口，不断制定采购文件标准化模板。

二、单位主要做法

（一）历年重视模板标准化建设

早在2014年，为积极响应财政部关于"将标准化建设作为实现政府采购科学化、精细化管理的突破口""政府采购在操作执行上要从重程序的合规性采购转变为重需求的专业化采购"的精神，广州市政府采购中心按照《广州市财政局关于印发〈广州市政府采购文件编制意见〉的通知》（穗财采〔2013〕20号）"采购文件应设置重要格式文件样本。相同类别的商品和服务项目，逐步推广统一规范的采购文件格式"的要求，为进一步推动政府采购标准化建设，实现政府采购科学化和精细化管理，提高政府采购质量和效率，广州市政府采购中心以标准化和信息化建设为抓手，启动了政府采购需求标准化研究与编制工作，将"政府采购需求标准化研究"作为重点研究课题之一。

第一阶段（2014年8月至12月）完成了视频监控、空调、电梯、车辆、服装、计

算机、物业管理、投影机、防火墙、IT 类监理等采购项目标准化需求模板和采购文件的研究与制定。第二阶段（2015 年 1 月至 6 月）完成了家具、厨房设备、密集架、印刷、IT 系统运维、IT 集成建设等采购项目标准化需求模板和采购文件的研究与制定。最终研究制定了 42 个品目的标准化需求模板，每个标准化需求模板均包括法律法规及标准、资格要求、采购人需求、合同格式以及评标方法等，各需求模板均突出了各品目的具体特点。

需求模块化、标准化的实操性强，指引性功能突出，是政府采购领域的一项创新型举措，为编制出科学、规范、合理的标准化需求模板，广州市政府采购中心扎扎实实做了以下工作。

1. 成立团队

广州市政府采购中心成立了一支由政府采购实务经验丰富、业务素质过硬、专业背景多样的成员组成的研究小组。

2. 确定品目及内容

研究小组认真梳理和总结了各品目的特点；按照视频监控监理、集成、空调、电梯、车辆、服装、保安、计算机、物业管理等多个品目，分别拟定采购文件标准化模板。在标准化模板中，将投标人资格要求、采购需求、付款方式、采购合同、培训及验收方法、评标办法等内容进行模块化、标准化处理，并征询了法律顾问的意见；经过反复修改，取精去糟，形成了各个品目的模板初稿。

3. 责任到人

制定了切实可行的研究计划，每一个品目都落实到人，相关的资料收集、调研、意见汇总、文件修订等工作均责任到人。本着借鉴、吸收、创新的工作原则，研究小组通过查阅文献、上网查询、走访调研等方式，收集了大量资料和数据，为标准化模板的科学性和可行性奠定了基础。

4. 深入调研

一方面，组织政府采购或招投标领域专家召开研讨会，对模板进行深入研究和讨论，整理研讨成果并形成意见汇总文件；另一方面，通过电话、邮件、现场咨询等方式征求意见。

广州市政府采购中心以社会治安视频监控类项目为首，由中心领导带队到市公安局视频建设办进行"走出去"调研式学习，通过此次调研，了解了社会治安视频监控类建设工作目标及需求共性，为后期该品目的标准化模板制定和应用打下坚实的基础。此外，研究小组以函调方式为主，走访、专家论证、座谈方式为辅，发起大规模的征求意见活动，向供应商、采购人、行业主管部门及相关行业协会、专家共发出近百份征询意见函，包括华为、联想、广日、三菱、一汽、广州市铁一中学、广州市人民政府机关事务管理局、广州市科信局、广州市公安局、广州服装行业协会、广州纤维产品检测研究院、广东省建筑设计研究院、广州电力设计院、广州市物业管理协会等 80

家单位提出了 400 多条修改意见。

5. 分析提炼

研究小组对获得的材料、数据进行分析和提炼，对收集和汇总的意见进行认真、充分的讨论及审查，确定每一条意见的科学性和合理性，讨论是否采纳，最终采纳了 135 条反馈意见。根据讨论结果，对政府采购需求文件模板进行优化、修订和完善，做到了政府采购业务的开展与标准化研究相结合、与行业现状和需求相结合。

在标准化采购文件的研究过程中，广州市政府采购中心及时将工作思路、研究方法、存在问题等情况向政府采购监管部门汇报，得到了监管部门的充分肯定和大力支持。监管部门认为，广州市政府采购中心的此项研究可以从根本上减少因需求不清、与行业信息不对称而导致的政府采购效果不佳的问题。

通过需求调研，各品目模板中的技术指标设置得更准确。例如，服装采购项目需求中，关于检测报告对应的国家标准，有供应商提出由于技术更新，需更改模板初稿中涉及的国家标准；又如空调项目，关于能效比是否作为实质性响应指标的问题，有专家认为"因已有节能产品的规定作为实质性响应条款，所以能效比不必设★号，但应列出作为参考指标，制冷功率和制热功率也应列出"的意见。

广州市政府采购中心在开展政府采购业务中，不断完善标准化研究的内容，及时总结，查找薄弱环节，突出重点，深化研究，积累研究成果，实现政府采购操作流程再造，以清晰的采购需求、科学合理和规范化的评审标准，形成具有行业认可的标准化需求模板终稿，借力于监管部门的参与，实现需求模板的广泛性推广及运用，真正落实专业化、精细化、科学化。

（二）建立软件开发品目标准化模板的经验总结

基于上述研究和实践，广州市政府采购中心在 2023 年以软件开发品目为突破口，建立采购文件标准化模板。

2023 年广州市政府采购中心制定的软件开发项目采购文件模板得到了广州市财政局的大力支持与高度认可，广州市财政局于 2023 年 9 月 12 日发布了《关于印发政府采购软件开发项目采购文件参考模板的通知》，为广州市软件开发项目采购文件编制提供工作指引和参考模板，有效推动采购活动的规范化、科学化，维护公平公正的市场秩序。这些措施有助于提升采购文件的规范化、专业化编制水平，避免采购人在资格要求、实质性响应条款、评分项设置方面的倾向性。

为了确保软件开发项目采购文件参考模板的规范性与专业性，广州市政府采购中心组建一支团队负责模板编制，这支团队由具有丰富采购经验和计算机专业知识的人员组成，并制订详细的编制计划和方案，具体做法如下。

1. 确定品目

行业应用软件开发服务 C16010302 属于广州市政府集中采购目录内的品目，广州市政府采购中心 2022 年共计完成 191 个软件开发服务项目。当前国内尚未有省、市级财政监管部门制定过软件开发项目采购文件模板，因此本次广州市政府采购中心选择该品目为全国首创。

2. 收集资料

在编写模板时，团队始终坚持法律精神，确保所有的采购活动都在法律的框架内进行，严格遵守《政府采购法》《政府采购法实施条例》《政府采购货物和服务招标投标管理办法》《广州市政府采购文件编制指导意见》以及其他相关法律法规的规定。

此外，团队收集了《计算机软件文档编制规范》（GB/T 8567）、《计算机软件需求规格说明规范》（GB/T 9385）、《计算机软件测试文档编制规范》（GB/T 9386）、《计算机软件测试规范》（GB/T 15532）、《软件系统验收规范》（GB/T 28035）、《计算机过程控制软件开发规程》（SJ/T 10367）、《信息技术 软件维护》（SJ 20822）等相关标准。这些标准为软件开发项目采购文件模板的编制提供了详细的指导和规范，包括软件需求规格说明、设计说明、测试说明等各类文档的编写方法和格式，以确保模板清晰、准确、完整，能够满足软件开发采购需求。

3. 设计结构

团队参考了近 5 年广州市政府采购中心软件开发项目采购文件，归纳总结并结合政策法规及标准规范，编制采购文件模板的第二章"采购需求结构"，内容包括：项目概况、建设目标、标准规范、技术实现方法和路线、系统功能要求、系统非功能性要求、项目管理要求、人员要求、知识产权要求、系统测试要求、交付使用要求、验收要求、培训、售后服务要求、信息安全及保密要求、付款方式、原型演示及答辩要求等十八项，评审内容包括技术评审与商务评审。

4. 编写内容

内容确保采购需求具有清晰、全面的特点，以确保所有采购主体都能准确理解和遵循其中的要求。团队按照设计结构，撰写第二章采购需求各部分的详细内容，如"五、技术实现方法和路线"设置了系统开发环境、开发语言与数据库、系统、系统部署环境要求等内容，采购人可根据项目情况进行补充。

5. 审核和修改

完成初稿后，广州市政府采购中心发起内部检查和修订的流程，包括内容完整性检查及合规性审查。确保所有的内容、格式和逻辑都符合软件开发采购项目的要求。

6. 征求意见和反馈

将完成的软件开发项目采购文件参考模板提交至广州市财政局并向全市各市直机关、各区财政监管单位和供应商代表征求意见和建议，后续收到 25 条反馈意见，涉及技术评审、商务评审、合同文本、采购需求"安全性评估"配套内容等，广州市财政局会同广州市政府采购中心团队研究讨论后采纳了 10 条反馈意见，根据收到的反馈进行进一步的完善和优化。

7. 完善和优化

团队为适应政府采购法律法规及计算机软件的最新标准，不定期对模板进行审查、更新及优化，保持模板的有效性与针对性。

三、创新点

（一）评分项细化量化

评审因素是采购文件的核心主体内容之一，是对供应商择优的关键因素。为了保障供应商之间公平竞争的权利，尽量减少评审专家的自由裁量权，《政府采购货物和服务招标投标管理办法》（中华人民共和国财政部令第 87 号）第五十五条规定，评审因素应当细化和量化，且与相应的商务条件和采购需求对应。商务条件和采购需求指标有区间规定的，评审因素应当量化到相应区间，并设置各区间对应的不同分值。

鉴于评审因素细化和量化的重要性，为保障细化和量化满足财政部 87 号令的要求，广州市政府采购中心在广州市财政局的指导下积极研究，制定了细化和量化的评审细则。同时，为提高评审效率和降低评审专家客观分不一致的情况，广州市政府采购中心将评审的主观因素和客观因素进行分离，格式如下。

（1）将评审项分成客观项评审因素 1 和主观项评审因素 2。

（2）对于客观项评审因素 1，评审内容须客观，一般是评审能否提供何种方案，如提供，得相应分数。

（3）对于主观项评审因素 2，以客观项评审因素 1 中所包含的点与采购需求的满足情况进行评审。

以下是评审项"系统设计思想及方案响应情况"的评审例子。

系统设计思想及方案响应情况 1（4.0 分）	能提供系统设计思想及方案，得 4 分
系统设计思想及方案响应情况 2（6.0 分）	根据投标人针对本项目制定的系统设计思想及方案（包括系统设计思想、技术实现方法和路线）进行综合评审。 （1）投标人系统设计思想能提供优于采购需求的，得 3 分；能提供满足系统设计思想要求的，得 1.5 分；不能满足系统设计思想要求的，不得分。 （2）投标人技术实现方法和路线优于采购需求的，得 3 分；能提供满足技术实现方法和路线要求的，得 1.5 分；不能满足技术实现方法和路线要求的，不得分

（二）制定人员资质正面清单

广州市政府采购中心作为主要起草单位，在广州市财政局、广州市政务服务和数据管理局的指导下，编制了《信息化项目评审标准设置人员资质正面清单》，并由广州市财政局发布实施，为广州市信息化项目采购文件编制提供了工作指引，有效推动了采购活动的规范化、科学化。《信息化项目评审标准设置人员资质正面清单》列举了在信息化项目中可作为人员资质评审的相关证书，使采购人编制采购文件有模板可循、有标准可依、有文件可遵，从源头上减少质疑投诉事项发生，更好维护公平竞争市场秩序。以下是《信息化项目评审标准设置人员资质正面清单》的部分内容（见表1）。

（三）增加妇女劳动和社会保障权益等内容

广州市政府采购中心积极关注妇女劳动和社会保障权益等内容，在制定政府采购文件模板时，增加以下内容，在保障妇女权益方面做出了积极的贡献。

（1）在第三章"投标人须知"中，"八、合同签订和履行"增加条款："合同条款中应规定，乙方完全遵守《中华人民共和国劳动合同法》有关规定和《中华人民共和国妇女权益保障法》中关于'劳动和社会保障权益'的有关要求。"

（2）在第五章"合同文本"中，增加条款："乙方完全遵守《中华人民共和国劳动合同法》有关规定和《中华人民共和国妇女权益保障法》中关于'劳动和社会保障权益'的有关要求。"

（3）在第六章"投标文件格式与要求"的《投标函》格式中，增加供应商须承诺的内容："我方承诺遵守《中华人民共和国劳动合同法》有关规定和《中华人民共和国妇女权益保障法》中关于'劳动和社会保障权益'的有关要求。"

四、成效与推广价值

在政府采购实践中，政府采购文件模板的不规范、不统一现象较为严重，这不仅影响了政府采购的效率和质量，也给采购主体带来了困扰。因此，推进政府采购文件模板的标准化具有重要的成效与推广价值。

（一）提高政府采购效率

政府采购文件标准化模板可以大大提高采购文件编制效率、减少人为差错发生。首先，使用政府采购文件标准化模板，无须为每一个项目都与采购人就评标办法、评分标准、合同条款等内容进行协商、沟通，可以节约大量编制采购文件的时间，也就是说，政府采购文件的标准化对于提高政府采购效率，减少政府采购文件倾向性，促进政府采购项目的公平、公正具有重要意义。其次，标准化的政府采购文件模板可以减少供应商在制作投标文件的时间成本。通过统一的格式和要求，供应商可以快速了解和掌握采购需求，提高响应采购文件决策的准确性和时效性。此外，标准化的政府采购文件模板还可以为供应商提供清晰的采购要求，有利于供应商提前做好准备，提高响应速度。

表1 信息化项目评审标准设置人员资质正面清单

序号	证书名称	级别	国内/国外证书	颁发机构	颁发机构主管部门	证书获取方式	信息网址	意见	建议
1	信息系统项目管理师	高级	国内	工业和信息化部、人力资源和社会保障部	工业和信息化部、人力资源和社会保障部	计算机技术与软件专业技术资格（水平）考试	https：//www.ruankao.org.cn/	属于《国家职业资格目录》内的证书，符合要求	信息化项目推荐使用
2	系统分析师	高级	国内	工业和信息化部、人力资源和社会保障部	工业和信息化部、人力资源和社会保障部	计算机技术与软件专业技术资格（水平）考试	https：//www.ruankao.org.cn/	属于《国家职业资格目录》内的证书，符合要求	信息化项目推荐使用
3	系统架构设计师	高级	国内	工业和信息化部、人力资源和社会保障部	工业和信息化部、人力资源和社会保障部	计算机技术与软件专业技术资格（水平）考试	https：//www.ruankao.org.cn/	属于《国家职业资格目录》内的证书，符合要求	信息化项目推荐使用
4	网络规划设计师	高级	国内	工业和信息化部、人力资源和社会保障部	工业和信息化部、人力资源和社会保障部	计算机技术与软件专业技术资格（水平）考试	https：//www.ruankao.org.cn/	属于《国家职业资格目录》内的证书，符合要求	信息化项目推荐使用
5	系统规划与管理师	高级	国内	工业和信息化部、人力资源和社会保障部	工业和信息化部、人力资源和社会保障部	计算机技术与软件专业技术资格（水平）考试	https：//www.ruankao.org.cn/	属于《国家职业资格目录》内的证书，符合要求	信息化项目推荐使用
6	软件设计师	中级	国内	工业和信息化部、人力资源和社会保障部	工业和信息化部、人力资源和社会保障部	计算机技术与软件专业技术资格（水平）考试	https：//www.ruankao.org.cn/	属于《国家职业资格目录》内的证书，符合要求	信息化项目推荐使用
……	……	……	……	……	……	……	……	……	……

（二）降低政府采购风险

政府采购文件标准化模板有助于降低政府采购风险。在政府采购过程中，可能涉及多种风险，如供应商资质风险、付款风险、合同履约期风险等。通过采用标准化的政府采购文件模板，可以明确采购过程中的各种要求和规定，有利于规避潜在风险。例如，在政府采购文件中明确规定供应商的资质要求、付款方式要求、合同履约要求等，有助于筛选出符合要求的供应商，降低采购风险。

（三）保障政府采购质量

采用标准化的政府采购文件模板有利于提高采购文件质量，采购文件质量是项目招标成功的关键。标准化的政府采购文件模板可以确保采购过程中的信息公开、公平、公正。通过公开发布采购文件，可以让更多的潜在供应商参与竞争，提高竞争程度，减少质疑、投诉的发生，从而有利于降低采购成本。同时，标准化的政府采购文件模板还可以为财政监管部门提供便利，有利于加强对采购活动的监督和管理。

（四）保障妇女权益，体现国家意志

世界银行于2022年12月发布了新版营商环境评价概念书（Business Enabling Environment），其中一个较为醒目的变化是，新增了性别平等作为交叉指标。中华人民共和国成立70多年来，我们党始终坚持把促进妇女解放和发展、实现男女平等作为奋斗目标，将男女平等确定为一项基本国策。2023年制定的软件开发项目采购文件模板在投标人须知、合同文本、《投标函》格式中增加的对妇女权益的保障条款，进一步保障了妇女的合法权益，弘扬了社会主义核心价值观。既营造社会各界支持妇女权益保护的浓厚氛围，也重视向国际社会展示妇女权益保障法治进步的成果。

（五）提升政府采购形象

政府采购文件标准化模板有助于提升政府采购形象。一个具有规范化、标准化采购流程的集中采购代理机构，更容易赢得各方采购主体的信任和尊重。通过采用标准化的政府采购文件模板，集中采购代理机构可以展示其专业、规范的技术水平与管理水平，提高代理机构的市场竞争力。同时，还可以为采购人节省大量的人力、物力和财力资源用于编制采购需求和评审因素，提高政府采购的经济效益。

（六）推动政府采购制度改革

政府采购文件标准化模板有助于推动政府采购制度改革。随着市场经济的发展和政府职能的转变，政府采购制度面临着诸多挑战和问题。通过推广和应用标准化的政府采购文件模板，可以提高整个政府采购制度的运行效率、降低运行风险、保障运行质量，从而推动政府采购制度的改革和完善。

下一步，广州市政府采购中心将竭尽全力，不断优化政府采购文件模板，提高政府采购效率、推动政府采购制度改革，助力政府采购高质量发展！

（广州市政府采购中心，汪涛、郭熹、孔仕丰、陈泽帆、欧阳晋杰、陈玉燕）

采联国际、云采链：政府采购数字化转型的"模板＋方案"

一、"模板＋方案"启动背景

随着 2015 年政府采购代理机构资质的取消，政府采购代理业务不再是行政许可类业务，政府采购代理机构数量如雨后春笋般大量增加，政府采购代理市场也逐步过渡到充分竞争市场，当前已经由充分竞争往过度竞争发展。同时，招标采购代理服务费于 2015 年由政府指导价变为市场调节价，各代理机构竞争激烈，代理服务费一降再降。在成本方面，招标采购行业作为服务业，主要是以人力资源为手段去实施业务，人力资源成本占了最主要的成本，随着近年人力资源成本不断攀升，采购代理运营成本也水涨船高。以上各方面原因导致招标代理行业收入减少成本增加，如何降本增效已经成为采购代理机构迫在眉睫的生存问题。

在当今全球数字化和信息化加速的浪潮下，招标采购业务信息化和数字化是降本增效的有效手段之一，在这样的背景下，采联国际招标采购集团有限公司联合云采链（广州）信息科技有限公司启动了"模板＋方案"计划。

二、模板信息化

"模板＋方案"第一版仅简单地将在 Word 模板上进行采购文件编制的形式转化成在公司信息系统上编制的形式，即将采购文件模板分解成多个互相关联的组成部分，形成结构化信息，通过 formMaking 表单系统作为基础，采购文件编制人员在系统上填写表单数据，系统取得表单的数据后进行解析并将解析的结果整合成一个招标文件。

系统开发基本完成后，在尝试将通过系统制作模板及使用系统上的模板编制具体项目采购文件过程中，发现存在以下几个问题。一是模板制作成本过高。这一版本更适合简单的表单信息填写，而采购文件模板本身较复杂，且信息量也较多，尤其是像采购代理机构的政府采购公开招标模板，一般其通用性要求比较高，为了能有更好的通用性，因此在模板中会有很多选择性条款，导致模板相对比较复杂，这样制作成本非常高。此外，对于采购代理机构来说，采购文件模板是比较多的，包括不同招标采购平台、不同采购方式、不同客户的模板，最终这些都会转化成较高的经济成本。二是文件编制效率无法提高。从对文字处理的操作上来看，微软 Word 软件本身就是为此而生的，该软件诞生至今已经近 40 年，其对文字处理能力相当优秀，客观地说，信息系统是很难在文字处理上达到其水平的，因此，简单将采购文件编制过程搬运到信息系统上，只会降低采购文件编制效率。三是生成的文件美观度较差。原 Word 采购文件模板只需要较低的成本即可实现文字、段落的样式丰富，便于阅读，而"模板＋方案"生成的采购文件如果要细调样式，成本将会成倍增加。失去样式的多样性，文字和段落显示平淡，尤其在表格上，细节难以调整，以上都导致外观上文件结构不明显、重点不突出，影响客户的体验。

三、从目的重新出发

经过上述尝试后，我们必须从"模板＋方案"的起源出发，即我们的目的是什么？要解决什么问题？从"快速输出高质量的采购文件"的目的出发，仅仅是把文件编制过程简单移植到信息系统上显然实现不了这样的目的，甚至还会降低效率。因此，必须让系统能代替文件编制人员完成部分工作，这样才能提高文件编制效率，同时利用系统能 100% 正确执行给定工作的特点，也能有效避免人为操作产生的失误，从而提高文件编制的质量。

根据以上设想，我们对"模板＋方案"的开发目的作出了调整，调整为通过模仿采购文件编制人员在编制文件时，将一些可以交由系统判断的内容都交由系统判断。采购文件编制人员根据项目基本信息（如是否允许采用联合体方式、定价方式、报价形式等）进行判断后编制采购文件，其中，有些内容是无法交给系统判断的，比如资格要求、评审因素的设置是否合法合规，这些内容高度专业化且具有不规则性，只能由文件编制人员处理；而有些内容是可以交由系统判断的，如不同报价形式应该保留模板哪些内容，哪些内容不保留；此外，立项时已经录入系统的信息（如项目名称、项目编号、采购人信息等）由系统回填到 Word 文档中。

要实现以上设想，在形式上，"模板＋方案"将由原来的将 Word 模板所有信息结构化后嵌入系统，改成系统通过逻辑判断对 Word 形式的模板进行修改。我们对 Word 模板在实际项目中可能需要变动的内容都做了标记，系统根据这些标记实现对 Word 模板的文字处理。根据载体不同，我们将"模板＋方案"要处理的信息分为"模板"信息和"方案"信息。"模板"信息以 Word 为载体，系统根据项目基本信息进行判断后对 Word 模板上的内容进行处理；"方案"信息嵌入系统，以系统为载体，由系统根据基本信息进行判断后将对应方案信息内容写入 Word。在实现方法上，我们需要先找出采购文件编制过程中的所有判断依据，我们将这些依据定义为基本信息（如是否允许联合体、定价方式、报价形式等）。取得编制文件需要的所有基本信息后，系统需要根据基本信息进行判断，因此，我们需要让系统知道如何判断，我们将之定义为判断逻辑，判断逻辑的实现方法是通过科学分类对内容进行结构化。系统使用基本信息，通过应用判断逻辑后，即可生成具体项目的采购文件。

四、新"模板＋方案"开发的主要过程

一是信息的分类。新"模板＋方案"采用的是系统模仿文件编制人员对 Word 模板进行文字处理的方式，因此，需要将原 Word 模板的信息进行分类，这样才能让系统根据不同类别的单组信息按不同方式进行处理。前文已经提到，根据信息载体不同，将"模板＋方案"处理的信息区分为"模板"信息和"方案"信息。为了给所有类型信息都正确匹配到最佳解决方案，需要对这两类信息进一步细分。"方案"信息根据不同类型又分为选择型方案信息、填空型方案信息、问答型方案信息，这三种分类名称以其与考试题目中的选择题、填空题、问答题类似而取名。"模板"信息根据不同类型分为选择型模板信息和固定型模板信息。根据原 Word 模板中信息是否可选和信息是否固定，形成一个信息的矩阵解决方案，如表 1 所示。

表 1   **信息的矩阵解决方案**

	内容不可选	内容可选
内容固定	固定型模板信息	选择型模板信息或选择型方案信息
内容不固定	填空型方案信息、问答型方案信息	选择型方案信息

根据以上矩阵表，各类型信息分别解决不同的问题。固定型模板信息解决的是通用条款，即其内容都是固定不变的，不因不同项目而变化，像投标人须知中的通用条款即可采用固定型模板信息解决。选择型模板信息主要用于内容可选且固定，如接受联合体和不接受联合体对应的描述都是固定的，但不同项目可能会选择不同内容。选择型方案信息主要用于解决内容固定且可选的信息，且内容较多、判断逻辑较复杂或需要在采购文件中不同地方同步，如申请人资格要求，其内容多，需要与资格性审查表、资格性自查表同步。选择型方案信息也用于内容可选且不固定，典型的如评分方案，其可参考的历史同类项目评分非常多，且在采用某个历史评分方案后仍然需要对评分内容进行调整以适应具体项目的需要。对于内容不可选且不固定的，需要由文件编制人员根据具体项目不同而填写的内容，则作为填空型方案信息或问答型方案信息，如售后服务要求。对 Word 模板中各内容进行上述信息分类后，作对应的标记，同时也在系统上做成表单，表单的呈现形式举例如图 1 和图 2 所示。

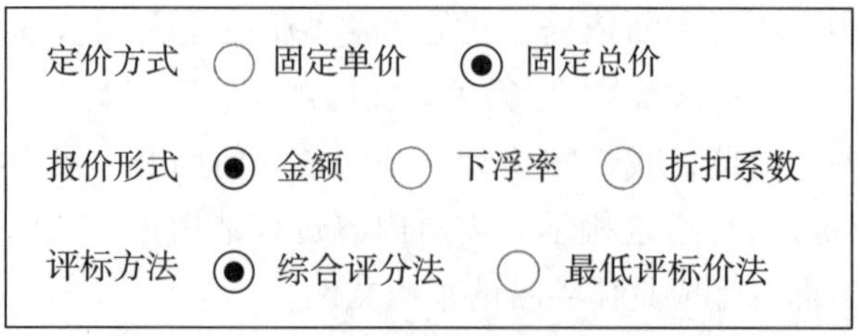

图 1   适用于选择型方案/选择型模板的表单

项目名称：	
采购预算：	
项目编号：	

图 2　适用于填空型方案的表单

二是信息内容的结构化。以往采用 Word 模板编制文件时，我们对模板的制作会考虑文件编制人员的经验，而在转化为"模板＋方案"模式后，须对此进行调整，消除经验的影响，以便于系统能识别和判断，而调整的过程就是通过科学分类达到结构化的过程，分类必须做到穷尽所有，相互独立。按上一步骤对单组信息进行归类后，需要对该组信息内部的内容进行结构化，以下分别以"落实政府采购政策需满足的资格要求"和"报价表组合"作为选择型方案信息和选择型模板信息结构化的例子。

（1）投标人资格要求中的"落实政府采购政策需满足的资格要求"关于是否专门面向中小企业的资格描述，总共有 24 种不同的描述，对这 24 种描述进行四个层次的分类（见图 3），第一层按项目属性分为货物和服务。第二层按中小企业份额预留方式分为不专门预留、专门面向中小（企业）、专门面向小微（企业）、分包或联合体预留四种类别。第三层针对分包或联合体预留的情况，又细分为预留给中小企业且对小微企

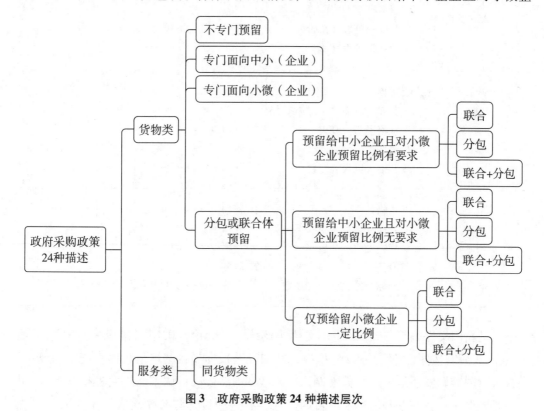

图 3　政府采购政策 24 种描述层次

业预留比例有要求、预留给中小企业且对小微企业预留比例无要求和仅预留给小微企业一定比例。第四层针对第三层各类别，又再拆分为接受联合体不允许分包、允许分包不接受联合体、接受联合体且允许分包。系统会有这四层的选择性条款供文件编制人员选择，文件编制人员选择完后，系统即可根据这四层选择的基本信息将对应的描述写进 Word 文件。

（2）报价表组合总共有 12 组（见表 2），具体项目采用哪一组由三组选择型模板信息判断，分别为项目属性（货物/服务）、报价形式（金额/下浮率/折扣系数）和定价方式（固定总价/固定单价/成本加酬金），这三组信息确定后，系统即可定位到保留的报价表组合，把其他报价表组合删除。考虑到政府采购中成本加酬金这种定价方式极为罕见，因此"模板＋方案"暂未将其考虑，但也会在后续根据项目情况逐步实现。

表 2　　　　　　　　　　　　　　　　报价表组合形式

定价方式\报价形式	固定总价	固定单价	成本加酬金
金额	1. 货物 开标一览表（总价） 分项报价表（货物） 2. 服务 开标一览表（总价） 分项报价表（服务）	1. 货物 开标一览表（单价，货物） 2. 服务 开标一览表（单价，服务）	—
下浮率	1. 货物 开标一览表（下浮率） 货物说明一览表 2. 服务 开标一览表（下浮率）	1. 货物 开标一览表（下浮率） 货物说明一览表 2. 服务 开标一览表（下浮率）	—
折扣系数	1. 货物 开标一览表（折扣系数） 货物说明一览表 2. 服务 开标一览表（折扣系数）	1. 货物 开标一览表（折扣系数） 货物说明一览表 2. 服务 开标一览表（折扣系数）	—

三是新旧文件编制方式的 Word 文档协调统一。无论是采用"模板＋方案"还是 Word 形式编制文件，都需要 Word 模板，区别仅是根据项目基本信息由系统来对 Word 模板进行内容调整还是采购文件编制人员对 Word 模板进行调整。这两种模式的 Word 文档要协调统一，一方面是实际项目的需要，有些项目具有特殊性依然需要采用传统

方式去编制；另一方面是减少维护成本，政府每年都会出台较多的政府采购配套政策，加上项目实际反馈，需要对模板进行经常性维护，如果两者不能统一成一个 Word 模板，则维护成本会明显增加。

四是敏感词检测。我们将可能涉及违法违规的词汇整理成敏感词库，开发了敏感词检测功能，词库涵盖政府采购集中采购目录、监管部门发布的投诉处理决定涉及的不能设置的证书等词汇，以及项目人员在实践中总结的词汇等。同时在 Word 模板上对供应商资格要求、采购需求及综合评分表进行敏感词检测区域标记，以便系统的敏感词检测功能对这些区域进行敏感词检测，对检测了的敏感词，提供其案例来源和法律依据。

五是不同模板之间的协调统一。我们在首先对政府采购模板进行"模板＋方案"尝试后，逐步扩展到限额以下财政性资金采购模板、企业采购模板等各招标采购平台和各采购方式，这些模板都有自己的特点且又具有一定相通的地方，从效率上来说，应实现模板之间尽量统一，包括模板标记、表单结构、信息命名等，这样才能在模板制作、使用上提高效率。

五、"模板＋方案"应用效果

一是文件编制效率的提升。相对于传统文件编制，采用"模板＋方案"编制文件在时间的消耗上有了较大的节约。效率的提升主要来源于以下方面。①立项信息直接使用，而不需要单独复制后在 Word 中替换。②减少人脑判断和操作时间。只需要通过做选择题的方式选择好基本信息后一次性应用，系统即能一次性对 Word 模板进行编制，而传统编制方式需要上百个步骤才能完成。③评分方案选择更方便。传统文件编制方式在编制评审因素时，如果需要参考类似项目，则需要在系统上搜索后下载文档，找到评分的位置后进行参考，而"模板＋方案"可直接搜索、直接预览、直接应用。

二是文件编制质量的提升。主要表现在以下方面。①无遗漏、无粘贴错误。"模板＋方案"对 Word 模板中需要变动的内容进行了标记，对不同内容采用不同的标记，可有效避免传统文件编制的信息遗漏和复制粘贴错误。②前后一致性提升。像供应商资格要求、资格性审查表、资格性自查表这种需要信息一致的内容，"模板＋方案"是系统采用同一内容对三个表进行回填，避免了传统文件编制的前后不一致问题。③判断准确性提升。对于政府采购的一些相对较难的专业性问题，如中小企业扶持政策的资格要求设置、投标文件格式中的报价相关表格设置，这些对于经验丰富的项目人员自然不容易出错，但对于经验尚浅的项目人员来说，很容易判断出错。"模板＋方案"将判断交由系统进行，减少人为判断容易出错的影响，能 100% 根据基本信息执行正确判断，提升判断准确性。

三是引导培训体系的升级。在对新职员培训中，可以快速引导新职员理解模板及其原理，主要从以下方面指导培训。①编制采购文件需要用到哪些基本信息。②这些基本信息是如何影响采购文件模板的。

四是专业性的提升。"模板＋方案"还包括了"导出项目简报"功能，这份简报囊括了适用于特定招标采购平台特定采购方式的项目所需要的基本信息，可以此简报内容与客户就具体项目进行沟通，一次性获取项目基本信息，体现了代理机构的专业性。

六、"模板＋方案"的推广

目前，"模板＋方案"的应用已经涵盖主要招标采购平台，如政府采购、财政资金限额以下项目采购、企业采购等，涵盖主要采购方式，如公开招标、竞争性磋商等。

总的来说，根据基本信息，由人脑对 Word 模板进行操作，转变为由系统对 Word 模板进行操作，从而实现效率和质量的提升，这是"模板＋方案"相对于其他招标采购流程信息系统的主要创新，它不再是简单地将文件编制方式转移到系统上，而是将文件编制人员的编制逻辑整合到系统，由系统直接高效高质地处理部分文件编制工作。

七、未来发展的展望

"模板＋方案"有效提升采购文件编制效率和质量，但其仅是招标采购向信息化、数字化发展的一小步，在此基础上，以下几点也值得期待。

一是如何将"模板＋方案"与整个招标采购流程有机结合，从而实现多环节数据互通，进一步提升招标采购效率。

二是在项目应用"模板＋方案"过程中形成项目基础数据的分析应用，也是未来可以开发利用的。在"模板＋方案"应用过程中，相对于传统采购文件编制，需要向系统提供更多基本信息，包括项目是否设置考察答疑、是否为信息系统建设项目、定价方式、报价形式、评标方法、是否提供样品、是否要求演示、是否允许进口、中小企业份额预留方式等信息。

三是与人工智能的结合。采购需求和评审因素的编制及其合法性检测是"模板＋方案"未来发展的一个重要环节，这一功能需要结合大数据，通过人工智能训练机器，实现招标文件的编制或进行合法性检测，提升效率，减少成本。

［采联国际招标采购集团有限公司，林镇洲；云采链（广州）信息科技有限公司，钟智文］

中世 e 招：建立预警指标，让政府采购风险无处遁形

随着我国政府采购规模逐年扩大，其风险管理备受关注，政府采购风险的复杂性和多样性也使得风险管理具有一定的挑战性。从采购预算的设立、采购需求和采购文件的编制、开标评标到合同管理、履约验收、绩效评价等多个环节都存在潜在的风险隐患。因此，建立一套有效的政府采购风险预警指标体系，对于预防和控制政府采购风险具有重要意义。

一、案例背景

风险预警指标是一种预判和预警潜在风险的方法。通过收集、整理和分析各类信息，为使用者提供警示信号，以便及时采取措施降低风险。在政府采购招标招投标活动中，风险预警指标可以帮助代理机构识别潜在的违规行为、提高招标透明度和公正性，同时也加强了财政监管力度。

对于政府采购风险预警的具体实施，各省区市也出台了相关政策，如阿拉善盟公共资源交易中心出台的《关于发布政府采购监督预警规则的通知》，监督预警系统启用了 23 条预警规则，通过"亮灯"管理方式，对各个业务环节风险预警节点设置预警规则，对每条预警规则设置了预警级别，按照"红色、橙色、黄色"三个级别定义，并支持对异常业务进行流程阻断。通过三色预警"信号灯"，能够对政府采购重点环节予以预警关注，将风险控制在爆发前，实现了监管从"人盯"到"技防"。2022 年 9 月宁夏回族自治区财政厅发布《关于电子交易平台建设应用有关事项的通知书》，要求电子交易平台应当按照政府采购风险预警指标在采购活动电子交易过程设置相应的风险预警点，并及时提醒或禁止相关采购主体涉嫌违法违规的行为，风险预警信息应当实时反馈至"宁夏政府采购管理系统"。为进一步深化政府采购体制机制改革，优化政府采购营商环境，规范宁夏政府采购市场秩序，引导社会力量参与电子交易服务供给，构建开放共享、竞争有序的政府采购电子交易运营体系，2023 年 7 月，宁夏回族自治区财政厅发布的《宁夏回族自治区政府采购电子交易系统运营管理暂行办法（征求意见稿）》中要求，对符合要求的电子交易系统权属机构，按照自治区财政厅统一制定的风险预警指标和对接接口规范对电子交易系统功能进行调整优化，在电子交易过程设置相应的风险预警点，实现与"宁夏政府采购管理系统"数据对接。

二、案例陈述

根据宁夏回族自治区财政厅对数字化政府采购系统风险预警功能管理要求，中天世纪国际招标有限公司自有的"中世 e 招"电子交易系统，严格按照宁夏回族自治区财政厅的政策要求，历时 3 个月，将各项风险预警指标项设置到电子交易系统中，并成功与"宁夏政府采购管理系统"实现互联互通，以达到各项数据的实时推送，帮助监管部门了解和掌握采购业务风险点，及时了解监督预警结果，为监管部门优化采购过程、调整采购政策提供数据支撑。

1. 敏感词预警

当代理机构在电子交易系统中提交发布招标公告、招标文件时，系统会自动提示是否有敏感词汇，通过对敏感词的预警，限制代理机构修改相关内容后方可发布文件，可以及时发现并避免使用可能引发争议、违法或不良影响的词汇，从而降低潜在风险。

2. 资格条件预警

将非进口货物的生产厂家授权作为资格条件时预警，此类问题通常出现在医疗设备采购项目中，为确保产品质量和安全，以及经销商的销售渠道合法，采购单位在制定采购需求时往往会要求供应商提供生产厂家授权书，但根据《政府采购货物和服务招标投标管理办法》第十七条，不得通过将除进口货物以外的生产厂家授权等作为资格要求，对投标人实行差别待遇或者歧视待遇的规定，国产产品不应要求供应商提供生产厂家授权。因此，代理机构在制作招标文件时，通过电子交易系统中的预警提示，及时对文件中以不合理条件限制潜在供应商条款进行修改，提前规避了违反法律法规的风险。

3. 设定时间预警

以公开招标项目为例，代理机构在系统中设置时间安排时，对供应商的报名、招标文件下载、质疑等起止时间进行定向设定，如果出现文件下载开始时间早于报名时间，或质疑截止时间早于文件下载开始时间等情况时，系统会自动预警提示，代理机构工作人员根据提示信息及时进行修改；另外，招标文件如有澄清或修改内容可能影响投标文件编制的，代理机构在发布变更信息时，系统已自动限定投标截止时间大于等于 15 日，通过系统规范化管理文件制作，避免人为干预的同时提高代理机构的工作效率。

4. 价格校验预警

如代理机构在设置价格分值时，系统自动进行校验，针对货物项目价格分值占总分值的比重低于 30% 时进行预警，服务项目价格分值占总分值的比重低于 10% 时进行预警，在确保价格指标在总分中的权重得到合理体现的同时，也避免了代理机构因主观臆断随意设置价格分值的风险。

5. 专家评分预警

在评审过程中，评审专家打分可能会出现超出评分标准范围的情况，例如，某设备采购项目招标文件评分细则中要求：投标人需结合本次项目制定质量保证措施，措施内容包括但不限于产品质量保证、产品的适用性和兼容性、产品质量检查依据、产品易耗易损的零配件的供应及报价、产品的损坏换新等内容的得 2 分，以此为基础，分三档（0、1、3）进行打分，此时，评审专家打出的分值应为 2、3、5 分，如出现不可能分值（如 4 分）时，系统将自动进行预警提示，告知评审专家打分有误。又如，评标委员会成员对同一家投标人的同一主观评审因素进行评分时，出现畸高畸低分值，系统对某一畸高畸低分值进行预警，并提示评审专家对所打分值作出必要说明。通过对专家打分分值的预警，避免了专家由于失误或人为因素的偏向性，导致评审结果偏离，保证了专家评分的客观、公正和公平。

6. 关联信息分析预警

在同一项目下，多家供应商进行投标，系统自动通过分析比对各家供应商制作或上传投标文件时的计算机 IP 地址、MAC 地址、CPU 序列号、硬盘序列号等信息并进行预警，帮助评审专家识别可能存在的围标、串标行为，但此项仅作为预警提示，由评标委员会判定是否作无效投标处理。

三、应用效果

为全面规范各政府采购当事人政府采购行为，强化政府采购项目事前、事中、事后信息化监管手段运用，2023 年 7 月，宁夏回族自治区财政厅发布了《自治区财政厅关于公开发布政府采购项目全生命周期信息化监督预警规则清单的通知》，对政府采购项目全生命周期的采购预算、采购意向、采购需求、采购计划、信息公开、招标文件编制、专家抽取、开标评标、合同签订与公示、履约验收、绩效评价等多个业务环节进行梳理，结合政府采购相关法规政策规定，制定了集事前预警、事中监控、事后分析于一体的全区统一政府采购项目全生命周期信息化监督预警规则清单，以全面推动全区政府采购项目智能化、高效化、规范化监管。

鉴于此，中天世纪国际招标有限公司也通过政府采购预警指标与互联网、大数据、云计算等结合，实现更高效、精确的预算管理及风险防控。通过大数据分析，可以提前预测潜在的采购需求，为采购单位制订采购计划提供参考。同时，利用云计算和互联网技术，让监管部门实时监测采购过程，确保公开、透明、廉洁的采购环境。帮助监管部门及时发现采购过程中的异常情况，提前预警潜在风险，从而加强监管力度。

四、创新分析

目前，涉及招标投标、政府采购和产权交易等公共资源要素交易平台均由政府主办或国有企业承担，社会资本或民营企业很难进入此领域。中共十九大以来，我国全面加快完善中国特色社会主义市场经济体系建设探索步伐，《中共中央 国务院关于构建更加完善的要素市场化配置体制机制的意见》中明确指出：支持各类所有制企业参与要素交易平台建设。《中共中央 国务院关于新时代加快完善社会主义市场经济体制的意见》也明确指出：全面实施市场准入负面清单制度。《中共中央 国务院关于加快建设全国统一大市场的意见》中进一步指出：加快营造稳定公平透明可预期的营商环境。宁夏回族自治区财政厅 2019 年通过行业协会引入社会资本建设第三方电子交易平台开展政府采购"电子标"数字化交易试点。2021 年 6 月，《自治区财政厅 自治区公共资源交易管理局关于推广政府采购全流程电子交易工作的通知》发布，要求在全区政府采购领域推动"电子标"实现全覆盖目标。2022 年，在试点经验基础上，制定了政府采购社会电子交易平台系统及代理机构电子交易设施两个技术标准。2023 年又向全国公开征集遴选社会电子交易系统。截至目前，已有两家企业开发的政府采购电子交易系统通过了第三方专业机构技术检测和评估验收并获准上线运行。这次改革创新引起了国家有关部委和全国同行广泛关注，也标志着宁夏在政府采购要素交易平台市场化配置体制机制改革方面迈出了一大步，在引入社会资本、民营企业参与公共资源交易平台整合改革大潮中创造了宁夏特色、宁夏模式和宁夏亮点。

"中世 e 招"电子交易系统风险预警指标在数字化政府采购中的创新应用主要包括数据驱动的预警模型、智能化风险评估、移动化风险防控、风险预警指标库和跨部门合作机制等方面。

通过数据驱动的预警模型，利用大数据技术和机器学习算法，可以对政府采购数据进行实时监测和分析。通过对历史数据的学习和挖掘，预警模型能够自动识别出潜在的采购风险，并发出实时预警，提高风险防控的准确性和及时性。

通过智能化风险评估，可以对供应商、采购物品、采购过程等各方面的风险进行全面、客观、公正的评价。评估过程中可以结合人工审核、专家评审、数据分析等多种手段，提高评估的准确性和可信度，为政府采购决策提供有力支持。

通过移动化风险防控，政府采购部门可以在移动设备上实时监测和预警采购风险。这不仅提高了风险防控的灵活性和便捷性，还可以实现与业务系统的无缝对接，提高工作效率和响应速度。

通过建立风险预警指标库，可以对各类采购风险进行分类、分析和总结，形成一套完整的风险预警指标体系。通过对指标体系的不断完善和优化，可以提高风险预警的精准度和全面性，为政府采购决策提供更加科学、可靠的支持。实现政府采购部门与其他相关部门之间的信息共享和协同工作。

通过跨部门的风险预警指标体系和信息共享平台，可以全面监测和防控政府采购风险，提高整体风险防控水平。

五、推广价值

1. 提高采购效率

通过风险预警指标的应用，政府采购部门可以更加快速、准确地识别潜在的采购风险，避免因风险防控不到位导致的采购失败或延迟，从而提高采购效率。

2. 增强合规性

风险预警指标可以帮助政府采购部门及时发现和纠正不合规行为，如围标、串标、弄虚作假等，从而增强采购过程的合规性，防止腐败行为的发生。

3. 降低采购风险

通过识别和预警潜在的采购风险，风险预警指标可以帮助政府采购部门提前制定应对策略，避免因风险防控不到位导致的经济损失和信誉损失，从而降低采购风险。

4. 促进数字化转型

风险预警指标的应用是数字化政府采购的重要组成部分，可以帮助政府采购部门加快数字化转型，提高数字化管理水平，优化资源配置，提高公共服务水平。

此次宁夏回族自治区另辟新径，在政府采购领域积极支持社会资本、民营企业参与电子交易平台系统建设。这项创新实践，首先符合《中共中央 国务院关于新时代加快完善社会主义市场经济体制的意见》中对于社会资本、民营企业实施市场准入负面清单管理的要求，推动"非禁即入"原则普遍落实。打破多年来社会资本、民企不能进入要素交易平台领域的思想禁锢，可以说是一场深刻的思想再解放；其次完全符合《中共中央 国务院关于构建更加完善的要素市场化配置体制机制的意见》中关于支持各类所有制企业参与要素交易平台建设的有关精神，有利于克服当前要素交易平台单一专业化体制带来的服务质量、效率不高，平台资源供给不足，以及缺乏竞争动力等突出问题。通过"鲶鱼效应"，在要素交易市场形成有序、有效竞争局面；通过要素交易平台多元化、市场化改革，有利于推动政府采购各项改革举措的落实，全面加快"互联网＋政府采购"行动推进步伐。

政府采购风险预警指标体系的建立，有助于政府更好地识别、评估和控制采购风险。通过实施预警指标，可以提高政府采购活动的透明度，规范代理机构采购行为，保障公共资源的合理利用。未来的研究可进一步优化预警指标体系，以适应政府采购风险管理的新需求。

（中天世纪国际招标有限公司，孟琳琳、张雪）

◎ 公共资源交易案例

陕西：334.46 亿元服务增值佐证交易平台市场价值发现功能

2023 年 2 月 6 日至 3 月 21 日，陕西省公共资源交易中心（以下简称"陕西省交易平台"）受陕西省自然资源厅委托，成功组织了神木市木独石犁南—牛定壕区块煤炭勘探探矿权等 7 宗矿业权挂牌出让活动（见表 1），实现了 62.0564 亿元的矿业权卖出了 396.5164 亿元的好结果，服务增值达 334.46 亿元，受到了全国煤炭企业、公共资源交易平台和产权交易市场等主体的广泛关注。

表 1　　　　　陕西省交易平台组织的 7 宗煤矿矿业权成交情况

项目名称	挂牌价（万元）	成交价（万元）	报价次数	升值率（%）	升值幅度（万元）	竞买单位（家）
神木市木独石犁南—牛定壕区块煤炭勘探探矿权	376098	2338098	385	521.67	1962000	36
神木市大保当—黑龙沟区块煤炭详查探矿权	220809	1252809	395	467.37	1032000	14
神木市降庄则村区块采矿权	3767	19767	78	424.74	16000	7
神木市王庄子区块采矿权	2013	74413	332	3596.62	72400	18
神木市板墩焉区块采矿权	5577	110277	184	1877.35	104700	20
府谷县郭家湾区块采矿权	6144	77144	139	1155.60	71000	7
府谷县石籽焉区块采矿权	6156	92656	146	1405.13	86500	4
合计	620564	3965164	1659	538.96	3344600	106

百家企业报名参与、几千万元的加价幅度、几百次的报价次数、几百甚至上千的升值率，一组组疯狂的数据颠覆了很多人传统的交易理念。煤矿究竟值多少钱？煤矿出让指导单价该如何确定？如何组织煤矿出让？怎样激发市场配置资源活力？交易平台如何发挥职能和优势？这些话题成为 7 宗矿业权挂牌出让活动之后的焦点。

一、充分激发市场活力，规范组织矿业权出让活动

煤矿资源具有市场稀缺性特点。近年来，煤炭市场供需矛盾突出，煤炭价格一直高位运行，市场对煤炭行业的发展依然看好。《财政部 自然资源部 税务总局关于印发〈矿业权出让收益征收办法〉的通知》（财综〔2023〕10号）进一步规范了矿业权出让收益征收管理制度，减轻了企业资金成本压力，激发了企业参与市场竞争的活力。加之陕西省近年来组织煤炭矿业权出让活动较少，市场主体对本次出让活动一直很关注，这是导致本次出让活动大幅度增值的根本原因。按照传统的煤炭矿业权配置方法，依据煤矿出让指导单价和储藏量等情况，在评估价的基础上，以协议出让方式确定交易价格和受让主体。由于煤矿出让指导单价形成时间早、对市场变化的反应滞后、不能准确反映供求关系变化对市场价值影响等，评估价往往不能准确反映交易标的市场价值。很显然，本次7宗煤炭矿业权评估价只有62.0564亿元，按交易结果反推，如果用传统方式配置这7宗煤炭矿业权，国有资产将损失334.46亿元。《矿业权交易规则》等政策法规，正是基于这些考虑和实现国有资产保值增值目的，规定各类矿业权出让活动要按照市场配置资源的理念和方法，进入公共资源交易平台，公开、公平、公正地选择受让主体，确认成交价格。陕西省交易平台3宗矿业权出让报价情况如图1所示。

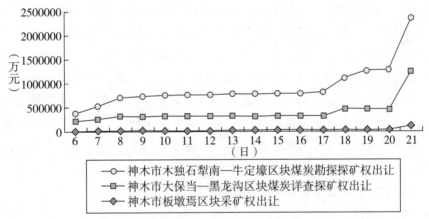

图1　陕西省交易平台3宗矿业权出让报价情况

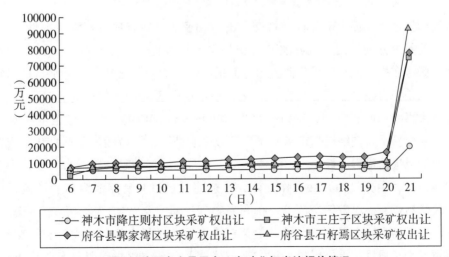

图2　陕西省交易平台4宗矿业权出让报价情况

陕西省交易平台严格按照《矿业权交易规则》要求，充分发挥交易平台优势功能，规范组织矿业权出让活动，有效激发市场活力，为本次 7 宗煤炭矿业权出让活动创造了良好的交易环境。一是严格按照矿业权交易规则要求，全面、准确披露项目信息内容。包括交易标的基本情况、建设现状、周边环境、配套要求、受让资格条件、评估报告主要信息、报名登记方法、交易规则、网上竞价操作规则、联系人及联系方式等市场主体关注的相关问题。二是利用交易平台信息发布渠道优势，全面推介项目交易信息情况。并同步在自然资源部官网、省自然资源厅官网和相关平台推介项目信息，短时间内使项目信息的覆盖面最大化。三是组织专业力量解答市场主体咨询服务工作。通过电话、微信、邮箱、见面交流和操作培训等多种方式，组织专业力量围绕项目信息内容、交易流程、报名登记方法、保证金交纳、网上竞价操作、竞价规则等开展了几百次的咨询服务工作，增强了市场主体参与交易活动的信心。在 14 天的竞价活动中，积极开展全程跟踪宣传和交易情况分析，进一步扩大了市场影响力、辐射力水平。四是严格保密报名登记等交易信息，主动引导市场主体正确对待竞价活动。在组织项目交易过程中，陕西省交易平台接到了很多市场主体打听项目报名参与人数和参与单位信息的电话等。一方面，通过技术限定和纪律要求，规范工作人员行为，拒绝吐露项目交易报名登记等商业资讯；另一方面，主动引导市场主体正确对待交易活动，将工作的重点放在对项目的综合开发利用和价值分析上，杜绝了围标串标行为发生。五是发挥交易平台全流程电子化系统功能，实现了背靠背、不见面、远程异地参与竞价活动。通过全流程电子化交易系统等，市场主体实现了网上用户注册、网上报名、网上交纳保证金、网上参与报价等主要功能。实现了竞买人之间背靠背、不见面、远程异地参与交易活动，降低了交易成本，有效防范了围标串标行为发生，为市场主体便捷参与交易活动提供了技术和环境等方面的支持。

二、影响力、辐射力水平是交易平台发现能力的基础

研究分析这 7 宗煤炭矿业权项目交易的成功密码，既有项目资源稀缺性、政策利好、供求关系等方面原因，也有陕西省交易平台持续提升平台影响力、辐射力水平，在发现市场潜在投资人和项目价值能力方面的不懈努力。很显然，交易平台的影响力、辐射力水平是平台建设的核心内容，对交易平台在市场发现潜在投资人和项目价值能力有着巨大影响。而影响力、辐射力水平和市场发现价值能力等的建设非一日之功，是长期以来交易平台围绕提高市场配置资源效率和公平性，持续开展标准化、规范化、电子化建设成果的缩影。近年来，陕西省交易平台围绕提升平台影响力、辐射力水平，重视加强与各类中介机构开展合作交流，通过建立项目交易路演窗口、预披露信息、组建产权交易业务板块微信交流群、撰写专题理论研究文章、广泛开展宣传交流活动等，平台与市场主体之间的"黏性"越来越强，服务市场主体的各类资料、交易文本越来越规范，对项目交易分析越来越客观准确，平台系统功能和团队专业化服务能力

得到了全面提升，愿意和平台开展合作的力量越来越多，极大地增强了平台影响力、辐射力水平，提高了市场配置资源效率，激发了市场活力，参与各类交易活动的市场主体越来越多，项目信息的关注度、参与度均有明显提升，进一步释放了市场配置资源活力，夯实了市场发现项目价值基础。

三、在推动高质量发展实践中交易平台要担当作为

坚守好防止国有资产流失最后一道防线，实现国有资产高效配置和保值增值，助力经济社会高质量发展是交易平台的光荣职责和使命担当。新时期，广义产权交易的业务范畴变得更加广泛、内容更加丰富，交易规模与日俱增，产权交易活动与推动高质量发展紧密相关。譬如，各地开展的新农村建设就涉及农村集体产权交易、海洋资源交易、林权交易。保护自然环境就涉及排污权交易、碳排放权交易、自然资源有偿使用等。促进经济高质量发展就涉及用能权交易、无形资产交易、企业产权交易等。优化营商环境就涉及交易信息公开、公平交易、降低交易成本、提供优质便捷服务等。推进各级政府治理体系和治理能力现代化就涉及管办分离、智慧监管、交易全过程公开透明、用交易规则和制度约束权力对交易活动的干预等。新时代衡量交易平台履职尽责和作用发挥的标准、内容发生了变化，工作的意义不仅要看完成了多少宗项目交易，确定了交易价格和受让主体，更要看以市场配置资源的理念和方法，通过公开、公平、公正的现代交易平台体系和交易机制，在推动高质量发展过程中解决了哪些问题、发挥了什么作用。在充分发挥市场配置资源决定性作用和更好发挥政府指导作用，积极推动高质量发展的实践中，交易平台具有很多优势，能够发挥更大作用。譬如，在满足市场相关主体的知情权、平等参与权、社会监督权，交易公允性、有效性，防止权力干预交易活动、提高市场配置资源效率和公平性等方面具有平台功能优势和专业服务能力优势。在规范交易秩序、化解社会矛盾、实现国有资产保值增值、激发市场活力、优化营商环境、推进预防和惩治腐败体系建设等方面可以发挥重要作用。在推进"放管服"改革、落实新发展理念、实现全面深化改革目标等方面，是践行新时代党和政府治国理政、深化改革的重要阵地和风向标。

（陕西省公共资源交易中心）

山东：推动数字化转型，建设数据汇聚共享平台

山东省公共资源交易中心（山东省政府采购中心）（以下简称"山东省中心"）科学谋划、多措并举，推动公共资源交易数字化转型，建设数据汇聚共享平台（以下简称"平台"），推动山东省内公共资源交易数据的交互共享。

一、搭建功能齐备的数据汇聚共享平台

平台是山东省中心自主开发的数据交换平台，是实现公共资源交易数据交换核心功能的重要载体。平台支持定期批量采集、按需分发等交换需求，具备多引擎扩展能力，为跨部门、跨层级数据交换提供服务。

1. 权属清晰

平台自运行以来，共建有中心内部部门、外部单位、各市交易中心 3 类共 36 个活跃用户，目前数据提供方通过平台对外提供非涉密数据，自主选择对外共享的数据内容和数据范围，并且拥有对接口和数据的完全决定权：一方面，通过平台可准确获知当前使用该接口调用数据的用户名、单位、调用内容、数量、频次等信息；另一方面，数据提供方可根据自身数据共享实际更改数据内容和范围，或因使用方不合理应用、数据敏感等原因随时暂停、撤销单个或全部用户的调取使用权限。

2. 便捷服务

平台通过精简操作流程和完善业务设计为数据提供方和数据使用方提供便捷、高效的数据服务。数据提供方仅需开发一次数据接口或提供表结构给山东省中心予以开发即可；数据使用方可直接拷贝平台提供的接口文档，简单更改用户名称等信息后即可嵌入自有系统调用数据，同时，平台对接口提供整理转换服务，提供 JAVA 与 NET 两种最常用语言接口可供选择，且优化对接流程，将示例代码控制在 30 行以内。

3. 安全可靠

平台构筑多维度立体化数据安全防线，保障平台接口服务和数据传输安全。一是系统架构安全，平台部署在山东政务云平台，数据存储在政务外网，通过专用通道连接互联网，并使用全省统一的维护标准进行网络保障；二是保障机制安全，依托区块链技术，保障上链交易数据的防篡改性；三是构建数据传输监测机制，以实名注册、白名单准入、实时记录等技术手段，每隔 4 个小时监测接口列表中接口状态，以及平

台承载的数据传输。

二、多源数据汇聚丰富平台资源

山东省中心构建"纵向贯通、横向对接"的数据汇接渠道，畅通系统数据来源路径，搭建"上承部委、下联各市"纵向数据传输渠道，实现系统内平台间数据顺畅交互。平台作为数据汇聚和共享的中转中枢，已在山东省中心运行 2 年，在数据汇聚、整理、应用方面发挥重要作用。目前平台中数据资源主要来源于以下三个方面。

1. 数据资源共享平台

目前，依据公共资源交易实际，共对接 199 个，包含 9835 个数据项的部委、省级数据接口，并完成相应接口开发工作。其中，对接包含药品生产许可、建筑业企业资质证书、信用服务联合奖惩等 68 个国务院部委数据接口和市场主体的公共信用综合评价、企业人员缴费信息、企业基本信息等 131 个省级接口。

2. 业务需求申请

根据公共资源交易各行业过程中的需求实际，向其他单位申请相关数据资源。比如，为贯彻落实《深化数据赋能建设"无证明之省"实施方案》（鲁政办字〔2022〕50 号）要求，持续优化营商环境，降低市场主体交易成本，中心交易系统须通过线上方式查验投标人（供应商）参保缴费信息。向省人社厅申请以接口方式获取企业参保缴费信息以进行查询核验；根据中介超市相关需求，对接山东全省 16 个市工改系统，开发 16 个工程项目信息接口以及 5 个工程项目结果类数据接口，获取相关项目信息并以数据接口形式实现数据交互；根据药械采购部的相关需求，主动获取国家医保局的"价格招采信用评价"数据，将获取的全国范围内评级为"特别严重"和"严重"失信的医药企业信息，开发成"医药企业失信信息"等相关接口服务供调取使用。

3. 自有数据资源

山东省中心在数据交互试点、公共资源交易信息同频共振试点、主体库建设等过程中汇聚了全省范围内大量数据，为推动数据的有效回流，实现省市之间、单位之间的数据共享交流，平台也将山东省中心自有数据以数据接口形式对外提供相关服务。比如，将"一地注册、全省通识"创新任务中汇聚的法人基本信息、业绩信息等以服务接口方式向全省各市共享；公共资源交易信息同频共振试点工作中汇聚的各市公告、公示类信息也以数据接口形式向相应市中心进行共享。

三、数据创新应用提升服务水平

平台中汇聚的多源数据在数据应用等方面发挥重要作用，已向省地方金融监管局、省水利厅、中心各业务部门、各市交易中心提供数据查询和校验等服务共计 1400 余万条次，为数据完善、告知承诺制和中介服务资质查询等工作提供支撑。

1. 数据便捷应用

山东省中心建设山东省公共资源交易主体信息库系统（以下简称"省主体库"），

以市场主体统一社会信用代码为索引，通过完善法人主体数据、业绩数据等标准，汇聚与交互全省公共资源交易市场主体相关数据，并依托平台中汇聚的部委级、省级等各类数据资源，丰富省主体库市场主体的信用、资质类等相关信息，并以平台中汇聚的企业工商信息权威数据校验为支撑，对汇聚的多源异构数据进行统一清洗、治理、核验，形成市场主体标准数据，为全省公告资源交易提供便捷服务。

2. 数据在线核验

推动中介超市延伸服务事项，通过综合运用各类数据源，给市场主体提供便捷服务。一是对接电子证照系统，通过调用数据汇聚共享平台相关数据接口，为工程设计、公证服务、工程勘察、工程监理、司法鉴定、检验检测服务、律师事务所服务、建设工程质量检测、农产品质量安全检测 9 类服务提供 2000 余次在线核验服务，市场主体无须提供相关资质证书；二是对接信用信息类相关接口，如通过联合奖惩接口查询已入驻机构是否存在严重失信情况，目前已使用相关信用接口进行了 390 余万次的市场主体信用数据查询，成为线上核验相关佐证的重要手段。

3. 数据创新服务

建立"敲门式"专家验证服务机制，通过实体身份证和电子身份证两种方式进行单人单向智能验证，自动采集专家身份证信息，进行人证数据比对，获取专家信息，用专家信息"敲"省财政厅和省发展改革委专家管理系统的门，寻求验证但不进"门"，只需要专家管理系统反馈参评项目编号或"非当日专家"的信息，更不需要其他任何专家信息。即验即走，直接封闭项目评审室，以信息的安全流转保证管理系统闭环，消除评标专家到场后的违规行为。自"敲门式"专家验证服务机制启动以来，已服务 5155 个项目，进行 16236 人次专家验证识别，实现"零差错""零等待""无泄露"验证，营造更加公平公正的交易环境。

4. 数据模型分析

加强评标专家评审项目关联预警数据模型应用，使用大数据手段对招投标过程中评标委员会成员（含采购人代表或招标人代表）及进场服务人员与评审项目的关联关系进行分析，通过对平台中汇聚的企业人员社保缴费信息、法定代表人所在企业信息、全国建筑市场监管公共服务数据库、注册建筑师以及住建厅安全三类人员和婚姻等相关信息进行碰撞核验和关系分析，反馈人员与单位关联关系，并对高危情形（评审区人员与候评项目投标单位具有密切关联关系）输出研判报告，实施预警。

建设平台是山东省中心大力推进公共资源交易数字化建设的重要举措和具体行动，持续赋能业务模式创新，达到"数据驱动业务"的目的，优化公共资源交易领域营商环境，推动公共资源交易事业实现高质量发展。

（山东省公共资源交易中心）

新疆生产建设兵团：打造公共资源交易"兵团模式"

一、案例背景

新疆生产建设兵团公共资源交易中心（以下简称"兵团公共资源交易中心"）2013年成立以来，着力规范交易主体各方行为，全力推进交易信息化建设，早在2017年，兵团公共资源交易中心采用全兵团"1＋13"统建的模式，按照兵、师两级架构整合构建了兵、师合一的兵团公共资源交易"一体化"平台，形成了覆盖全兵团规则统一、公开透明、服务高效的平台体系，公共资源配置的效率和效益明显提高，助力了兵团经济社会持续健康发展。随着"十四五"规划、《数字中国建设整体布局规划》的发布，以及服务标准化、交易市场化、监管智慧化"三化"行业新趋势的深入，新疆生产建设兵团公共资源交易中心顺应行业发展趋势，对"一体化"平台进行了创新升级，进一步提升数字化综合服务水平。

二、主要做法

（一）标准重塑，引领兵团交易服务标准化、规范化

1. 强化代理机构管理，规范场内交易行为

为维护交易市场中各方主体的合法权益，确保公共资源交易活动有序进行，规范项目进场交易秩序，兵团公共资源交易中心制定招标代理机构行为评价管理办法，对所有进场代理机构和从业人员在业务受理、开评标管理、档案递交等方面进行量化考核，并每月组织一次对所有代理机构从业人员的业务培训和考试工作，提高了代理机构和从业人员的专业水平和服务质量，实现对项目进场交易活动的标准化管理，有效规范了交易秩序和行为。

2. 目录动态管理，确保交易"应进必进"

2021年印发《兵团公共资源交易目录（2021版）》，将企业增资、林权、无形资产、特许经营权、排污权、碳排放权、实物资产交易权等市场化程度较高的交易事项，纳入目录管理，同时动态维护兵团公共资源交易目录，规范兵团交易市场，构建其他交易新体系。积极推动将国家、兵团要求的土地二级市场、林权、农村集体产权等交易业务纳入兵团公共资源交易管理范畴，鼓励市场化运作，将产权、政府采购现有业

务交易系统与兵团公共资源交易平台衔接，扩大交易范围，增强交易能力，努力做到"平台之外无交易"。

3. 以制度建设为引领，实现交易服务标准化

兵团公共资源交易中心以营造开放、有序的市场环境为主线，努力打造公开、公平、公正的市场竞争环境，在公共资源交易过程中，全面落实进场交易公告发布、结果公示、开标程序等制度，不断探索和践行"见证"对于交易中心的新要求，强化公共服务定位，制定了《兵团公共资源交易平台服务标准》《兵团公共资源交易电子档案管理办法》《兵团公共资源交易"不见面"开标管理办法》《兵团公共资源交易远程异地评标管理办法》《兵团公共资源交易电子招标投标管理办法》等40余套制度，带领全行业各项业务工作全面步入制度化、标准化轨道。

（二）数字赋能，推动全流程电子化交易系统迭代升级

1. 拓展全新业务，力争交易"多面手"

深刻践行《中共中央 国务院关于加快建设全国统一大市场的意见》《中共中央 国务院关于构建更加完善的要素市场化配置体制机制的意见》等文件要求，兵团公共资源交易中心基于组件化开发，采用"微服务"架构体系，按照"应进必进、能进必进"的原则，积极拓宽交易业务范围及应用场景。精细化的处理避免了系统因功能叠加导致的卡顿，各业务模块互不影响，系统容错率大幅提升。

实现兵团油气资源市场化零突破后，兵团公共资源交易中心又迅速推动框架协议采购、水权交易、国有产权、农村产权和矿业权等交易类型纳入"一体化"平台，逐步打造"4+X"全覆盖的公共资源交易体系，激发区域创造力和市场活力。

2. 智推主体入库，构建数据"原料池"

兵团公共资源交易中心以优化营商环境为出发点和落脚点，升级改造交易智能主体库，持续提升数据质量，强化数据分析与应用。在数据存储、数据标准、应用场景等方面实现全面升级，通过梳理数据标准，实现数据统一存储、统一标准，提升系统数据应用质量。

另外，中心摒弃传统人工方式，运用文本识别、证照识别等技术，智能识别各项证照、文本并转化为标准统一的结构化数据进行入库管理，在减少中心人工工作量的同时，极大地提升了入库信息的完整性、规范性、准确性、可用性和易用性，为公共资源交易各项业务的支撑与开展提供了真实可靠的"数据原材料"。

3. 升级界面交互，打造焦点"指南针"

为进一步提升交易主体的使用感与操作效率，兵团公共资源交易中心创新启用"工作台"模式，整体布局简单清晰，页面导航合理有序，人机交互高效友好，更能对项目进行全景化追踪，帮助工作人员一键了解项目进度、简化信息触达步骤、精准获取目标信息，大幅提升工作质效。

同时，系统支持多浏览器兼容，可适配使用其他多种浏览器，有效提升使用的便捷度与体验感。

4. 启用智能助手，上岗"贴心管家"

在实际服务过程中，兵团公共资源交易中心发现传统系统操作存在相对复杂、业务功能较为分散、初次使用系统的用户难以正常进行业务操作等难点。

针对业务难点，中心在新版"一体化"平台中启用全新的新手指引功能——虚拟 AI 助手，全程贴心化流程引导，降低用户使用难度。同时，虚拟 AI 助手也能智能识别用户意图、帮助解答用户问题，再复杂的业务也能让用户轻松上手。

（三）数据挖掘，构建"三位一体"数据服务应用

1. 数据共享，提升"三位一体"主体服务

通过将共享数据贯穿项目全过程，实现数据"一次录入、全程共享"，准确定位公共资源交易活动普遍存在的难点、堵点等问题，简化冗余环节、并联琐碎程序、压缩交易时间、降低人工成本，推动兵团公共资源交易"一网通办，一网好办"，使市场主体获得感和满意度持续提升。

2. 数据治理，推动"三位一体"监管服务

通过对大量交易数据进行多维度挖掘分析，全方位构建风险监测模型、围串标冒烟指数模型，对各类历史交易数据进行量化分析和监测预警，根据交易行为数据的蛛丝马迹，还原并捕捉市场交易主体陪标、围标、串标等交易违规痕迹，构建"数字铁笼"，让具有隐蔽性的交易违规行为无处遁形，不断净化兵团交易市场环境。

3. 数据分析，探索"三位一体"政府服务

针对大量的公共资源交易项目数据和市场主体行为数据进行整理、分析和加工利用，探索为政府部门提供推进社会治理、经济发展、民生服务等方向的数据参考依据，提高政府决策的科学性和精准性，提高政府预测预警能力以及应急响应能力，发挥对营商环境的引领和督促作用，切实激发市场活力和社会创造力，增强发展动力，持续深化简政放权、优化服务改革。

（四）创新监管，持续强化公共资源交易监管水平

1. 明确职责分工，实施协同监管

为进一步推进各行业监管部门与兵团公共资源交易中心系统监管机制的建立，根据法律法规确定的职责分工，兵团形成了监管权力和责任清单并向社会公开，不断建立健全投诉举报接收、转办、反馈工作机制，实现部门协同执法、案件限时办结、结果主动反馈。

2. 完善信用信息，强化信用监管

推进兵团交易信用信息平台与发展改革委综合信用信息平台对接，保障在交易环

节中信用信息来源可溯，招标投标违法违规行为能够按照统一量化标准，进行失信行为性质认定、客观评价、量化记分、记录公告。通过兵团交易信用信息平台，做到信用信息有迹可循、有据可查，能够依法依规开展守信联合激励和失信联合惩戒，为实施信用监管提供重要依据。

3. 依托数字化手段，开展智慧监管

运用大数据、云计算等现代信息技术手段，实现兵团公共资源交易监管数字化转型，对接各行业监管部门平台数据，并从不同维度进行数据挖掘分析，形成丰富的交易大数据专报，综合展示交易全过程情况，对中标率异常低和异常高等情况进行分析研判，生成行业监管数据画像，并对公共资源交易活动进行监测分析，及时发现围标串标、弄虚作假等违法违规行为，大大提高了对重点地区、重点领域、重点环节的监督执法力度，增强监管的针对性和精准性，进一步提升了兵团公共资源交易数字化、智慧化监管能力，优化公共资源交易领域营商环境。

三、案例创新点

（一）创新服务理念，推动标准化建设

针对建设工程、政府采购项目类别繁杂、需求多样的特点，根据国家相关文件范本，结合兵团实际，兵团公共资源交易中心先后制作了30余套招标文件范本和招标公告、中标公示的标准文本，规范性文本全部实现了标准化并嵌入交易系统，代理机构在办理业务时，可以根据项目需求，使用全兵团统一模板，极大提高了工作效率、降低了交易成本、提高了规范化水平。

（二）平台创新升级，助力数字化转型

兵团公共资源交易中心积极贯彻政策要求、顺应行业发展趋势，从智能化程度、系统兼容性、数据结构化、交互体验感、使用便捷度层面对新疆生产建设兵团公共资源交易"一体化"平台进行了创新升级，采用"微服务"架构体系，升级改造交易智能主体库，创新启用"工作台"模式，启用全新的虚拟AI助手，进一步提升了中心数字化综合服务水平，为兵团公共资源交易智慧化转型向更深层次探索迈出了重要一步。

（三）数据创新使用，构建数据"一张网"

以国家数据规范为基础，将存于公共服务门户、电子交易平台、电子监管平台、金融服务支撑平台、投资项目在线审批系统、政采云、建设云、四库一平台等系统中的各类交易数据进行"聚""融""管""析"等操作，打造数据标准化、规范化体系，推动平台交易数据"一张网"全覆盖，充分发挥交易数据价值，为市场主体、监管部门和政府部门提供"三位一体"综合数据服务。

（四）监管模式创新，打造"数字牢笼"

兵团公共资源交易中心着力打造全流程在线监管、协同监管和智慧监管模式，不断提升监管效能。中心充分发挥"制度＋科技"的作用，利用信息技术实现在线即时监管和全流程留痕管理，以随机抽查为补充的日常监管机制，优化细化交易工作流程，促进诚信自律，营造良好的交易环境。同时设立投诉电话和举报箱，接受群众监督。通过举报、检查、投诉等方式，全方位促进社会监督。

四、应用效果

兵团公共资源交易中心持续推进交易"数字化"改革，创新工作思路和方式，切实以"优化营商环境"为出发点和落脚点，持续完善交易体制机制建设，着力规范交易主体各方行为，形成了具有兵团特色的公共资源交易市场体系，打造了公共资源交易领域的"兵团经验""兵团模式"。整体工作成效显著，多次受到国家发展改革委法规司、国家信息中心的高度认可。从以下"三个度"的维度，兵团公共资源交易中心实现了公共资源交易全程透明、规范、可溯。

（一）夯实平台体系建设，让交易更有"深度"

（1）高位推动公共资源交易平台整合、建设、运行工作。实现工程建设、土地使用和矿业权出让、国有产权交易、政府采购项目全流程电子化交易，建成了涵盖公共服务、交易受理、交易组织、交易评审及综合管理的公共资源交易统一平台体系。

（2）实现了兵团油气资源市场化零的突破。疫情期间，兵团公共资源交易中心受自然资源部和兵团自然资源局委托，首次网上挂牌出让国家级油气资源探矿权，实现了兵团油气资源市场化零的突破，本次项目共16家（疆内3家、疆外13家）企业参与，项目成交总额5.315亿元，升值幅度5.26亿元，切实保障了疫情期间油气资源充分竞争，扩大了探矿权出让竞买者参与范围和地勘资金多元化。

（3）全面推动统一要素和资源市场体系建设。持续拓展交易业务范围及应用场景，加快推进医疗耗材、特许经营权、土地二级市场、农村产权、林权等公共资源交易整合工作，促进数字经济与公共资源交易的深度融合，全力支撑兵团经济社会高质量发展。

（二）推动数据"一张网"，让共享更有"广度"

（1）高效汇聚整合各系统中与交易相关的数据。统一汇入兵团交易"数据资源池"中，有效解决"信息孤岛"难题，实现跨部门、跨行业的公共资源交易数据互联共享，减少数据资源浪费，为后续数据高效利用奠定基础。截至发稿之日，共汇集了全兵团34294个项目交易数据。

（2）利用长期沉淀的数据资源优势，积极创新数据多样化应用。依托运用先进信息技术，积极开展政府投资资金分配情况分析、兵团招标项目趋势分析、兵团企业和外地企业投标情况分析、中小微企业及"双创"企业中标情况分析等交易大数据分析，形成交易大数据专报，为宏观经济决策、优化营商环境提供有利依据。

（三）创新"数字监管"模式，让监管更有"力度"

实现在线即时监管和交易全环节风险防控、全过程可溯可查、全角度数据出证，形成全生命周期监管体系，助力兵团打造公开透明、健康有序、公平高效的公共资源交易环境。自 2020 年以来，共协助配合纪检、公安、审计、行业监督等部门开展监管活动 380 余次。

五、未来展望

大道至简，实干为要。站在数字化转型升级的新起点上，下一步兵团公共资源交易中心将继续围绕"十四五"规划总体内容，强化责任担当，一以贯之抓好党中央决策部署和政策措施落实，深入探索数据结构化在智能辅助评标、智慧监管、大数据等方面的推广应用，持续推动服务标准化、交易市场化、监管智慧化的公共资源交易新格局构建，助推兵团经济高质量发展。

（新疆生产建设兵团公共资源交易中心）

昆明：探索远程异地评标工位制，助力建设统一大市场

为贯彻落实国家、云南省关于贯彻落实建设全国统一大市场的相关部署，昆明市按照全省统一部署，积极探索远程异地评标工位制，进一步破除招标投标活动中的隐性壁垒，有效打击围标串标、专家被围猎等违法违规行为，进一步提高公共资源交易监管效率和水平，持续优化公共资源交易领域营商环境，助力建设全国统一大市场。

一、问题背景

一是政策依据。《国家发展改革委等部门关于严格执行招标投标法规制度进一步规范招标投标主体行为的若干意见》（发改法规规〔2022〕1117 号）、《云南省发展和改革委员会关于印发〈云南省公共资源交易平台服务标准（试行）〉的通知》（云发改交易管理〔2022〕644 号）和《云南省发展和改革委员会关于开展公共资源交易服务标准化和远程异地评标工位制建设试点工作的通知》（云发改办交易管理〔2022〕740 号）。

二是工作目标。针对优质评标专家资源分布不平衡，存在区域壁垒，评标场地利用率低，评标专家之间有"熟人效应"等问题，通过远程异地评标工位建设、开展工位制评标，有效解决"常任专家"、围标串标等核心难题，最大限度降低专家被围猎的风险，持续为市场主体创造更加公平公正、规范高效、阳光透明的招标投标市场环境，保障市场主体平等参与招标投标，市场主体获得感、满意度进一步提升。

二、主要做法

昆明市以转变监督方式、强化监督质效为目标，坚持试行探索、全面推行的工作方式，依托省统建的公共资源交易平台及综合评标专家库，积极开展远程异地评标工位制建设工作。

一是改造场地、打破传统。2023 年 5 月，昆明市公共资源交易中心按照公共资源服务标准化要求，以工位制评标室建设为主，配套交易见证、评标监督等基础设施，改造原有评标室 4 间，建成"舱位式"工位制、"隔间式"工位制共 32 个工位，在600 千米以外的中国老挝磨憨—磨丁经济合作区也同步建成远程异地评标工位。通过评标工位改造，全市实现同一项目的评委分散在不同评标地点、同一评标地点的专家分

配不相邻评标工位，充分确保专家评审的独立性。

二是树立标杆、市县协同。嵩明县作为全省县级公共资源交易远程工位试点单位，2023 年 9 月 18 日在昆明市率先启用县级远程异地评标工位系统，在市县两级以远程异地评标工位制方式进行项目开评标。同时也成为昆明市县区推进公共资源交易远程异地评标工位制建设的新典范。《昆明日报》及其网络媒体"掌上春城"对此进行了报道。截至目前，市县两级交易中心同步提供数字化见证服务，评标过程所有分散场所形成的音视频及文本资料均自动实时存储上云，自动形成交易全过程电子档案，实现"一项目一档案"，支持交易相关方根据自身需求登录系统后台，按不同层级的权限下载使用相关内容。

三是监督见证、双管齐下。开评标过程中，行业监督、综合监管和见证人员登录系统，通过音视频通道，远程在线开展监督和见证，发现异常情况实时提醒、警告，形成全程、即时、可追溯的监管。发现违规、违纪、违法行为及时取证、存证，并向监督管理部门在线转办，满足全方位监管需求。

三、创新要点

一是专家工位独立化。远程异地评标工位制设置的分散评标做法引入了独立工位的概念，通过改造评标室，设置相互隔离而独立的评标工位，以确保每位专家在评标过程中具有独立的工作空间。工位上配备了统一编号和身份识别系统，与相应专家的身份和系统严格对应。

二是专家分配随机化。通过建立专家工位的随机分配机制，确保同一项目的评标专家不相邻就座甚至不在同一个交易场所，避免专家之间的互相影响和干扰。相同项目的评标专家不在同一个评标室内完成评审，而且相邻工位的评审专家也评审不同的项目。

三是评标会商在线化。评标过程中，评标会商在所难免。但工位制评标通过升级评标室的信息化系统和设备，为专家提供清晰的音视频交流环境。优化后的系统满足视频质量清晰、音频降噪、网络速率稳定的标准，确保专家在线上进行评审期间能够进行有效的沟通和会商，并且还能对专家的在线交流进行全程记录，做到全程留痕、可追溯。

四是线上监督智能化。通过优化在线监督系统，行政监督人员可以全程在线对评标过程进行监督。评标过程的数据可以后台共享，全程留痕，实现实时、全程可追溯的智能监管。发现违规违纪违法行为及时取证、存证，并向监督管理部门在线转办，有效堵塞专家群体"开小会""咬耳朵"形成的勾连漏洞。

四、取得成效

2023 年 3 月，昆明市工位制评标创新做法在国家发展改革委召开的"全国营商环境现场会"中得到认可；4 月，该创新做法入选中央广播电视总台发布的《2022 城市营商环境创新报告》。8 月 17 日，云南省发展改革委印发《关于确定县级公共资源交易中心标准化建设试点的通知》，确定嵩明县公共资源交易中心为全省县级公共资源交易中心标准化建设试点。

2023 年 5 月昆明市本级"舱位式""隔间式"远程异地评标工位建成 32 个，9 家县级交易中心建成远程评标工位 46 个。截至 2023 年 10 月，共完成远程异地评标工位制项目 114 个。

下一步，昆明市将以市县两级远程工位制"小循环"取得的有益经验为基础，按照全省统一部署，配合省公共资源交易中心和玉溪市公共资源交易中心，坚持协作平衡理念，推动"中循环"。努力解决"小循环"和"中循环"具体工作中发现的各类问题，从而积极融入全省远程评标工位制"大循环"，为建设全省乃至全国统一大市场做出贡献。

（昆明市公共资源交易中心，吴剑明、董晓兰、王颖松、黄菊）

东莞：基于"匿名＋实名"运行模式的工程招投标数字化改革创新实践

近年来，东莞立足解决工程招标投标流程堵点痛点，以数字化改革为抓手，以电子化匿名投标及自动化资审系统为基础，加快完善电子招标投标系统建设，深化全流程电子化应用场景，以"匿名＋实名"运行模式实现全市招投标活动全程"看得见、听得着、管得了"，助力东莞打造公平公正、规范高效、阳光透明的招标投标市场，让市场主体更省心、交易监督更便捷、交易过程更阳光，为全国工程招投标领域数字化改革提供了"东莞经验"。

一、案例背景

党的二十大报告作出加快建设数字中国的重要部署。打造数字政府是推动国家治理体系完善和治理能力提升、赋能全国统一大市场建设的关键路径，是抓住数字化时代机遇，加快转变政府职能，推进国家治理现代化的必然选择。工程招投标作为国家治理体系、统一大市场的有机一环，深入推动工程招投标数字化改革是推动建设工程项目交易流程再造和模式优化、净化招投标市场环境、提高招投标效率的重要引擎和有效途径。

关于推动工程招投标市场突出问题整治。一是《国家发展改革委等部门关于严格执行招标投标法规制度进一步规范招标投标主体行为的若干意见》发布，要求各地市针对当前招标投标市场突出问题，不断探索完善智慧监管手段，及时预警、发现和查证违法行为，加强电子招标投标信息的防伪溯源监督管理，防止招标投标电子文件伪造、篡改、破坏等风险发生，进一步优化招标投标市场环境，提高公共资源配置效率效益。二是《国家发展改革委办公厅等关于开展工程建设招标投标领域突出问题专项治理的通知》发布，要求针对市场反映突出的围标串标、挂靠资质等严重扰乱市场秩序的，针对招标投标交易服务不规范、监管机制不畅通的，各地区要明确整改任务，抓紧补齐短板弱项，以零容忍态度坚决进行专项治理。

关于东莞工程招投标领域存在的问题。一是随着建筑行业市场竞争的激烈，传统招标方式的效率低下和信息不对称问题已经成为制约工程招投标发展的瓶颈，且招标领域资金、资产、资源集中，市场竞争激烈，矛盾问题和腐败现象高发，迫切需要用技术手段筑好廉政"防火墙"。近年来，全国各地在工程招投标全流程电子化交易及数字化转型实践中取得了创新的技术成果，积累了丰富有益的经验做法，在为东莞提供借鉴范本的同时，也为东莞工程招投标数字化改革实践带来了巨大的竞争压力。二是东莞工程招标投标的各阶段和环节均实现了电子化，由于在投标人上传投标文件、缴交投标保证金等环节系统会留痕，交易中心、软件公司、银行等有机会接触到系统的人员均有可能获取到潜在投标人名单，因此在发生泄露潜在投标人名单问题时较难核查，职务犯罪的隐患难以控制，较难杜绝潜在投标人名单泄露问题，招投标领域仍然存在不少违法违规行为，是廉洁从业风险易发、多发、频发领域，也是反腐败斗争的重点和难点。

综上所述，东莞市公共资源交易中心（以下简称"东莞交易中心"）作为反映东莞市工程招投标数字化改革成效最直接的"窗口"，深刻认识到推动工程招投标数字化改革势在必行，根据《电子招标投标办法》及《电子招标投标系统技术规范》的要求，充分发挥公共资源交易平台专业服务，以可扩展、低耦合、易维护、高度安全为建设原则，创新打造建设工程电子招标投标系统，依托电子化匿名投标和自动化资审，以"匿名＋实名"运行模式，推动东莞建设工程招投标数字化改革向纵深发展。

二、主要内容

为有效防止招投标交易过程出现的违法违规行为，保障招投标市场各方主体的合法权益，创造良好的公平竞争市场经济秩序，东莞交易中心基于投标人名单容易泄露、开标时间长效率低等现实问题，综合评估系统风险机制及开发难度，打造并全面启用建设工程电子招标投标系统，引入并逐步推进基于互联网、人脸识别、大数据等先进技术的"匿名＋实名"招投标活动运行模式，全过程留痕，直控式记录交易异常数据线索，并对相关数据线索进行横向和纵向的数据分析，进一步为全市各行业监督管理部门进行事中事后监管提供数据支撑。

（一）强化系统顶层设计，打造招投标一体化交易平台

为解决东莞建设工程领域存在的各行业交易规则不同、交易流程存在差异、招标范本不统一等问题，有效规避破坏交易秩序的违法违规行为，净化全市建筑行业交易市场，提高招投标效率，东莞通过数字赋能、技术支撑，搭建建设工程电子招标投标系统，面向全行业、各镇街提供招标投标一体化服务总门户。

1. 构建全行业覆盖招投标管理模式

依托全市建设工程招标投标会商机制，整合行业主管部门意见，明确并制定全市适用、分行业、分类别的招标文件范本及中标规则，以模块化思想打造全行业版建设工程电子招标投标系统，提供招标人在线进行编制招标文件功能，根据招标登记项目类型，自动载入对应的招标文件范本目录，以适应不同行业电子投标、开标和评标的要求，有效解决建设工程各行业招标投标交易规则及实施细则的差异性，避免传统开

评标模式造成的工作任务繁重、交易效率低以及资源浪费严重等问题。

2. 实现建设工程电子招标投标"市镇联通"

结合东莞镇街众多的特性，依托全行业版电子招投标系统，强化基层数字化赋能，打破登记区域限制，在项目登记流程开设"镇街项目"专区，专门适用镇街开标项目，加强基层招投标业务操作指导，为无须进入市公共资源交易中心交易的建设工程项目开辟交易新渠道，有利于镇街规范限额以下工程建设项目交易流程，切实提高各镇街（园区）、国企招投标项目交易效率，有效推动"应进必进、整合共享、市镇联通"。目前已有 29 个镇街开通全行业版电子招投标系统应用权限，共 806 个镇街建设工程项目依托该系统顺利完成交易。

（二）"匿名化"招标投标，保障交易过程的阳光公平

匿名是指投标人不记名参与投标，在截标后公布投标人名单，确保投标人名单的保密性。东莞交易中心着力构建以数据传输共享、数据分析为基础的交易监管供给新体系，积极推进交易数据共享和信息互通，依托建设工程电子招标投标系统，创新应用匿名投标和自动化资审，构建"可溯可查"全链条监管模式，实现潜在投标人匿名投标，开创无记名无项目关联的在线标书递交电子标书新模式，从源头上杜绝泄露潜在投标人名单的问题，维护招投标市场的公平竞争环境，提高招标投标环节的工作效率，助力全市各行业行政监督管理部门提高监管效力和精度，更好地保障"阳光交易"。

1. 在线匿名化投标

通过国密算法的数字证书加解密技术，实现潜在投标人通过互联网以"不记名"的方式进行在线投标，确保投标人信息的保密性。投标人登录建设工程电子招标投标系统，直接以匿名方式将编制加密好的投标文件进行在线提交，系统生成文件唯一标识码，截标后，在开标签到时，由投标人通过登录"不见面"开标系统，再将其已上传的投标文件与投标项目进行关联，保障截标前参与项目的投标人员名单不被泄露。

2. 投标资格自动化资审

建设工程电子招标投标系统内嵌统一企业诚信库，投标人自主通过电子招标投标系统在线建立企业档案，且系统与行业主管部门诚信档案资料库自动对接，形成投标企业资信库，实时对外进行公示。电子招标投标系统针对招标人在招标文件中制定的数字化资审项，采用统一企业库和资信库、保证金管理库、行贿犯罪记录查询库等基础数据，对所有注册投标人的基本信息、资质信息、技术力量及主体信用信息等进行自动比对，判断是否存在异常一致等围标、串标嫌疑，并将比对结果进行汇总式呈现，提供给招标人进行确认，实现资格自动化审核，同时通过使用可配置化工具实现自动计算开标排名、评标得分，最大限度减少招标环节人为干预。

3. 投标保证金全程封闭运行

一方面，针对现金保证金，为解决防止缴纳投标保证金名单泄露和便于招投标过程中投标保证金的缴、核、退管理，研究保证金银行对接方案，实现潜在投标人网上完成保证金缴纳、投标保证金自动核验以及网上投标保证金退款的投标保证金全自动网上管理。另一方面，实现电子保函保密留痕，东莞强化与广东省数字政府建设运营中心合作，打造全新的电子保函服务平台，电子保函服务平台与公共资源交易平台、金融机构间的保函数据"端到端"直联互通，全部无缝加密传输。金融机构通过互联网将电子保函数据直接传输至公共资源交易系统，紧密衔接公共资源招标项目和保证金管理系统，在投标截止之前，保函信息均为加密状态，开标时自动解密，保证了数据的真实性、完整性，规避了投标企业信息提前泄露的风险。

（三）"实名化"招标投标，确保市场主体的真实有效性

实名是投标人、评标专家在参与投标业务时，需通过"人脸识别"实名认证，记录参与投标、评标的人员信息。人脸识别技术是一种通过计算机技术对人脸图像进行分析和识别的技术，主要包括图像采集、图像预处理、特征提取和匹配识别，是一种生物识别技术，可以通过人脸的特征来识别一个人的身份。目前，东莞针对招投标敏感领域，着重在投标人参投环节和评标会人员入场环节应用人脸识别技术，实现在线身份认证，实现线上线下场景无缝联动认证。

1. "人脸识别"确保参投"唯一性"

目前，东莞部分工程项目存在同一经办人为参与同个项目的不同参投企业办理投标保证金、不同企业使用同一账号缴交投标保证金费用等情况，根据《招标投标法实施条例》第四十条，不同投标人委托同一单位或者个人办理投标事宜、不同投标人的投标保证金从同一单位或者个人的账户转出，均视为投标人相互串通投标的规定，这些情况可视为"串标"行为。投标人在参与投标业务时，通过广东省统一身份认证进行"人脸识别"实名认证，记录参与投标的人员信息，可有效保障参投"唯一性"。投标人在投标过程中缴交电子保函时，一般通过数字证书或手机短信的方式作为企业申请办理保函的依据，东莞在此基础上，增加了银行基本账户校对和"人脸识别"验证的要求，结合投标人网上签到的"人脸识别"资料，确保"标前严格验证身份""标中辅助资审资料""标后分析资料雷同情况"。

2. "人脸识别"确保评标专家"可靠性"

2023年8月，东莞交易中心结合行业内的先进做法和本地匿名投标的实际应用效果，依托"人脸识别"技术，实现评标专家"自助抽取"，招标人或者招标代理机构通过登录系统将交易项目、抽取条件等信息推送至广东省综合专家库实现专家自助抽取，评标区启用"人脸识别"，实现评标专家身份信息的人脸识别、身份证检测和门禁设备系统一体化，实行"一标一验"。评标专家只需携带身份证，"刷脸"进行人证比对，抽取系统实时反馈专家到场信息至门禁系统，识别成功后即可根据提示进入对应的评标室进行评标，门禁系统自动记录专家签到和离开时间，有效规避专家信息泄露

风险，利于杜绝冒名顶替、伪造身份参与评标的情况。

3. "人脸识别"助力工程业务"指尖办"

"粤信签"是广东省政务服务数据管理局推出的一款手机应用程序，遵循国办电子印章标准规范，无缝集成广东省统一身份认证，采用安全可靠的国产密码算法，对接人口库完成身份核验，确保用户的身份安全和防止欺诈行为。东莞交易中心主动融入广东省"数字政府"建设，深化与"粤公平"之间的数据自动推送和共享，依托"粤信签"实现工程业务"指尖办"。市场主体在进行业务交易时，通过"粤信签"进行"人脸识别"，便可登录"粤商通"App，体验开标进度查询、上传投标文件、投标签到、开标解密、投标保证金、电子保函和中标通知书查验与下载等16项指尖办服务，实现"一站式查询、一证通用、一码办理"。

三、应用成效

在充分发挥数据的基础资源和创新引擎的作用下，东莞建设工程招投标"数智化"转型之路持续深入推进，依托建设工程电子招标投标系统，在招投标活动中全面运用"匿名＋实名"运行模式，构建了数字服务和监管新模式，让交易更透明、监管更有力，促进交易营商环境更加优化、交易市场运行更加高效，推动公共资源交易事业实现高质量发展。

（一）建设工程电子招标投标系统实现三个"百分百"，极大提高招投标效率和水平

1. 实现100%全流程电子化

截至2023年10月31日，共完成建设工程电子招标项目2630宗，投资金额高达1039.72亿元，覆盖住建、交通、水务、园林绿化等行业，涉及土建、市政、水利、交通、公路、安装、电力、消防、园林绿化、装修装饰等10个专业类别，电子化效率从原46%上升到100%。

2. 实现100%线上"不见面"开标

系统投入运行后，投标企业足不出户即可随时随地参与招标、投标、开标、评标、定标、合同签订等全流程电子招投标和全市各类招投标活动。实现100%线上签到，平均开标时长从3.04小时降低到1.97小时，开标效率提升近154%，极大提高了开标服务的效率和水平，充分解决了纸质标书文件量大，标书解密时间长的问题，让交易主体更加省时、省力、省心、省钱。

3. 实现电子保函使用范围100%

交通、水务、园林绿化等行业全面使用电子保函，保函使用范围扩展至100%。"电子保函＋电子指令"的全新电子保函服务平台上线以来（截至2023年10月31日），累计使用银行电子保函（电子保证保险）83811批次，涉及保证金约243.41亿

元,为企业节省资金占用209亿元,在为市场主体提供丰富多样的出函机构选择的同时,将以往动辄缴纳几万元至几十万元不等的投标担保减少为数百元保费,极大地降低企业制度性交易成本。

(二)"匿名+实名"双管齐下实现全链条监管,创造更加公平公正的招投标环境

应用电子匿名投标及自动化资审,实现潜在投标人匿名投标,开创无记名、无项目关联的在线递交电子标书新模式,对所有注册投标人的基本信息、资质信息、技术力量及主体信用信息等进行自动比对,判断是否存在投标文件雷同的问题,及时提供预警提醒,从源头上杜绝泄露潜在投标人名单的问题,遏制围标、串标及暗箱操作的发生,提高招标投标环节的工作效率。目前,系统辅助资审检查出了32单异常线索,涉及8个工程项目,相关工程项目的总投资金额17572.64万元。应用"人脸识别"技术,对同一人为多家公司办理投标签到、投标担保、标书加解密等异常投标情况进行提示,实时监测投标情况,直控式检查投标人的真实性并反馈情况,提高准入比率,确保投标行为的真实意愿,同时强化专家身份的准确性,提高专家身份的保密性,提升违法违规行为的门槛,推动监管模式从被动监管向主动发现预警问题转变,有效打击违法违规行为,为招标人、监督部门打击破坏市场竞争的违法违规行为提供线索,进一步创造更加公平公正的招投标环境。

四、创新亮点

(一)系统具备扩展性,灵活对接多端口

支撑"匿名+实名"运行模式的建设工程电子招投标系统是一个动态、灵活的基础架构,可以进行横向灵活扩展,满足多元化的招投标工作需求。系统通过区块链、大数据等技术,目前已对接行业主管部门诚信档案资料库,实现企业信用信息数据的对接应用,深化匿名投标和自动审查在招投标领域的运用;对接广东省公共资源交易平台,推动全省公共资源交易数据实时交换,深化全省公共资源交易"一张网"建设;对接"粤商通",实现16项建设工程交易业务"指尖办";对接金融机构,实现电子保函"在线办""零跑腿""全面用"。

(二)系统具备安全性,交易信息保密可靠

系统依托数据联通和数字化监督应用,实现全方位留痕,数字见证记录自动生成,音视频监控自动刻录,交易痕迹可查可溯;实现开标前投标资料保密,在投标截止当日,由投标人在网上签到时自主关联电子投标文件和电子保函,预防投标名单泄露,在投标截止时间前,招投标各方均不能获取完整的投标人名单,最大限度地防范围标串标;实现"刷脸"实名参与投标活动,立足"人脸识别"具有识别速度快、防伪能

力强、精准度较高等特点，在缴交电子保函时增加银行基本账户校对和人脸识别验证的要求，在评标专家入场时启用"刷脸"功能，确保交易主体真实、有效地参与招投标活动。其中，在招投标活动中创新运用"匿名＋实名"模式为广东省首创。

（三）系统具备延展性，应用模式与时俱进

随着电子信息技术日新月异，东莞市坚持以信息化培育新动能，用新动能推动新发展，不断深化建设工程电子招标投标系统的应用模式。深化常态化"不见面"开标，依托建设工程电子招投标系统，通过音视频直播方式，搭建场景式"虚拟开标大厅"，实现招投标全过程、全流程网上在线操作，企业足不出户即可随时随地参与全市各类招投标活动。实现公共资源交易"指尖办"服务。实现建设工程领域交易主体通过"粤商通"App就能体验16项"指尖办"服务，实现"一站式查询、一证通用、一码办理"。构建公共资源交易信用评价系统，依托省信用中国平台、数据资源"一网共享"平台、市公共信用信息管理平台汇集信用数据资源，归集各类市场主体参与招投标全流程相关信息，运用大数据技术分析研判市场主体信用数据，把信用分运用至招投标环节，建立信用信息共享和信用查询机制，有效净化招投标市场信用生态。

五、实践启示

数字化改革是招投标发展的必经之路。东莞市依托数字政府公共服务支撑能力，借数字化浪潮开创招投标领域数字化转型新局面，充分发挥公共资源交易平台的专业服务，结合东莞市建设工程招投标现状，以电子化匿名投标及自动化资审系统为基础，加快完善电子招标投标系统建设，深化全流程电子化应用场景，并创新运用"匿名＋实名"招投标模式于电子保函缴交、电子投标文件上传、投标签到、电子投标文件解密等工程建设招投标业务环节，最大限度地减少人为因素的影响，遏制招标投标过程弄虚作假现象，杜绝围标、串标及暗箱操作行为，确保全市建设工程招投标活动的安全性、真实性、保密性、可靠性和高效性，推动建设工程电子招投标向纵深发展，推进预防腐败和廉政体系建设，维护建设工程交易的廉洁氛围，是东莞市电子招标投标系统建设的一大重要突破，为全面推进全国电子招标投标工作积累宝贵的经验，在全国范围内具备以点带面、创新示范效应。

（东莞市公共资源交易中心，李俊华、熊瑶、洪松远、谢立广、殷景升、许东云、林梦诗）

宿迁：建立健全公共资源交易中心智能辅助评标系统

一、政策背景

2021 年 3 月 12 日公开发布《中华人民共和国国民经济和社会发展第十四个五年规划和 2035 年远景目标纲要》指出"迎接数字时代，启动数据要素潜能，推进网络强国建设，加快建设数字经济、数字社会、数字政府，以数字化转型整体驱动生产方式、生活方式和治理方式变革"，"提高数字化政务服务效能，全面推进政府运行方式、业务流程和服务模式数字化智能化"，进一步点明加快数字化发展、建设数字中国的需求。

2022 年《国家发展改革委关于推动长江三角洲区域公共资源交易一体化发展的意见》（发改法规〔2022〕355 号）中提到"建立健全区域内统一的公共资源交易评标、评审专家库管理制度，整合共享区域内评标、评审专家资源，实现专家跨地区抽取……建立健全智能辅助评标系统，提升评标、评审的质量和效率，规范专家评审行为"，力求进一步破除公共资源交易市场隐性门槛和行政壁垒，加快构建全国统一大市场，推动长三角区域率先形成统一开放、竞争有序的公共资源交易市场。

2022 年《国家发展改革委等部门关于严格执行招标投标法规制度进一步规范招标投标主体行为的若干意见》（发改法规规〔2022〕1117 号）提出"提高评标质量……招标人既要重视发挥评标专家的专业和经验优势，又要通过科学设置评标标准和方法，引导专家在专业技术范围内规范行使自由裁量权；根据招标项目实际需要，合理设置专家抽取专业，并保证充足的评标时间。积极探索完善智能辅助评标等机制，减轻专家不必要的工作量。鼓励有条件的地方和单位探索招标人按照工作价值灵活确定评标劳务费支付标准的新机制"。

智能化应用是科技和产业发展的重要趋势，已成为生产、生活领域技术创新的关键环节，新一代人工智能正引领新一轮信息技术发展浪潮，将带来新的科技和产业革命。当前，人工智能正由技术研发走向行业应用，形成从宏观到微观各领域的智能化新实践，逐步渗透到各大行业。

在公共资源领域，长期的信息化发展历程已经沉淀了海量的公共资源交易数据，具备承载人工智能应用的能力，亟待通过人工智能发展催生出新技术、新产品、新模式来解决目前评标过程中存在的问题，为行业变革带来新动力，为新阶段发展注入新动能。

二、建设内容

宿迁市在江苏全省首推机器仿真无人评审新模式。2023 年，宿迁市"教导队训练场地建设工程"项目在宿迁市公共资源交易中心顺利完成评标工作。该项目采用"机器仿真评审"的方式，仅耗时 16 分钟，便完成了对 205 家投标单位 3690 项评审点的智能评审，相较传统评审方式，节省了近 97% 的项目评审时间。经复核，本次宿迁市"机器仿真评审"项目评标结果可信、可靠、可用，标志着宿迁市公共资源交易正式迈入"智能评标"新时代。

三、创新点

基于"数字智脑底座"的能力输出，由新点软件建设的"机器仿真评审"通过采用"机器人专家"代替传统的人工评标专家，计算机自动计算、对比、验证，实现专业度比肩行业资深评标专家，避免多种不利因素干扰，结果产出时效更高。

在评标活动中，"机器仿真评审"在智能评审点设置、初步评审、综合标和经济标环节高效分析、进度动效展示和结果汇总查看等多个层面均有了更进一步的提升。

（一）畅——评审流程全自动

"机器仿真评审"充分运用 AI 技术，实现最低评标价法的全流程自动评审，做到投标人获取、清标、智能评审、评标结果汇总全流程畅通。

（二）全——评审指标全而准

"机器仿真评审"充分考虑评标业务的特点和要求，制定全面而准确的评审指标，使智能评审点涵盖了所有需要评估的关键因素和标准，在评标活动中能满足更多项目需求。

（三）省——自动化评审省时效

"机器仿真评审"变初步评审为自动化评审，将不符合基本要求或明显低于标准的提案自动排除，评审过程与结果无须评委参与，只需代理进行复核即可完成评审，充分实现了初步评审的自动化，节省了评标活动的人力与时间成本。

（四）智——智能算分高效评审

"机器仿真评审"可自动对评标办法中预设公式的主体、属性、逻辑运算等计算对象进行枚举，生成智能算分公式，实现经济标的自动打分，助力经济标高效评审。

（五）快——评审结果快速汇总

"机器仿真评审"通过提供直观易用的评审结果汇总界面，快速呈现所有单位的得分情况，评标代理和复核评委可以一目了然地了解各个单位的评审结果，实现快速复核，为评标活动提质增效。

四、应用效果

有效缩短评标时间，提升评标效率，推动交易中心生产力进一步解放，多角度提升交易中心服务质量；节约评标室场地资源，降低交易中心管理成本，为交易活动降本增效；完善对专家的管理，优化专家资源配置，全面提升交易活动质量；由"专家评"转变为"机器评"，排除人为因素对评标工作的干扰，借助 AI 技术提升交易活动透明度，增强市场主体满意度、信任感，推动公共资源交易公开、阳光、智慧发展。

（宿迁市公共资源交易中心）

鄂尔多斯："五个聚焦"赋能招投标营商环境全面优化

内蒙古鄂尔多斯市公共资源交易中心深入学习借鉴全国标杆城市典型经验和创新实践，打出优化招标投标领域营商环境"组合拳"，全面推进招标投标领域营商环境迭代升级，努力营造操作规范、运行高效、监管有力、社会满意的公共资源交易环境，让"暖城阳光交易"品牌成色更足、底色更亮。

2023 年 5 月，鄂尔多斯市公共资源交易中心联合市发展改革委等九部门印发《鄂尔多斯市优化招标投标领域营商环境实施方案》4.0 版（鄂公资发〔2023〕22 号），聚焦推进全流程电子化改革、加大中小企业扶持力度等 23 项重点任务，提出具体改革目标、创新举措和完成时限。

2023 年 7 月，鄂尔多斯市公共资源交易管理工作联席会议办公室印发《鄂尔多斯市关于进一步推动招标投标领域高质量发展的若干措施》，从强化主体责任、降低交易成本、加大改革力度、落实监管职责等方面提出 18 项具体举措，保障市场主体合法权益。

一、主要做法

（一）聚焦"优"服务，保障经营发展"零障碍"

始终坚持以提升群众幸福感和满意度为目标，扎实推进各项工作，全面提升服务质效，让公共资源交易"能快则快、能简则简、能优则优"。一是创新"不见面"服务模式，实现交易环节"零距离"。通过招标备案、交易登记、投标过程、办理保函、开标、评标、交易见证、合同订立、异议投诉、招标监管十个"不见面"环节，赋能公共资源交易"数字化"，做到"见屏如面"，实现从"最多跑一次"到"一次也不跑"的转变。例如，鄂托克旗分中心推行机器人"小白"接替人工承担起引领、配送等职责，实现评标专家"零接触"、评标过程"零干预"、评标区外人员"零进人"。二是压缩业务办理时限，实现主体入库"零等待"。取消市场主体库在线核验环节，主体入库由 3 个工作日内人工核验升级为系统即时自动核验。同时，压缩投标保证金退还时限，平均时间由 2 天缩短至即时退还。三是简化资料提交要求，实现登记全程"零跑腿"。受理登记实现全程在线办理并简化进场交易资料，招标人及代理机构无须到场，通过在线提供《工程建设项目进场交易审查意见表》及招标公告、文件的备案即可完成交易登记。

(二) 聚焦"降"成本，打造利民惠企"新高地"

聚焦市场主体普遍关心、关注的问题，在降低制度性交易成本等方面出实招、求实效，多措并举为企业减费降负，助企纾困解难，激发市场活力。一是推进投标保证金"减免制"，减轻投标主体资金负担。分类减免投标保证金，工程建设项目服务标段，勘察、设计、监理等服务标段全部免收投标保证金，施工、采购标段投标保证金上限降至招标项目估算价的1%，且最高金额不得超过40万元和25万元。二是推行电子保函"多元化"，撬动金融信用杠杆。实现电子担保、保险、银行保函全覆盖，办理费率下调至1‰～3‰，切实减轻投标人现金压力，电子保函使用率达82%以上。三是推行招标文件"零费用"，促进市场主体降本增效。投标人可免费在线预览、下载招标文件、在线上传投标文件，进一步减轻企业时间成本和经济成本。

(三) 聚焦"强"改革，赋能营商环境"再优化"

坚持"有解思维"，深化改革创新、细化工作举措、强化极优服务，着眼打造全国最优招标投标市场环境，打造营商环境升级版。一是率先运行市旗"一体化"，实现平台整合共享。在全国率先将市旗（区）两级公共资源交易平台实行"人、财、物"统一管理，实行软硬件配套、规则体系一、监督管理同步的"一体化"运行模式。二是率先结算审核"公开化"，确保工程款支出安全合规。在全国率先成立政府投资项目结算审核中心，建立全国首个"政府投资项目结算审核公示系统"，各级政府及相关部门可实时监控结算情况的进度和结果，确保政府工程款项支付的安全性、合规性。此举有效遏制超合同价支付、拖欠民工工资等问题，被内蒙古自治区公共资源交易中心作为2022年度公共资源交易平台唯一创新成果向国家发展改革委申报。三是率先评定分离"主责化"，压实招标人责任。在全区率先开展"评定分离"改革试点工作，在定标环节给予招标人充分的择优权，落实招标人主体责任，降低评标专家的自由裁量权，打破"专家圈子"现象、"熟人"现象，让评标委员会回归为"专业顾问"角色，有效防范风险。四是推动平台数据"共享化"，有效打破"信息孤岛"。鄂尔多斯市公共资源电子交易系统与全国投资项目在线审批监管平台、信用中国（鄂尔多斯）、内蒙古自治区信用平台实现互联互通。例如，伊旗分中心上线运行集交易项目数据"精准归集、实时更新、海量运算、分析应用"为一体的"公共资源交易数据分析系统"，为政府宏观经济决策、优化营商环境、规范交易市场、处理投诉质疑提供支撑。五是推动招标计划发布"提前化"，充分保障市场主体知情权。建立工程建设项目招标计划提前发布机制，提高招标投标透明度，推动潜在投标人充分竞争。六是创新以大带小"联合化"，鼓励激励中小企业参标。通过设置加分项、认可业绩等办法，鼓励中小微企业、民营企业与国企及大型企业组成联合体参与投标，扶持和带动中小企业积极竞争、共同发展。

（四）聚焦"促"规范，强化公平竞争"至刚性"

着力打造操作规范、运转高效、监管有力、社会满意的公共资源交易市场秩序，推动公共资源交易市场健康有序发展。一是部门权责"清单化"，确保依法行政。联合印发《公共资源交易监管权力责任清单2.0》《公共资源交易管理服务清单2.0》，构建统一规范、公开透明、服务高效、监督到位的公共资源交易平台。制定《鄂尔多斯市公共资源交易常见违法违规行为清单》，梳理各方交易主体五个类别共194项清单，进一步规范招投标活动，有效促进市场主体公平竞争，清理招标投标领域设置非必要条件排斥潜在竞争者的行为。二是主体评价"规范化"，确保评标公正。修订完善《鄂尔多斯市公共资源交易中介管理办法（试行）》《鄂尔多斯市工程建设评审专家日常评价办法（试行）》《鄂尔多斯市开评标场地及现场管理规定》，进一步规范评标专家及代理机构行为。例如，东胜区分中心开设"中介机构服务质量专栏"，并实行"一项目一评价"，促进中介机构规范和提升服务水平。三是服务事项"公开化"，确保便利交易。制定《鄂尔多斯市公共资源交易"不见面"在线办理事项清单》，梳理政府采购、工程建设、产权交易等四个类别共117项"不见面"事项清单，方便市场主体参与交易活动。四是政策迭代"制度化"，确保服务持续升级。通过政策文件持续迭代升级，联合市发展改革委、住建委等九部门制定《优化招标投标领域营商环境实施方案》4.0版，聚焦推进全流程电子化改革、加大中小企业扶持力度等23项重点任务，提出具体改革目标、创新举措和完成时限。印发《鄂尔多斯市关于进一步推动招标投标领域高质量发展的若干措施》，从强化主体责任、降低交易成本、加大改革力度、落实监管责任四个方面提出18项具体举措，保障交易主体合法权益。

（五）聚焦"云"监管，维护阳光交易"好秩序"

健全多部门协作配合机制，实施电子化行政监督，强化对交易活动的动态监督和预警。一是部门监管"协同化"，强化各类监管的衔接配合。鄂尔多斯市公安局联合多部门共同签署《鄂尔多斯市招标投标领域建立协同执法办案机制的备忘录》，推动实现部门协同执法、案件限时办结、结果主动反馈。二是交易监管"智慧化"，强化智慧监管手段。应用电子监管系统及视频监控系统，设置了76个电子监管点，对项目关键节点和环节自动预警。对接内蒙古自治区公共资源交易平台监管"一张网"，为各行业行政监督管理部门开通监管账号，实现全市电子监管一网全覆盖。三是意见征集"常态化"，强化社会监督作用。建立营商环境问题线索和意见、建议常态化征集机制，对企业、群众反馈的意见建议进行梳理、回应。开展"交易开放日"活动，进一步加强社会各界对公共资源交易工作的了解和认识，畅通社会监督渠道。通过问政于民、问需于民、问计于民，为市场主体提供更加规范、阳光、高效的服务，提高公共资源交易工作的透明度、开放度和公信力。

二、工作成效

(一) 持续优化服务，提升服务质效

通过创新"不见面"服务模式、压缩业务办理时限、简化资料提交要求，使交易流程更加科学规范、交易活动更加高效有序、服务供给更加优质充分，营商环境持续优化，市场主体活力迸发，便利度、满意度大幅提升。

(二) 降低交易成本，助力企业减负

通过推出取消招标文件费用、分类减免投标保证金、降低电子保函费率及 CA 数字证书办理费用等系列举措，进一步降低招标投标制度性交易成本，切实减轻市场主体负担。2023 年，市场主体免缴建设工程类投标保证金 2000 多万元，为 1.8 万多家市场主体释放保证金现金压力 25.32 亿元。2019 年以来，累计为 6 万多家市场主体节约招标文件费用 0.6 亿多元，为 4.9 万家市场主体释放保证金现金压力 77 亿元。

(三) 深化改革创新，激发市场活力

通过建立市旗"一体化"运行模式、创设结算审核平台、推动数据互联共享、开展"评定分离"改革试点工作、建立招标计划提前发布机制、推行鼓励联合体投标等创新措施，加大营商环境改革力度，对推动鄂尔多斯市营商环境整体优化、培育和激发市场主体活力发挥了较好的示范带动作用。

(四) 完善制度体系，促进公平竞争

通过政策制度的建立健全、更新迭代，进一步明确招标投标领域重点任务，保障交易主体合法权益，推进公共资源交易法治化、规范化、透明化。

(五) 创新监管机制，加大监管力度

持续推动协同监管、信用监管、智慧监管，增强监管的针对性和精准性，构建科学、高效、公正的公共资源交易综合监管体系。

三、经验启示

(一) 党建引领、凝心聚力是优化营商环境的根本保证

党建引领是做好一切工作的保障。做好公共资源交易工作，就要聚焦新时代党的建设总要求，始终坚持正确的政治方向，推动党建工作与中心工作深度融合、同频共振，将党建优势转化为发展优势、党建资源转化为发展资源、党建成果转化为发展成

果，促进公共资源交易工作行稳致远，惟实励新。

（二）聚焦关键、极优服务是优化营商环境的核心任务

营商环境没有最好，只有更好。只有为市场主体提供极优服务，才能有效推动营商环境持续优化提升。开展"极优"服务就要尽最大努力帮助市场主体打通"堵点"、解决"难点"、消除"痛点"，既要合法合规，也要合情合理，为市场主体提供全方位、全过程、全生命周期的保障、支持和服务。

（三）建章立制、形式长效是优化营商环境的重要保障

制度具有全局性、稳定性，应管根本、管长远。只有坚持标本兼治、守正创新，把优化营商环境工作中形成的好经验、好做法用制度机制的形式固定下来，"点"上发力、"线"上贯穿、"面"上覆盖，形成一批管长远、固根本的规章制度和服务规范，久久为功、善作善成，才能有效推动优化营商环境常态化、长效化、系统化。

（鄂尔多斯市公共资源交易中心）

常州：创新构建智能辅助评标系统

一、案例背景

（一）平台建设背景

智能化应用是科技和产业发展的重要趋势，已成为生产、生活领域技术创新的关键环节，新一代人工智能正引领新一轮信息技术发展浪潮，将带来新的科技和产业革命。当前，人工智能正由技术研发走向行业应用，形成从宏观到微观各领域的智能化新实践，逐步渗透到各大行业。

在公共资源领域，长期的信息化发展历程已经沉淀了海量的公共资源交易数据，具备承载人工智能应用的能力，亟待通过人工智能发展催生出新技术、新产品、新模式来解决目前评标过程中存在的问题，为行业变革带来新动力，为新阶段发展注入新动能。

（二）国家相关政策推进

2019年12月《中华人民共和国招标投标法（修订草案公开征求意见稿）》中"组建评标委员会"条款新增一点：招标人根据需要可以组成工作组或者利用电子信息系统辅助评标委员会工作。

2021年3月12日公开发布《中华人民共和国国民经济和社会发展第十四个五年规划和2035年远景目标纲要》指出"迎接数字时代，启动数据要素潜能，推进网络强国建设，加快建设数字经济、数字社会、数字政府，以数字化转型整体驱动生产方式、生活方式和治理方式变革""提高数字化政务服务效能，全面推进政府运行方式、业务流程和服务模式数字化智能化"，进一步点明加快数字化发展、建设数字中国的需求。

2022年《国家发展改革委等部门关于严格执行招标投标法规制度进一步规范招标投标主体行为的若干意见》（发改法规规〔2022〕1117号）提出"提高评标质量……招标人既要重视发挥评标专家的专业和经验优势，又要通过科学设置评标标准和方法，引导专家在专业技术范围内规范行使自由裁量权；根据招标项目实际需要，合理设置专家抽取专业，并保证充足的评标时间。积极探索完善智能辅助评标等机制，减轻专家不必要的工作量。鼓励有条件的地方和单位探索招标人按照工作价值灵活确定评标劳务费支付标准的新机制"。

（三）江苏省相关政策推进

为积极探索建立智能辅助评标机制，着力提高公共资源配置效率和公平性，江苏省政务办专门下发了《关于在全省公共资源交易领域推行智能辅助评标的通知》，要求"在常州先行先试的基础上，分批分步实施，2023 年 4 月底前组织完成全省推广应用"。至此，智能辅助评标模式在全省推广应用工作全面展开。同时近年来，常州市公共资源交易中心按照国家、省区市决策部署，贯彻新发展理念，聚焦传统"人工评标"同一客观评审点重复评审、评标耗时较长、评审尺度不一等问题，充分利用人工智能、云计算、大数据、物联网等先进技术，创新建立、持续完善"智能辅助评标机制"，努力推动招投标从传统"人工评标"向"智能辅助评标"转变，形成可复制、可推广的创新品牌成果。

二、建设内容

常州市公共资源交易中心与市住建局在全省率先探索研发了"智能评标"系统。首先，交易中心对常州市投标企业信息库进行改造，构建了"文本识别＋诚信承诺制＋事后监管"的标准化入库模式，形成了标准统一、文本统一、材料格式统一的主体库信息。其次，在招标文件范本完善的基础上，使系统对招标文件要求和投标文件响应信息进行自动比对判断，实现了评标全流程智能化。最后，创新引入置信度机制。投标人的评审内容若通过，其置信度将得到提高，经过多次评审的积累，置信度不断提升，评审次数越多，数据越精准，评标也就越智能，最终实现系统自动评审。

（1）投标人入库标准化：对各类证照、各类模板统一入库标准，利用 OCR ＋标准化数据签章＋诚信承诺书的形式统一文本、统一材料格式，最终实现企业资料的标准化入库。

（2）评审流程智能化：基于标准化的投标人入库信息，同时根据评标办法对固定范本进行了改造，基于评分点对招标文件要求和投标文件响应信息进行自动比对判断；在商务标评审环节，对投标人提交的报价清单进行自动计算；在技术标评审环节，提供了多个辅助评审工具。

（3）置信机制即时化：投标人信息入库后，自动赋予其初始置信值，评审通过后，增加置信值，当置信度达到一个阈值之后，后续评审将自动通过，从而减少对同一材料的重复评审。

三、创新点

常州市公共资源交易中心以"智能评标、智慧交易"为目标，率先在全省探索推进智能辅助评标系统建设，努力推动工程交易从传统"人工评标"向"智能辅助评标"转变，对全行业具有开创引领作用。

（一）全流程评标智能辅助，专家评标全过程服务

基于人工智能技术，系统从不同维度对海量的数据资源进行整理、分析，从智能引导、智能回避、组长智能推选等评标准备活动到智能初步评审、智能信用分析、货物清单智能分析、商务标智能评审、技术标智能评审、智能清标、雷同性分析、无效标辅助判断及最终的评标办法生成，全流程为专家评委提供自动评审和评标辅助服务，提供相适应的辅助评审工具，辅助评委进行打分工作，最大限度减少专家的工作量。

（二）实现评标办法标准化，明确客观评审点尺度

对招投标工具和固定范本进行改造，实现了评标办法的标准化，针对不同类型的项目，明确客观评审点的评审要素，使评标结果更加客观，促进评标活动的公平公正。例如，根据常用的工程交易评标办法，中心梳理出所有评审点的评审标准，并对这些标准进行解析拆分，提炼出各评审点包含的评审要素和判断逻辑，形成一个个最小的、不可拆分的"评审单元"，也可称为"原子公式"。再将这些"原子公式"植入智能辅助评标系统，形成一个多元化、开放式的智能评审库。

（三）客观评审点智能评审，减少标后投诉质疑

系统实现了初步评审中客观评审点的智能评审，最大限度地消除了评标过程中人为干预的可能性，降低了评标专家滥用评分自由裁量权的风险，有效减少标后投诉、质疑的发生，避免标后耗费大量时间和精力处理遗留问题。依托长三角区域公共资源交易一体化高质量发展合作联盟的区块链平台，智能辅助评标系统自动将标书内中标人名称、中标时间、合同金额、项目规模等业绩信息与区块链平台上业绩进行比对，如发现不一致的信息，将及时提醒评委重点评审，进一步保障业绩证明材料的准确性。同时，系统实时记录所有投标人的信用行为及评委评审过程、评标结果，通过与正在开发完善的智能管理系统对接，逐步建立起全方位智能预警指标体系，为投标人信用评价、评委管理考核提供充分的数据支撑，实现招标投标活动智能管理，减少标后投诉质疑。

（四）多样化辅助评审工具，提高专家评标效率

紧紧围绕评标过程的各个环节，立足专家评标实际需求，系统提供关键字检索、文本标注、清单文本比对、多屏标书对比等多样化的辅助评审工具，在初步评审、商务标评审、技术标评审的过程中为专家提供了多样化的辅助评审手段，有效减少评审工作量，降低评审工作难度和烦琐度，进一步提高评标效率。

（五）降低评审出错概率，提升专家评标质量

客观评审点的智能评审，降低了专家主观判断出错的可能性，也减少了专家在初步评审中的工作量，使专家有足够的精力和时间进行后续的技术标评审，同时提供了文本标注、雷同度分析等工具，进一步提高了评审结果的合理性，提升了整体的评标质量。

（六）智能助手全流程服务，优化专家评标体验

系统为专家提供人性化的智能引导、智能问答以及智能交互服务，为专家提供系统操作指引、流程操作指引、专业知识检索等服务，提升人机交互体验。评标过程中系统可基于招投标相关的法律法规、行业通用技术标准以及系统操作常见问题构建交易智库，形成知识图谱，融合 AI 技术自动识别专家提问及意图，高效率、高准确率回复专家疑问，使专家能够快速按照正确流程高效进行评审工作，有效降低专家上手难度，提升专家评标质效，不断优化专家评标体验。

（七）引入三方可信数据，提升评标结果可信度

响应信用规划要求，引入了三方可信数据，将系统提取出的投标文件响应要素与数据池中的相似数据进行匹配，修正系统提取出的数据，弥补现有文本识别能力的不足，提高数据准确性并将其作为投标人资格审查的重要依据，为专家提供评审结果提示和参考。三方数据的应用可有效提升评标结果的可信度，不断促进市场信用环境的优化，为公共资源交易信用体系的建设提供辅助。

（八）规范企业信息入库管理，提升诚信库入库质量

通过威慑作用等，从侧面进一步加强市场诚信库建设，对业务系统的诚信库进行改造，规范信息入库管理，进一步细化入库信息主要内容、格式、是否结构化数据、核心内容等入库要求，实现诚信库数据的标准化，提升信息入库质量，进一步规范各方交易主体行为、不断完善诚信体系建设。

四、应用效果

本项目建设前，各投标单位参与不同建设工程交易项目投标，针对同一个客观评审点，评标委员会需要对其进行重复评审，无形中增加了专家评委们的工作量，也使得评标过程耗时较长。以园林绿化项目为例，因相关政策取消了承揽此类工程需要相应资质的规定，导致标的金额大的项目往往会吸引数百家甚至上千家投标人参与投标，仅资格审查一个环节就需耗费数天时间。另外，由于专家评委的专业水平、工作责任心参差不齐等因素，传统的人工评标经常会出现错评漏评的情况，标后质疑投诉屡见不鲜。

2021年，基于常州市公共资源交易中心实际需求，"新点软件"持续发力，运用人工智能、大数据、区块链等先进技术，构建了60个智能评审模型，改造完成常用的4套范本，构筑常州市工程交易智能辅助评标系统，打造智能辅助评标新格局，实现智能辅助评标系统对95%的项目的评标辅助覆盖，有效解决了常州市公共资源交易传统评标过程中评标耗时太长、评标效率低下、评标复杂度高、评审尺度不一、评标进行难等问题，实现了评标工作"速"的提升和"质"的飞跃。2023年10月，常州市智能辅助评标系统3.0正式上线，可以实现评标更精准、更快速、更可靠、更贴心，营造更加阳光、简约、规范、高效的公共资源交易环境。

（一）评标全程智能辅助，减轻专家不必要的工作量

坚持应用牵引，提升专家获得感和满意度。通过投标人承诺、电子证照应用、置信度机制和主体库信息公开公示等措施，统一主体库，实现投标文件证明材料标准化。通过简化操作、智能引导和智能交互，为专家打造界面友好、事项清单清晰、操作简洁明了的评标系统，畅通评标全过程。通过招标文件要求和投标文件响应内容智能比对，实现客观评审、智能评审，商务标自动算分，技术标智能辅助，减轻专家不必要的工作量，让专家重点关注需要复核的评审内容和系统无法判别的重难点问题，充分发挥其"专家"属性和"专业"价值。

（二）评审尺度智能统一，提升专家评标质量

"智能辅助评标"加快推进评标评审规范化，统一专家评审标准。建设智能评审库，持续提高智能评审覆盖率，最大限度地减少专家滥用评标自由裁量权和主观判断的风险，统一评审尺度。建设交易智库，为专家实时提供全面、专业、准确的招投标政策法规和业务词典等智力成果，不断提高评审专业度，有效保障评审准确性和评标结果的质量。采用"智能辅助评标"以来，客观评审智能评审率达90%，智能辅助评审内容未发生一例错评、漏评等问题，评标结果更加公正、更加精准。

（三）关键信息智能比对，预警招标投标违法行为

"智能辅助评标"着力解决招投标领域突出问题，建立全方位智能预警机制。在投标文件制作时间、制作机器码、创建标识码和造价锁号等要素雷同性比对功能应用成熟的基础上，新增经济标错误和技术标雷同性分析功能，可快速定位不同投标文件的雷同内容，使专家能够及时发现投标文件异常情况，为行业监管部门和司法机关加强监管、依法查处招投标违法违规行为、精准打击围标串标提供有力数据支撑。中心与市公安局经侦支队签署打击围标串标合作备忘录，建立数据、信息共享反馈机制、线索处理机制、重大案件分析研判机制及成果共享交流机制等长效合作机制，建立数据分析模型，精准研判，快速准确发现线索，从严、从快、从重打击招投标领域违法

行为。

（四）专家场内智能管理，实现人员活动全程可控

"智能辅助评标"全力打造智能化评标场所，营造"无人干预、公平公正"的评标环境。依托交易场地智能化改造，提升评标场地、设备智能化水平。再造专家签到流程，实现专家身份核验、人脸采集、签到考核和评标场所指引等流程深度融合，简化操作流程，实现专家场内行为全程留痕可追溯。配备专门设备，预警专家携带通信工具行为，严禁评标期间专家与外界非正常联系，减少人为干预。通过评标流程与场内语音设备互联，在关键环节提醒专家按要求评标，实现评标全程有序、规范开展。

（五）评标行为智能分析，助力评标专家精细管理

"智能辅助评标"坚持专家管理精细化，助力健全专家动态管理机制。研究开发专家评标行为实时预警功能，借助智能软件及硬件设备，自动记录与分析评标专家评标时长、主观打分和计算机使用情况等数据，实现评标过程智能预警，敦促评标专家依法依规、认真勤勉地履职尽责。建立专家场内行为分析模型，重点分析评审态度、专业能力和异常行为等维度，形成专家评标综合能力指数，为行业主管部门科学管理考核专家提供数据支撑。

五、推广价值

常州市工程交易智能辅助评标系统是一套可为专家评委提供全方位评审辅助功能的系统。系统通过立足评标实际场景，实现以人工智能为代表的多项先进数字技术深度融合，基于 AI 智脑能力平台，高效实现基础操作指引、智能清标、智能初步评审、商务标辅助评审、技术标辅助评审、无效标辅助判断、评标报告辅助生成、智慧 AI 助手等功能，实现全流程评标辅助。

（一）提升评标效率的创新型平台

初步评审过程中，系统对评审通过的单位或者数据进行严格的比对和校验，评标专家只需对存疑或未通过的单位数据进行重点复核，初步评审环节专家的评审效率得到了有效提升。

（二）推动评标公正性的重要平台

常州市工程交易智能辅助评标系统削弱了评标过程中在客观分评审点上人为干预的可能性，降低了评标专家滥用评分自由裁量权的风险，避免了评标专家因疏忽导致的错评、漏评等问题。

（三）推动中心数智化改革的重要平台

常州市工程交易智能辅助评标系统的推广也有助于推进江苏省乃至全国公共资源交易智能化和智慧化水平的发展，实打实地运用数字技术赋能实体经济发展。

（常州市公共资源交易中心，刘阳、张建峰、魏志锋）

潮州：建设评定分离系统，以科技创新履行优化营商环境使命担当

潮州市公共资源交易中心立足本职，开拓进取，攻坚克难，运用新科技信息技术，创新研发了"潮州市建设工程项目全流程电子化评定分离交易系统"（以下简称"评定分离系统"），服务于潮州政府投资项目的招标、投标、开标、评标、定标交易过程。

一、案例背景

2021年，潮州市人民政府印发了《关于建设工程招标投标改革的若干规定（试行）》，开启了招标投标"评定分离"新模式。"评定分离"是指评标和定标实行分离，由评标委员会根据招标文件约定的评审规则向招标人推荐一定数量的入围定标候选人，招标人根据定标规则从入围定标候选人中自主确定中标候选人。实行"评定分离"，改变了评标、定标全部由评标专家决定的传统做法，消除了评标专家"权力大、责任小"、权责不对等的弊端，让评标专家转变为"专业顾问"角色，进一步强化招标人的主体责任。

（一）推行政府项目集中管理模式

积极探索推行潮州市政府投资项目集中管理新模式，实现在实施相对集中化、专业化管理的同时，强化建设工程项目招标人的主体责任，提高政府投资工程的管理能效。

（二）落实招标人自主权

"评定分离"的实施，充分赋予招标人根据定标规则从入围定标候选人中自主确定中标候选人的权利。鼓励招标人自主选择定标方法，坚持择优与竞价相结合、择优为主的原则，在评标委员会推荐的合格投标人中择优确定中标人，并对招标过程和结果负责，实现招标人责权利相统一。

（三）提高招投标公开透明度和规范化水平

在"评定分离"新模式中，对招标文件评标公示、中标公示等环节明确了应当载明的事项范围、原则、程序和时限等要求。通过增加资格审查公示、资信公示、评标

公示、定标公示等公示环节，充分保障潜在投标人对资格审查、评标、定标结果的知情权。利用全流程电子化公开、公平、公正程序，将定标的权利交给招标人依法依规行使的同时，保证了建设工程项目定标有理有据、快速高效，有效地打击了围标串标，避免了腐败滋生。

在此基础上，潮州市公共资源交易中心创新研发了"评定分离系统"，并于 2021 年 6 月正式应用于潮州市公共资源交易平台，实现了建设工程项目招标、投标、开标、评标、定标等过程全流程电子化。

二、主要内容

（一）系统基本情况介绍

"评定分离系统"操作的基本流程包括以下步骤。

一是入场申请。代理机构在系统中在线填写项目基本信息，上传入场申请、招标文件等相关资料后提交中心校核。二是项目受理。中心工作人员通过系统在线受理入场项目申请，审核发布项目招标信息。三是项目登记。投标人登录系统可实现在线查看项目招标信息，在线信息登记，在线对项目提出疑问，在线获取投标保证金账号。四是开具电子保函。系统支持在线开具投标电子保函功能，投标人可选择采用电子保函方式缴纳投标保证金，投标人只需使用"标信通" App 扫码，就可实现在线开具投标电子保函。五是电子投标。投标人只需在系统中在线填写报价信息，上传投标文件并数字签名，无须递交纸质投标文件。六是开标解密。采用"不见面开标"方式，在开标当天，通过交易系统一键发送开标短信，提醒投标人登录网上开标大厅查看开标过程，确认开标结果，如有异议，可在网上开标大厅提出。开标时，在系统中点击"开标"按钮，即可实现一键开标，然后点击"批量解密"即可以批量快速解密投标信息。七是电子评标。通过创新标书模块化，极大地减少了评标过程评标专家翻查标书的时间，同时，评标系统支持在线提出疑义、发起澄清，提高了专家评审效率。八是定标专家在线抽取。系统实现在本市建立的定标专家库中随机抽取专家。九是电子定标。系统实现了定标过程全程电子化设置定标办法、电子投票等功能，辅助定标委员会的定标。

评定分离全流程电子化系统，除了实现招标、投标、开标、评标、定标全过程电子化之外，还具有在线投诉及处理、电子中标通知书发放、在线合同签订等功能。

（二）开发应用过程中流程节点情况

（1）资格资信先行审查。资格审查由招标人组建的资格审查委员会负责，资格审查委员会各成员登录评标评审系统，对各投标人资格进行审查。资格审查合格投标人少于 3 家的，不再进行后续评标程序。资格审查结果在交易网公示不少于 3 个工作日，同时公示相关资信文件。通过该环节，预先剔除不合格投标人，合格投标人进入评标环节。

（2）甄选优质投标人。资格审查后合格的投标人未超过20名时，按交易网公布的时间、地点举行电子评标会议。资格审查后合格的投标人数量超过20名时，招标人可按招标文件规定，由招标人组建的资格过多淘汰委员会通过电子评标系统根据投标人资质、业绩等相关要素，将进入评标环节的投标人数量甄选至15～20名，进一步甄选更为优质的投标人进入评标环节，既可以减轻评标专家工作量，又能让专家集中更多的精力对剩余投标人进行评审。

（3）评标过程。评标环节分为定性评审和意见评审两个阶段。定性评审阶段专家通过电子评标系统对投标人的商务标部分进行在线评审，以合格和不合格作为该阶段的评审结果，合格投标人才能进入下一阶段，通过该阶段，可以再进一步择优；意见评审阶段专家通过电子评标系统对投标人的技术标部分进行评审，并在评标系统中描述投标人的优势和劣势以及后续定标和签订合同应该注意的事项，在该阶段，利用评标专家的专业知识和经验对投标人的投标文件给出专业意见，辅助定标。

（4）出具《评标报告》。评标委员会采用电子评标系统进行评审的方式，实行少数服从多数的原则，推荐合格投标人进入下一轮定标程序，向招标人出具《评标报告》。评审过程，评标委员会成员在电子评标系统中针对每个投标人的优劣提出评审意见，评标委员会收集并汇总全体评委评审意见后，由评标委员会主任委员填写《评标报告》。招标人将《评标报告》（含合格投标人名单）在交易网公示3个工作日。

（5）定标专家抽取。潮州市政府项目建设中心牵头组建市定标人员库，由全市百余位具备建设工程（涵盖各专业）高级职称的公职专业技术人员组成。同时建立定标专家抽取系统，定标专家的抽取实现系统自动随机抽取、自动语音询问、自动短信通知，按招标文件规定，从项目业主单位、项目使用单位和定标专家库中各抽取指定数量的定标专家组建定标委员会，系统在定标开始时间前半小时自动解密定标专家名单，很大程度上确保了招标项目在强化主体责任的同时，兼顾过程的公平公正。

（6）定标过程。定标方法采用价格竞争定标法、票决定标法或集体议事法，在评标委员会推荐的合格投标人中确定中标人。票决定标法包含直接票决定标和逐轮票决定标两种形式，由定标委员会在进入定标投票范围的投标人中，在系统中通过投票的方式确定中标人；集体议事法由招标人组建的定标委员会进行集体商议，招标人法定代表人或者主要负责人担任定标委员会组长，定标委员会成员各自发表意见，定标委员会依据定标要素，参考评标意见和考量投标人的综合实力等各方面的信息，结合项目实际情况确定最适合的项目中标人。系统通过定标过程全程电子化设置定标办法，如设置自动筛选、综合比对、电子投票等功能，最大限度辅助定标委员会的定标工作。采用灵活多变的电子投票功能，针对票决要素，将票决对象同一票决要素的相关资料统一呈现出来，方便定标委员会横向对比优劣，使定标过程简易化和流程化，提高定标效率。

三、创新亮点

"评定分离系统"在开发应用过程中，通过运用区块链技术、创新研发服务器统一解密模式和标书模块化、嵌入信用查询接口、开发 ActiveX 控件、调用 CA 认证服务机构接口等手段，全力保障项目的顺利稳定实施。

（一）区块链技术的运用

依托全国首个公共资源交易区块链平台，"评定分离系统"交易项目数据信息实时上链，与全国多个省区市的公共资源交易机构建立数据跨区域共享，实现企业数据、资信数据等的多区域互认。利用区块链技术可溯源、不可篡改等特性，实现交易数据存证溯源，提高数据的透明度和安全性，为处理交易纠纷提供可信的证据链，提升数据的公信力，构筑起交易数据安全防火墙。依托区块链技术，搭建了区块链电子保函服务，打通市场主体秒级授信、秒级开函、多区域互认的便捷金融服务通道，投标企业可依托区块链电子保函服务，在线开具投标电子保函代替现金保证金，大大缓解企业的资金压力，切实降低企业投标交易成本，有效激发企业参与市场竞争的活力。

（二）服务器统一解密和模块化标书运用

一是服务器统一解密。传统的电子招投标解密方式是，在开标时由各投标人使用自己的加密证书，解密自己的投标文件，该过程经常遇到因投标人所用的设备存在故障、网络断线等问题导致投标人无法在规定时间内完成解密。针对这个问题，在"评定分离系统"中，创新研发服务器统一解密模式，开标时，由服务器统一完成所有投标文件的解密工作，有效保证了开标解密的时效性，避免在使用 CA 锁解密模式下的不确定因素导致投标人解密失败而丧失投标机会。二是创新标书模块化管理。按照招标文件有关要求，在"评定分离系统"中创新标书模块化管理。依据招标文件各评审要素要求，创新设置了标书模块。在投标时，投标人在系统中直接点击形式评审、资格审查等模块，上传相应模块的投标文件。在评标时，评标专家在系统上可轻松查看当前评审环节对应模块的投标文件，极大减少了评标过程翻查标书的时间，提高了专家的评审效率。改进后的评标流程，能有效集中专家评审时间，将评审时间最大限度留给优质投标人，结合自身专业知识和经验对投标文件做出更加合理的优劣评价。

（三）嵌入信用查询接口

为进一步推动潮州市公共资源领域信用体系建设，通过跨部门联动，申请开通了广东省信用信息查询服务接口、全国联合奖惩反馈接口、信用中国查询接口，将信用查询接口嵌入"评定分离系统"中，实现信用信息大联通。评审时，评审专家只需轻点鼠标，即可一键查询投标企业的信用和奖惩情况，为项目评审提供了辅助和参考，一改以往专家通过互联网逐个查询投标企业信息，导致评审效率低下的情况。同时，不允许访问互联网的封闭评标环境，更加有利于保证评审专家独立评审，减少外界干扰，保证了评审的公平、公正。

（四）智能甄别围串标行为

在全流程电子化投标模式下，投标文件通过投标人在线制作、在线上传、在线签章、数字签名等环节，确保上传的投标文件与开标解密时保持一致。在"评定分离系统"，通过开发 ActiveX 控件，调用 CA 认证机构接口，在投标人制作投标文件时，收集制作投标文件的计算机 IP 地址、MAC 地址等信息，并将其保存在签章验证值中；在投标人上传投标文件时，系统自动将签章验证值和上传电子投标文件的计算机 IP 地址、MAC 地址等信息在电子交易平台数据库及数字证书服务器上进行存证，有效甄别出同一设备制作投标文件和同一设备网络上传投标文件的围标串标行为。

四、应用成效

（一）实现交易数据更加安全可信

传统的招投标平台存在信息易篡改、交易不透明等难点问题，不同的招投标平台也存在信息难以共享的情况。区块链技术使交易数据实现公开透明、不可篡改、不可伪造、可追溯，保证各项交易信息真实可靠，从而解决了交易平台方、招标人和代理机构的公信力风险问题。

（二）实现评标过程更加高效

使用传统的电子招投标解密方式，各投标人需要在开标时使用各自的加密证书，解密自己的投标文件，该过程经常遇到因投标人所用的设备存在故障、网络断线等问题导致投标人无法在规定时间内完成解密，丧失投标机会。服务器统一解密模式的创新运用，在保证投标文件保密性的前提下，有效提高了开标解密的效率，化解了投标人自行解密失败的风险。模块化标书的方式，大大提高了专家的评审效率，将评审时间最大限度留给优质投标人，评标专家结合自身专业知识和经验对投标文件做出更加合理的优劣评价。

（三）实现评审更加严肃和公正

信用查询接口的嵌入，实现了投标企业信用信息一键查询，解决了评标专用计算机不允许访问互联网，而评标过程又需要通过访问互联网查询投标企业的资信信息的难题，既提高了评标效率，又保证了评标过程的严肃、公平、公正。

（四）实现交易监管更加智能化

在全流程电子化投标模式下，投标过程包括投标文件在线制作、在线上传、在线签章、数字签名等环节，现代信息化技术的使用，实现了交易全过程所有操作均留痕、可追溯，对违规操作实时记录、智能识别、自动预警，真正做到"阳光交易"。

"评定分离系统"自上线以来，共完成交易项目 93 个，交易金额 91.8045 亿元，中标下浮率 2.47%，节约财政资金约 2.3253 亿元，实现了在加强规范管理的同时，提升资金质效。"评定分离系统"在广东省公共资源交易现代科学信息技术应用创新项目成果评选中荣获一等奖，在 2022（第七届）全国公共资源交易改革峰会上荣获 2021—2022 年度公共资源交易科技创新成果奖和 2022 年度广东省公共资源交易改革创新优秀成果奖。

五、推广价值

"评定分离系统"作为交易方式和交易制度的创新，是潮州市公共资源交易中心在工程建设项目招标投标工作中践行"放管服"改革的重要举措，既减少评标专家的自由裁量权，有效防范廉政风险，让评标专家的作用回归到专业性业务本身；又进一步贯彻招标择优原则，在强调招标人对招标过程和招标结果的自主权以及主体责任的同时，提高招投标及项目后期建设管理质量，提升政府投资工程的管理能效。

（潮州市公共资源交易中心）

菏泽：探索信用评价与公共资源交易的有机融合

菏泽市公共资源（国有产权）交易中心性质为国有企业，出资人为菏泽城投控股集团、山东产权交易集团，是菏泽市市级公共资源交易运行服务机构和国有产权交易机构。2016 年经市政府批准，挂菏泽市公共资源（国有产权）交易中心牌子；2019 年 6 月，经市国资委批准，承建了市属企业阳光采购服务平台，受市财政局委托，承建了菏泽市政府采购网上商城；2021 年，中心成为山东产权交易中心分中心，2022 年加挂山东省公共资源（国有产权）交易中心菏泽分中心牌子。中心持续加强信息化建设，打造公共资源交易电子化交易平台，目前成功构建了包含智能化场地预约、金融服务平台、视频远程监控及线上监管、政采商城、国企阳光专家抽取、国有产权竞拍、大数据统计、交易中心信用评价、远程异地评标、政采商城价格监控 10 个系统在内的公共资源交易信息化体系，并申请了网站建设开发代码模块管理软件、线上场地预约服务平台、电子信息公告栏管理系统、电子交易项目进度展示系统、电子交易数据共享分析系统、电子交易流程可视化监控系统、政府采购信息化综合系统、中小企业投标电子保函编辑系统、全方位监控摄像头图像智能识别系统、企业采购可视化监控系统、政府采购商品信息溯源查询系统、网络竞拍商品信息管理系统、网络竞拍商品客户管理系统、挂牌公告信息公示系统、交易数据堡垒机安全管理系统 15 项计算机软件著作权，建成了由采购商品信息库、供应商信息库、交易信息数据库、评标评审专家信息库组成的电子化公共资源交易信息库。

菏泽市公共资源（国有产权）交易中心作为市级公共资源交易中心，立足自身职能定位，一直不断探索信用评价与公共资源交易的有机融合，搭建相关诚信体系和创新交易监管机制，促进公共资源交易提档升级。

2021 年，中心出台《菏泽市公共资源（国有产权）交易中心信用评价管理办法》，将信用手段嵌入公共资源交易领域，加强招标采购各主体的信用信息记录收集管理，构建信用数据库；推行诚信承诺制，实行"一标一承诺"，各交易主体对信用承诺内容的真实性、合法性、有效性负责，对违反公共资源交易相关法律法规规定，违背诚实信用原则的各类主体，实施依法限制参与公共资源交易活动等惩戒，全力营造"诚信激励、失信惩戒"的公共资源交易市场氛围。

2022 年，中心以《菏泽市公共资源（国有产权）交易中心信用评价管理办法》为基础，总结吸收多年行业经验，结合菏泽本地情况，基于"互联网＋"理念，利用当代信息技术研发的信用评价系统正式上线，标志着本地公共资源交易信用评价工作迈上新台阶。

一、信用评价系统主要内容

菏泽市公共资源（国有产权）交易中心的信用评价系统主要包含以下内容。

（一）采购人信用行为评价内容

（1）以不合理的条件对供应商实行差别待遇或者歧视待遇，是指有下列情形之一的行为：

①就同一采购项目向供应商提供有差别的项目信息；

②设定的资格、技术、商务条件与采购项目的具体特点和实际需要不相适应或者与合同履行无关；

③采购需求中的技术、服务等要求指向特定供应商、特定产品；

④对供应商采取不同的资格审查或者评审标准；

⑤限定或者指定特定的专利、商标、品牌或者供应商；

⑥非法限定供应商的所有制形式、组织形式、股权结构或者所在地；

⑦以其他不合理条件限制或者排斥潜在供应商。

（2）采购人及其工作人员在采购过程中接受贿赂或者获取其他不正当利益，开标前泄露标底或泄露已获取招标文件的潜在投标人的名称、数量或其他可能影响公平竞争的有关招标投标情况。

（3）采购人及其工作人员与供应商或者采购代理机构恶意串通，是指有下列情形之一的行为：

①直接或者间接向供应商提供其他供应商的相关情况并修改投标文件或者响应文件；

②授意供应商撤换、修改投标文件或者响应文件；

③与供应商或者采购代理机构之间，为谋求特定供应商中标、成交或者排斥其他供应商的其他串通行为。

（4）采购人员及相关人员与供应商有利害关系而不依法回避。

（二）评审专家信用行为评价内容

（1）不遵守评审工作纪律，泄露评审中获悉的国家秘密、商业秘密、评审文件、评审情况，影响中标、成交结果；

（2）无故迟到、故意延长评标时长，索要超额劳务报酬、差旅费或其他报酬；

（3）在评审过程中擅离职守，不服从评审现场管理，影响评审程序正常进行；

（4）拒绝在评标评审报告上签字，且没有书面提出意见及理由。

（三）代理信用行为评价内容

（1）以不合理的条件对供应商实行差别待遇或者歧视待遇；
（2）与供应商或者采购人恶意串通；
（3）在采购过程中接受贿赂或者获取其他不正当利益；
（4）未按规定选择评审专家。

（四）供应商信用行为评价内容

（1）提供虚假证明材料谋取中标、成交；
（2）采取不正当手段诋毁、排挤其他供应商；
（3）与采购人、其他供应商或者采购代理机构恶意串通；
（4）向采购人、采购代理机构或者评标委员会、竞争性谈判小组、磋商小组、询价小组成员行贿或者提供其他不正当利益。

（五）菏泽市公共资源（国有产权）交易中心信用行为评价内容

（1）向采购人、代理机构、供应商、评审专家"吃拿卡要"；
（2）服务态度恶劣，"脸难看""事难办"；
（3）未按照服务标准，进行服务；
（4）场地设施，配备不齐全，卫生不整洁。

信用评价结果通过信用评价分表示。相关行为主体的初始信用评价分为100分。每发生一次信用评价内容扣5分。相关行为主体的信用等级评价根据信用评价分，由高到低分为非常优、优、良、一般、差。评价得分96～100分的，为非常优；评价得分80～95分的，为优；评价得分60～79分的，为良；评价得分30～59分的，为一般；评价得分29分以下的，为差。

二、创新点

菏泽市公共资源（国有产权）交易中心的信用评价系统具有以下创新点。

（一）评价报告即时生成，确保评价的真实性和时效性

信用评价系统以菏泽市公共资源交易项目为数据源点，将交易细分为多个环节。投标人、招标人、代理机构、评审专家根据环节参数在第一时间对彼此进行信用互评，各主体之间评价内容互不可见，信用评价报告即时生成，可最大限度确保评价的真实性和时效性。

（二）组建信用积分库，为监督部门提供有力支撑

信用评价系统会根据一定时间内主体信用记录及信用评分，确定各个主体的等级评定，将数据汇总至信用积分库。信用积分库数据随时可调取查看，并按月度、季度、年度生成信用综合报告，为监督部门实现对公共资源交易项目全过程监督提供有力的支撑。

（三）特色化的评价机制，促进中心自身服务质量提升

中心信用评价系统的特点之一就是除交易主体进行互评外，中心作为提供公共资源交易服务的机构也参与到评价体系之中，且仅作为被评价对象，不对其他交易主体打分、评价。中心始终立足于公共资源交易中心的服务职能定位，致力于通过不断提升自身服务质量，达到提高交易效率、优化营商环境的目的。信用评价系统中增加各交易主体对中心服务的评价，不仅有助于增强公共资源交易服务单位与各交易主体的沟通，更是中心畅通社会监督渠道，促进自身廉政建设，寻找差距与不足，实现高质量发展的重要举措。

三、应用效果

菏泽市公共资源（国有产权）交易中心的信用评价系统投入使用后，取得了显著的应用效果。信用评价系统是中心为本地公共资源交易领域打造的电子化交易系统的重要补充和关键一环。自系统正式上线运行以来，已经成功对接中心交易数据信息库，相关评价数据、结果也已与菏泽市公共资源交易大数据系统进行了对接。同时，系统还实现了与菏泽市市属企业阳光采购服务平台专家库、代理机构库、供应商库数据的有效对接，信用评价工作已经推广应用于本地国有企业的阳光采购交易，受到了本地各行业监管部门的高度评价。

信用评价的应用效果还体现在以下几个方面。一是提高交易公正性。信用评价系统能够全面、客观地评估交易参与者的信用水平，从而确保交易的公正性。通过信用评价结果的公示，交易各方能够更加了解对方的信用状况，减少信息不对称，提高交易的公平性和透明度。二是能够规范市场行为。信用评价系统对不良信用行为进行记录和惩罚，促使交易参与者遵守市场规则和法律法规，规范市场行为。这有助于维护良好的市场秩序，减少欺诈、失信等不良行为的发生。三是提升交易安全性。通过信用评价系统，可以对交易参与者的信用风险进行评估，降低交易风险。特别是在高价值、高风险的交易中，信用评价系统的应用可以帮助交易各方更好地选择合作伙伴，减少交易风险，提高交易的安全性。四是促进商业信用建设。信用评价系统对交易参与者的信用进行评级，对于诚信经营的企业来说，可以获得更高的信用评级和声誉，进而提升其商业信用。这有助于推动企业积极营造良好的商业信用环境，促进商业伙

伴之间的互信与合作。五是提高交易效率。信用评价系统能够快速准确地对交易参与者进行评级和筛选，有助于提高交易的效率。通过有效筛选出信用较好的交易参与者，可以缩短交易匹配时间，提高交易的效率和速度。公共资源交易信用评价的应用效果是多方面的，通过信用评价系统的应用，可以推动交易市场的健康发展，并为各方提供更加公正、安全、高效的交易环境。

中心作为公共资源交易机构和信用评价系统的运维机构，也将以信用评价系统结果为依据，根据市场主体信用情况分类施策，对信用评价结果较优的项目响应方采取降低或取消投标保证金、供项目发起方优先选择、提供优先办理等激励措施，使"口碑好、服务优、信誉良"的各类企业脱颖而出，使失信企业"一处失信，处处受限"。

四、推广价值

菏泽市公共资源（国有产权）交易中心的信用评价系统具有广泛的推广价值。一是适应性强。该系统可广泛应用于各类公共资源交易市场，为其他地区提供借鉴和参考。二是能够促进公平竞争，促进诚信经营。通过信用评价系统的推广应用，可以强化市场主体的信用意识和责任意识，促使企业更加重视诚信经营。这对于建设诚信社会、推动市场经济发展具有重要意义，有助于减少欺诈行为和不良竞争，提升整个经济体系的诚信水平。通过公开透明的信用评价，为所有参与者提供公平竞争的环境。三是有利于推动行业发展，建立市场信用体系。信用评价系统的推广应用有助于建立健全市场信用体系，促进信用信息共享和信用记录的积累。这有利于提升市场的透明度和公正性，减少不良行为的发生，培育良好的商业环境。该系统的成功应用为行业发展提供了有力的支持，有助于推动行业的健康发展。四是有助于优化资源配置。信用评价系统能够对交易参与者进行准确的信用评估，根据评估结果进行资源的合理配置。通过推广应用信用评价系统，可以提高资源配置的科学性和高效性，避免资源浪费和不合理分配，提升资源利用效率。五是可以增强市场活力。信用评价系统的推广应用可以有效减少信息不对称，降低交易风险，提高市场参与者的信任度和合作意愿。这有助于增强市场的活力和竞争力，促进交易的频繁发生，推动市场的繁荣发展。

信用评价系统是中心落实公共资源交易行业社会信用体系建设的具象化表现，具有提升交易主体规范性自律性、建立诚信竞争良性循环机制的功效。通过信用评价系统产生的针对交易各方的信用评价结果不仅可为监管部门提供有效数据支撑，还可作为政府采购、建筑工程招投标、产权交易等公共资源交易选择成交主体的重要参考，有助于打造菏泽市公共资源交易的良好生态、促进相关行业的高质量发展、优化本地营商环境。

菏泽市公共资源（国有产权）交易中心的信用评价系统是公共资源交易领域的优秀案例，其成功经验为其他地区提供了借鉴和参考。该系统的应用提高了交易效率和市场公信力，规范了市场行为，促进了市场的繁荣发展。同时，该系统的推广也为行业发展和社会效益的提高做出了积极的贡献。下一步，中心将持续加强技术升级，积极对接各行业监管部门，全面加强对信用评价结果的应用，力求通过最大限度发挥系统功能，实现对相关单位在参与公共资源交易中信用信息的及时、客观记录，使信用评价系统成为规范引领行业管理的重要抓手和风向标，并最终达到提升监管水平、优化营商环境的目的。

[菏泽市公共资源（国有产权）交易中心，田策]

黄山：运用工业互联网思维推动公共资源交易数智化转型升级

2023 年安徽省黄山市深入贯彻落实运用工业互联网思维推动政府流程再造有关工作要求，以"数字黄山"建设为引领，以大数据、云计算、物联网、人工智能等新一代信息技术为依托，推动全过程"掌上办"、多样化"智评标"、实名制"代信码"、全流程"慧见证"，倾力打造"更好办""更高效""更诚信""更阳光"的公共资源交易营商环境。

一、全过程"掌上办"，让交易更便捷

2023 年 8 月，集信息、交易、监督三大服务于一体的"黄山交易平台"版块上架"皖事通"，将公共资源交易从有线平台延伸至无线平台，率先构建起公共资源交易全过程"掌上办"、服务"向云端"新场景。信息"云查询"。市场主体通过移动终端，随时随地了解工程招投标、政府采购、产权转让、土地拍卖等公告信息，及时掌握交易市场动态、交易进程、交易结果等，全方位提高公共资源交易透明度。交易"云集聚"。交易主体通过手机移动端投标，登录开标大厅远程完成签到、解密，在线查看开标视频直播、在线答疑、在线询标及服务评价，有效解决企业难以跨区域、同时间参与多项目投标的难题。交易事项"云办理"。市场主体通过手机扫码、人脸核验、证件识别等方式，实现统一注册、实名认证、随时登录；投标人下载招标文件、办理 CA 认证、在线异议、在线投诉、在线报价、在线投标等流程均可移动办理。

二、实名制"代信码"，让交易更诚信

2023 年 8 月，黄山市创新推出招标代理机构数字名片"代信码"，截至目前共赋码招标代理机构 212 家、从业人员 1263 名，"亮码"交易项目 306 个。高效赋码。招标代理机构登录公共资源电子交易平台，录入从业人员相关信息、社保记录、上传照片，即可在线申领"代信码"。信息透明。实行代理机构从业人员"一人一码"、诚信记录"一站式共享"，代理人员进场交易需全程佩戴"代信码"工作牌，交易主体可通过手机扫码查询代理机构基本信息、从业人员基本信息、近 3 个月场内服务业绩等，共享企业诚信记录。实时评价。招标代理活动结束后，项目业主、中心人员、监督部门等对招标代理机构和人员进行线上"指尖"评价，评价情况自动记入诚信信息库，评价

结果运用于年度优秀招标代理机构评选，根据评价实施代理从业行为减分 46 次，涉及 33 家代理机构、46 位从业人员。信用共享。建立守信激励和失信惩戒机制，将"代信码"评价结果运用于行业事中事后监管、招标投标、奖励推优等工作，方便业主单位择优代理机构及从业人员，有效预防代理行业违规挂靠等行为。

三、多样化"智评标"，让交易更高效

2023 年 11 月，黄山市上线智能辅助评标系统，高效辅助专家对投标文件实施智能化评标。评标速度"快"。在全省率先创设"可信任主体库"，通过主体库自动获取各类证照，智能对比分析，实现简单客观指标智能评判、直接得出结果。复杂技术指标关键索引智能辅助、为专家评判提供支撑，专家评标工作量平均减少 75%，大大提高了评标效率。评标质量"高"。智能评标系统推进评标评审规范化，统一专家评审标准，由系统自动完成客观项评审，杜绝错评漏评情况发生，最大限度降低客观评审过程中人为干预的可能性，有效规避评委滥用评标自由裁量权和主观判断的风险。评标监管"强"。系统对评标全部流程、时间节点、操作人员等信息实时记录，评标过程智能预警，与交易有关的所有文件资料完整记载、随时追溯。

四、全流程"慧见证"，让交易更阳光

2022 年 10 月，黄山市上线公共资源交易"慧见证"系统，成功构建全域数字见证服务体系。交易全程见证。见证系统多版本记录交易流程、审核人员、审核时间等内容，将零散数据序列化、逻辑化，为交易服务、监督管理不同用户类型重现项目（标段）交易过程，实现从项目受理到开评标及合同签订等所有交易环节全程见证。智能语音分析。联通开评标室监控系统，将标段与对应视频监控进行匹配，见证人员可对多个标段开评标室视频进行同步观看，在发现异常或特殊情况时可点击"异常信息录入"记录相关情况。支持标准语音实时转写成文字，并根据提前录入的敏感词，自动判断预警提醒，有效捕捉评审专家等人员倾向性言论。人员轨迹见证。通过测量定位基站位置记录评标室各设备坐标信息，佩戴定位胸牌的评标专家等人员进入评标室后，服务器终端会通过胸牌移动实时记录对应人员移动轨迹，根据配置的预警点事项，对不同项目评委长时间聚集等情况，发出预警提示后由见证人员进行处理。

（黄山市公共资源交易中心）

临沂：打造国有企业阳光采购服务平台

临沂市公共资源交易有限公司，成立于 2017 年 11 月，是经临沂市人民政府批准设立，由临沂市国有资产投资控股集团有限公司和山东产权交易中心有限公司共同出资组建的国有全资企业，经省产权授权加挂"山东省公共资源（国有产权）交易中心临沂分中心"、经市政府批准加挂"临沂市公共资源（国有产权）交易中心""临沂市技术成果交易中心""临沂生态产品交易中心"四块牌子，负责搭建运营临沂市唯一服务于国有产权规范流转、国企阳光采购、国资国企改革、国资有效监管四位一体的综合性市场化平台。

临沂市阳光采购服务平台（以下简称"平台"），是由临沂市纪委监委推动，由临沂市国资委牵头，由临沂市国有资产投资控股集团有限公司指导，由临沂市公共资源交易有限公司负责搭建运营，为企业实施物资、工程建设项目及社会服务采购提供专业化综合性服务，助力企业降成本、控风险、增效益、提质量的第三方平台。多年来，平台始终坚持"公开、透明、阳光、规范"的服务宗旨，通过克服场地空间有限、硬件设施设备落后等条件的限制，在空间利用最大化、硬件设施设备更新、软件系统开发等方面实现了"智"的飞跃。

一、案例背景

2017 年，《中共山东省委、山东省人民政府关于加快推动国有企业改革的十条意见》（鲁发〔2017〕17 号），明确提出"探索建立国有企业部分大宗物资采购、工程建设、社会服务招投标信息平台，完善风险防控机制，打造'阳光国企'"。

2018 年 6 月，临沂市国资委印发《关于推进市属企业实施阳光采购的通知》，明确指出，依托自身硬件设施、软件系统和人才队伍优势，搭建市属企业阳光采购服务平台，规范制度规则、操作流程和服务标准，为市属企业实施阳光采购提供第三方服务。

2018 年 10 月，临沂市委第三巡察组对临沂市国资委进行巡察，并向临沂市国资委党委反馈了巡察意见，提出"阳光采购工作未按时间节点及时推进，企业采购方面存在的风险未有效防范"等问题，进一步督促临沂市国资委推进阳光采购工作。

2019 年 1 月，临沂市国资委印发《临沂市市属企业阳光采购监督暂行办法》，明确了市国资委、市属企业、平台及其他主体在阳光采购活动中的职责，并多次召开工作调度会、举办培训班，推进阳光采购工作。

2019 年 8 月，临沂市公共资源交易有限公司按照上级工作要求，搭建阳光采购服务平台，经过紧张筹备，临沂市阳光采购服务平台系统正式上线运行。

2020 年 4 月，临沂市国资委将阳光采购纳入市属企业年度考核，进一步推进阳光采购工作。

2020 年 6 月，临沂市国资委印发《临沂市市属企业违规经营投资责任追究实施办法（试行）》，办法要求对未按规定将工程及与工程建设有关的货物、服务纳入公共资源交易平台或国有企业阳光采购平台进行公开招标、采购或采取垄断、限制、自设开标场所、自行组织专家等手段规避公开招标、采购的，将追究相关责任人的责任。

2020 年 8 月，临沂市纪委监委、临沂市国资委联合开展市属企业阳光采购调研工作，了解企业阳光采购情况及平台运行情况，并对市属企业、平台有关工作进行了强调和要求。

2021 年 9 月，临沂市国资委印发《关于推动市属企业采购全流程电子化的通知》，要求，自 2021 年 11 月 1 日起，推行市属企业采购全流程电子化，取消纸质标书，即所有采购流程均需要在网上完成。

二、主要内容

（一）个性化的采购推介

平台在原有公开招标、邀请招标、竞争性磋商、竞争性谈判等采购方式基础上，结合采购人的现实需求，向企业推出反向竞价模式。该模式省去传统的响应文件制作环节，根据采购人发布的详细采购描述，多家供应商依次在线出价，由最低报价者成交，采购人直接受益。反向竞价从发布公告、网上竞价到确定结果、发出成交通知书，最短仅需 8 天时间，流程精简、操作便捷、过程透明，可通过少人力、短时间的投入，实现高效益、高效率的采购。平台紧紧围绕企业实际需求，进一步为企业提供更加优质、高效、精准、便捷的服务，从而满足采购项目的多样化、个性化需要。

（二）规范化的制度保障

平台先后制定出台了《阳光采购服务平台采购服务工作流程》《临沂市阳光采购服务平台开评标现场管理暂行规定》《阳光采购服务平台巡查工作制度（试行）》《临沂市阳光采购服务平台质疑处理办法（试行）》《阳光采购服务平台评标评审专家管理暂行办法》《阳光采购服务平台业务规则》等制度，不断建立健全平台现场服务流程制度、交易主体行为规范制度、场地规范化管理制度等分类管理办法，搭建起集流程管理、风控管理、内部管理于一体的监管体系，进一步规范交易主体行为，保障交易全程秩序，提升平台服务质效。

（三）数字化的交易系统

平台运用现代互联网、人工智能、大数据、区块链等应用技术，打造了集服务门户、电子交易、监测分析于一体的大数据综合服务系统，汇集了采购人信息库、供应商信息库、采购代理信息库、专家信息库、交易信息库等共享库，可提供交易组织、数据管理、智能监测等功能，为企业采购提供高效、安全、稳定的一站式交易环境，实现交易行为与流程的标准化、透明化、规范化。企业从项目组建、场地预约、公告发布、专家抽取，到开标评标、结果公示、合同签订等全流程均可线上操作完成。平台同步配套有内容全面丰富的采购人、采购代理、供应商、开评标系统操作指南，方便各主体及时了解掌握业务流程和操作方法，促进采购流程更加简明清晰，提高工作效率，真正实现采购交易透明化管理、规范化运作，助力企业降本增效。

（四）智能化的场所设施

平台按照标准化、智能化建设要求打造交易场所，总面积 2600 平方米，位于临沂市兰山区环球国际 A 座 25、26 两层，由阳光交易大厅、开标大厅、封闭式评标区、办公区共四个部分组成，分设有综合服务区、评标室、分散评标室、专家等候室、电子监察室等功能室，配备有可升降计算机、打印机、投影仪、电子手写板、全声像监控、门禁一体机、智能安检门、语音寻呼机等高端硬件设备，同步匹配智能门禁、影音监控、智慧用电、一标一档系统进行智能化管理，通过现场的物理、技术、流程隔离，实现线上线下同步实时监控。结合平台管理制度，做好现场的管理和服务，在项目开标前做好人员咨询答疑、出入引导等工作，标中做好技术指导、秩序维护、日常巡查、情况处理等工作，标后做好通风消毒、设施检查等工作，保障开评标活动规范有序开展。

（五）专业化的服务团队

平台引进招标、金融、信息、财务等各类专业人才，以适应业务发展需要和工作要求，同时平台注重人才培养，利用外出考察、行业交流会、内部培训课堂等学习交流活动，熟练掌握业务知识技能，提升人员工作能力和服务水平，通过不断积累实践经验，培养人员独当一面的能力，锻造出一批专业情感固化、专业精神强化、专业技能提升的复合型人才，进而为企业提供政策辅导、业务咨询、方案策划等专业化服务，帮助企业解决难点、打通堵点，规范有序开展采购活动，以优质专业的服务提升企业满意度。

三、创新点

（一）全程电子化，促进降本增效

平台积极贯彻落实国家和省市级对采购全流程电子化有关工作要求，紧跟行业形势，通过优化升级系统、完善场所设施、加强运维管理等，改变传统线下采购交易模式，实现采购全流程线上操作，进一步推动新形势下企业采购管理升级。全程电子化、无纸化，进一步降低企业在通信、交通、印刷、人力等方面的成本费用，提升采购质效，助力优化营商环境，同时利用系统内容标准化、操作规范化、文件格式化、流程固定化特点，线上自动生成开评标资料模板，有效降低操作风险，节省人员时间和精力，大大提高了工作质量和效率。平台最新引进8间智能开标舱，全面推行"不见面"开标，彻底打破时间限制、地域阻隔，来自全国各地的投标人足不出户即可线上参与开标全过程，高效快捷，降低成本，减少干扰，保障公平。

（二）优质资源，发挥集聚效应

过去国有企业招标采购信息都是在各自企业网站及其他行业平台进行发布，信息比较分散，知晓范围不广，难以形成采购合力，平台上线后，充分发挥集聚效应，将国有企业招标采购信息都集中在平台的官方网站统一规范发布，拓宽企业采购信息渠道和范围。与此同时，平台依托自身高端资源吸附力和辐射力，汇集采购信息、供应商、代理机构等资源，整合企业采购需求，形成集聚效应和规模优势，为企业提供范围更广泛的产品、质量、价格服务等供应链信息，从采购供应上推动国有企业创新应用、转型升级。

（三）阳光透明，确保公平公正

平台在开评标场所内运用"三合一"监控技术，对计算机操作界面、人员动作行为、场内整体环境进行全方位实时影音监控记录，进一步提升交易过程规范化水平，目前每天最多可实现36宗采购项目的开标评标活动。平台通过系统大数据、云计算等技术手段，分别上线资格预审电子评审模块、电子清标辅助功能，自动预警违规操作，有效防范采购风险，实现源头防腐治腐，助力打造"阳光国企"。平台经过软硬件设施集成化、高效化、智能化的不断升级改造，利用系统全程操作留痕、程序标准固化、信息实时推送、数据自动保存及现场物理、技术、流程隔离，确保交易记录来源可溯、去向可查、责任可究，减少人为干预，促进交易行为更加阳光规范，交易过程更加公开透明、公平公正，实现了公共资源由电子化向数智化的飞跃。

（四）精准服务，满足多种需求

平台积极联系对接企业，通过设置咨询窗口、主动上门服务、线上电话回访等手段了解采购情况和需求，帮助企业解决难题。2023年1—10月，平台累计接待13526人次。面对有的企业招标采购经验不足、政策法规不了解、采购流程不清楚、系统操作不熟悉等问题，平台立足服务职能定位，选派业务能力突出的人员，组建阳光交易服务队，围绕企业实际需求，提供"一对一"精准服务，包括政策咨询、业务指导、操作演示、方案策划、宣传推介和培训授课等，协助企业解决采购过程中遇到的困难和问题，满足企业多样化需求。尤其在遇到重点项目、重大项目时，平台主动靠前服务，安排专业人员提前介入全程跟进，为企业做好项目政策、流程的标前辅导工作，保障重点项目、重大项目有序开展。平台最新上线的电子保函服务，打通了全流程线上交易"最后一公里"，进一步降低企业交易成本，缓解企业现金流压力，助力优化营商环境。

四、应用效果

（一）采购数据逐年增长

自平台成立以来，企业进场积极性不断提高，采购数据保持大幅度增长、采购范围不断扩大、采购种类日益丰富，企业利用平台实施阳光采购成效显著。2022年，累计完成采购项目2741个，采购金额185.78亿元，成交金额176.89亿元，节约资金8.89亿元，节资率4.78%。截至2023年10月底，累计完成采购项目2322个，采购金额239.87亿元，成交金额212.69亿元，节约资金27.18亿元，节资率11.33%。

（二）服务范围不断扩大

平台在履行市属国企阳光采购服务职能的基础上，不断延伸服务范围、激发市场活力。除市属国企外，成功吸引一大批县区国企、驻临央企、民营企业、社会团体等交易主体进驻采购。2023年1—10月累计服务269户非市属企业，采购总额213.71亿元，占总体采购金额的89.09%。市场开拓实现大跨越、大突破，市场份额得到进一步扩大，社会效益日益彰显。

（三）风险得到有效防范

平台积极发挥职能作用，通过信息技术、现场规范、制度管控等有效措施，切实降低采购风险，促进国企采购"阳光、规范、公开、透明"，源头防腐功能日益彰显。自成立以来，国企采购投诉率大幅度降低，2023年1—10月，平台共协助解决争议2起，处理12345质疑5起，答复网站意见建议7起，企业满意度持续提升。

（四）影响范围显著扩展

平台以"临沂市阳光采购服务平台应用案例"成功入选临沂市2020年度电子政务应用示范案例，以良好的工作成效，近年来先后吸引济南、东营、上饶、滨州、枣庄、日照等地的同行平台莅临学习交流，平台主页日访问量突破2万次大关，平台知名度、社会影响力显著提升。

五、推广价值

（一）行业发展前景利好

目前全国各地都在推行国企阳光采购工作、搭建阳光采购服务平台，如国务院国资委推动成立的中资阳光采购交易平台，专门服务于中央企业及各类企业采购，内蒙古、黑龙江、深圳、山东、烟台等地都已搭建国企阳光采购服务平台，这意味着国企阳光采购是大势所趋。

（二）上级部门高度重视

自阳光采购服务平台成立以来，临沂市纪委监委、临沂市国资委等上级有关部门高度重视平台发展，多次带队赴企业走访、座谈，调度工作情况，明确工作要求，积极召开培训会、交流会，并把阳光采购纳入市属企业年度考核，极大推进了平台发展，提高了平台影响力。

（三）市场份额全市领先

临沂市阳光采购服务平台作为服务于国企阳光采购的第三方综合性服务平台，放大格局抓谋划，多元转化提质效，精准对接优服务，规范运作强内功，充分发挥出自身功能作用，运行成效显著，以绝对优势占有全市国企采购市场。2023年1—10月，平台完成采购金额239.87亿元，同比增长60.04%。

（四）优质高效专业服务

平台利用经验丰富的专业人才队伍，线上线下为市属国企、县区国企、驻临央企、民营企业、社会团体等交易主体提供信息系统、场所设施、政策辅导、业务咨询、方案策划、宣传推介、培训授课等全流程服务，还可以为企业提供"一对一"定制化服务，满足企业和项目多样化、个性化需求，提升企业满意度、获得感，打响平台知名度，提升平台影响力。

（五）助力企业防范风险

通过搭建平台，将企业采购行为置于公开、阳光、透明之下，规范操作，利用平台信息化、智能化功能和手段，助力监管部门监察采购行为，强化监管力度，化解国企采购过程中存在的风险，维护公平竞争的市场秩序，实现源头防腐治腐。推进阳光采购工作、搭建阳光采购服务平台是规范国有企业采购行为的一次有益探索，是推进廉洁国企建设的需要。

（六）促进企业降本增效

通过搭建平台，可全面发挥采购活动流程电子化、资源集聚化等功能作用，以"企业主导择优，交易平台运行，要素全部覆盖，过程留痕可循"为原则，面向社会优质资源开展竞争性采购，提高企业议价能力和市场竞争力，进一步促进企业降本增效，高质高效满足企业生产经营管理需要。2023年1—10月，累计节约资金27.18亿元，节资率高达 11.33%。

（七）推动企业管理提升

通过搭建平台，充分发挥平台集交易、服务、监管于一体的功能作用，推动企业建立健全内部监督管理体系，不断完善企业采购操作流程和监管措施，做到业务流程明晰、岗位职责明确、廉洁风险清楚，推动企业采购管理从成本节约、质量控制向价值创造转变，持续推进企业采购管理体制机制变革，助力新时代国有企业高质量发展。

（临沂市公共资源交易有限公司）

襄阳：强化监督质效，为净化市场环境注入"强心针"

面对公共资源交易领域信息共享不及时、监管手段有限等问题，湖北襄阳市公共资源交易监督管理局主动探索调研，通过链接襄阳各分散的行政监督部门、各市级公共资源交易电子行政监督系统，打造全市统一，终端覆盖市、县（区）的公共资源交易电子行政监督平台。以简化监督环节、转变监督方式、强化监督质效为目标，进一步维护襄阳公共资源交易市场秩序，为净化市场环境注入一剂"强心针"。

一、建设内容

为简化监督环节、强化监督质效、净化市场环境，进一步维护襄阳市公共资源交易秩序，市公共资源交易监督管理局主动探索调研，与各行政监督部门积极沟通，将各市级公共资源交易电子行政监督系统进行链接，打造统一，覆盖市、县（区）的公共资源交易电子行政监督平台。

（一）促进资源整合，打造实时精准监管模式

以资源整合、数据互联互通为导向，围绕招、投、开、评、定及合同签订六大环节，智能配置监察要点，对各类交易项目的流程、时限合规性进行监督预警，解决事中监察难题。

1. 日常监管应用，初步构建协同监管体系

日常监管应用主要围绕综合监管部门、行业监督部门、纪检监察机关、审计机关等行政监督部门日常实际工作需求进行建设，初步构建跨部门协同监管体系，通过监督模型，实时掌握公共资源交易信息，对交易过程中各环节、各业务关键点进行监督，实现业务全流程监督监控，达到对采购业务的监督闭环。同时，可对重点单位、主要业务、关键环节进行实时监控和异常情况预警预报，以及对业务数据跨项目、跨企业进行多维度监督监控。

2. 扩展监管应用，完善协同监管体系

构建全市横向到边，横向项目事前、事中、事后全周期；纵向到底，纵向全行业、纵向市县区的"一横两纵"综合监管体系，实现公共资源交易闭环式全流程监管。重点针对政府投资项目的立项审批、招标过程、服务能效环节和领域，加强全程监管，

堵塞政府投资项目监管漏洞。同时实行"双随机、一公开"监管机制，随机选派人员，对政府投资项目实行全流程、各环节抽查，并将抽查工作全程公开，有效封堵监管漏洞。

3. 信用监管，构建联合惩戒一张网

对接投资在线审批平台、信用襄阳、信用中国等系统网站，推动交易项目"事前、事中、事后"全过程的联动监管，科学制定信用评分，强化投标人等交易主体的监督管理。打造"一处失信，处处受限"的信用惩戒大格局，全力守好公共资源交易的"廉洁大门"。

（二）加强数据挖掘，筑起交易信息安全防线

运用 AI、大数据分析等能力打造数字中枢，形成交易项目、主体描绘精准画像，辅助监督部门科学决策。

1. 搭建数字中枢，加快交易数据资产化

提供一站式智能数据管理能力，构建从数据介入到数据分析的端到端智能数据系统，消除数据孤岛，统一数据标准，加快交易数据资产化。

2. 构建标签体系，达成数据资产价值化

形成数据标签，将数据演化成不同维度，实现对内容的分类和检索，提高数据之间的关联关系；根据标签将用户进行分层，更加精细化地为各类用户提供数据服务。

3. 三维全景画像，实现交易态势具象化

在标签体系构建的基础上，聚焦交易项目，实现公共资源交易中心情况全景智能展示；聚焦交易主体，深入分析企业竞争力；聚焦交易环境，完成场地、网站等情况的动态跟踪。通过对公共资源交易全品类、全领域、全流程的数据全景画像，实现区域交易态势的具象化呈现。

4. 服务中心管理，保障中心服务高效化

结合交易环节效能分析、工作人员效能分析、场地使用效能分析、服务器使用效能分析等多种效能分析，形成综合服务效能评估模型，辅助交易中心快速精准了解各个交易平台的交易效能周期变化趋势、项目交易周期分布、跟踪监测平台的效能执行情况。通过交易中心效能评估，协助中心提升管理和服务能力，促进全区域交易平台、各市场交易主体效能的整体提升。

（三）发挥数据价值，促进监管效能

经过大量串通投标历史案例的调研，剖析此类犯罪行为特征，通过设定主体关系分析、关键指标雷同分析、投标价格分析、专家评标分析、电子标书鉴定、异常人员分析、异常行为分析、异常流程分析维度，从犯罪源头监测串通投标数据痕迹，计算项目冒烟指数，智能预警并生成串通投标线索分析报告，宏观掌握串通投标犯罪形势，

牢牢把握工作的主动权，转"被动"监管为"主动"监管，打击违法违规行为。

"控全局、防风险、严执法、优信用、凝合力"五位一体，推进营商环境持续优化。下一步，市公共资源交易电子行政监督管理局将积极深化应用，集智力、合众力，破解交易监管难题，为交易主体创造更公平、公正、公开的交易环境。

二、创新点

襄阳市公共资源交易电子行政监督平台积极运用数字化、智能化、智慧化等科技手段，解决传统监管模式中的难点、痛点、堵点，开创了襄阳市公共资源交易监管的新格局。智慧监管模式与传统监管模式相比实现了"六大转变"。

（一）创新实时监管，防患于未然

以资源整合、数据互联互通为导向，围绕招、投、开、评、定及合同签订六大环节，智能配置监察要点，对各类交易项目的流程、时限合规性进行实时监督预警，防范风险，规范招标投标活动。

（二）强化全程监管，建立监管"流程链"

综合监管机构和行政监督部门可通过襄阳市公共资源交易电子行政监督平台实时掌握公共资源交易信息，对交易过程中各环节关键点进行监督，实现业务全流程监督监控。同时，平台实现了投诉举报全流程电子化在线办理，达到对公共资源交易活动的监督闭环。

（三）扩展监管应用，完善协同监管体系

构建全市横向到项目事前、事中、事后全周期，纵向到全行业、各市县区的"一横两纵"综合监管体系。重点针对政府投资项目的立项审批、招标过程、服务能效等领域，加强全程监管，堵塞政府投资项目监管漏洞。

（四）推进信用监管，构建联合惩戒一张网

襄阳市公共资源交易电子行政监督平台对接投资在线审批平台、信用襄阳、信用中国等系统网站，科学制定信用评分，强化投标人等交易主体的监督管理，打造"一处失信，处处受限"的信用惩戒大格局，全力守好公共资源交易的"廉洁大门"。

（五）加强数据挖掘，筑起交易信息安全防线

运用 AI、大数据分析等能力打造数字中枢，夯实平台监管数据根基，统一数据标准，加快交易数据资产化，为交易项目、主体描绘精准画像，辅助监督部门科学决策。

（六）发挥数据价值，打击违法违规行为

襄阳市公共资源交易电子行政监督平台对串通投标历史案例进行分析，剖析此类犯罪行为特征，通过设定主体关系分析、关键指标雷同分析、投标价格分析、专家评标分析、电子标书鉴定、异常人员分析、异常行为分析、异常流程分析维度，从犯罪源头监测串通投标数据痕迹，计算项目冒烟指数，智能预警并生成串通投标线索分析报告，宏观掌握串通投标犯罪形势，转"被动"监管为"主动"监管，打击违法违规行为。

三、应用效果

近年来，襄阳市公共资源交易中心坚持思想破冰，以项目交易服务为主战场，高效配置公共资源，持续优化营商环境，坚持区域协同发展，着力打造智慧型交易平台、标准化服务平台、创新型管理平台，让党委政府放心、招标采购人称心、投标供应商顺心、代理机构省心。

（一）强化行政监督，促进社会主义经济体制逐步完善

建立和完善社会主义市场经济体制，是我国经济体制改革的目标。完善社会主义市场经济体制的关键是完善政府，达到"行为规范、运作协调、公正透明、廉洁高效"的要求。行政监督作为行政监督体系的有机组成部分，是国家行政管理的重要环节。加强行政监督，有利于加快转变政府职能，改善行政管理，提高行政效率，进一步优化发展环境；有利于整顿和规范市场经济秩序，充分发挥市场配置资源的基础性作用，促进社会主义市场经济体制的逐步完善。

（二）落实相关业务人员自身的监督，依法行政

通过襄阳市公共资源交易电子行政监督平台的建设，将使信息技术贯穿于公共资源交易的各个环节，促进行政人员、业务人员坚持实事求是的原则，正确履行相关法律法规，保障当事人的合法权益。促使工作人员不犯错误、少犯错误，严格按照法定程序履行职责，建立健全所从事工作的内部监督制约机制。

（三）促进对监督部门的监管，落实廉政建设

襄阳市公共资源交易电子行政监督平台的建设，将有利于监察机关对监督部门的人员实施有效监管。信息技术可以帮助监察机关深入到腐败现象易发多发的领域和部位及早发现问题，信息技术还可以帮助监察机关加强与有关部门的协作配合，围绕政府中心工作，加强对党的路线方针政策和国家法律法规，以及政府法令和重大决定执行情况开展执法监督。信息技术还可以帮助监察机关规范政府行为、推进依法行政，

促进科学决策、依法决策、民主决策，对规范市场经济秩序、重特大事故处理、公共投资项目、群众关心的热点问题开展效能监督。

（四）实现公共资源交易透明化

平台的建设完工利于激励公民参与公共资源交易监督，使整个行政系统透明公开，政府政策的决策和执行完全暴露在众目睽睽之下，使公共资源交易从隐蔽变成透明，破除了公共资源交易的隐蔽性，使每一项工作都经得起检验，增强社会对政府的满意度。

（五）提升交易活动的反腐倡廉能力

通过该系统的构建可以有效规范电子交易流程，从预防的角度防止腐败问题的发生，可以有效降低和避免违法、违纪现象的产生，将为业务单位提供高科技手段，加强监督力度，有效避免或降低违纪、违法案件所造成的重大经济损失。

（六）减低办公业务成本，提高工作效率

襄阳市公共资源交易电子行政监督平台的建设，将进一步推进对党政机关和国民经济建设以及管理秩序的监督，强化反腐倡廉和廉洁政府的建设。同时，也将有效地提高监督管理部门工作质量和效率，实现"无纸化办公"，降低业务成本。

（七）优化项目建设模式，降低工程成本

襄阳市公共资源交易电子行政监督平台是一个规模较大、技术密集、用户众多的信息系统。系统建设将遵循业务改造与信息系统建设同步进行的思路，采取一体化设计、集中式处理等有效、可行且投资节约的技术设计。与各试点单位、各地方各自进行系统建设相比，统一规划、统一建设的襄阳市公共资源交易电子行政监督平台，将节省大量的建设费用，同时也避免了由于标准不统一造成的网络无法互联、应用系统不兼容的问题。

四、推广价值

襄阳市公共资源交易监督管理局持续强化数据赋能，依托襄阳市公共资源交易电子行政监督平台推进信用监管，集智力、合众力，破解公共资源交易监管难题，打造"智慧＋信用"监管新格局，为交易主体创造公开、公平、公正的交易环境。

（一）相关部门共享数据和节约资源的重要平台

襄阳市公共资源交易电子行政监督平台的建成将链接现有的各行政监督部门、各市级独立运行的公共资源交易电子行政监督系统，使各个分散建设的系统能够共享数

据信息和市场资源，充分利用既有信息系统资源，避免重复建设，对于节约成本、节省资源具有重要意义。

（二）进一步发挥互联网公平公正交易的重要平台

"互联网＋"行政监督平台建设，以投资审批改革为切入点，以投资项目在线审批监管平台为主要载体，提升项目监督机制，进一步发挥互联网在规划制定、政策信息发布、投诉处理服务等方面的优势，提高公共资源交易的公平性和公正性。

（三）建立健全内部监督制约机制的重要平台

襄阳市公共资源电子交易行政监督平台在完善公共资源交易基础性服务的基础上，促进行政监督人员、交易主体坚持实事求是的原则，正确履行相关法律法规，保障当事人的合法权益。促使行政监督人员不犯错误、少犯错误，严格按照法定程序履行职责，建立健全所从事工作的内部监督制约机制。

（四）运用科技核心技术的重要交易平台

襄阳市公共资源电子交易行政监督平台具备与县（区）行政审批平台、省投资项目在线审批平台和信用信息公开共享平台（省双信平台）、公共服务平台、电子交易平台等接口的接入功能。具备将云服务、在线监督和电子加密等核心技术应用于电子交易平台的系统并可实施于行政监督平台建设的项目中。

（襄阳市行政审批局，宋福平）

◎ 国企采购案例

国家电网：服务绿色数智升级，构建全网采购数据运营分析体系

一、建设背景及意义

全网采购数据运营分析体系构建与实践是深入开展经济活动分析、系统展现业务运行情况的重要手段，对提升采购数据价值增值、实现数据赋能、促进内外部管理协同与数字化转型发展具有较强的推动作用。全网采购数据运营分析专项工作的开展，是国家电网挖掘数据价值、争当"数字引领"践行者的典型，为打造绿色现代数智供应链、落实央企数字化发展要求注入新的动力，同时也为大力推动电网企业能源转型与数字技术深度融合，全面提升物资采购专业在电网规划、企业经营、客户服务等领域的智慧运营提供了持续支撑能力。

二、建设目标及思路

（一）建设目标

坚持"一级统筹、两级管控、多方应用"的管理机制，以"业务流程线上化、预警校验自动化、统计分析智能化、数据价值最大化"为建设方向，以"统一数据基础、统一分析工具、统一业务报表、统一分析模型、统一成果应用、统一运营管理"的"六统一"运营体系为载体（见图1），创新应用数据融合分析与共享交换机制，在计划专业内部以及不同层级、不同专业间开展系统性、多元化的数据统计和分析应用，创造、共享数据价值，实现业务用户高度参与、统计分析全域覆盖、业务决策简捷智能，赋能企业提质增效，推动公司实现数智化转型。

按照国家电网《绿色现代数智供应链发展行动方案》中关于提升供应链数智化运营水平相关要求，公司以"准确、统一、全面、智慧"为主线全面推进全网采购数据运营分析专项工作，打造"一级统筹、两级管控、多方应用"的采购数据运营分析管理机制，明确业务管理流程，压实各环节职责，建立总部、省公司两级数据共享共用生态，实现"采购全覆盖、数据自动化、应用多元化、服务高价值"管理目标。

全网采购数据运营分析专项工作分阶段夯实巩固统一数据基础，灵活运用统一分析工具，推进设计统一业务报表和统一分析模型，深化统一成果应用，构建全供应链

图1 全网采购数据运营分析体系建设目标

内外协同、科学高效的统一运营管理体系，充分体现供应链数智化运营的"体检单""晴雨表""指挥棒"作用，为电力保供和能源转型提供保障。

（二）建设思路

全网采购数据运营分析专项工作按照"一级统筹、两级管控、多方应用"的思路（见图2）开展全部功能的设计与建设工作，严格落实公司"一级部署是常态、二级部署是特例"的整体系统功能架构建设要求，在统一的技术路线下实现各类采购数据从源端系统溯源到开展分析应用，创新性地建立完整、顺畅的业务模式。

"多源汇聚、打破孤岛"的基础数据建设。从数据报送、审核难度、统计分析需求及字段信息延展性等多角度考虑，应用"一库两字典"建设成果，建立以采购计划与采购结果为基础的数据宽表，强化数据接入贯通和质量治理，支撑供应链数据标准化，实现融通共享、可视可查。

"统一规范、自动生成"的业务报表建设。根据全网采购数据运营分析业务需要，形成采购数据总体分析、项目需求执行分析、采购实施进度分析、供应厂商特征分析、采购计划趋势分析和公司重大专项分析六个维度，汇集综合计划、年度需求计划、采购计划、采购结果、投标信息、供应商信息、原材料价格等信息全网采购数据运营分析业务报表体系，满足全网采购业务管理和运营分析的灵活数据展示需求。

"多维视角、智能分析"的分析模型建设。依托统计数据，根据业务规则明确业务诊断内容，固化分析逻辑，建立采购数据总体分析、项目需求执行分析、采购实施进度分析、供应厂商特征分析、采购计划趋势分析和公司重大专项分析六个维度的统计

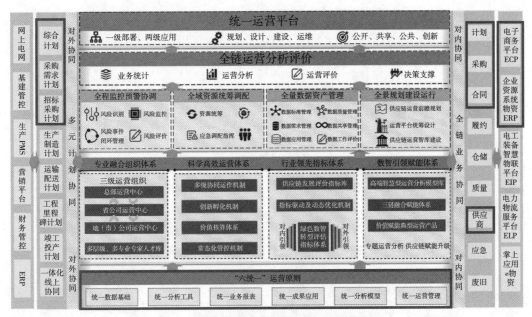

图2 全网采购数据运营分析体系设计思路

分析模型，形成全网采购数据展示，监控采购规模进度，实现采购总体专题及特色主题的可视化展现与应用。

"灵活用数、自主可控"的自助工具建设。遵循国家电网数据中台和企业级报表中心技术路线，开展全网采购自助分析工具的建设，基于采购计划和采购结果数据宽表，通过定制化开发方式构建动态报表，并支持"拖拉拽"方式的自主数据分析。通过自定义分析工具设置不同分析维度及字段，实现不同维度的数据查询、占比、排序、趋势等统计分析，用灵活的统计方式满足常规及专项统计需要。

"多元应用、运营支撑"的成果应用建设。充分运用全网采购数据运营分析中业务报表、分析模型、运营指标等统计分析结果，实现对业务开展和供应链运营情况进行监控，及时发现问题、预测风险、分析规律，辅助日常业务管理。夯实数据质量，提升数据分析效率，借助分析结果构建和持续完善运营指标，带动业务规范、高效开展，提升基础数据质量，最大化发挥数据价值，使体系运营质效实现螺旋式提升。

"量化管理、对标引领"的运营体系建设。全网采购数据运营分析体系按照"一级统筹、两级管控、多方应用"的思路，制定统一的管理要求、工作流程、统计标准和报表体系，规范统计业务标准、数据交互标准，依托ESC（总部供应链运营中心）建立数据运营分析协同机制，总部、各单位分级开展数据治理，辅助供应链管理智慧决策，提升供应链物资管理与运营能力。

三、主要内容

以"统一数据基础、统一分析工具、统一业务报表、统一分析模型、统一成果应用、统一运营管理"的"六统一"建设为目标，坚持数据驱动、目标导向、示范引领，分专业、分层级、分阶段构建供应链数智化运营体系。如图3所示。

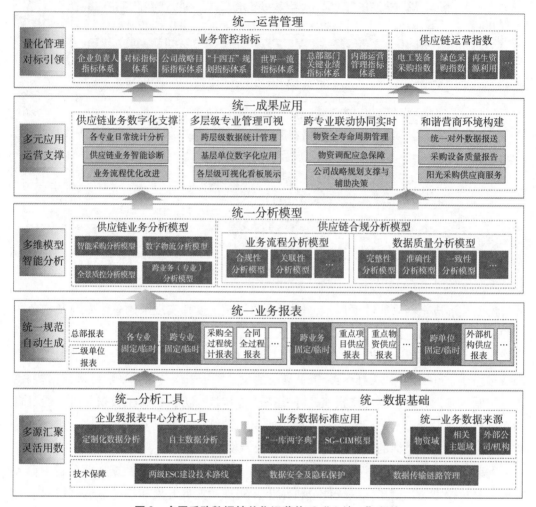

图3　全网采购数据精益化运营体系"六统一"架构

（一）融会贯通，夯实标准化数据基础

国家电网按照"多源汇聚、打破孤岛"的原则，结合实际业务需要，全面应用"一库两字典"数据管理标准完成数据资源盘点，实现了计划、采购、供应商管理等物资领域专业数据，发展、建设等相关领域专业数据和原材料价格等外部数据的接入、治理，实现全供应链数据标准化和融通共享、可视可查。

全网采购数据运营分析专项工作应用26个业务标准表（计划专业标准表7个，其他专业相关标准表19个），完成了2个宽表、约120个字段的数据溯源。为进一步丰富采购数据统计内容，还部署了由人工维护的维表12张，涉及12410条数据。在功能建设与测试中，同步开展源端系统业务数据治理。建立以业务应用检验数据质量的闭环机制和依法合规对数据进行备份更新、补正的措施，确保数据质量。

（二）灵活自如，构建多样化分析工具

为了贯彻落实"数据驱动发展"理念，将数字化转型深刻融入体系建设的各项工作中，发挥数据对于提升公司供应链管理水平的关键驱动作用。国网公司按照"灵活用数、自主可控"要求，针对全网物资采购数据的智能分析，在满足项目需求执行分析、采购进度分析、供应商群体分析及典型物资中标价格分析等业务场景自助式统计分析、可视化展现的基础之上，通过灵活自如的多样化分析工具，开展更高级别、更为复杂的建模分析工作，提供灵活、快捷、易用、高效的建模分析应用，辅助业务人员通过简单拖拽、配置的方式开展数据模型的构建、优化。

（三）打破壁垒，提炼结构化业务报表

国家电网在统一数据的基础上，根据业务需要提炼常用统计维度和内容并固化为业务报表，形成业务报表库并持续完善。按照"统一规范、自动生成"的原则完成75个业务报表设计，经过与试点省公司及招标、质监、供应链运营等专业人员持续讨论优化，最终精简为24个业务报表。

（四）深入挖潜，创建专业化分析模型

国家电网在统一业务报表的基础上，按照"多维视角、智能分析"的原则，依据公司相关管理制度以及二级单位与基层单位不同层级用户的业务内容、典型问题以及关注焦点等，以计划采购业务为关注焦点，深入挖掘数据背后隐藏的业务特点、风险、问题与趋势等高价值信息。

通过剖析业务中热点、难点和供应链断点问题，制定问题分析规则、明确处置判断逻辑、融入总部管理要求，借助系统功能建设成果和相应管理机制，从提升供应链运营"三效"角度拓展分析维度和手段，梳理形成分析模型。为充分共享数智化建设成果，总部建立分析模型交流与共享机制，定期推选优质模型供各单位参考学习，促进各单位尽快开拓管理思路、扩展管理手段。

四、主要做法

全网采购数据运营分析专项工作按照"字段信息传递规范、数据获取途径统一、数据贯通路径优化"的技术路线设计原则开展功能建设，实现统一业务数据传输路径、传输技术标准以及两级 ESC、两级数据中台的逻辑关系，统筹建立数据接入机制。接入总部的数据经业务归口单位核实与修正，以确保两级数据分析结果真实、完整。对于各类基础数据，按照所属单位、业务相关性等精确定义获取权限，确保业务信息在受控前提下有限传播，严格遵守公司信息安全规定，避免数据泄露。

（一）夯实标准化数据基础

率先搭建两级采购数据统计分析业务架构，率先按照供应链运营平台一级部署的功能架构，在总部 ESC 实现采购数据归集、治理与共享，打通跨层级、跨专业、跨单位数据壁垒，充分发挥绿色现代数智供应链在行业引领上的支撑与保障作用。创新建立统一的业务数据管理标准，在总部数据中台共享层、分析层开展"一库两字典"数据管理功能建设，全面梳理主要业务数据溯源路径、完善取值逻辑，并应用 26 个业务标准表（计划专业标准表 7 个，其他专业相关标准表 19 个），完成了 2 个宽表、约 120 个字段、800 余万条数据的全量标准化接入。持续开展基础采购数据全方位治理，常态化实施数据资产治理，建立"数据—业务"双促进机制，规范业务开展，确保数据质量。以 2022 年采购数据核实与上报为例，累计上报数据 90 余万条，修正各类问题数据 5 万余条，有效提升了数据质量。

（二）提炼结构化业务报表

根据业务管控要求，提炼总部和省公司常用统计维度和内容，固化形成两级通用业务报表库并持续完善。结构化报表分为采购数据总体分析、项目需求执行分析等六大专题，全面反映综合计划、年度需求计划、采购计划和招标采购等业务衔接情况，揭示投标价格、中标价格、原材料价格及供应商之间的深层关联，实现统筹全年采购安排、及时优化采购策略、有效应对市场风险的效果。

（三）全面推广专业化应用场景

对制约计划管理水平持续提升的瓶颈环节和关键问题进行深入分析并建立分析模型，应用于采购数据总体分析、项目需求执行分析、采购实施进度分析、供应厂商特征分析、采购价格趋势分析和公司重大专项分析等场景（见表1），为总部和各省公司、直属单位提供了系统、科学的数据统计分析支撑，最大化发挥运营分析体系价值。

表1　　　　　　全网采购数据运营分析体系建设典型应用场景

序号	场景名称	场景描述
1	采购数据总体分析	从不同采购实施模式、采购方式、采购组织形式，以及综合计划 16 个专项类型维度，对采购计划金额与对应中标金额进行统计，展示全网采购计划与采购结果概览信息
2	项目需求执行分析	从综合计划 16 个专项类型维度统计各阶段预估金额，以及两级物资与服务采购计划金额、采购结果金额，展示综合计划、年度需求计划、采购计划、采购结果之间的关联关系

续表

序号	场景名称	场景描述
3	采购实施进度分析	分别从批次、标包及单条采购计划维度，追踪从计划提报、开评标到发布中标结果、合同生效等各关键节点情况，直观展现采购活动全流程实施情况
4	供应厂商特征分析	从项目单位和供应商两个维度，对中标厂商分布、类型，以及中标金额、标包数量同比变化、投标报价情况等进行对比分析，展现不同品类、不同地域、不同时期供应商的报价和中标金额情况
5	采购价格趋势分析	展示原材料价格、供应商报价、评价中标单价、评价中标金额等，在不同地域、不同品类、不同时期或不同批次间的变化情况
6	公司重大专项分析	对于公司重点专项，从项目数量、投资金额、采购金额维度进行统计，直观展现当年项目建设与采购完成情况
7	采购数据线上核实与上报	计划、采购等专业人员对采购结果宽表中的关键字段数据进行核实，以每月采购数据核实截止时间点的实际业务情况为依据，核对本单位数据是否准确、完整
8	配网物资采购价格均衡度分析	从中标价格均衡度、不均衡报价分析、原材料价格波动指数等维度建立整体分析逻辑，并建立具体的分析指标及合理阈值，各指标间相互关联，每组指标重点解决分析逻辑中某一分支问题的判断

（四）创建专业化分析模型

按照国家电网有关工作部署，结合绿色现代数智供应链建设目标，物资部针对供应链堵点、难点问题，逐步构建包括年度采购任务执行进度分析模型、需求计划规范管控分析模型、主网配网物资采购价格分析模型等8类覆盖计划采购全过程、跨专业的典型分析模型库（见表2），辅助总部及各单位建立业务与数据的双向耦合联系，快速定位业务提升优化点，实现对业务优化与管理成效的持续跟踪与评估。

表2　　　　　　　　　　全网采购运营数据分析体系构建模型

序号	模型名称	模型描述
1	全网采购数据质量校验	以"完整性、准确性、规范性"为校核原则，开展数据质量治理，对不合格数据进行标记预警，供数据产生单位分析、确认、校正后，可纳入模型输入的基础源数据
2	基础数据统计模型	包括批次实施情况统计分析、各批次采购情况统计分析、公司两级采购情况分析3个模型，反映公司两级集中采购整体完成情况

序号	模型名称	模型描述
3	年度采购任务执行进度分析模型	从两级采购目录在项目采购执行过程中的应用、年度采购任务月度执行情况、35～500kV基建项目采购执行进度、配网项目常用物资年度采购进度4个方面进行分析，跟踪记录从需求预测到实际采购/执行的全过程
4	需求计划规范管控分析模型	包括项目需求计划预测精准程度差异化分析和需求计划规范管控异常问题预警2个模型，针对需求计划开展预测精益化和业务规范化管控
5	主网配网物资采购价格分析模型	包括原材料价格波动对采购活动的影响、区域对采购价格变化的影响和典型物料参考价格库3个模型，实现对配网设备采购业务提供准确和持续的辅助支撑
6	"六划"协同管控分析模型	包括基建工程"六划"协同和运维工程"六划"协同2个模型，研究工程里程碑计划、综合计划与六划各环节时间节点的关系，收集在运设备运行状态、使用年限、维护计划等基本信息。强化供应链前后衔接和协同联动
7	框架采购结果执行分析模型	包括框架采购结果执行计划估算金额与执行金额对比分析、服务框架采购结果多次执行是否超招标限额情况分析和服务框架采购结果执行策略分析3个模型，实现服务类框架协议执行结果闭环管控
8	授权采购实施分析模型	包括授权采购合规性分析和授权采购策略分析2个模型，实现授权采购项目合规管控和策略优化

例如，在主网配网物资采购价格分析方面，为解决配网物资采购过程中由于供应商不均衡报价、原材料价格波动等因素影响采购质效的问题，建立配网价格与原材料价格波动比较、区域中标价格比较等智能分析模型，为应对中标价分布不均衡、供应商差异化报价和原材料波动等情况提供了准确和持续的辅助支撑。

（五）科学构建供应链运营评价指标体系

以国家、公司重大战略目标为引领，按照"全景设计、全面覆盖、全链运营、全程管控"总体原则，联合外部科研机构、高校，打造对内驱动、对外引领的绿色现代数智供应链运营评价指标体系。对标对表国家、公司最新管理要求。会同技术、供应、招标、质量、监察等各专业处室，结合业务实际，开展企业负责人指标体系等"六大"指标体系（见图4）优化调整，同步加快指标模型建设、指标看板开发，确保指标评价分析业务线上化、标准化。

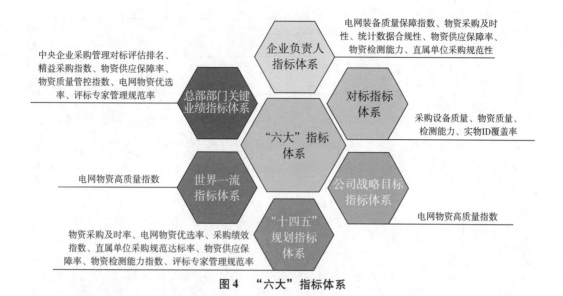

图4 "六大"指标体系

五、创新亮点

(一)探索业务架构

国家电网积极探索如何在满足总部宏观管控要求的同时,充分保障各二级单位、基层单位日常管理和业务开展需要,相应数据和分析结果为各级单位持续实现提质增效提供有力支撑。为此,国家电网通过夯实巩固统一数据基础,按照供应链运营平台一级部署的功能架构(见图5),率先在总部 ESC 实现全口径采购数据归集、治理与共享,打通跨层级、跨专业、跨单位数据壁垒,充分发挥绿色现代数智供应链在行业引领上的支撑与保障作用,落实公司"一体四翼"的发展布局。

(二)统一数据体系

全网采购数据统计分析功能作为首个基于"一库两字典"数据管理标准建设并正式上线应用的 ESC 应用场景(见图6),具有良好的示范引领作用,充分验证了业务标准表的"业务友好性"及"易用性"特点。业务标准表的标准化、规范化优势也在实际应用中得到凸显,从根本上提升了供应链数据要素的应用及建设质效。

1. 功能开发效率显著提升

在基于业务标准表的 ESC 建设模式下,业务人员可以直接基于业务标准表规范化提报业务需求,基本实现了相关数据的"自动溯源"和"精准溯源",大大提升了溯源效率。同时,业务标准表应用、开发难度低,且具有极强的"可复用性",避免了多个专业在使用同一数据源时重复溯源导致的时间和资源浪费,并有效确保了数据同源。

2. 数据溯源和开发问题显著减少

为保证数据质量,业务人员在业务标准表建设前期充分参与数据核验,将数据溯

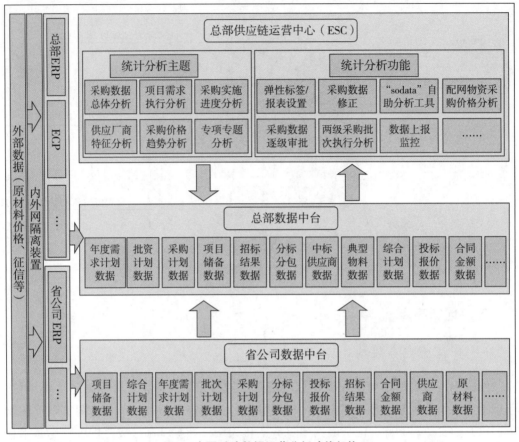

图5　全网采购数据运营分析功能架构

源问题最大限度消灭在萌芽状态，业务驱动效应充分显现。业务标准表易懂、易用，相关计算逻辑和功能逻辑编写更加便捷、清晰，极大降低了问题出现的概率。并且，基于业务标准表数据之间的关系清晰易辨，即便出现问题也可精准定位，迅速排查原因，大大提升问题处置效率。

（三）拓展数据来源

绿色现代数智供应链建设对数据的应用需求已经扩展到供应链维度，需要综合应用不同单位、不同层级、不同专业的数据，实现数据价值最大化。国家电网主动推进以计划专业为龙头，通过跨专业数据贯通的方式，拓展数据来源，实现统一数据标准物资链条全专业覆盖（见图7），发挥数据对于提升公司供应链管理水平的关键驱动作用。充分应用人工智能、大数据分析等新技术，突出数据价值的挖掘、共享与传递，打造以数字化、智能化为特征的现代电网企业供应链运营体系。

（四）扩大应用范围

遵循包容开放、高效有序、共建共享的原则，国家电网持续推进全网采购的"统

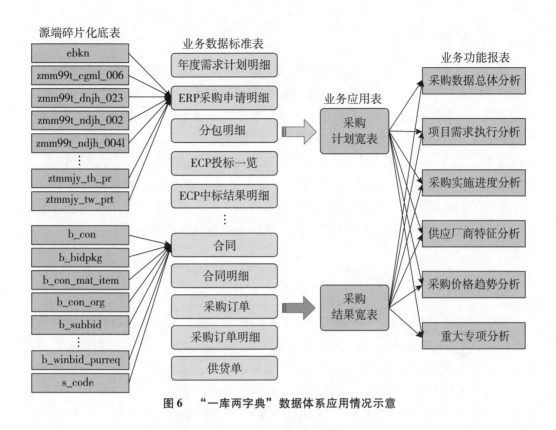

图6 "一库两字典"数据体系应用情况示意

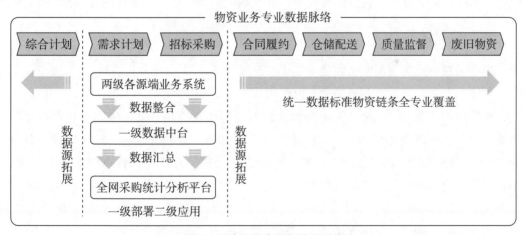

图7 采购数据来源与应用示意

一数据基础"标准,通过协同投资计划、项目里程碑进度等相关专业数据,贯穿项目储备、投资计划、需求预测、采购计划及采购执行跟踪全流程业务链,建立跨专业、跨区域、跨层级的全网采购统计分析管理模块,为扩大全链条的统计分析应用范围创造了客观条件,强化了电网物资供应链的"链主"作用。

（五）推进数据治理

通过全网采购数据统计分析，将数据治理从"事后"向"事前、事中"延伸，常态化开展数据资产治理，规范业务开展，确保数据资产质量。采用线上与线下协同推进的方式，对发现的各类数据问题深挖原因，联动各业务环节持续规范，实现数据分析与业务提升的闭环。截至 2023 年 10 月底，已累计发布业务数据治理通报 13 份，通报问题单位 21 家，完成服务类采购数据、省管产业单位采购数据等数据专项治理，数据问题类型由 2022 年的 7 类减少为 4 类，问题数量降幅 96.45%，为总部有效制定各类决策提供了重要支撑。经过开展常态化数据治理工作，进一步强化了业务管理要求与宣贯，逐步提高业务规范管理水平，提升了各二级单位在计划提报、招标采购、合同签订等环节的业务规范性。

（六）深挖数据价值

基于"统一数据基础"以及"统一业务报表"的建设成果，通过开展全网采购"统一分析模型"的建设，在统计的基础上侧重于对数据的分析，通过分析模型的多维视角，发现采购计划业务中存在的问题，突出聚焦专业核心内容。充分应用大数据分析、可视化分析手段等新技术，将数字化转型深刻融入体系建设各项工作中，发挥数据对于提升公司供应链管理水平的关键驱动作用，突出数据价值的挖掘、共享与传递，打造以数字化、智能化为特征的现代电网企业供应链运营体系，提升物资管理质效。

六、应用效果

本项目成果已实现国家电网公司总部、5 家分部、27 家省公司、37 家直属单位全面推广应用，在管理效益和经济效益方面均取得了显著成效。

在管理效益方面，通过全网采购数据运营分析体系应用，国家电网公司各级单位采购数据核验效率提升 60%，常规统计效率提升 70%，专题统计效率提升 80%。显著提升两级采购数据源基础质量。开展常态化数据治理，有效提升各单位在计划提报、招标采购、合同签订等环节的业务规范性。在国资国企数据报送分析中，累计发现 30 项 7646 个风险问题，涉及 248 个标包、6478 份合同，及时处置并有效规避审计风险。规范建立采购数据运营分析管理机制。厘清管理职责，明确统计标准，统一报价方式，建立固定报表报送机制，同步开展《采购交易数据规范》企业技术标准、《物资计划管理办法》通用制度、《采购数据统计业务规范》等编制工作，规范建成两级协同的全网采购数据统计管理体系。有效挖掘物资供应链专业协同价值。通过两级数据中台实现了发展、财务、基建等跨专业系统数据贯通，进一步打通专业壁垒，推动实现供应链需求计划、采购计划与投资综合计划、项目建设计划、预算资金计划一体化协同。打通跨专业数据，提升供应链计划全面协同水平。

在经济效益方面，以第一批应用的 5 家单位（冀北、天津、山东、江苏、浙江电力）为例计算节约成本。成果的经济效益测算运用相关因素合成计算法（PCP），计算公式如下：

$$EP = \sum_{a=1}^{n} S_a - F - H$$

式中，EP——按 "PCP" 方法计算的各相关多因素的合成效益，以现行价格计算的价值量表示；

$\sum_{a=1}^{n} S_a$——按单项因素直接测定法计算的各种因素的经济效益之和；

F——非本成果实施产生的效益；

H——各因素之间重复计算的效益。

其中：$\sum_{a=1}^{n} S_a = S_1 + S_2 + S_3 + S_4 + S_5$

S_1——人力成本（计划专业人员数减少）节约价值；

S_2——人力成本（采购专业人员数减少）节约价值；

S_3——人力成本（其他专业人员数减少）节约价值；

S_4——通过实施国网公司一级部署，避免各省公司自建系统费用；

S_5——节约的办公成本。

$$F = 0, \quad H = 0$$

$S_1 \sim S_3$——人力成本节约价值根据全国平均日工资、平均每月节约人天、各单位参与采购数据统计分析工作的单位数量及每家单位参与工作的人员数量综合计算得出。

S_4——根据分析工具系统开发典设方案及国网公司统一的人员开发人天费用、所需人天数计算得出的系统设计、开发成本。

S_5——根据线上办公节约的各类纸质文件印发、办公用品采购等支出。

根据以上算法，以上 5 家单位共计节约直接经济成本 1562 万元，详见表 3。

表 3   第一批应用单位经济效益情况

序号	应用单位	节约成本（万元）			累计节约成本（万元）
		2021 年	2022 年	2023 年	
1	冀北电力	72	85	52	209
2	天津电力	62	65	39	166
3	山东电力	135	202	84	421
4	江苏电力	162	206	86	454
5	浙江电力	84	156	72	312
	合计	515	714	333	1562

七、推广价值

公司推广方面，在国网公司先行先试过程中，总结典型经验、创新管理机制，打造绿色现代数智供应链运营新模式，最终形成国家电网公司系统内"全网采购分析模式"。项目可复制性强，降本增效成果显著，极具推广价值，每年预计平均可降低人员及办公成本等6000余万元。

行业引领方面，依托项目建设成果，国家电网可实现分层级、分专业汇总、核实数据并统一向外部机构完成报送，保障报送工作规范、高效、精准。通过跨专业数据分析可建立电工装备采购、绿色采购等指数并对外发布，引领供应链生态和谐发展。通过数据流贯通业务流，未来项目成果可向全行业进行推广。通过本项目先行先试，可与外部机构逐步建立稳定的合作关系，提升外部数据对于强化公司内部管理及供应链管理的作用，共同深挖数据价值。

（国网物资有限公司，张兵、丁红武、徐欣、郭新志、吴迪、陈钰泠、刘鹏、郝新宇）

中粮集团：深挖 MRO 类物料集采潜力

2023 年是国企深化改革提升行动的开局之年，也是中粮集团全面打造"大宗原料集中协同、大宗辅料集中透明"采购管理新格局的发力之年。集团党组始终高度重视集采工作，将全面规范集采作为提升供应链韧性和安全水平的重要着力点之一。集团党组副书记、总经理栾日成亲自挂帅，靠前指挥，从提升集团管控力、协同力、竞争力的高度出发，以服务集团对标世界一流企业创造价值行动，加快高质量发展和世界一流大粮商建设为根本目标，带领集团各有关职能部门、专业化公司更加充分深刻地认识规范集采在提升集团供应链管理水平中的重要意义，加快推动集团集采工作向规范化、信息化全面转型升级。

2023 年，中粮集团继续将 17 家专业化公司全部列入集采工作范畴，制定集采工作任务 92 项，统一指挥、统一部署、统一行动，在巩固 2022 年 6 项集团重点集采项目工作成果的基础上，聚焦供应链关键环节的核心要素深挖集采潜力，新增 MRO 类物料、PET 切片、工程物资和造价咨询 3 项集团重点集采项目，统一组织规模化带量集采。在国资委的正确领导和有力指导下，中粮集团 2023 年前三季度累计实现集采总额 620.61 亿元，相对预算节约 22.73 亿元。

中粮集团通过数字化创新全面规范集采，强化供应链各环节之间的协同效率，有效促进了供应链管理水平和降本控费增效能力的提升。以 MRO 为例，传统 MRO 类物料集采主要是通过公开招投标确定供应商和采购价格，再由采购人按照协议约定自行下单采买，这种模式受 MRO "物件小、品类多、标准杂" 等特点影响，无法精准预判采购规模和单品定价的合理性，且易造成呆滞物料，增加库存和人工管理成本压力。2023 年年初，中粮集团将强化 MRO 集采管理作为进一步提升精细化管理水平和降本控费增效的重要抓手，由中粮糖业牵头 13 家相关专业化公司选取安全防护、阀门管件、仪器仪表等 10 类标准化程度较高的物资实施集采，依托中粮 E 采供应链采购平台创新制定规范化、数字化集采方案，通过 "品类模块化、数据标准化、SKU 精准化" 等成果应用，首次实现了 MRO 类集采物料的 "一物一码" 和 "带量锁价"，有效提升了采购预算的精准度，并降低因过量采购造成的库存管理压力。目前已完成 MRO 类物资电商供货渠道集采，定标金额 2.73 亿元，对比往期采购合同金额节约成本 8810 万元，节资率 24.41%，具体做法主要有以下三点。

一、建立工作机制，强化协同作战，为全面推动 MRO 集采夯实管理基础

在中粮集团招标与采购领导小组管理框架下，结合 MRO 集采特点，建立 "1 + 13 +

1"工作机制，推动各项工作有序开展。一是集团集采工作组发挥统筹指导作用，集团党组成员、副总经理担任组长，各专业化公司主要班子成员共同参与，通过定期会议听取并审议 MRO 集采情况，决策部署相关工作，并整合各方资源，打通跨业务单元、跨地域限制的集采协同。二是成立 13 支 MRO 集采工作专班，由各单位集采闸口管理部门共同负责推进集采需求调研、制定集采方案、组织集采实施等具体工作落地执行。三是成立 MRO 集采信息化建设小组，由中粮糖业与中粮信科（中粮集团数字化建设及运营平台公司）通过建立 MRO 集采工作群，优化中粮 E 采供应链采购平台模块和对接集团财务综合报账系统等形式，通过可视化、数字化技术辅助工具，实时跟踪工作进度并结合项目实施过程中遇到的疑难问题，及时研讨解决策略，真正做到互通有无、齐头并进。

二、开展调研、摸清底数、研判实情，科学制定 MRO 集采工作目标

中粮集团从 MRO 管理基础、物资需求细目、采购渠道分布和历史采购数量等多方入手，对涉及农粮、食品和地产三大板块的 13 家专业化公司下属 423 个法人单位开展为期半年的深入调研，基本摸清了集团 MRO 类物资需求底数，为科学开展 MRO 集采明确了工作目标和实施范围。一是中粮糖业牵头 MRO 集采信息化建设小组与各 MRO 集采工作专班先后在辽宁、上海、北京等地分别设立集中办公工作点，依托中粮 E 采供应链管理平台开展 MRO 类物资主数据编码工作，通过对集团财务综合报账系统中近三年的 10 万余条 MRO 物资采购数据进行整理分析后，按照十大类 7 个层级的标准对纳入集采的 MRO 类物资属性实施分类、分级定性管理，形成 10.8 万余条 SKU，使每一个集采标的物资拥有了"详细且唯一的身份标签"，为后续编制采购文件中的"标的物内容清单"提供科学依据，可实现对每项集采单品设置拦标价。二是中粮糖业牵头各专业化公司根据集团基层生产型企业产业园区的地域分布，圈定环京、东北、华东、华中、两广、新疆和山东 7 大重点考察区域，分批次对 30 余家规模化 MRO 电商供货渠道供应商进行实地考察，从企业资质、仓储物流、售后服务、数字化水平等 14 个专业维度对 77 个中心仓进行系统评估，整理形成供方考察报告，为后续编制采购文件中的"供方资质条款内容"提供科学依据，可高效筛选优质供应商参与项目投标。

三、整合资源、系统谋划、分步实施，高效推进 MRO 集采落地

一是协调内外资源，着力关键节点。中粮集团以 13 家专业化公司为实施主体，借助招标代理机构等外部专业力量，结合 MRO 集采各品类、各包件特点，将内外部人力资源划分为调研组、联络组、数据组、执行组和文书组等多个专业组别，通过项目经理责任制推动各集采关键环节的落地执行，并定期出具工作进度报告上报集团集采工作组和各集采工作专班，确保各项集采工作落实落细落到位。二是系统布局谋划，分批组织实施。中粮集团通过前期调研，结合各相关单位生产经营需要，按照"先电商、

后传统"的整体思路，分电商供货渠道和传统供货渠道两个标段组织开展 MRO 集采。三是利用数字化平台，实现阳光采购。中粮集团通过中粮 E 采供应链采购平台实现 MRO 物料主数据、招标文件编制、投标文件递交、开评标、在线报价、定标签约等集采全流程的数字化，并基于 MRO 物料主数据借助智能化算法实现了全部物料清单内容的识别及自动赋码，通过对比集团财务综合报账系统中的往期采购成交价，对 MRO 集采物料每项单品锁定拦标价，大幅提升了集采降本成效。集采实施过程中，投标报价环节支持千万级报价数据量承载和单个标段超 2G 容量投标文件的上传；谈判采购环节支持投标供应商修改物料清单及线上报价；锁价定标环节支持采购单位根据采购物料清单授标相关供应商在线完善相关物料数据，并同步上传至合同条款中；在大幅提升 MRO 集采工作效率的同时，进一步确保了各实施环节的依法合规，采购文件永久可追溯。四是交叉分组管理，推动成果落地。中粮集团根据各中标供应商的供货品类和供货区域等情况，将 MRO 集采物资交叉组合为"安防类物资组"和"综合类物资组"，设置专职组长负责将各 MRO 集采物料的定标数据上传至中粮 E 采商城，在中粮信科的技术支持下，完成相关集采物料的品类上架并提供价格跟踪和溢价预警提示功能，各相关专业化公司可自行根据本单位生产经营需求实时下单采购，通过加强对集采供应商的管控，有效提升集采管理水平和降本提质成效。

下一步，中粮集团将持续加强数字化、信息化平台建设，进一步强化集采合规和标准化体系建设，通过全面规范集采促进供应链管理水平的提升，以实际成效服务和支撑集团高质量发展。一是以专业化公司为试点，着力打造"采购下单—财务记账—看板管理—工厂入库"的数字化采购管理闭环，即集团通过中粮 E 采供应链采购管理平台完成采购定价，在中粮 E 采商城完成品类上架并实时监管供应商价格和服务质量；专业化公司通过中粮 E 采商城下达采购订单，相关数据同步上传至财务综合报账平台，并在管理看板定期更新统计信息；基层生产企业库管系统实时形成货物订单和物流信息，直至完成签收。二是通过制定集采标准化文件流程，统一规范集采实施行为，强化集采合规管理，营造"公开、公平、公正"的集采环境，同时增强抗市场风险能力，动态把握供需格局和价格走势，实现正确决策和快速调整并有效监控采购资金流动和实物使用，最大限度巩固提升降本成效。三是开展 MRO 类集采物料前置仓试点课题研究，在集团基层生产型企业集中度较高的产业园区建设智能仓储系统，通过中粮 E 采商城大数据分析，优化货品配送效能，使适配企业最终实现 MRO 物料零库存，大幅降低库存和人工管理成本。四是与优秀兄弟央企深入开展对标交流，从组织架构、制度流程、信息化建设、模式创新等方面认真学习借鉴其优秀经验，同时加强内部交流学习，总结凝练好的做法和成功经验，通过补短板、强弱项、固底板，进一步提升集采专业水平和协同效率。

（中粮集团战略部）

南航集团：推进品类管理创新
打造高质量供应链

中国南方航空集团有限公司（以下简称"南航集团"）贯彻落实党中央、国务院关于加强供应链管理的决策部署，围绕高质量发展总体思路，锚定高质量供应链战略目标，结合企业实际和行业特色，以集约化、标准化、协同化、数智化、绿色化为支撑，构建"科学管控、创新增值、绿色低碳、协同发展"的品类管理体系。

一、行业背景

受地缘政治冲突、经济全球化逆流等复杂因素交织影响，航空供应链面临着全球产业链供应链紊乱、大宗商品价格上涨、"断链卡链"等严峻挑战，航空公司在供应链管理中遭遇诸多难点、痛点、堵点。

（一）品类管理思维缺乏

目前，国内多数航空公司资产结构复杂，管理资金规模庞大，供应链链条长、环节多、覆盖地区广、涉及部门多，牵一发而动全身。个别航空公司尚未形成科学的供应链战略思维，在供应链建设、管理、赋能方面缺少顶层设计和全局思维，统筹谋划不够。同时，航空供应链业态多样、内容丰富，在日常管理工作中遇到的问题和挑战带有鲜明的区域市场特征，如航油方面，在国内、国际市场所遇情形迥异；航材、航食等方面，在各自业态市场和供应链结构中的博弈地位也大相径庭。但是，个别航空公司缺乏品类管理思维，存在"一药对百病"的倾向，对不同品类采取同样的策略，没有因地制宜、量体裁衣，采购策略和供应链策略缺乏针对性、科学性和有效性，供应链效益没有得到深入挖掘和充分发挥。

（二）品类管理水平滞后

国内个别航空公司在强调"规范"的同时，受传统"采购＝招标"思维影响较深，容易陷入"招标＝降低风险"的固化认知，"一刀切"采用公开招标方式的情形仍不少。这种不考虑品类特点、轻视市场现状的情形，不仅可能导致部分采购结果质量不高、部分品类采购效率低下，还可能长期无法有效打通供应链上下游资源、难以形成"生态圈"，甚至分散了一些关键品类"自主研发"的力量、不利于破解"卡脖子"问题。这都是品类管理水平滞后带来的消极影响。品类管理是供应链建设的有效切入点，个别航空公司现有采购管理模式、供应链建设水平与高质量发展要求存在差距，可探索构建科学的品类管理体系，以品类管理为抓手，贯通供需两端、整合上下游资源，建设具有航空特色的供应链体系，推动高质量发展。

二、主要做法

南航集团坚持以高质量发展为引领，坚持对标一流、争创一流，加强供应链顶层设计，以品类管理理念推动制度创新、管理创新，形成"一品一链""一链一策"运营机制，构建具有航空特色的"科学管控、创新增值、绿色低碳、协同发展"品类管理体系，建设"客户营销＋采购供应商"生态圈，提升供应链效益，打造高质量供应链，为企业发展注入强大动能。

（一）高维度打造品类管理顶层架构

树立品类管理目标。围绕南航集团推进高质量发展、迈向世界一流的总体战略目标，以"确保质量、降低成本、提高效益、管住风险"为初心使命，明确"科学管控、创新增值、绿色低碳、协同发展"作为品类管理目标，坚持目标导向，建设具有航空特色的品类管理体系，推动供应链创新和高质量发展。

明确品类管理原则。坚持依法合规，遵守国家法律法规，防控业务风险和廉洁风险。坚持科学决策，吸纳国内外先进理论，运用科学的方法、工具和模型，推进品类管理专业化、精细化。坚持效益导向，通过品类管理和供应链创新，最终实现企业效益和运营绩效提升。坚持韧性安全，着力攻坚关键核心技术与薄弱环节，打造核心部件自主可控、安全可靠的供应链。坚持数字赋能，推动数字化与供应链的贯通融合、相互促进，建设智慧高效的数字供应链。坚持绿色低碳，推进产品及服务的绿色创新，打造绿色供应链和绿色生态圈。

划分品类管理层级。围绕品类管理目标，结合企业实际，搭建"组织与战略级、计划与行动级、成果与评价级"三级品类管理架构。"组织与战略级"作为战略管理层，是品类管理的顶层设计，包括品类组织目标、品类体系划分标准、品类组织架构、品类管理岗位与职责、品类管理人才培养与发展等。"计划与行动级"作为组织实施层，是品类管理的主体和核心步骤，包括品类管理计划与品类管理实施两个阶段。"成果与评价级"作为绩效评估层，是品类管理的控制手段，有助于成果检验、经验推广、查漏补缺，推动持续改善，有效管控风险。

（二）高层次构建品类管理责任体系

依托"董事会和总经理办公会、专业委员会、管理部门、实施单位"供应链管理体系，搭建品类管理部门、总部采购单位、品类管理小组、二级采购单位"四位一体"

的品类管理组织体系，压实各层级的责任，明确权责边界，确保品类管理理念落实、战略落地。

采购与供应链管理部门负责品类管理工作的统筹管理，是品类管理的"压舱石"，主要负责品类管理战略制定、目标计划制订、组织建设、制度流程建设、绩效指标制定和评价等。总部采购单位、品类管理小组、二级采购单位作为执行层实施具体品类管理工作，是品类管理的"驱动器"。其中，总部采购单位根据业务线条承担相关品类的集中采购工作，同时落实所负责采购类别的具体品类管理工作，是品类管理的中坚力量。品类管理小组由总部采购单位组建，是总部采购单位推进品类管理的"抓手"，负责品类分析、策略制定和实施、供应商开发及管理等，可跨部门组建团队，打破部门壁垒，发挥专业优势。二级采购单位是品类管理的重要参与者，参与市场调研、需求梳理、策略实施，负责质量管理、物流管理及履约管理等工作。

通过建立健全品类管理的组织架构和责任体系，以"责任制"为牛鼻子，形成从总部到基层、从管理部门到实施部门、从领导干部到从业人员各司其职、各负其责的良好格局，确保品类管理的全局性、战略性、计划性和有效性。

（三）高标准推动品类管理落地见效

开展品类分析。推进品类基础场景分析，从供应市场、成本支出、内部需求、外部挑战等维度，梳理供需两端的基本场景，为后续分析提供事实支撑和数据基础。推进品类数据深度分析，运用竞争力/吸引力矩阵分析法、棋盘采购分析法等工具，以数据和事实为基础，对品类进行多维度、智能化的评估，确保品类策略制定的科学性和透明性。推进品类特殊维度分析，运用 PESTEL 分析法、SWOT 分析法等工具，对特定品类和特定供应商进一步深入分析，作为前期数据分析的必要补充，确保品类策略制定更具针对性和有效性。

明确寻源策略。基于品类分析和市场调研情况，运用卡拉杰克模型，以"价值"和"风险"为两个维度，构建分析矩阵，将供应商划分为战略类供应商、瓶颈类供应商、杠杆类供应商、非关键类供应商 4 大类型，针对不同类型的供应商采取合适的应对策略。其中，战略类供应商重要性高、市场竞争力强，是需要争取长期合作共赢的业务伙伴；瓶颈类供应商重要性高，但供应资源少、供应风险高，可争取开发供应资源、推进替代方案；杠杠类供应商供应资源较多、供应风险较低，在市场上有完全替代竞争性方案，可通过标准化采购模式，增强竞争、降低成本；非关键类供应商供应风险小、供应资源丰富，双方依赖性低，可合并需求，通过电商化采购等方式优化供应资源。

制定品类策略。根据品类分析结果，针对不同类型的供应商，制定差异化的采购策略，并统筹考虑供需市场博弈、双方合作前景、供应链韧性安全、绿色供应链等因素，确保品类策略的科学有效。例如，航油采购，从内部需求的维度看，属于航空安全类重要物资，是刚性需求。从市场供给的维度看，在国内是垄断市场，可开展战略合作；在国际按寡头垄断、充分竞争、部分垄断等不同市场，采取竞争性谈判、公开竞价等不同采购策略。此外，针对俄乌冲突影响，开展 PESTEL 分析，适时优化调整航油采购策略，保障航空主业正常运营。

加强供应商管理。通过电话访谈、网络筛查、市场调研、实地考察等方式，落实供应商寻源工作，积极挖掘潜在供应商，调动供应商充分竞争，提高自身议价优势和博弈地位，争取更大权益。按品类公开招募建立供应商库，严格入库标准，筛选优秀供应商入库。分类分级管理供应商，加强履约监控和动态评价，建立优秀供应商激励机制以及不合格供应商退出机制，争取与优秀供应商紧密合作、互利互惠、实现共赢。

（四）高水平建设航空特色供应链集群

以高质量发展为出发点，立足深化国企改革、提升企业核心竞争力的大局大势，立足建设世界一流航空运输企业的战略追求，通过搭建高质量的品类管理体系，推进航空运营核心品类全链条科学管控、创新增值、绿色低碳、协同发展，持续提升供应链安全稳定水平、运营管理效能、资源整合能力和辐射带动范围，以高质量供应链推动高质量发展。

以品类管理为切入点，以现代供应链管理理论为指引，融合数智引领、协同高效、自主可控、绿色低碳、现代标准 5 大控制理念，构建供应链控制塔，通过航油、航材、航食等航空运营核心品类差异化精细化管理（见图 1），制定科学的品类管理策略，实现与优秀供应商的共建共赢共享，畅通和优化供需两端，整合和调动上下游资源，打造航油 e 云、绿色航食、空中 e 诊、服装 e 选等一批具有航空特色的高质量供应链集

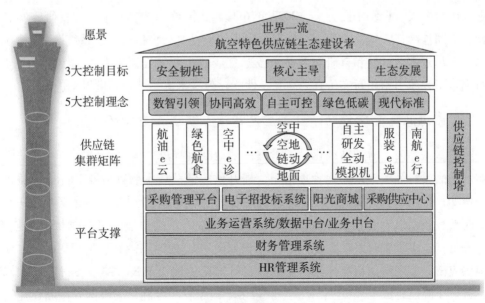

图 1　供应链控制塔

群，形成"空地链动"、综合立体、现代多元的供应链网络，形成从空中到地面、从衣食到出行的多链协同格局，为畅通"空中走廊"提供坚实支撑。

以稳链强链为支撑点，推进品类管理精细化，深耕航空运营核心细分领域，紧扣航油、航材、航食等航空供应链关键品类，争当"链主"、以点带面、引领发展，聚焦创新驱动、自主可控、智慧协同、绿色低碳，推进供应链与资金链、技术链、人才链、数字链、创新链"多链融合"，推动安全发展、智慧发展、绿色发展、共赢发展，助力供应链安全和产业链升级。

以美好出行为落脚点，牢固树立"人民航空为人民"的意识，通过品类管理创新，推动现代化航空服务全场景创新。以收益制里程累积为抓手，完善权益资源的优化配置，促进里程内外部循环，贯通吃、住、行、娱、游、购全链条，建设高质量航空供应链和航空生态圈，搭建高质量"空中走廊"，为旅客出行提供"亲和精细"的服务体验，打造"客户尊享""中转畅享""行李优享""亲情服务360""食尚南航""南航 e 行"6 张服务名片，不断满足旅客对美好出行的需求。

三、成效与创新点

（一）以品类管理推动韧性供应链建设，实现自主创新

坚持创新驱动，融入品类管理理念，助推核心品类自主可控，打造韧性供应链。例如，通过科研立项和技术攻关，自主研制全动飞行模拟机，研究掌握模拟机部件制造、视景系统研发制造、运动系统研发制造等核心仿真技术和算法，逐步完成关键子系统和零部件国产化替代，推动构建模拟机国产全链体系，突破技术壁垒，为全球民航业提供自主飞行训练中国方案。2023 年 6 月，我国首个航空安全与仿真研究实验室在南航集团挂牌，正式发布我国首个完全自研"全动飞行模拟机视景系统"，该系统是全球首个基于游戏科技和自研虚像显示技术打造的全新一代视景系统，使我国在全动飞行模拟机视景引擎超写实仿真、高光学性能虚像技术等领域达到世界先进水平。

（二）以品类管理推动精益供应链建设，实现提质增效

坚持效益导向，通过精细化品类管理，因地制宜推进"一品一链""一链一策"，依据不同品类特征实施差异化管理策略，提升供应链总成本管理效益，打造精益供应链。例如，推动品类管理与航材管理有机融合。航材是航空公司的关键成本之一，供应的时效性关系航空公司安全和效益。南航集团致力于加强航空维修领域自主创新，开发飞行状态多维实时跟踪系统，衔接"天网"和"地网"，打造"空中 e 诊"航材保障供应链，实现快速精准排故，在确保飞行安全的前提下极大缩短飞机停场维修时间，有效压降航材成本。"空中 e 诊"获得多个国家发明专利，突破国外垄断，让飞机在空中"说话"，助力安全飞行，提升安全质量，确保"两个绝对安全"。

（三）以品类管理推动数智供应链建设，实现智慧赋能

坚持数智引领，依托"一朵南航云＋一个数据中心＋业务和数据两个中台＋N个前端应用"，串联各业务节点，实现资源智能调配，打造数智供应链。例如，实施航油品类管理策略。航油是航空公司最大的成本支出，航油保障供应链对航空公司安全飞行和生产经营尤为重要。南航集团着力打造"航油e云"数字化供应链，链接贯通全球供应商航油加注信息系统，串联生产计划、采购需求、采购实施、供应商履约等关键节点，搭建燃油使用效率评价体系，综合分析机型、天气、航路等要素，自动生成科学的加油计划，每年可减少航油消耗2万余吨。2018年，"航油e云"荣获全国交通企业管理现代化创新成果一等奖。2023年，"航空煤油供应链智能物联大数据共享"项目荣获国资委国企数字场景创新专业赛一等奖。

（四）以品类管理推动敏捷供应链建设，实现协同高效

坚持协力共建，通过品类管理推动资源整合，打造敏捷供应链。例如，实施服装品类管理策略，建设"服装e选"供应链，通过供应、管理、使用"三位一体"信息平台，智能化统计需求，自动生成采购计划，按需自选，实现服装由"我发你领"到"你选我送"的转变，颠覆企业服装领域传统配发方式，最大限度缩短服装供应链周期，每年节支成本达1000万元。又如，将品类管理理念融入航空生态圈建设，通过"南航e行"平台，以旅客出行为超级链接点，丰富供应链网络神经元，深度感知旅客需求，快速精准响应，引进酒店、景区、游乐园、电商平台等百家合作商提供特色商品和优质服务，实现上下游资源优化整合，完善打通吃、住、行、娱、游、购全链条体系，充分发挥供应链协同效益。2021年，"南航e行"获评世界互联网大会"携手构建网络空间命运共同体精品案例"。

（五）以品类管理推动绿色供应链建设，实现节能减排

坚持绿色发展，将品类管理、供应链建设与碳中和行动、绿色旅行服务等有机结合、统筹推进，打造从空中到地面、从场内到场外、从运行到管理的绿色供应链发展模式。例如，实施航食品类管理策略，建设"绿色航食"供应链，实时掌握航班乘客数量，形成最佳配餐计划，2022年累计节约餐食超过727.2万份，约3345吨，荣获"金钥匙——面向SDG的中国行动"冠军奖。又如，加强机上物品管理，开发飞机重量管理系统，制定6大类机上物品重量标准，实现单个航班减重超过70千克，2022年吨公里油耗、吨公里碳排放均同比降低2.7%。再如，采用可持续航空燃料，接收首次使用"中国制造"可持续航空燃料的A350宽体机，使用中国首套可持续航空燃料工业装置规模化生产的国产SAF燃料，助推绿色飞行。2022年，南航集团"绿色飞行"项目成为民用航空业唯一入选的"一带一路"绿色供应链案例。

四、推广价值

航空运输是现代供应链物流体系中的重要组成部分，高质量的航空供应链是联通各地、深化产业合作、实现生产要素高效流动配置的"大动脉"。南航集团坚持高质量发展总体思路，全面落实高质量供应链战略，以数智引领、协同高效、自主可控、绿色低碳、现代标准 5 大控制理念构建供应链控制塔，以品类管理为抓手，以集约化、标准化、协同化、数智化、绿色化为支撑，打造高质量航空供应链，建设高质量"空中走廊"，为高水平对外开放架设桥梁，为国内国际双循环新格局增光添彩。

南航集团致力于以品类管理理念推动思维创新、制度创新、实践创新，坚持对标一流，加强顶层设计，建立具有航空特色的"科学管控、创新增值、绿色低碳、协同发展"品类管理体系，健全"一品一链""一链一策"运营机制，推动航油、航材、航食等核心品类供应链实现资源优化、降本增效，形成航油 e 云、绿色航食、空中 e 诊、服装 e 选等具有航空特色的高质量供应链集群，辐射引领航空供应链效益全面提升，打造精益敏捷、智慧协同、绿色节能、韧性安全的航空供应链，建设高质量航空生态圈，推动供应链产业链上下游企业互利互惠、共赢共享，为人民群众的美好出行、经济社会的稳定发展贡献力量。

（中国南方航空集团有限公司，李娟、罗杰强）

中国能建：构建"6P一中心"供应链管理一体化平台

一、行业背景

建筑板块是国民经济发展速度最快的板块之一，是国民经济的支柱产业，因此，提升采购与供应链管理水平，对于提升建筑类企业核心竞争力、推动高质量发展至关重要。

（一）行业面临痛点

1. 需求方面

与传统的制造业相比，建筑行业工业化水平相对较低，造成物资品类繁多、变化大、标准化程度低，以致在产业供应链体系中，议价能力与其他行业企业相比相对较低，难以具有供应链核心企业地位，使得供应链结构的网络特性的复杂性更高，供应链管理与运营更加复杂，这些也成为数字化的核心需求。

2. 资金方面

受制于市场竞争激烈，甲方付款能力、信用不足等情形，建筑类企业在采购价格和资金支付等方面处于弱势地位，应收账款过高、融资能力不足，带来建筑业物资采购成本的居高不下。

3. 系统方面

建筑类企业数字化手段多处于初级阶段，由于缺少数据协同工具，内外部协作效率低下，迟滞业务交付，同时采购领域产生的数据资产大量沉没，采购数据无法参与运营决策，本应通过数据反馈的经营风险无法即时洞察，系统无法承载业务的快速改变，系统改造难度、成本随时间增加。

（二）未来发展趋势

习近平总书记在十九大报告中提出要"在现代供应链等领域培育新增长点、形成新动能"，为我们做好物资采购与供应链管理提供了根本遵循。《中华人民共和国国民经济和社会发展第十四个五年规划和2035年远景目标纲要》提出强化科技创新和产业链供应链韧性，推动应用研究，开展补链强链专项行动，加快解决"卡脖子"难题。

在数字经济与技术发展的驱动下，传统供应链正在向数字化供应网络变革跃迁。

充分利用数字化等先进技术，解决物流、信息流、资金流的信任和流动受阻的问题，以创新方式赋能供应链数字化转型发展，持续推动供应链管理创新、组织方式创新、商业模式创新和治理方式创新，激发供应链现代化新动能，培育高质量供应链生态。

二、主要做法及成效

根据业务转型和发展需要，中国能建积极探索采购管理向两端延伸，采用标准、数据、架构、应用、管理"五统一"的设计理念，运用"云、大、物、移、智、链"技术，基于公司"一张网、一朵云"信息高速公路建设"6P一中心"供应链管理一体化平台，分别为能建客商（供应商管理子平台SMP）、能建云采（电子采购子平台EPP）、能建云商（电子商务子平台ECP）、能建云造（监造管理子平台MSP）、能建云运（物流管理子平台LMP）、能建云仓（仓储管理子平台WMP）、供应链运营中心（SMC）。

"6P一中心"供应链管理一体化平台从业务上实现对供应商、需求和采购计划、招标采购、合同、订单及履约、结算、供应链金融、物流、仓储、催交、监造、执行监控和分析等供应链模块一站式管理，同时对内对接公司财务一体化、项目管理一体化、主数据、智慧工地等系统，对外对接各类信息系统，实现穿透式、融合式管理。我们充分应用"云大物移智链"等先进技术，吸收标杆企业的管理经验，实现了结构化招评标、电子合同、电子签章、智慧决策分析等功能，推动由传统采购管理向供应链管理蝶变。各子平台融会贯通，共同实现对供应商、电子采购、电子商务、合同履约、监造、仓储物流等管理，提供采购全生命周期的信息化、数字化支撑，构建供应链的生态闭环。立足现代供应链融合、协同的特征，按照整体智治理念，重塑供应链管理体系、制度体系和支撑保障体系。

（一）能建客商（供应商管理子平台SMP）

能建客商实现对供应商全生命周期管理，实现对供应商主数据全集团统一管理和标准化、实现与供应商的全过程业务协同。通过大数据和信息化手段提升供应商注册效率，精细化供应商管理，提升供应商考核的准确性和及时性。通过大数据采集技术，对供应商信用评级、股权变化、诉讼风险等进行穿透式、动态监测，整体降低公司供方履约风险，提升供方资源质量。功能涵盖对供应商寻源、准入、使用、考核评价、退出、信用监测和评价、风险联防、收费、统计查询业务的支持。

（二）能建云采（电子采购子平台EPP）

能建云采实现在统一的系统内运作采购业务，并实现对采购物资主数据全集团统一管理和标准化。强化采购业务的计划性，规范采购过程、采购文件、采购合同，深化采购合同应用，打造供应链平台的契约节点，将管理延伸到执行阶段，最终实现采购业务数据的上下贯通、前后联通。集成智能化招、投、评标工具，以及移动应用和数字签名技术，全面提升采购效率和应用体验。提供合理、及时的信息共享和沟通机制的通道，支持供应链内外部的信息传递、数据流转和工作协同。功能涵盖对计划管理、采购实施、评标现场智能化、合同管理、内部协同、采购监督、合同执行、纠纷处理、专家管理、物资主数据管理等，以及对管理过程的智能化支持和深度扩展。云采平台为集中采购综合管理平台，可支持各类型、各品种的采购业务实施、数据分析和采购监督。2022 年中国能建上线采购总额 3689 亿元（同比增加 1251 亿元），上线采购率 97.7%（同比增加 1.2 个百分点），电子招标率 92.24%，共节约采购成本 123.9 亿元（同比增加 29.3 亿元），各项指标均有较大幅度的提升。

（三）能建云商（电子商务子平台 ECP）

能建云商子平台实现全球化、本地化的二三类物资采购、废旧物资处理、闲置物资交易、设备租赁、商旅服务等业务的线上执行，实现对供应链上下游企业的金融服务。满足不同区域、不同项目的多样化、个性化采购需求。提高二三类物资采购执行的效率、结算的准确性和速度，有效降低买卖双方的沟通成本，盘活废旧闲置物资和设备，提高库存周转和设备使用率。同时服务海外项目，为海外项目提供高效、低成本、高质量的物资保障，满足海外项目的属地化需求，为供应链上下游企业提供安全的资金支持，保障生态圈中优质成员的稳定，提升供应保障能力。云商平台以定规则、建平台、引模式、多合作的建设思路，运用大数据、云计算、图像识别等先进技术，为公司提供互联网采购整体解决方案。通过一整套标准化业务模式、操作流程和技术措施将采购制度及合规要求固化在交易平台上，确保采购业务的合规性、交易的可靠性，帮助集团实现采购全流程数字化，构建全供应链服务的采购云平台。平台功能涵盖对供应商产品管理、自营产品管理、闲置物资管理、闲置设备管理、区域/频道管理、交易管理、物流跟踪、出口集港、结算管理、金融服务等业务的支持。能建云商成立至今共执行集团级集中采购 93 批次，上线 20 余个品类，在售 SKU 超过百万。

（四）能建云造（监造管理子平台 MSP）

能建云造实现对设备监造催交业务的线上管理，跟踪建造全过程、生产全过程。通过打通与上游生产商、供应商信息系统，实现设备从计划、排产、生产、验收、发运到交付全过程数字化管控。通过全过程跟踪设备生产的进度、过程和质量，助力工程项目进度和质量得到保障。通过建立质量分级的监造物资目录，强化监造工作的计划性，提升生产进度、产品质量的可控性，提高工程项目合同履约保障。平台功能涵盖对生产计划、监造计划、人员配置、生产进度、质量监控、问题分析与处理、验收、发运、全过程文档管理等的支持。

（五）能建云运（物流管理子平台LMP）

通过能建云运子平台实现对境内大宗物资和设备的物流服务全过程跟踪。依靠5G、物联网等新技术，通过能建云运子平台从物流服务的需求方转变为物流服务的管理者。提升物流服务共享、有效降低物流成本，物流过程实时可控、提高物流效率，逐步实现服务方案智能择优，最终达成管控集约化、一体化、中心化的物流运输管理模式，激发培育供应链新动能，培育新业态。

平台可实现对境外物资储运管理支持，覆盖计划、集港、货运、清关等关键环节和节点的管理支持，科学制定物流服务方案，以最合理批次、最匹配物流资源、最佳运输方式组织货物发运，有效提升境外物资储运的管理效率。构建物流运输数字化体系，为供应链一体化平台提供全过程、全要素、全层级的物流运输标准化解决方案。同时支撑货物地理坐标图形化展示、不同运输方式的在途信息动态可视化呈现，定义多维度追踪反馈机制，搭建可追溯、可预警、可感知的数据模型，提升物流运输服务策略，实现过程追踪可视化。

最终从流程管理过渡到集团集约管控，建立集团级物资储运中心，统筹货运资源，大幅降低运输成本。平台功能涵盖对运力（车船）管理、线路管理、费用管理、实时跟踪、运费管理、境外物资储运全流程管理等的支持。

（六）能建云仓（仓储管理子平台WMP）

能建云仓子平台为公司项目构建智能仓储系统，统一规范仓储作业，提高业务效率；实现在不同项目间、不同企业间库存信息的共享，支持剩余物资不同项目间的调拨，降低存货、提升库存周转率，同时建立应急性和紧急性物资支援渠道，助力集团工程物资一盘棋，整体管控协调。

云仓子平台建设同步覆盖境外集团所属项目，实现海外项目剩余物资、紧急物资的协调协同，强力助力海外项目正常履约，打造集团海外项目履约共同体，互助协同共赢。

能建云仓子平台功能涵盖对仓储管理所涉及的设备和货物的收发存、仓库货位、盘点调整、废旧及闲置物资、设备移交、存货分布、项目间调剂、联储联备以及智能仓储等的支持。打通供应链在项目端与项目管理一体化平台、业财一体化平台的接口。截至目前，中国能建在50余个属地"云仓"布局并发挥效用以来，助力属地项目大幅降本增效，运营的订单物流时效提升平均超过40%。

（七）供应链运营中心（SMC）

供应链运营中心定位为供应链的智慧大脑，是供应链的管理中枢，即"一中心"，以供应链产业大数据为基础，支持对供应链整体"数字化、可视化"的呈现、"可感知、能追溯"的管理、"可信任、能预测"的分析。通过数据挖掘、趋势计算对运营决策进行赋能，不断提高供应链运营效率和效益，推动供应链从数字化管理向价值化运营转型，助力实现公司市场、信息和生产"铁三角"协同作战。

通过供应链运营中心实现对供应链全景业务的监控预警，实现对计划预算、重大采购项目、供应商、集中采购、风控合规、工程项目保障、平台运营等主题的动态监测、实时分析和持续优化。构建供应链全周期风险预案支持平台，针对不同类型的紧急需求与可能的突发事件，进行预案储备。

建立起集团（子集团）级、公司级、项目级三级指标管理体系，将业务层级有序地串联到一起。横向实现沿供应链占据若干环节的业务布局，即把各环节（需求计划、采购实施、合同签订、商城订单、催交监造、物流跟踪、物资入库）构成一个横向的链条，对其实施全过程管控，以增加各个业务活动的降本增效。纵向实现从集团—公司—项目的三级可视化平台。依托中国能建集团供应链一体化的数据仓库，构建成本控制、风险监控、全景可视、资源优化配置四大板块。

（八）取得的成效

1. 服务效能显著提升

中国能建推动建设自主可控的信息化平台，组织开发了采购管理平台外部门户网、电子采购内部客户平台、能建商城电商平台，通过"一网双平台"支撑各项采购业务的开展。实现了采购制度流程化、采购流程表单化、采购表单电子化。全集团采购人员按照统一的制度、统一的流程在统一的电子化采购平台上运行，使采购信息高度集成和广泛共享，确保"业务公开、过程受控、全程在案、永久追溯"。通过搭建供应链管理一体化平台确保供应链各环节之间的信息流畅，优化了供应链各个环节的业务流程，同时加强了与供应商、物流服务商之间的合作伙伴关系，分享信息、资源，分担风险，以实现互利共赢。明显提升了供应链服务效能，提高订单交付准时率、降低采购成本。

2. 供需协同有效推动

在供应链管理一体化平台开发了采购协同管理模块，实现在采购计划阶段采购信息协同共享，通过把需求信息推送至相关企业促进内部协同，在采购实施阶段，公司总部通过相关激励政策撮合内部企业供需协同。同时，开发了闲置物资设备共享模块，有力地推动了闲置资源再利用。充分发挥集团公司资源配置作用，实现"1+1>2"的整合效应，按照"必须开展内部协同，内部协同必须市场化"的原则，统筹推动内部产供销业务协同。按照公司协同经营管理办法制定了装备制造产品协同目录和协同奖励办法。

3. 源头管控初见成效

通过供应商管理子平台、供应商协同子平台，构建供应商全生命周期数字化管理方式，形成采购全过程风险防控机制，有效预防和改善供应商选择不慎、管控不严、履约不力和以次充好等问题。强化供应商考核评价工作，每年都组织供应商考核评价工作，累计发布 8 批次供应商黑名单，有效控制了风险。同时，对信用好、实力强的供应商开展深层次合作。

4. 采购监管手段丰富

充分应用新技术、积极探索新方法，应用大数据、人工智能等技术，研究开发了采购大监督平台，实现了预警纠错、事中事后监督、在线投诉举报等功能，建立起了全程动态监管机制，全面、客观、准确、动态记录招投标活动全过程，保证相关信息不被篡改、遗漏并可追溯。初步建成"互联网＋监管"的采购监督模式，实现采购"业务公开、实时监控、在线问询、全程在案、永久追溯"，营造了公平、健康、阳光的采购环境。创新应用大数据采购监督以来，累计发现可疑采购情况百余项，大大提高了采购监管效率。同时，线上监督针对正在进行的采购项目，直击问题点，有助于所属企业及时整改，挽回损失。

三、推广价值

供应链管理一体化平台对内实现对供应商管理、需求和采购计划管理、招标采购管理、合同管理、采购订单及合同履约管理、监造管理、物流管理、仓储管理等供应链全业务覆盖，支持供应链业务穿透管理、工程项目管理变革和业财一体化融合发展。对外打通产业信息数据互联、共创产业生态共同体新思路，充分应用"物大智链云移"等技术，将以中国能建为核心的供应链上下游企业链接起来，通过全业务在系统中的执行和智能化技术带来的业务创新，构建中国能建响应敏捷的供应链资源协同生态圈。将中国能建自身的采购能力转化为生态圈对集团业务拓展提升的支撑能力，从单一的降本增效拓展到广泛的产业链协同和内生的价值创造。

（一）提升企业需求预测能力

供应链管理一体化平台可加强数字化技术和数据分析在供应链需求管理中的作用，加强历史供需大数据分析，对常规供应物资与服务品类需求数量建立并持续完善预测模型，协助需求部门共同提升需求报送准确度。建立需求储备机制，通过预设模板、需求提前预测、前置审批、预测快速转化等策略缩短从需求到采购的时间周期。通过结合云仓等系统，掌控区域、项目的货物库存水平和控制要求，考虑内部及周边闲置资源，根据项目生产节点和采购周期等，通过智能运算，判断合理需求和采购节点。

（二）提升创造价值的采购实施能力

供应链管理一体化平台推动采购操作全面自动化，全面推行采购文件结构化，充分运用数据挖掘、大数据、人工智能等技术，推动采购自动寻源、采购方式自动控制、采购流程智能选择、自动清标、辅助评标、供应商智能评价，大幅提高工作效率。

（三）全程可控的风险预警能力

通过建立智能化评标和过程活动合规监控，强化采购过程的阳光透明和风险管理，通过履约过程可视化、智能预警以及履约保障统筹管理的向前延伸，约束履约全过程的行为规范，并能有效预判风险、发现风险和应对风险。

建立事后分析、总结、优化机制。对已发生问题，建立原因分析、补救措施、制定管理完善方案三步走的机制。按照发生单位制定、执行，上级单位审核、督导，集团评定、改进规范的流程实现风险管控持续优化的良性循环，提前发现违规事项，减少人为因素影响。对采购风险、违法违规做到事前全方位预防。

（四）提升智慧物联的仓储管理能力

通过数据共享标准接口将集团内部各单位、各项目以及供应商的协议库存等进行集成，构建数据共享的数字云仓。可视共享的智能仓储管理：实现仓储作业自动化、智能化，通过VR、高清视频技术实现动态实时监控仓库存货和作业；通过云仓的存货地图实时监控库存保障水平和供应能力，实现存货水平"可感知"，实现重要物资云催交、云监造，物流状态实时监控。优质可靠的物流保障：建立区域化、专业化的物流服务集采联采机制，筛选出高质量物流服务商，以长期稳定合作为基础，实现优质物流资源的统筹共享。

（五）提升共享增值的产业协同能力

通过开放的供应链平台建立起公司与供应商、合作伙伴、客户的协同机制和通道，通过内部系统间数据接口建立起内部业务流的无缝对接机制，提升内部协同效率。

提升信息共享能力，落实供应链平台对供应商、物资、采购、合同、履约、结算等全过程管理的透明化支持和标准的数据接口服务，实现数据的内外部实时共享服务。

提升内部协同能力，落实供应商信息的实时共享，强化采购及履约过程中的风险联控。通过数据接口与项目管理、财务、智慧工地等业务平台集成，实现产供一体化、业财一体化、管控与现场一体化。以统一的技术标准和评价体系为基础，推动内部产业协同、协作投标的新模式。

提升外部协同能力。以"能建标准"为引领，规范设计环节原材料、设备可选范围，保证物资体系标准化从前到后的一致性。落实全过程业务信息透明化，支撑采供双方及时发现问题、达成共识、解决问题，有效降低沟通成本。

（中国能源建设集团有限公司，陈静、王喜营、张雏）

中国安能：突发情况下的应急救援物资设备供应管理

一、项目背景

在现代社会，突发事件时有发生，如自然灾害、安全生产意外事故、公共卫生事件等不可抗力事件或其他突发事件。这些突发情况往往对人民群众生命财产安全造成巨大威胁，因此及时有效地进行应急救援工作至关重要。突发事件和灾难对社会造成的巨大影响使应急救援物资设备供应管理变得至关重要，包括但不限于通信设备、救护车辆、应急用品、救援工器具等。

2023 年 7 月 29 日起，受第 5 号台风"杜苏芮"影响，华北地区开始连续强降雨，时间超过 72 小时。受此影响，加之上游洪水过境，京津冀多地防汛形势极为严峻，多地出现河流超标准洪水、围堰漫堤、道路崩塌、地面塌陷等洪涝及其次生灾害。根据国务院国资委党委部署安排，按照应急管理部抢险救援任务指令，中国安能集团立即启动应急响应机制，先后从北京、唐山、合肥、武汉等多个方向共 4 个二级企业、5 个应急救援基地（大队），紧急抽调工程、测量、推挖装运、特种操作等 400 余名救援骨干，携大功率排水车、打桩船、机械化桥、三维激光扫描仪等 200 余台（套）专业装备，多路出击，持续转战京津冀 3 省市 7 区县，结合当地水情灾情、道路交通、气候变化及可能发生的次生灾害等问题，集中研判灾情，制定最佳抢险方案，接连打赢道路抢通、溃口封堵、堤防加固、内涝排水、巡堤排险等 12 场硬仗，在关键时刻发挥了国家队、专业队作用。

本次应急救援任务持续时间长、工作强度大、涉及范围广、保障品类多，中国安能集团集中采购中心根据集团统一部署，具体承办了租用重型工程机械设备，以及燃料、救援工器具、防汛沙袋、食品、饮用水、防护用品、急救用品、帐篷、睡袋、通信及照明工具、保暖衣物等多种物资和服务的应急采购任务，为救援队伍圆满完成应急救援任务提供了有力保障。

二、应用场景

中国安能集团集中采购中心依托应急供应商数据库、采购计划与库存管理、供应商预筛与评估、简化采购流程与合同管理、供应链跟踪系统等环节实现应急采购，有效解决了应急物资设备供应不足、供应商选择困难、采购流程烦琐、供应不高效等实际问题。

（一）建立应急供应商数据库

一是与优质供应商建立稳定的合作关系，签订战略合作协议，升级为应急供应商，明确双方的责任和义务，切实把保障人民群众生命财产安全放在第一位，遇有突发情况，双方联动，快速获取可靠的物资设备，提高采购效率。二是根据救援场景的不同需求，整合供应商资源，针对供应商的经营范围、产品质量、服务水平等进行评估，筛选出适合洪涝、地震、台风、泥石流等特定场景的战备供应商，以满足突发情况下的应急采购需求。三是定期组织应急推演和物资盘点，与供应商进行沟通和协调，确保在特定灾害发生时能够及时调动供应商资源，提供所需的物资和服务。

（二）统筹采购计划与库存管理

根据集团公司以往参与各类应急救援行动的历史数据和需求预测，统筹制订菜单式采购需求计划。利用集团物资进销存管理系统，及时掌握所属单位、部分战略供应商的物资设备库存的分布情况，保证遇有情况能够及时供应。

（三）供应商预筛与评估

通过统筹采购计划及库存，提前预判救援现场需求，与区域内应急物资设备供应商取得联系，统计物资设备型号规格数量、交付时间及售后服务等，做好供应准备，做到"兵马未动粮草先行"。以本次京津冀道路抢通、堤坝漫溢处置等多起救援任务为例，集中采购中心接到应急采购任务指令后，立即启动应急响应机制，按照应急采购程序组织应急采购专项小组第一时间与战略供应商联系，提出应急抢险设备规格型号和物资品类数量等采购需求，选择距离险情地点最近的最优供应商为救援队伍提供抢险物资、应急设备租赁等服务，并力争在救援队伍到达灾情现场时，能够同步将前期应急抢险设备和急需物资配送到位，为救援队伍迅速展开救援、处置灾情，保护人民群众生命财产安全争取了宝贵时间。同时，为防范供应链因道路受阻、交通中断、物资短缺等突发情况的影响，可能出现的断链等情况，集中采购中心建立了"一主多备"或"多主多备"的供应模式，在不同方向分别准备了 2~3 个备选供应商，确保供应链遇有突发情况能够快速补链，保障物资设备和服务的及时供应。

（四）简化采购流程与合同管理

一是提高救援响应速度，简化采购流程，如减少审批环节、加快采购流程、减少时间和成本、优先选用应急供应商库内供应商等方式。二是与法务部门建立紧密配合机制，提前准备采购合同模板和文件，以便在紧急情况下快速启动采购程序。三是提前与战略供应商进行谈判，达成合作意向，签订框架合同，并框定双方权责，建立包含合同信息、供货、验收、考核等记录的供应商档案，密切合作，建立伙伴关系。

（五）建立供应链跟踪系统

为确保突发情况下应急救援物资设备供应顺畅，全程监控物资设备从供应商到最终目的地的运输进程，实时掌握供应链动态，建立并完善了供应链跟踪系统，确定需要跟踪的关键指标，如交货时间、运输时间、运输方式、路线等，使用物流追踪软件或自动化跟踪系统，确保能够准确跟踪到物资运输信息，时刻掌握物资运输进度，便于及时决策，保证应急救援物资设备的实时调度和管理。本次京津冀抢险过程中，我们与燃料供应商启用了应急配送机制，制订了燃油供需计划，根据油料供应点分布情况确定运输方式和路线，建立了出库、运输、库存、交付、验收等全流程监管体系；过程中加强与相关业务部门和供应商的协调沟通，结合实际不断优化配送路线和运输方式，确保燃料能够及时准确送达指定地点，保证应急救援任务顺利进行。

（六）供应商考核管理

采取动态考核方式，不定期评估和监督供应商，以确保合作期间保持高水平的服务质量。动态考核从设定考核指标、考核频率、绩效评估、建立反馈沟通机制、监察监督等多方面进行考核。与传统的一次性或定期考核相比，动态考核更加灵活和实时，可以更准确地反映供应商的真实表现情况。其中绩效评估，包括交货及时性、产品质量、售后服务等方面的表现，考核结果用来与供应商沟通改进措施和调整合作关系。在突发情况下，供应商可能还面临一些不可预见的风险，如自然灾害、供应链中断等，共同制订风险管理计划，确保应对风险的措施，密切战略合作关系。

三、可推广性论证

突发情况发生后，是否能够快速采购所需物资设备至关重要。传统的采购流程往往烦琐，耗时耗力，影响救援工作的效率，通过推广应急采购流程和机制，能够帮助其他地区或组织提高应急响应速度，迅速获取所需物资设备，有效支持灾害救援和应急工作，可提高资源利用效率，加强信息共享和协同配合，增强应急救援能力，密切与社会资源的联系。应急采购在2023年京津冀特大暴雨洪水灾害抢险救援中再一次得到实际运用，它的有效实施和推广可以带来提高应急救援响应速度、确保物资设备质量、优化采购成本、提高管理效率和透明度、提高资源利用效率、增强应急救援能力等多方面实效，这些将为应急救援工作提供更多的支持和保障，在应对各类灾害事故等突发情况时为保障受灾人民群众生命财产安全赢得宝贵时间。

（中国安能集团，刘猛、吴斌、张宏飞、侯斌）

陕西移动：以规避不平衡报价为牵引，优化国企综合行政类项目采购

一、背景概述

各类采购过程中，不平衡报价是投标（应答）人在投标（应答）博弈中的一种策略，对投标（应答）人均存在不公平性，易产生异常低价或高价，在执行过程中可能存在钻空子的廉洁风险，给采购活动和合同履约带来一定的风险，甚至损害招标（采购）人的利益。

在施工项目中，对工程量清单不平衡报价有较成熟的方法和举措进行管控。但是，在国有企业日常综合行政类采购项目中，由于项目种类繁杂、特点不一，根据采购主管的认知不同而设计的报价模式不同，此类不平衡报价容易被忽视，造成实际项目实施过程中诸多风险。

因此，在综合行政项目采购实践中，需要尽早识别风险，规避不平衡报价，以规范化报价为目标，在项目方案策略制定过程中，积极思考报价策略优化，寻求最佳报价方案，以促进采购项目顺利实施。

那么"不平衡报价"是什么呢？百度文库的解释是"不平衡报价指总价不变的情况下，投标（应答）人通过调整内部各个单项的报价，以期既不提高总价，不影响中标，又能在结算时得到更理想的经济效益的报价方式"。在采购管理过程中，不平衡报价是亟须杜绝和防范的重点问题之一。

二、总体思路和目标

国有企业综合行政类采购项目包括各类综合服务支撑类、物流类、办公类、产品类、车辆类、后勤类、党建工会类、保险类等，这些品类标准化程度低、品类跨度大、种类多，需求变化多端，报价形式复杂多样。在采购博弈过程中，报价策略设计不当，会让供应商钻空子，增加不平衡报价可能性。如果报价复杂，还会增加应答人报错导致评审修正或否决的概率，严重影响采购评审和后续落地执行成效。

另外，在采购方案制订过程中，报价模式的设计对规避不平衡报价起着关键作用。报价模式设计得当，能大大降低不平衡报价发生。在规范不平衡报价的同时，还对简化报价、减少投标被否决等起到积极作用。因此，可以采购方案制订过程中的报价策略优化为抓手，寻求控制可能产生的不平衡报价问题，规范报价策略、减少采购评审

过程否决，尽可能从采购源头防范不平衡报价，减少企业项目采购及执行风险，保障项目后续执行顺利、减少履约纠纷。

三、痛点难点

目前，国有企业集中采购过程中，为最大限度增加采购结果应用的灵活性、适用性，大量采购项目采用框架协议模式，"框架合同""量价分离""单价据实结算"等形式很好地起到对执行时间较长、部门较多的采购需求的快速灵活支撑作用，但也容易为不平衡报价的实施创造条件，投标（应答）人为了获得中标（中选）机会，常常通过不平衡报价谋求项目后期执行中的不当收益。价格策略设计不当，存在的风险及痛点如下。

（1）易发生钻空子廉洁风险。采购过程易出现不平衡报价，部分单价非合理性偏高以及部分单价非合理性偏低，从而使中标（中选）人在执行过程中拒绝执行偏低单价，寻租执行高收益报价，存在一定廉洁风险。

（2）对其他投标（应答）人不公平。在投标（应答）博弈中，部分投标（应答）人可能利用信息差，利用不均衡报价，形成虚假竞争价格，构成对其他投标（应答）人的不公平。

（3）报价复杂，执行易出错。综合类项目涉及物品多、事务琐碎，采购过程中，如报价设计不合理，投标（应答）人报价复杂，需填写价格繁多，易导致报价错误从而否决投标（应答），造成项目采购失败。同时，也不利于后期合同执行和结算。

（4）易产生纠纷，影响合同执行进度。在项目实施中，可能引发项目后续执行纠纷。尤其是实施不平衡报价的投标（应答）人中标（应答）后，实际情况与预期不符时，易产生纠纷，对进度等会造成障碍，从而影响项目执行进度。

四、解决方法

在实际制订方案过程中，首先须要求采购主管加强采购需求的审核把关，对重点需求的技术规范需要通过会议会审确定，结合历史数据，分析需求量的科学性，对不准确的需求严格审核，退回重新提交，尽可能做到需求源头准确，做好公平公正、合规采购的基础工作。

其次，从采购条线制订方案时，应积极探索报价模式的设计优化，从方案报价设计策略上，寻求控制可能产生的不平衡报价问题。

通过多个项目实践总结，逐步形成"目录价＋综合折扣率""历史分析＋最高单价限价""场景单价＋数量＋综合总价""场景单价＋权重＋综合总价""单一单价推演其他单价"五类常用的报价模式，形成综合类采购项目以规避不平衡报价为牵引的价格策略优化实践案例经验，通过不同项目的实践，证明能够有效防止不平衡报价、简化应答、减少否决，具体报价模式如下。

1. "目录价+综合折扣率"模式

（1）适用项目特点。该类项目历史中标（中选）价格实施良好或市场价格较透明，通过市场调研或者借鉴历史中标（中选）价格，结合上期实施与市场价格的分析，可以较方便制定出符合实际的单价目录价。该类项目有规范的目录价，目录价格易确定、波动小或具备业界公认的价格调整方法。

具备上述特点的项目，可设计采用"目录价+综合折扣率"的报价模式，投标（应答）人只需填报综合折扣和税率，目录价固定统一，对所有投标（应答）人公平透明，从而杜绝不平衡报价。

（2）具体案例。某地铁广告采购项目，由于地铁广告刊例价在当地公认统一，可以将刊例价作为目录价（见表1）。原来报单价，在执行过程中，应答人对报价高的单价执行积极，报价低的单价规避或找借口不执行、少执行，造成执行过程沟通量大，易产生纠纷。

改成"目录价+综合折扣率"模式后，供应商均在同一目录价的基础上，报综合折扣及税率，相较原来直接报单价，目录价的均衡性能够有效防止不平衡报价，应答人仅需填写折扣报价及税率，大大降低报价数量，简单清晰，易执行，降低报价及执行复杂度，同时降低因报价问题评审否决造成的项目失败风险。

表1　　　　　　　　　　　　　地铁广告项目报价一览

媒体类型	刊例价		税率	最高应答限价
	含税单价（元/四周）	折扣报价		
品牌专列	288000			
品牌专列3列	758000			
品牌专列5列	1080000			刊例折扣报价：65%
单边	188000			
单边3列	498000			
看板	60000			
单边5列	718000			

案例项目的特点是，有规范目录价，目录价浮动小，在市场上较统一，被普遍认可。

2. "历史分析+最高单价限价"模式

（1）适用项目特点。该类项目历史中标（中选）价格实施良好，实施中未发现不平衡价格，但由于市场确定公认价格或市场价格不易获得，无法制定统一的目录价，实施量为预估，这时，可以通过历史项目分析，以历史项目平均单价适当上浮（一般为10%~20%）作为最高单价限价，也就是我们常说的单价限价项目。

具备上述特点的项目，可设计采用"历史分析＋最高单价限价"的报价模式，这种报价模式对目录价确定有一定难度或市场上无可统一参照的报价的项目，可以很好防止单价超高价发生，且较"目录价＋综合折扣率"有较强的灵活性，更适应企业需求。在实践中也很好地规避了不平衡报价。

（2）具体案例。某市库房装卸搬运服务项目分项报价如表2所示，原来未设置单价限价的情况下，应答人会对确定发生量大的项目报超高价，对发生量不确定的项目报较低价，从而保障自身收益最大化。

改成"历史分析＋最高单价限价"模式后，根据服务类型，结合历史报价适用性，拟定最高未含税单价限价，这样避免了超低超高单价发生，较好地避免了不平衡报价发生。

表2   库房装卸搬运服务项目分项报价

服务/搬卸内容	年均发生数量	单位	未含税单价（元）	未含税单价最高限价（元）	未含税小计（元）	未含税总价（元）	税率	含税总价（元）
库房整理、盘点卫生清洁、垃圾清运等	12	次/季度		3000	0			
轻质货物：如设备类	3300	立方米		18	0			
单件货物：如油杆类	9000	根		8	0	0		0
大件货物：如光缆类	3000	标准配盘		14	0			
重质货物：如钢绞线、蓄电池	600	吨		35	0			

该案例应答人仅需报未含税单价及税率，其他项目通过预设公式自动计算并锁定公式相关单元格，这样的设计也大大降低了应答填写和计算的复杂度及评审核对工作量。

3. "场景单价＋数量＋综合总价"模式

（1）适用项目特点。该类项目虽无法确定目录价，但物资或服务需求数量较明确，且能够准确预估合同期内的标的实施量，合同期内数量变动较小。

具备上述特点的项目，可设计采用"场景单价＋数量＋综合总价"的报价模式，该类项目通过单价与数量相乘加总比价，因预估数量准确性高，合同执行期内变动较小，各应答人报价可钻空子小，可较好杜绝不平衡报价。

该类项目需要需求单位准确预估需求量。

（2）具体案例。某干线运输项目报价如表3所示，根据运送距离划分不同适用场景，预估不同场景合同期执行数量，根据（∑数量×各场景单价）计算总价进行评审，由于较准确预估了数量，可较好杜绝不平衡报价。该模式需要需求单位准确预估各场景需求数量。

表3   干线运输项目报价

运送距离区间	数量预估（吨）	运输单价（不含税）（元/吨公里）	税率	运输单价（含税）（元/吨公里）
50~100km（含）	10420.43			
100（不含）~200km（含）	7746.34			
200（不含）~400km（含）	21859.24			
400km（不含）以上	10707			
合计（元）				

该案例应答人仅需报运输单价（不含税）及税率，其他项目通过预设公式自动计算并锁定公式相关单元格。

4. "场景单价+权重+综合总价"模式

（1）适用项目特点。该类项目在第3种项目基础上，需求单位无法预估实际发生数量，但能够较准确预估各场景需求占比权重。

具备上述特点的项目，可设计采用"场景单价+权重+综合总价"的报价模式，该类项目包含价格一般在3～5个，数量无法准确预估，但是各个价格所占权重经过历史及场景分析能够较明确提出时，可以由应答人报单价，根据权重计算出综合单价，进行比价，由于权重的限定，能够有效避免不平衡报价。该类项目需要准确预估或推算出各价格的权重比例。

（2）具体案例。以某长租车项目为例（见表4），该项目需要长租车辆，具体租期根据实际需求，可能有3年期、4年期、5年期，需要多个租赁结算单价，原来未确定权重的情况下，由应答人自行报各期单价，会造成应答人不确定各期车辆租赁量，报价时存在虚高情况。

改成"场景单价+权重+综合总价"模式后，经过对3年期、4年期、5年期3个场景发生的租车量进行预估并确定权重，分别为10%、5%、85%，从而根据计算总价（∑数量×单价×权重）进行评审。该种方法也能在很大程度上杜绝不平衡报价的发生，该模式需要需求单位预估的各场景权重符合实际。

该案例应答人仅需报空白部分（表中阴影所示），即月租金报价，其他项目通过预设公式自动计算并锁定公式相关单元格。

5. "单一单价推演其他单价"模式

（1）适用项目特点。该类项目存在多个单价，多个单价报价之间存在较确定的关联关系，可通过历史数据等，推演各场景报价计算公式，即通过一个报价可以推演其他报价。

表 4　　　　　　　　　　　　　　　应答单项报价

应答人名称：

序号	品牌	车型	型号	颜色	单位	数量	税率	3年期月租金报价（元/台·月） 10%			4年期月租金报价（元/台·月） 5%			5年期月租金报价（元/台·月） 85%		
								租期（月）	未含税单价	含税单价	租期（月）	未含税单价	含税单价	租期（月）	未含税单价	含税单价
1	广汽传祺	面包车	2021款 270T 1.5L 手动精英版（七座）	白	台	38				0			0			0
2	一汽大众	小轿车	捷达 2019款 1.5L 手动 进取型（五座）	白	台	11				0			0			0
3	郑州日产	越野车	2021款 1.8T帕拉索 手动、四驱精英版（多功能乘用车）	白	台	47	13%	36		0	48		0	60		0
4	郑州日产	皮卡车	2021款 1.8T纳瓦拉 手动、四驱舒适版（铝轮）	白	台	11				0			0			0
5	广汽传祺	商务车	2021款 2.0T领秀系列 390T旗舰版（七座）	黑	台	13				0			0			0
6	未含税价格总计（元）（最高限价×××万元）										0			0		0
7	含税价格总计（元）										0			0		0

本表中，租赁期为预估，实际租赁期以每批次的采购结算单为准并且不少于3年，应答总价=3年租期含税总价×10%+4年租期含税总价×5%+5年租期含税总价×85%

具备上述特点的项目，可设计采用"单一单价推演其他单价"的报价模式，该类项目可通过一个单价推演其他单价，避免应答人多个不平衡报价，另外也可以避免应答人报价错误被否决情况发生。

（2）具体案例。上例中的长租车项目，通过历史分析，发现租赁期限少一年，租费大约上涨8%，因此，根据不同租赁期限的单价之间的关联关系，可以进一步优化报价为仅报5年期单价，根据4年期未含税单价=5年期未含税单价×（1+8%），3年期未含税单价=4年期未含税单价×（1+8%），自动计算4年期、3年期单价（见表5），从而避免不平衡报价的同时也减少供应商报价数量以及报价不一致情况的发生。该实践也较好防止了不平衡报价。

该案例应答人仅需报空白部分（表中阴影所示），即5年期月租金报价，其他项目通过预设公式自动计算并锁定公式相关单元格。

五、创新亮点

1. 理念创新

日常综合行政类采购项目不平衡报价容易被忽视。现阶段，专门针对综合类采购项目不平衡报价的研究和实践成果较少，报价模式设计较为粗放。本案例深耕焦点问题，从规避不平衡报价入手，直击项目关键环节。

2. 方法创新

通过总结报价模式场景特点，聚合综合类项目，抽取同类项目底层报价共同点，

表5   应答单项报价（优化）

应答人名称：

序号	品牌	车型	型号	颜色	单位	数量	税率	5年期月租金报价（元/台·月）		
								租期（月）	未含税单价	含税单价
1	广汽传祺	面包车	2021款 270T 1.5L 手动精英版（七座）	白	台	38				0
2	一汽大众	小轿车	捷达 2019款 1.5L 手动 进取型（五座）	白	台	11				0
3	郑州日产	越野车	2021款 1.8T帕拉索 手动、四驱精英版（多功能乘用车）	白	台	47	13%	60		0
4	郑州日产	皮卡车	2021款 1.8T纳瓦拉 手动、四驱舒适版（铝轮）	白	台	11				0
5	广汽传祺	商务车	2021款 2.0T领秀系列 390T旗舰版（七座）	黑	台	13				0
6	5年租期未含税价格总计（元）（最高限价××万元）								0	
7	5年租期含税价格总计（元）								0	

本表中，租赁期限为预估，实际租赁期以每批次的采购结算单位为准并且不少于3年，初期结算按5年期月租金支付，如满3年后，发生提前退租，则按对应的月租金追加支付。具体对应的月租金按以下公式计算：4年期末含税单价=5年期末含税单价×（1+8%），3年期末含税单价=4年期末含税单价×（1+8%）

创新打造5种场景下综合类报价案例，创新了案例聚类总结方法，使案例经验可以快速复制和应用。

3. 体系创新

单价、总价、目录价、权重、推演及多维结合，丰富报价模板模式，形成一定报价模板和体系，赋能方案制作，提升方案制订效率。

六、案例成效

以上方案控制策略在数十个项目中进行了实践，结果表明不平衡报价得到有效控制，从源头上规避了不平衡报价带来的防控廉洁风险。具体体现在以下方面。

1. 防控升级——有效控制了不平衡报价

通过对综合类项目报价特点进行分析，优化报价策略，避免后期执行的寻租风险。有利于营造投标（应答）人应答的公平氛围，实践项目规避了对不平衡价格的寻租风险，合规性大大提升。

2. 能力升级——应答简化，减少否决

赋能方案制作，提升方案制订效率管理，简化了投标（应答）人应答报价表，投标（应答）人需要填写的价格数量也大大降低，可避免因漏写、错写报价而导致否决投标的情况发生，也有利于减少评标阶段复核价格等工作量，赋能应答人及采购人；其他项目通过预设公式自动计算并锁定公式相关单元格，大大降低应答填写和计算复杂度，也降低评审核对工作量，项目实践报价否决率由40%以上下降到3%。

3. 规范性升级——执行规范性提高，报价模式规范性提高

合同执行价格清晰，便于后期合同结算，减少了后期合同执行纠纷及障碍，有利于项目顺利实施；有效控制了采购人自身的风险，保护了采购人切身利益不被损害。

实践中项目采购合规检查未发生一例报价计算错误情况。

七、案例可推广性

本案例为国有企业综合行政采购类项目报价策略的实践成果，聚合综合类项目，抽取同类项目底层报价共同点，总结相关经验并逐步完善规范化。通过价格的优化策略实践，创新地提炼了五类常用报价模式，形成了以规避不平衡报价为牵引的综合行政类采购项目价格策略优化实践案例。案例经验可以快速复制和推广应用，对国有企业综合类采购项目规避不平衡报价，提升方案制订效率，赋能方案规范性升级，具有较大推广借鉴意义。

（中国移动通信集团陕西有限公司，陈静、高峰、程建宁）

浙江移动：全面提升企业物资供应保障数智化管理水平

近年来，全球局势变化、大国贸易争端、全球经济下行等宏观形势对全球政治、经济格局变化产生深远影响，由此引发的芯片短缺断供、原材料涨价、"卡脖子"、限电限产等供应链风险和安全问题日益显现，在逆全球化、俄乌冲突等多方因素的综合影响下，信息通信产业链上游的产能受到了一定的影响，产业链的供需处于失衡状态，在地缘冲突、大国博弈等因素交互作用下，供应链不确定性进一步加剧，信息通信设备供应链安全风险将长期存在，芯片短缺、价格上涨、交付周期变长等问题将直接影响通信行业经营发展的稳定性。

一、企业物资管理现状与痛点

浙江移动经过多年的深耕钻研与技术实践，在内外部协同生态建设方面，实现了需求、采购、下单、物流、报账等业务环节的高效协同、信息共享，但在全链物资管理的精度上仍存在诸多管理难点和痛点，主要集中在以下几个方面。

（一）应对全球性挑战能力不够

全球化供应链条往往"牵一发而动全身"，地缘政治带来的能源与粮食危机、经济放缓及持续影响、气候变化与重大自然灾害、工业化国家劳动力短缺等因素叠加，或将导致产业链供应链的"断链"风险。然而公司在面临多变的国际形势带来的严峻考验时，存在应急准备不充分、应对保障体系结构不完善等问题。

（二）物资管理精细化程度不足

主要表现为对供应风险无任何研判，没有风险评估的显性化量化指标，常常被动接收，无法形成系统性预警防控，对紧缺、易断供物资无法快速响应；采购结果与采购执行未形成闭环管理机制，执行中的问题无法有效促进采购管理策略的提升；物资管理粗放，未有效监控物资流向，项目物资使用往往无法知来源、明去向；缺乏余料精确结算，导致物资无法及时足量回库，或因技术更新容易错过最佳利旧窗口，物资再利用率不高等。以上问题不仅提高了管理成本还加剧了物资供应风险和难度。

（三）供应链全局管理意识薄弱

当前供应链虽基本实现了在需采供用等各环节的数字化管理，但在全链协同与管理方面缺乏"一盘棋"意识，全局观念薄弱，往往当其中一个环节出现问题，其他环节无法及时跟进了解情况并处理，综合指挥难以实现，无法推动资源统一调配，决策支持能力不高。

（四）物资供应数智化程度仍需提升

当前供应链基本实现了全流程线上化管理，但在数智化应用方面略有欠缺，如对于供应风险的评估主要以线下人工评估为主，对于需求收集与填报主要依靠人员凭借经验估测手工填报，对于物资供应全链运作无法做到实时监控与智能方案推荐等。如何提升 AI、区块链、大数据、IPA 等新兴技术手段的应用是保障供应实现供应链提质增效的重要突破口。

二、案例主要内容

本案例通过对浙江移动物资供应当前模式的全面评估以及对相关痛点的认真剖析，公司供应链管理部提出打造数智化前瞻式主动保障供应管理体系的总体目标（见图1），整合供应链系统、ERP 系统、合同系统、工程建设系统等业务流程、业务数据，借力大数据、AI、IPA 技术，以事前科学统筹、事中智能风控、事后评估改进为整体思路，研究建立一整套科学的供应风险量化指标体系和全局的物资保障指挥中心看台，推动传统化被动式响应供应管理向数智化前瞻式主动保障供应管理模式的转变，实现物资管理数智化、精细化、高效能，全面提升企业物资供应能力，保障数智化管理水平。

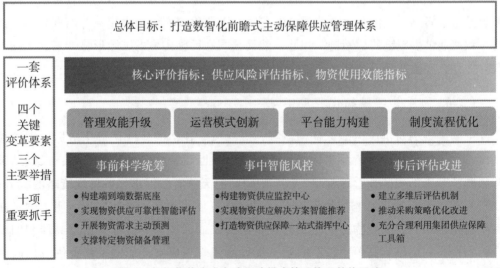

图1　数智化前瞻式主动保障供应管理体系整体思路

（一）事前需求科学预测，统筹协同采购计划

1. 建立物资需求预测模型

通过采集公司投资、成本相关数据，历史收发存、订单数据及与投资、成本的关联关系，建立回归树预测模型（见图2），将项目投资方向、投资规模、投资区域、投资年份、历史项目需求物资类别等作为比对因子，通过因子筛选、数据清洗、聚类分析、系统建模，预测出仓库物资在未来一段时间的领用需求量，同时预测出下个月的采购备货数量，根据预测结果，自动生成备货建议单，包括物料种类、订货数量、该物料对应的供应商、预计到货时间，为需求部门、采购部门决策提供数据支撑，助力主动备货。

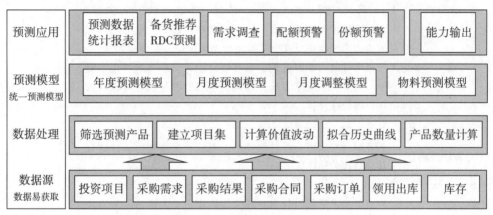

图 2　需求预测模型

2. 建立采购执行可靠性评估模型

基于采购执行过程管理，从"产品＋供应商""产品""项目"等维度构建可靠性评估模型（见图3），为采购管理提供重要信息化支撑。

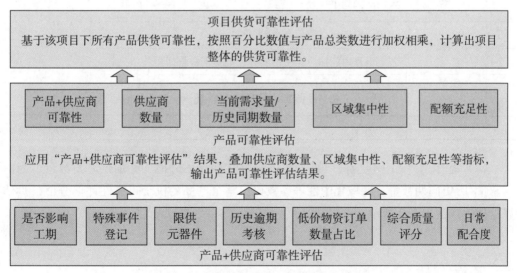

图 3　可靠性评估模型（关联关系示意）

（1）基于"是否影响工期""特殊事件登记""限供元器件""历史逾期考核"等评价指标进行权重分配，得出"某产品＋某供应商"的供货可靠性分值，权重分配按照历年数据训练动态调优，评价指标详情如表1所示。

表1　　　　　　　　"产品＋供应商"供货可靠性评估指标

序号	评估指标	指标描述	评估指标类型
1	是否影响工期	若登记存在影响工期的情形，则该供应商的产品供货可靠性按加权得分法计算	
2	特殊事件登记	若因自然灾害等不可抗力因素；战争、政治、恐怖组织等人为因素；供应商自身原因导致无法供应，如厂房搬迁等；重点事件政府临时管控，如疫情封控等情形（包括但不限于）导致无法正常供应，则该供应商的产品供货可靠性按加权得分法计算	
3	限供元器件	若登记存在限供元器件的情形，则该产品供货可靠性评分按加权得分法计算	"产品＋供应商"供货可靠性
4	历史逾期考核	在订单要求供货时效内完成供货得满分，否则按加权得分法计算；当月月未供货的超期订单顺延至下个月继续考核［加权往期（近三个月）］	
5	低价物资订单数量占比	无低价物资订单得满分，存在低价物资，按照低价物资订单数量在当月同一结果、同一产品、同一供应商占比排名线性从大到小得分	
6	综合质量评分	无用户投诉得满分，存在用户投诉即扣分	
7		若三个月内的抽检合格得满分，抽检不合格即扣分	
8	日常配合度	该指标为主观判断指标，日常配合较好，针对反映的问题能很好响应的得满分，不能很好响应的酌情扣分	

（2）基于"产品＋供应商"维度的供货可靠性评估分值，叠加供应商数量、当前需求量/历史同期数量、区域集中性等参数得出整个产品的供货可靠性评估分值，具体评价指标详情如表2所示。

表2   产品可靠性评估指标及权重占比

序号	评估指标	指标描述	评估指标类型
1	供应商＋产品供货可靠性	数据直接由细分维度表产生，剩余配额占比，算术平均，占比50%	产品供货可靠性
2	供应商数量	按照同结果供应商数量情况线性得分计算	
3	当前需求量/历史同期数量	当前需求几何倍数暴增，导致无法及时供应，需考虑供应商数量与倍数双重因子	
4	区域集中性	分配的供应商区域较为集中，容易受到同片区同一事件的冲击，造成供应延迟或无法供应，若存在区域集中性问题则扣分	
5	配额充足性	剩余配额是否支持合同到期量，例如，合同剩余到期时间4个月，往期4个月消耗量与剩余配额相比	

以上维度的供货可靠性评估分析将有效助力采购风险预警，及时规避采购风险，切实提升采购管理策略。

3. 完善物资储备机制

出于对当前物资供应形势的考虑，引入物资储备理念，将面向特定需求（如抗洪、救灾、防疫相关的产品）、特定场景（如存在关键元器件可能管控受限、供应商区域生产集中、质量问题高发、低价中标等产品）、采购管理成本高和其他具有重复性/经常性使用价值的产品纳入物资储备。基于物资储备五类基本场景，定期评估物资储备必要性，及时启动物资储备，从而提高对风险应对能力（见表3）。

表3   物资储备的五大特定场景

类型	物资储备特定场景
场景一	因各种原因，导致订单经常性逾期严重、供应时间较长
场景二	新旧采购结果交替阶段，现有采购结果即将到期，合同和份额尚有余，新一轮采购预计仍需较长时间才能下发
场景三	项目尚未立项，需求部门无法提交申购需求单，但确定需要采购
场景四	采购单价较低的物资，供应商接单意愿和供应积极性低，为避免长时间不到货而需要储备
场景五	采购管理成本较高：部分非常用的设备或产品，采购频次较低（如软跳纤）；部分采购频次较高，单次采购量较少，且价值较低的物资（如铜鼻子）

应用实例展示：软跳纤产品供货稳定性差，考虑紧急项目的开通，主动开展物资储备，结合库存提前进行备货，合计金额约7.3万元。供应周期从47天转变为即申即领。如表4所示。

表 4　　　　　　　　　　　　软跳纤备货储备物资清单

序号	物料名称	计划储备数量（条）	库存数量（条）	扣减库存后备货数量（条）	单价（元）（不含税）	总价（元）
1	软跳纤/单模/U PC/LC－LC/G.652D/2mm/10m/1芯	3200	158	3042	3.56	10830
2	软跳纤/单模/U PC/LC－LC/G.652D/2mm/20m/1芯	1500	10	1490	4.96	7390
3	软跳纤/单模/U PC/LC－LC/G.652D/2mm/30m/1芯	300	230	70	6.36	445
4	软跳纤/单模/U PC/LC－LC/G.652D/2mm/40m/1芯	100	50	50	7.76	388
5	软跳纤/单模/U PC/LC－LC/G.652D/2mm/50m/1芯	100	0	100	9.16	916
6	软跳纤/单模/U PC/LC－LC/G.652D/2mm/60m/1芯	100	4	96	10.56	1014
7	软跳纤/单模/U PC/FC－LC/G.652D/2mm/10m/1芯	300	12	288	3.76	1083
8	软跳纤/单模/U PC/FC－LC/G.652D/2mm/20m/1芯	3000	1079	1921	5.26	10104
9	软跳纤/单模/U PC/FC－LC/G.652D/2mm/30m/1芯	1000	312	688	6.76	4651
10	软跳纤/单模/U PC/FC－LC/G.652D/2mm/40m/1芯	600	186	414	8.26	3420
11	软跳纤/单模/U PC/FC－LC/G.652D/2mm/50m/1芯	100	4	96	9.76	937
12	软跳纤/单模/U PC/FC－LC/G.652D/2mm/60m/1芯	100	0	100	11.26	1126
13	软跳纤/多模/U PC/LC－LC/OM1/OM2/2mm/10m/1芯	3000	0	3000	5.16	15480
14	软跳纤/多模/U PC/LC－LC/OM1/OM2/2mm/20m/1芯	1800	10	1790	8.16	14606
15	软跳纤/多模/U PC/LC－LC/OM1/OM2/2mm/30m/1芯	100	20	80	11.16	893

（二）事中供应智能评估，做好物资保障备案

1. 建立供需平衡可靠性分析模型

供需平衡是物资供应保障的终极目标，通过构建供需平衡可靠性分析模型，基于"产品＋供应商"供货可靠性分析结果，结合在途订单量、叠加库存量得出可供货总量，与需求量进行比较，输出供需平衡性分析结果，为调整物资供应数量、提高积压库存使用率、解决产品供需平衡难题提供数据支撑。

2. 打造建设物资供应保障指挥中心

通过制度建设与数智化手段相结合构建智慧监控、智慧告警、智慧管理三大数智化管理平台，输出数据分析报告/报表、运营态势感知大屏以及一站式供应保障中心等应用模块为物资供应保障数字化、线上化发展注智赋力，360度全方位感知、监控、发现并解决问题，实现了物资供应风险实时感知、数据在线可视、指标自动生成、策略智慧推荐、评估闭环反馈，切实提升物资供应保障效率和质量。如图4所示。

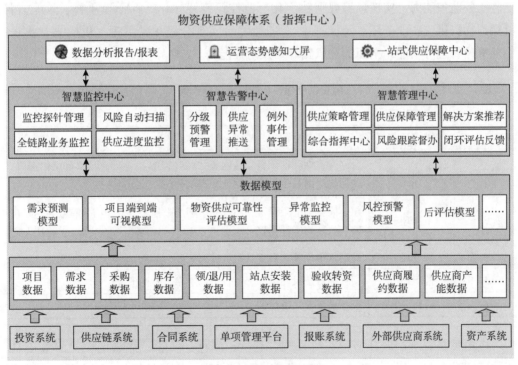

图4　物资供应保障体系

（1）物资供应智慧监控中心。以项目全生命周期为线条，从需求、采购、下单、到货、使用、履约等环节着手（见表5），构建智慧监控体系，应用AI、大数据等技术，打造物资供应智慧监控中心，将监控探针嵌入各业务环节流程，通过预设的判定条件给出相应的判定结果，用于支撑物资供应分析与预警。

表5   物资供应保障全链监控指标示例

序号	流程阶段	监控指标
1	需求环节	需求处理时效监控、需求审批时效监控、需求退回占比监控、需求量是否超过可用量的监控……
2	采购环节	合同有效期到期监控、合同签约及时性监控、到期合同执行比例监控、未到期合同执行进度监控、份额均衡性监控……
3	下单环节	逾期订单监控、订单金额是否超合同可用份额监控、呆滞物资消耗率监控、禁用供应商是否发生订单业务监控……
4	到货环节	到货及时性监控、到货接收及时性监控……
5	使用环节	项目领料及时性情况、单项平料进展监控……
6	履约环节	服务满意度监控、产品质量监控……

（2）物资供应智慧告警中心。依托 AI、大数据等数字化手段，结合智慧监控中心全链业务监控能力，实现预警规则数字化、监控预警智能化，将合规监督、效能监督贯穿到物资供应各业务环节及流程中（见表6），实现分级预警管理、供应异常推送、例外事件管理等功能，全面提升风险评估及防控能力。

表6   物资供应保障全链预警指标示例

序号	流程阶段	预警指标
1	需求环节	需求处理超时预警、需求审批超期预警……
2	采购环节	合同有效期到期预警、合同签约超时提醒、到期合同执行比例提醒、禁用供应商是否发生合同业务提醒……
3	下单环节	超合同金额上限预警、超合同份额上限预警、采购结果有效期超时预警、执行均衡性预警……
4	到货环节	逾期订单预警、到货及时性提醒……
5	使用环节	项目领料及时性提醒、项目余料退库及时性预警……
6	履约环节	服务满意度评价提醒……

应用实例展示：聚合物资实时采购、到货、库存、绩效、特殊事项提醒等信息，从物资实时采购、到货及时性、库存监控、预警管理、订单员绩效等几方面，构建运营态势感知大屏，实时监控并可视化呈现当前业务和生产情况。

（三）事后健全评估机制，合理优化采购策略

建立面向项目、供应商、产品、需求部门等多维度后评估机制，以提高供应及时性，改进采购策略，规范供应商负面行为管理，提高需求部门满意度，从而促进供应

链管理水平的全面提升。

1. 建立面向项目与产品维度的评估机制

基于当前业务数据，建设智能评估模型，通过预设项目物资逾期率、质量达标率、供应服务配合度等指标进行项目满足率执行分析，赋能项目执行全方位掌控；通过预设产品质检合格率、产品投诉率等指标进行产品质量分析，推动产品质量管理提升。

2. 建立面向供应商维度的后评估机制

基于供应商维度预设评估指标，如供货及时率、供应商信用度、服务满意度等，结合丰富的业务数据，建立智慧评估模型，优化供应商服务质量提升。

3. 建立全维度需求部门后评估机制

通过投诉登记、订单全程监控跟踪等手段，对所有影响生产运营的物资供应情况进行细化分类，甄别出如因采购合同断档、产品质量不合格、订单逾期到货等原因造成的供应风险，制定采购部门供货满足率指标，提供供需双向反馈机制，加强供需协同，反向指导采购部门供应管理效率提升。

建立供应策略库及应急预案库，通过建立自有供应保障工具箱，构建供应策略库、应急预案库和智能推荐算法，为供应链管理人员推荐精准的解决方案，以应对不同情况下的供应问题。

供应策略库：包括策略整合、策略分类、策略详情，支持将各种供应策略（如调整采购方案、发起余料回库、发起物资调拨、发起项目切割、发起紧急采购、发起库存补货、替代供应商供应、调整供应商履约策略、处理超时催办、发起新合同签署等）整合到一个供应策略库中，对供应策略进行分类，如采购策略、补货策略、供应商履约管理策略等维度，并为每个供应策略提供详细的信息，包括适用场景、优势、注意事项等，基于实际生产业务情况，支持调整及维护供应策略库。

应急预案库：包括应急情景、预案内容、执行步骤，建立应急预案数据库，设计常见的应急情景，如自然灾害、供应中断等，编制每个应急情景的详细应对预案，包括资源调配、替代供应商、紧急采购等方案，为每个应急预案列出详细的执行步骤，确保人员在应急情况下能够借鉴参考。

解决方案推荐：基于实时供应链数据和需求，使用机器学习算法对不同供应问题进行智能匹配，根据问题的紧急程度、影响范围等因素，为每个解决方案生成推荐排序，提供每个解决方案的详细说明，包括实施步骤、预期效果、注意事项。支持人工选择调整，在选择解决方案后，自动通知相关责任人，协调执行步骤。

应用实例展示：例如，管材产品型号众多，顶管即塑料管\PE\实壁管\Φ110/90mm型号利润高，供应商争抢供货，但其他型号如塑料管\PE\实壁管\Φ28/24mm（盘）个别供应商推诿存在畏难情绪，供货积极性不高，通过将后评估优化奖惩措施纳入策略库，系统在发放后评估打分表时进行策略推荐，提供前期供应商各种型号供货情况统计供后评估参考，反向促进供应商供货积极性。

三、创新点

物资管理机制创新：通过科学预测开创物资需求计划新模式，基于供应可靠性评估体系与风险预警体系双重合力优化物资供应保障机制，实现了物资供应从救火式被动响应到企业物资供应前瞻性主动布局的转变。

业务运营模式创新：本研究在全面深化物资供应各环节风险管控的基础上，通过"物资需求科学计划、全链物资在线可视化知来源明去向、余料物资及时回收、供应可靠性及风险量化评估、加强储备盘活呆滞物资、全面多维后评估反馈"等实现企业物资精细化、数字化管理。通过源头科学规划、风险预警全链嵌入、后评估综合分析等措施形成了一套行之有效的物资供应体系，实现了运营模式创新，促进采购策略优化、物资供应保质保量、供应商服务更加完善。

信息技术应用创新：公司紧跟科技发展趋势，借鉴相关建设方法论，借力于 AI、大数据、IPA 等技术，从物资供应管理实际出发，向技术要效益。通过智慧监控中心、智慧告警中心、智慧管理中心实现需求计划科学预测、供应风险自动预警、解决方案智能推荐、物资供应保障决策指挥一体作战、项目供应评估智能分析，将物资供应管理效率和质量转化成企业经济效益。

制度流程规范创新：为保障物资供应管理质量，形成"责任靠机制落实、工作靠机制推动、成效靠机制保证"的良性闭环，公司出台了一系列流程制度与规范，以制度规范为运营效能保驾护航的同时为同行业相关制度建设提供了思路与借鉴。

四、应用成效

企业物资管理供应保障体系数智化研究与应用对于增强公司供应链韧性，强链、稳链、固链，提升抗风险能力至关重要，具有优化供应链资源配置、拓展物资服务领域、提升供应链智能化水平、增强产业市场竞争能力的重要意义。根据测算，平台上线使用后，物资供应满足率提升至 98%，物资供应效率提升 40%，逾期订单率下降 30%，物资平均到货周期缩短 7 天，物资保障能力全面提升。

（浙江移动）

交建云商：落地"大采购"战略，打造一站式数字化企业采购与服务平台

"交建云商"是中交集团在"互联网＋"时代打造的面向工程施工行业的 B2B 电子商务平台，是依托行业海量的采购资源和优质的供应商资源，以"互联、共享、智能"的理念构建的集智能采购中台、采购数字化应用及运营服务于一体的 SaaS 化电商平台。围绕"大采购战略的实施平台、彰显集采效益的价值平台、精细化管理的操作平台、新生态模式的创新平台"的总体定位，基于"厚平台、薄应用"的技术架构体系，建设了统一的供应链资源优化配置平台，构建了综合采购、差旅、供应链金融、电子超市等六大专区，提供企业采购供应链"一站式"服务。平台累计交易规模超7000 亿元，服务上下游企业超 10 万家，形成了集"电商、物流、金融、分享经济"于一体的产业生态圈，并实现能力输出，为上下游企业"信用赋能"。

一、案例综述

"交建云商"平台基于中交集团自研的 BASA 平台架构，融入移动互联网、云计算、微服务等技术，依靠数字化采购、供应链全链路数智化手段构建，满足中交非生产性货物及服务的集中采购、区域联采、单位自采的采购管理需求，实现采供双方在线交易、结算与支付。同时平台可以对外技术输出，帮助企业搭建专属的电商平台，助力企业数字化供应链转型升级，提高采购效率，降低采购成本。

平台从采购单位、商家、运营三方出发，为企业打造专属的采购商城，将互联网 C端体验运用到产品设计中，提供目录式、电商式采购，实现用户自助采购，随时、随地、多终端的简便提报，审批流、物流信息实时跟进，随时查看采购进度，采购过程全程在线化、数字化、可追溯。提供场景化智能采购，满足各级组织采购需求。提供集采抓手工具，集中采购需求，体现规模优势，聚量议价，降低直接成本；区域联采打破二三级单位间信息壁垒，汇聚不同单位相同区域同质化的采购需求，以量换价，缩短采购半径、降低运输成本和仓储成本；凭借强大的链接能力，平台可连接企业自有供应商及优质供应商，一站式汇集供应商全品类商品，满足企业非生产物资的采购需要。借助第三方电商的全国化配送能力，将大部分费用化物资直发需求现场，帮助企业有效降低库存成本。

二、主要功能

平台以"大采购"战略为导向，充分发挥公司在行业及供应链中的品牌效应，建立统一的中交云电子商务平台，逐步发展物资、设备的"一站式"采购模式，打造设备租赁、工程及劳务服务、物流服务、工程保险、办公用品等全新采购模式，服务于内部供应链；借助统一金融服务平台的不断建设，在投资、融资、支付、结算方面创新商业模式；充分调动上下游及行业企业的积极性，开展供应商评价、企业征信等服务，围绕交建云商，建立中交模式的生态圈。

（一）物资及机械设备采购

大宗物资及机械设备在原有的采购平台中完成框架协议采购，将框架及合同信息推送到电子商务平台中，入选供应商发布商品信息，经过审核后，采购单位在线实施"一站式"订单采购、服务流服务、结算、支付、评价等操作。

（二）办公用品及标准产品采购

通过合格供应商、阿里巴巴企业采购网、京东商城等"源头"，集中在电子商务平台中展现各类办公用品及标准产品的商品及价格信息，采购单位在线实施"一站式"订单采购、服务流服务、结算、支付、评价等操作。

（三）服务分享

差旅服务、设备租赁、专业工程、劳务分包、工程保险都属于服务类采购，将通过电商平台的建设，集中公司内部的服务采购需求，打通外部厂商、供应商、专业工程队、劳务人员，发挥集中的优势，建设服务共享平台，助力内部及上下游企业盘活闲置资产，提高收入；建立供应链上的分享经济模式，多向分享型服务转型。

（四）商品管理

传统的物资、设备采购中，缺乏对"商品"的完整、准备描述，通过商品管理，将电商平台所有涉及的采购品类，通过文字、图片、视频、销售情况、供应商履约、服务等进行集中展现，并利用大数据分析，为各类采购员推送有价值的商品信息。

（五）会员管理

基于原有的物资、设备采购管理平台中的供应商资源，形成统一的供应商资源库，建立准入、全生命周期考核等制度及流程；将内外部采购方纳入电商平台，形成多方的会员中心，更精确地为平台各类用户提供服务。

（六）供应链金融

电商平台除了要为上下游商家提供 B2B 和 B2C 客户操作平台以及信息发布、交易撮合、社区服务、在线财务管理等配套服务外，更需要提供金融服务，包括支付结算、托管、担保到融资服务的全方位金融服务需求，包括仓单融资、订单融资、应收账款质押融资、进口综合贷款、出口信用证贷款、出口退税融资、打包贷款、赊销贷款、外汇保值、支付结算、信用卡等。

（七）企业征信

信用及评价体系是电子商务平台发展中不可或缺的基石和安全保障。公司可将自身采购业务与互联网征信相结合，建立基于互联网的征信服务，以提高电子商务平台业务的用户黏性和使用率，并提供定制化的征信产品，如偿债能力预测、收入预测等风险评估等。可将个人征信与企业征信结合，用于公司招聘或评价企业风险、考量求职者或者高管的个人风险等；同时，可对接外部成熟的征信平台，逐步构建信用体系，为整个行业开展互联网征信业务提供了支撑。

（八）运营及增值服务

随着电子商务平台的深入应用，其中涉及的商品、用户、交易、订单等各类数据将"沉淀"下来，可以利用大户及分析平台对这些数据进行挖掘并创造价值，开展个性化推荐和按需定制等服务，而平台上的各类企业、用户可通过信息开放与共享、资源优化、分工协作，实现新的价值创造。

三、创新内容

（一）实现技术创新

基于互联网技术架构和"厚平台、薄应用"的理念，创新中台战略，打造智能采购中台，实现业务中台、技术中台、数据中台的分层结构，有效支撑采购业务的开展和能力的输出。应用大数据、云计算、区块链等技术，为产业互联网的应用提供了技术可行性。

（二）开展模式创新

平台是中国交建打造的"互联网+采购"的 B2B 电商平台，面向内外部采购单位、供应商，打通集团内部相关系统，实现采购业务的线上执行及集中管理。整合多方资源形成网上商城生态圈，服务整个基建施工行业，是"互联网+"在基建行业的应用模式创新。

基于电商沉淀的真实数据，拓展多元化的金融服务产品。云电商平台的建设是公司在 B2B 电子商务领域的一次尝试，是公司产融、产信结合，是创新发展、信息产业化发展、打造信息服务、综合运营的"试验田"。

（三）推进业务创新

打破公司原有的分散采购模式和管理壁垒，将需求、采购、供应、金融服务、运营服务等核心环节打通，给予全生命周期有效的支撑，打造"一站式"的采购综合服务，确保公司"大采购"战略体系的有效落地。采购工作的管理创新，是公司构建新型"大采购"战略体系的可靠保障。

通过云电商的应用，发现公司原有管理的薄弱环节，促进公司的办公用品、物资采购、设备租赁、差旅管理等方面的管理创新，促使相关的采购流程、财务流程、管理流程的升级再造，为管理提升提供了驱动力，是信息化对业务引领和管理促进的一个典型体现。

四、价值成效

"交建云商"平台针对办公用品、MRO 工业品采购分散、交易不透明、管理效能低等痛点问题，深度覆盖各单位采购业务，充分体现在线化高效采购和集采规模效益的价值亮点。经过中交集团内部全面推广，目前已覆盖集团总部、55 家二级单位、716 个三级单位及项目部，整体覆盖率超 90%，采购成本节约率 10.02%，总体效率提升 3.5 倍，采购周期从平均 7 天缩短至 2 天。

（一）发挥集采价值，实现采购"大小齐抓"，助推企业降本增效

一是充分发挥集采价值。通过网络化、电商化采购，信息的横向流通和共享被加速，发挥集团的集成规模，增加对供应商的议价能力。以实际运行数据为基准，较市场平均价格降低 10%～20%。二是平台按照"大小齐抓"的思路，除了工程主材等的"大类"采购之外，平台还建设了电子超市、工程辅材、企业商旅、企业福利等业务专区，为企业其他"小类"采购提供"一站式"的解决方案，落地中交"大采购"战略。专区上线应用后，累计采购交易规模超过 7000 亿元，采购效率比线下提高 80%，平均节约率 2.9%，累计节约成本 203 亿元。

（二）激活电商平台优势，实现流程优化再造，推进企业高质量发展

交建云商实现了以供应商网络管理为抓手，规范内外部市场，有效解决了采购工作中"谁来买""买谁的""买什么""怎么买"的问题，实现了电商化的"大采购"，目前已建立了钢材、水泥、沥青、油料等大宗物资的供应商网络，以及震坤行、京东等成熟电商，阿里巴巴 1688 百万级的中小服务商，满足了从集团到项目各级采购者的采购需求。平台整合了公司的物资采购中心、装备制造事业部、路桥轨道交通事业部、

办公厅、流程与信息化管理部等所有与采购相关的业务部门和职能部门，重构了相关的管理和采购流程，提升管理效率和管理水平。通过运营服务增值，累计收益9000万元。通过对外电商能力输出，已累计完成1200万元服务合同，服务行业发展。

（三）凸显穿透式管控，实现阳光透明采购，赋能企业精细化管理

一是完善制度，夯实管理基础。推动公司先后出台《平台应用管理办法》《工程辅材采购管理办法》等11项制度，补齐管理短板，强化公司管理基础。二是协同赋能，实现管理穿透。推广电子招投标，实现了公司核心主材、大型设备采购的集中管理，过程可监控、可审计，实现管理的有效穿透，提高了采购决策和执行的效率。截至目前系统入网供应商10万家，平台标准物料库信息达154.7万条，编制采购计划、方案5万余份，完成电子采购4万余起，累计交易规模达7000亿元，节约金额超百亿元，切实提升企业集中采购管理水平。三是精细管理，辅助领导决策。平台与财务云、项目管理等前后端系统打通，实现了采购的全生命周期管理，为企业精细化管理提供了有效手段。

（四）发挥"头雁"作用，实现产业能力输出，带动行业产业发展

基于公司的技术积淀和电商产业能力，面向行业实现能力输出，带动行业发展，包括技术能力输出和电商服务能力输出两个方面。同时也积极参与央企电商联盟、集采供应链企业联盟等行业组织，积极发挥自身优势，利用自身影响力带动行业发展。

一是金融创新，信用赋能，实现供应链上下游共赢。积极响应国家银保监要求，利用自身良好信用，为产业链中中小微企业与农民工精准获得金融机构提供的供应链金融服务提供信用支持，实现信用赋能，树立"产、融、信"结合典范。已累计服务核心企业21家，1000家上下游企业获得融资服务，累计融资规模突破50亿元，平均融资成本4.01%，助力中小企业降本增效，完善核心企业的生态体系建设。二是发展跨境贸易，拓展海外市场，服务国家"一带一路"倡议。建设海外采购平台，积极服务集团海外布局，提升全球资源配置能力。跨境贸易方面，建设"自由港＋跨境云商＋跨境云仓"的产业服务体系，依托平台成功上线意大利国家馆线上交易，双向服务中意两国，助力国家战略落地。三是有助于共享央企建设成果，带动行业发展。建立了企业物资编码标准，其中《公路及桥梁施工用大宗物资分类编码》《水上施工船舶分类编码》上升为国家标准，为全面提升行业标准化程度贡献"中交"力量。

[中交（厦门）电子商务有限公司]

山东港口：打造具有港口特色的采购
供应链生态平台

一、案例背景

山东港口深入贯彻落实国企改革三年行动，对标世界一流采购交易管理体系建设，积极开展采购供应链数智化转型，通过采购数字化切口向上下游两端不断延伸，倾力打造具有港口特色的采购供应链生态平台——山东港口阳光 e 平台，实现山东港口采购交易全业务、全流程、全领域的线上操作、过程受控、全程在案、永久追溯。

（一）国家相关政策推进

2015 年，国资委发布《关于开展采购管理提升对标工作有关事项的通知》，要求国有企业全面开展采购管理提升对标工作，参照供应链理念对采购实施集中统一管理，以提升综合竞争力。

2017 年，国务院办公厅印发了《关于积极推进供应链创新与应用的指导意见》，要求以供应链与互联网深度融合为根本路径，以信息化、标准化、信用体系建设和人才培养为支撑，创新发展供应链新理念、新技术、新模式，高效整合各类资源和要素，提升产业集成和协作水平，打造大数据支撑、网络化共享、智能化协作的智慧供应链体系。

2020 年 9 月，国资委发布《关于加快推进国有企业数字化转型工作的通知》，要求国有企业充分发挥行业示范作用，推进智慧供应链建设，打造能源、制造、建筑、服务多个行业领域数字化转型示范样板。希望借助国企的数字供应链建设的契机，带动产业链上下游协同发展。

从上文可以看出，供应链发展已经上升为国家战略，无论是宏观政策、市场环境，还是落地举措都已经为其铺平了道路。

（二）山东省相关政策推进

《山东省国资委关于进一步推进省属企业阳光采购工作的通知》指出各省属企业要充分发挥阳光采购工作领导小组的作用，建立健全阳光采购工作机制，严格按照阳光采购管理制度规范企业采购行为，确保采购行为阳光、公开、透明。要建立阳光采购分析报告制度，通过对采购方式的统计分析、实际采购金额和计划采购金额的对比分析，定期对阳光采购工作进行总结评价，不断提升阳光采购管理水平，充分发挥阳光采购对企业降本增效、防腐倡廉的作用。

通过《山东省省属企业阳光采购监督暂行办法》的出台，明确新形势下建立省属企业采购服务平台，以企业为主体推进阳光采购，是省国资委落实省委省政府新旧动能转换决策部署、深化国有企业改革、实现高质量发展的重要举措。文件的出台对国有企业采购行为进行规范，推进阳光采购、打造阳光国企，在全国省级国资监管机构尚属首次，是山东省国企国资改革的一项重大制度创新和实践创新。

二、建设内容

山东港口阳光 e 平台融合"阳光慧集"计划平台、"阳光易招"招标平台、"阳光慧督"监管平台等多功能系统，平台已获得国家最高安全等级三星认证，上线以来累计发布采购需求 1.5 万余项，成交额 500 亿元，日访问量突破万人大关，累计访问量突破 2000 万人次，注册供应商 3 万余家，社会影响力、认可度日益提升。

（一）需求管理规范化（阳光慧集）

实行全面预算管控，与集团预算、投资等系统互联互通，严格执行"无预算不招标""超预算不执行"。实施计划年度集中管控，系统生成年度采购清单，自动汇总同类项目，制订年度集采计划，采购需求源头统一集中管理。通过计划源头实现采购执行进度跟踪和过程追溯，提升采购实效性。采购方案结构化，拆解采购方案模板，按不同业务类型固化标准化的资质、技术要求等，压实采购人主体责任的同时，简化方案提报过程，提升体验感。

（二）采购实施标准化（阳光易招）

通过采购数智化转型，依照国家法律、法规，实现采购管理模式、业务过程、管控规则的规范化、标准化和统一化，保证采购过程的阳光、公开、公平、公正。全链路标准闭环管理：采购部门、需求部门、财务部门、供应商等多方信息对等、在线高效协同，实现采购需求的计划提报、寻源、采购执行、库存管理、对账结算、合同签订、档案管理、资金支付等全过程的线上闭环管理。采购文件标准化：制定工程、货物、服务领域 55 类资格要求、30 余套采购文件素材库，完成文件制作、公告发布、专家抽取、开评标及结果公示等全流程运转，实现了全程无纸化、线上化，为投标人节省大量差旅成本及投标文件的印制成本，践行了绿色采购的理念。推动框架协议采购，打造框架协议两阶段功能，不断丰富供应商协议库，通过轮序、必选等方式快速确定服务商，提高采购效率。打造专业智能客服平台，通过人工智能、语音识别等技术手段，以电话咨询、在线客服、智能机器人等方式，实现与采购人、供应商等不同交易群体线上互动，解决业务流程、平台操作、售后服务等答疑与指导。

（三）风险监督链条化（阳光慧督）

构建采购风险体系，使风险管理工作嵌入采购业务全过程，在采购全过程各个关键环节建立风险监督检查机制，发挥类似"审计前置化"作用，做到风险早发现、早控制，提升集团采购风险管控能力。构建风险评估模型和风险自动识别模型，基于内外部数据源的自动抓取比对，对注册供应商资质能力、行政、司法风险进行核验，自动预警、智能纠偏。构建供应商诚信库，推进诚信体系建设，实现供应商信息、营业执照、执照证书、人员证书、业绩、发票等备案，与第三方诚信库对接核验，强制与制作投标文件关联使用，专家核验后进行标记。标记已核验的供应商资质、业绩、发票等信息，提升评审效率，进行围串风险预警，强化供应商动态管理。围串监督。平台主要通过检测"三码一文件"来完成对围标、串标行为的智能预警。通过该功能，累计发现围标、串标线索 570 余起，处理处罚供应商 840 余家，没收保证金 1600 余万元，对围标、串标等违法违规行为起到了震慑作用。通过"四合一"功能，全程记录专家音视频、人脸、桌面操作等内容，同时建立专家评分监督模型，对分值偏离平均值过大的，推送人工识别分析，避免专家左右评审结果。建设山东港口云直播开标大厅，利用实时音视频技术，将传统的线下开标变为云上开标。实现了"线下不见面、网上全公开"，杜绝了投标人与评标专家的接触风险，保障了评审工作有序开展。打造山东港口远程异地评审体系，依托"5G""互联网 +"技术，整合集团各权属单位优质评审专家资源，打破了地域限制，将山东港口各地评审场所的实时视频监控画面互联互通，各级监督人员可在线对评审现场进行监督，提升了监督效能。设置查验监控点，基层单位在视频查验区内完成验收，验收过程全程留痕，招采中心查验人员对查验记录及视频进行抽检，实现了责任单位、供应商查验全覆盖。

三、创新点

（一）阳光交易评审体系

打造山东港口阳光交易大厅，构建云直播开标、在线见证监督、不见面询标等功能亮点，实现"线下不见面、网上全公开"。

部署交易大厅智能控制系统，运用物联网等技术对大厅进行 3D 可视化建模，将场地 500 个终端、3000 多个点位映射到模型中，实现交易大厅智能管控、智能引导，打造无人值守评审场所。

构建远程异地评审体系，在青岛、烟台等 8 地市建设标室 41 间，评审席位 246 个，实现跨地市、跨港区远程异地评审常态化。

平台升级远程评审"四合一监控"功能，实现专家音视频及监控全港联通，保障评审过程阳光、透明。

（二）采购数据中台

打造采购数据中台，运用物联网、云计算、大数据等技术，依托采购交易平台的海量数据，构建四级驾驶舱与看板，从业务类型、中标金额、交易主体、交易分部等多个维度对数据进行分析，智能化生成分析图表和分析报告，与其他系统平台完成数据交互与共享，提供决策支持，支撑公司的战略策略和经营活动，推动采购业务数智化转型。业财协同链条化，开展供应链金融，搭建协同对账结算平台，集成财务共享、资金支付、云税发票系统等业务系统，试点电子发票，解决线下业务烦琐、线上流程断链问题，确保各方高效、准确开展对账、结算、核算工作。依托供应链运营开展金融服务，实现物流、商流、信息流和资金流四流合一，将采购供应链中的买方、卖方、第三方物流以及金融机构紧密联系在一起，运用供应链管理盘活资金、利用资金推动产业链、供应链升级，广泛开展电子保函、中标贷、履约保函等普惠金融业务。

四、应用效果

基于山东港口集中采购模式，建设符合国家、企业采购相关法律法规，具有高安全等级的网络风险防范能力，严谨的平台内控机制和风险预警管控措施，满足企业灵活管控需求，稳定、可靠、易用、高用户友好度的全流程、全业务、全追溯，实现智慧化数据分析和管控的山东港口阳光 e 平台。

（一）全程线上运行，提高采购效率

实现采购文件编制模块化、发布线上化，采购文件平均编制及发布时长由 3 小时缩减至 1 小时。

实现投标文件编制线上化，平均报名响应、投标文件编制提交时长由 3~5 天缩减至 3 天以内。

实现项目评审全流程电子化，平均评审时长由 3 小时缩减至 2 小时之内。

（二）促进厂商竞争，降低综合成本

业务全过程电子化，年节约采购中心办公及档案存储费用近 10 万元。

减少投标人标书制作、邮寄、差旅等费用支出 400 余万元，项目参与度同比提高 53%，促进有效竞争。

累计执行 1.5 万余个项目，成交总额超 2000 亿元，较预算节约资金超 4 亿元，节支率 12.9%，远超年度节支率 5% 的目标。

（三）对接外部服务，优化营商环境

通过电子保证金与电子保函，缓解资金压力，实现国家、省服务平台同步发布，

更加公开透明。

（四）创新采购模式，促进转型升级

编制 22 套文件模板，实现业务流程化、标准化，确保招标合规性 100%。搭建网上商城，由管"过程"向管"商品""价格"转型，提升采购效率和用户满意率。

（五）提升框架健壮性，解决"烟囱式"建设问题

以模块化组件化思维，对企业采购活动进行拆分、解耦与重组，形成具备通用支撑能力的微服务单元，通过微服务的灵活选择与适配，实现企业个性化工作流的定义，从而提升代码复用能力以及技术底座的兼容性，满足未来灵活多变的发展需求。

（六）取得"三星"认证，提升平台公信力

获得"三星"认证，成为具有公信力的第三方服务平台。

目前搭建完成的智能电子招投标平台已经在平稳运行，自从电子招投标平台运行后，进一步提升了效率，降低了成本，规范了管理，防范了风险，进一步优化了营商环境。目前有包含山东港口、青岛港、日照港、烟台港、渤海湾港，港湾建设等六大招采中心，部分招标代理机构已入驻该平台，为集团公司强化采购管理提供有力保障，整个港口集团的招标采购管理得到了有力的提升。伴随采购服务范围的不断扩大，精准监督有利于保障集团切身利益，夯实采购执行成效，为阳光招采健康发展保驾护航。

（七）多方共赢的生态圈实现持续增长

山东港口阳光 e 平台构建的是一个多元、包容及共赢的"生态圈"。在这个生态圈里，山东港口阳光 e 平台就是功能完善的"中枢站"，将供给和需求承接起来。这种供需关系通过资源的优化和配置，可以流动和转换，使生态关系更具能动性和开放性。

五、推广价值

（一）相关部门开展过程监管的重要平台

1. 落实监管政策

目前尽管企业招采有相关监管政策，但落实效果有偏差，信息公开范围不广，个别企业、工作人员甚至发生"暗箱操作"，存在廉洁从业风险。

2. 实时动态监测

目前部分企业集团没有搭建平台，主要借助中介代理机构平台操作，已经建设的小型采购平台建设与运行参差不齐，事中监管缺乏手段，学习山东港口阳光 e 平台的建设可帮助实现实时监管和分析、预警。

（二）推动企业数字化改革的重要平台

山东港口阳光 e 平台可将纪检监察、企业资产资源管理、采购供应链管理等需求与平台数据资源有效对接、充分挖掘、落地利用。通过平台机制设计、数字化手段，把"不敢腐""不能腐""不想腐"的体制机制与国企采购、招租重要领域、关键环节结合起来，将阳光服务平台打造成企业合规、廉政建设的重要平台。

（三）提升国企采购效率的重要平台

目前部分企业采购信息公开程度不高且范围比较狭窄，没有形成统一的采购信息公开渠道，价值及客户发现概率低。打造高标准采购市场，推进采购市场公开透明势在必行。山东港口阳光 e 平台依托一套完整的信息化解决方案为企业提供采购信息、监测分析等全链条的功能与服务。

数字化平台将成为未来企业数字化转型的重要载体，为企业提供更多的数字化采购服务和企业的内部管理服务，优化采购成本和采购流程，提高采购的战略价值和影响力。数字化平台将在未来的供应链数字化升级中发挥更大的作用，为供应链带来更多的机遇，助力企业实现数字化升级和转型，成为推动供应链数字化升级的重要动力。

（山东港口阳光慧采服务有限公司，丁晓姝、高凯；国泰新点软件股份有限公司，曹佳希）

辽宁港口：数智赋能，创建云采购平台

一、案例背景

2019 年 1 月 4 日，招商局集团与辽宁省携手整合大连港与营口港，挂牌成立了辽宁港口集团有限公司，正式拉开辽宁沿海经济带一体化发展大幕。辽宁港口集团有限公司作为招商局集团下属二级单位、港口板块的北方母港，在整合辽宁沿海港口资源的基础上，积极打造东北亚国际航运中心和国际物流中心，力争建设世界一流强港。辽宁港口集团有限公司结合区域发展需要，通过"规划布局、资源配置、业务协同"三个"一体化"发展，重塑了辽宁港口发展格局。

在采购管理布局方面，高水平的集中采购管理是世界一流企业的必备素质，也是企业参与国际竞争的核心能力。为助力企业打造世界一流强港，辽宁港口贯彻集团"统一管理与实施"的采购管理理念，创新采购管理模式成立集中采购中心，搭建集采管理体系，建立专业化管理团队"集中采购中心"，聚集采购资源，统一组织大连、营口、丹东、盘锦、绥中 5 个港区、140 余家下属单位实施采购工作。以流程赋能的方式，搭建辽宁港口采购计划管理系统，通过深入贯彻落实集团"实施、管理、监督"相分离的采购管理要求，实现了采购单位与集采中心在计划申报、审批、评审、结果确认等环节的双向制约、互相监督。

在采购数字技术赋能建设方面，辽宁港口实施数字化、精细化、智能化采购管理。目前已搭建的辽港智慧云采购平台及其所组成的全部数字化、智能化功能，全部为辽宁港口原创。其组成内容包括：覆盖大连、营口、丹东、盘锦、绥中五大区域的辽港智慧化采购管理计划系统；填补小额采购管理空白的辽港小额云采购平台；依托"招商随行"、微信等移动平台建设的采购随行应用；采购数据分析、价格趋势分析，高金额、高频次统计模块，采购管理分析报告等大数据分析系统；辽港 140 余家采购单位的制度、考核管理系统；行业内首创的 RPA 智能化采购项目代管理和 OCR 智慧化评审等多种数智化应用。依托"1＋1＋N"的辽宁港口数字化技术底座，创新实施"双平台"采购管控模式，实现了辽宁港口采购项目全采购业务链贯通、线上采购全覆盖、阳光采购的管理目标。

在降本方面，辽港智慧化采购云管理平台作为采购技术底座，协助辽宁港口实现了聚积采购资源，降本增效的管理目标。2019 年至 2023 年 7 月，合计完成采购项目超 11.8 万项，成交金额 317.55 亿元，节约采购成本 18.7 亿元，降本成效显著。

在数字经济发展方面，辽宁港口紧跟国家战略发展步伐，积极响应中共中央、国务院《数字中国建设整体布局规划》中"打通数字基础设施大动脉，建设数字中国，推进中国式现代化重要引擎，构筑国家竞争新优势的有力支撑"的具体要求，以政策为导向，响应时代号召，在新的历史背景下开展采购管理数字化转型布局，激活港口行业智慧采购潜能。辽港智慧化采购云管理平台运用信息化、数字化、智能化技术，不仅具备 PC 端、移动端的多运行环境，同时具备多种类大数据分析模型以及 RPA、OCR 等数智化应用，有效带动采购数字化迭代升级，提高工作效率，减少人为干预和操作失误，在增强采购管理能力、采购信息化能力方面，成效显著，成为切实提高港口采购决策、成本管控的着力抓手。其中部分系统已被招商港口、长航集团等采纳、借鉴，并已孵化出招商港口的"壹慧采平台"、长航集团的"长航易采平台"两个同类型计划管理系统、小额采购平台，数智化采购管理的探索提升已成为集团内新的质效提升工作着力点之一。

二、成果主要内容

（一）项目概述

项目名称：辽港智慧云采购平台研发及应用。

创新特点：数字化、RPA、OCR、智慧化、自学习技术在采购域原创应用。

创新目标：以数智化技术推进采购上下游高效协同，赋能辽港集采业务降本、提质、增效，搭建辽港智慧化云采购平台。

项目成果如下。

本项目通过创新采购管理模式，融合应用数字化、智能化技术。在管理模式方面，辽宁港口创新采购管理模式，在招商局集团内率先设立集中采购中心，组建专业化采购管理团队，以集团"统一管理与实施"的采购管理理念为指导，以数字平台技术为抓手，形成了符合招商局集团管控要求、具有辽港特色的采购工作管理体系。在数字化、智能化技术方面，由辽宁港口原创开发辽港智慧云采购平台。其组成部分包含多个核心云应用，分别是辽宁港口统一应用的辽港数智化采购计划管理系统、招商局集团内首创的辽港小额采购平台、多维采购数据分析系统、140 余家单位的采购制度和考核管理系统、行业内首创的 OCR 智慧化评审系统和 RPA 智能化采购项目代管理系统等核心云应用开发成果。

（二）项目成效

1. 采购管理效能提升

辽港智慧云采购平台是为辽宁港口量身打造的数智化采购管理系统，是管理与技术的创新结合。自 2019 年建设应用至今，已在长效管理、数智技术、云端生态、数据赋能等多方面取得了显著的应用成效。促进了港口企业跨行政区域、跨部门、跨系统、跨行业的信息交互、业务协同与数据共享，有效提升了采购管理水平与执行效率，为供应商提供更便利的采购信息获取和报价途径，提升了采购竞争性，保障采购合规性，实现了辽宁港口采购项目全采购业务链贯通、线上采购全覆盖、阳光采购的管理目标。

2. 降本成效显著

在降本方面，自 2019 年 8 月，辽港智慧化采购云管理平台应用至今，协助辽宁港口在招商交易平台完成 20 万元以上工程，10 万元以上设备、服务、货物采购项目 1.5 万项，降低采购成本 17.03 亿元；在辽港线上采购云平台完成 20 万元以下工程，10 万元以下设备、服务、货物公开采购项目 10.32 万项，降低采购成本 1.69 亿元，降本成效显著。

3. 数智化技术应用创新，推动采购管理进步

在数智化采购技术应用创新方面，不仅创新建设了辽港小额采购管理平台，实施"双平台"采购管理模式，还通过综合运用数字化、智能化、网络化技术，融合大数据应用技术，建设了具备数字化分析能力、智慧化采购能力的云采购管理平台，通过融合数字化、大数据、RPA、OCR 等智能化技术，进一步规范了采购流程，打通采购供应链，提升采购管理能力，推动采购管理再上新台阶。

4. 获得广泛认可，有效起到示范作用

辽港智慧云采购平台研发及应用项目获得了良好的应用效果和成绩，分别荣获 2021 年度中国港口协会科技进步奖三等奖、2021 年度大连市管理创新成果奖、招商局集团 2020 年度质效提升工程黄金举措等荣誉。同时，辽宁港口凭借该项目荣获招商局集团 2020 年度采购工作先进单位、2021 年度采购管理标杆奖。

（三）系统功能及创新点描述

1. 功能架构

（1）在云端搭建采购门户，为辽港智慧云采购平台的用户提供信息公开查询、采购信息公示以及统一的注册登录入口。

（2）搭建辽宁港口智慧云采购平台，整合上游供应商企业与下游基层单位，为集采中心、基层单位、供应商等企业提供一个一体化网络协同平台。

（3）利用云工作流引擎，集成多模式采购流程，管理过程可配置，融合应用机器学习与人工智能技术，优化采购流程、策略管理算法以及异常处理机制，打通港口采购供应链上下游。

（4）建立数据中台，实现对采购相关主数据的统一管理。并在此基础上，融合业务链全数据，创新数据应用，推动数字产业化，为云端平台用户提供智能化的数据应用服务。

（5）探索数字化转型，运用新的科技手段与采购业务进行深度融合与创新，关注业务量增长的痛点，构建智慧评审与 RPA 智能采购，并在辽港采购平台应用，让采购更智能、更高效。

系统功能架构如图1所示。

图1 系统功能架构

技术采用开源的 SpringCloud 构建分布式微服务，通过 Docker 容器化技术应用以及 Kubernetes 云容器引擎，以 Restful API 等方式打通集团下属大连、营口、丹东、盘锦、绥中五大区域的基层单位 EAM 资产管理等系统。建立支持跨行政区域、跨部门、跨系统、跨行业的网络协同平台，运用云工作流集成从采购计划、审批、发布、澄清、答疑、中选到公示的全业务流程，并实现全流程数字化管控，推动采购协同网络化、采购过程自动化、采购全程透明化、采购业务数据化、管理决策智能化，为辽宁港口集中采购的统一计划、采购、实施提供云端数字化技术支撑，促进区域价值链采购活动降本增效，同时保证了采购业务过程的合规透明。

2. **整体方案**

辽港智慧云采购平台的研发，主要运用云计算、移动互联网、大数据、人工智能、业务流程优化、数据中台、系统集成、数据可视化等数字化、智能化技术手段，从业务流程、系统数据层面打通集团下属的大连港、营口港、丹东港、盘锦港、绥中港五大港区的资产管理系统，整合原来分散化管理的采购需求与供应商资源，实现总部管理部门、下属采购需求企业、采购供应商三方网络化协同。

（1）业务协同。

业务覆盖辽宁港口五大区域基层单位的采购业务，开发范围包含集采管理平台、线上采购云平台及衔接辽港现有资产管理系统。如图2所示。

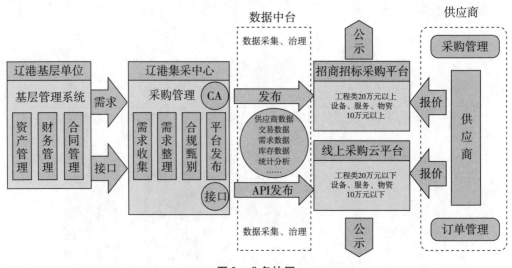

图2　业务协同

（2）微服务架构。

辽港智慧云采购平台设计采用微服务架构设计。利用 SpringCloud 构建分布式微服务，通过 Docker 容器化技术应用以及 Kubernetes 云容器引擎，以 Restful API 等方式打通集团下属大连、营口、丹东、盘锦、绥中五大区域的基层单位 EAM 资产管理等系统。

（3）云工作流引擎设计。

云工作流引擎的设计思路是集成多种采购模式，将采购全流程实施数字化管控，实现采购全业务流程可配置、执行自动化、协同网络化、业务数据化的效果，设计思想如下。

①建立自动化采购方案配置中心，集成标准化的采购阶段，实现不同采购模式下的采购流程智能按需配置。

②建立云端策略管理中心，实现对采购过程应用策略的统一管理。

③建立云端异常发现策略，实现采购阶段与异常发现策略的智能化匹配。

④建立异常处理方式，实现异常处理方式与异常发现策略的智能化匹配，采购阶段结束时应用异常策略算法，执行相应的异常处理。

⑤可使用脚本语言，快速建立复杂处理策略。

⑥固化流程机制，规范采购过程标准，利用数字化技术实现采购全流程自动化，在实现阳光采购的同时，减少人工干预。

（4）信息安全防护。

由于采购业务的特殊性，对平台数据保密性要求较高，系统在设计方面着重考虑信息安全防护，避免信息泄露和违规操作的产生。

①堡垒机运维管理：系统采用堡垒机实现应用、服务、数据访问控制。实现网络、

主机、数据库和严格的授权制度，保证运维管理的安全性，实现所有访问和操作留痕。

②报价保密机制：报价阶段是信息最敏感的阶段，平台在进行程序设计时考虑隔离加密设置，实现阶段性黑盒机制。使得该部分信息不仅留痕并且达到完全不可查状态。

③Web 应用防火墙 WAF：应用华为云 Web 应用防火墙 WAF，对网站业务流量进行多维度检测和防护，可以有效防数据泄露、0Day 漏洞修复、防 CC 攻击、防网页篡改，全面避免网站被黑客恶意攻击和入侵。

④审计管理：为监督部门提供审计查询功能，以便监督部门随时抽查。

（5）RPA 技术业务实施。

①核对采购项目并自动执行集采管理平台流程。RPA 机器人自动登录集采管理平台，核对计划信息、附件上传类型、数量等。在确认数据无误后，自动提交审批，待中心领导审批后，自动上传到招商交易平台。

②采购项目平台自动发布。RPA 机器人智能化使用 U 盾及账密登录招商交易平台，对采购项目信息完整性、附件数量等进行再次核对。确认无误后，自动避开节假日按规定时间发布采购项目。

③跟踪采购项目实施情况。RPA 机器人跟踪招商交易平台审批情况及供应商报价情况。对未通过审批、供应商未及时报价问题，通过邮件提示、自动延期等方式，实现采购项目的无人化跟踪、管理，杜绝采购流标问题。

④采购项目评标辅助管理功能。RPA 机器人在确认符合开标条件后，自动下载供应商报价文件，核对报价信息，确保不超出采购预算，供应商报价文件齐备。自动生成评标结果，并将报价文件下载上传至集采管理平台，发起集采管理平台审批流程，辅助人工确认评审结果。

⑤采购项目结果公示。RPA 机器人在完成辽港采购计划管理审批后，自动发布采购结果，并跟踪项目完成情况。

（6）智慧化评审。

①使用 OCR 技术扫描供应商名称、纳税人识别号、资质属性、有效期等关键数据。

②通过国家相关资质网站识别资质准确性。

③对未能成功识别的资质进行人工审核，资质库智能入库，形成多种类资质标准数据库。

④智能评判供应商资质，确认满足采购需求的最低价供应商。

3. 集采管理平台

集采管理平台（见图3）针对辽港集团内部企业使用，设计上兼顾标准规范和个性化的统一，为集采中心和基层单位搭建一个采购管理协同互动的业务平台，可满足辽港集团各基层单位的采购需求，实现辽港集团采购业务的统一管理与实施。集采管理平台衔接线上采购云平台，依托招商局集团电子招标采购交易平台，实施"双平台"采购管控模式。实现供应商库、专家智库、基层单位的平台资源管理以及工程、设备、服务和物资的数字采购项目管理。

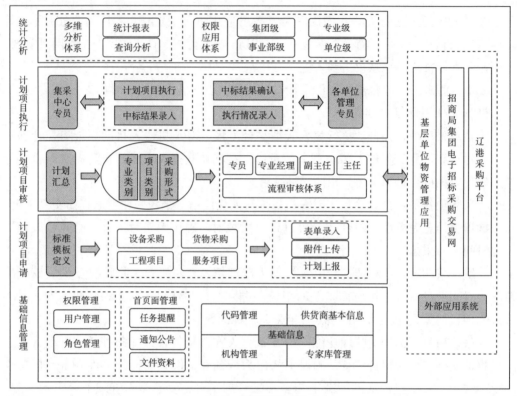

图3　集采管理平台

4. 线上采购云平台

线上采购云平台为集采中心和供应商搭建一个采购交易和业务协同平台，实施20万元以下工程，10万元以下设备、服务、货物采购项目。围绕公开、公平、公正的阳光采购规范及要求，设计面向供应商的透明开放式管理平台。供应商通过公共网络访问线上采购云平台，高效实现从供应商注册、答疑、报价，到中标公示等完整投标经营活动。重后台、轻操作，以合理的系统设计达到简化供应商操作流程目的。线上采购平台也是辽港集采中心采购专员、采购经理全流程跟踪采购活动的平台，实现采购项目发布、审批、价格谈判、答疑、异议管理、异常处理等招标业务管理。

线上采购云平台为集采中心和供应商搭建一个采购交易和业务协同平台。平台设计为两大主线业务，三大核心支撑。

（1）两大主线业务。

①供应商引入：考虑到目前辽港集团采购业务的复杂性，为吸引优质供应商，需要严格把关供应商的引入机制，因此平台在供应商引入过程中，实行基层单位、集采

中心、平台共同参与机制。

②阳光采购流程：围绕采购的公开化、线上化、减少人为干预展开，以保证采购的公平公正。创新设计云工作流引擎，通过云工作流引擎的实施，将不同采购模式下的流程融入其中，实现采购过程自动化。

（2）三大核心支撑。

①体验和效率：由于是公共化平台，需充分利用互联网和移动端的特性，系统设计需要适应平台在互联网环境内的公信力、便捷性、客户体验的要求。

②机制和安全：充分考虑到数据敏感性和对信息保密的高要求，面向供应商开放的平台通过自动化的设计尽可能减少人为的干预；通过堡垒机的运维管理机制和报价竞价保密和加密的设计，保证重要环节的信息安全。

③服务和数据：采用微服务云平台的技术架构设计，利用互联网的特性为用户提供丰富多元化的数据服务。

5. 智慧评审

2023 年，辽港集采中心继续不断深度挖掘采购业务数字化，持续创新，开发智能化评审项目，以智能化评审辅助人工审核，利用 OCR 人工智能的手段自动审核供应商资质，提升办公效率，减轻采购人员压力，减少出错率，智慧化评审功能主要完成以下三个目标。

（1）对于部分资质类别的证书自动审核，包括真实性、有效性，满足资质类型等级等详细采购要求。

（2）人工辅助学习，对不能判定的供应商资质条件转入人工，保证采购流程正常运转。

（3）通过积累形成供应商资质库，方便以后报价的时候自动判断。

6. RPA 智能采购

针对采购项目的管理，业务人员需要在集采管理平台发起流程审核并在招商局集团（以下简称"招商"）电子招标采购交易平台进行信息同步、评审、结果公告等一系列操作。由于项目数量较多，流程中存在多处人工处理节点，操作过程重复度高且规则明确，故通过 RPA 技术辅助业务实施可大幅释放人工操作、提升工作效率及业务实施准确度。

当前集采管理平台与招商采购平台已完成部分接口对接，绝大多数的项目信息字段可通过接口传输，但目前由于业务跨系统，在流程实施过程当中存在许多需要人工触发的步骤。

7. 移动技术

手机移动端应用，以云端智能化应用辅助供应商投标以及集采中心采购审批，做到"随行、触手可及"的便捷采购管理效果，融合大数据应用技术，达到采购项目精准推送，保证小额采购项目发布后 24 小时内可完成采购任务。

三、创新点描述

结合技术查新内容及辽港智慧云采购平台的创新内容，概述如下。

（一）打造采购全流程管理、多终端设备应用的智慧云采购平台，提升采购管理能力，为供应商提供高效服务平台

辽宁港口结合自身创新的集中采购体系，量身打造了原创的跨区域（大连港、营口港、丹东港、盘锦港、绥中港）一体化智慧云采购平台，实现了采购计划、审批、发布、澄清、答疑、中选、公示全流程信息化系统应用，开发了采购单位与供应商 PC 端和手机端双渠道一站式采购，为集团采购项目的统一计划、采购、实施提供服务，是管理与技术的融合。

平台应用端采用了多端组合式应用模式，支持 PC、移动等多终端应用。首先，由基层单位发布采购需求，经过内部相关管理者审批后，采购专员可直接在线发布采购项目。项目发布后，后台会根据采购项目特征标签，自动检索具备相应供货能力的供应商，并实现与其智能匹配，通过 PC、小程序、公众号多终端渠道及时向供应商精准推送采购项目，采购信息及时触达。供应商接收到信息后，可通过移动端随时、随地、快速进行项目报价、澄清、答疑等业务环节的网络协同。采购项目中选后，平台及时公示。采购业务全流程在线协同，在实现一站式采购的同时，实现小额采购项目（20 万元以下工程项目，10 万元以下设备、服务、物资采购项目）发布后 24 小时内可完成采购任务。

（二）新技术应用、融合，赋能采购数字化云生态建设

基于 SpringCloud 打造的分布式微服务，并利用 Docker 等容器化技术部署到 Kubernetes 云容器引擎，通过 Restful API 等方式实现平台与集团下属企业 EAM 等系统无缝连接。融合机器学习与人工智能技术，优化采购流程、策略管理算法以及异常处理机制，打通港口采购供应链上下游数据通道，建立开放式的港口采购供应链生态圈，形成多边一体、互联互通、共生共赢的港口采购数字化生态网络。

首先，基于 SpringCloud 的云端生态，实现价值链采购场景下业务活动的服务化。通过开放 Restful API，衔接了各基层单位的 EAM 资产管理系统，打通业务流程、业务数据、业务系统。贯通采购上下游形成多边一体、互联互通、共生共赢的开放式数字化云生态圈。平台可提供在线竞价、询价采购、在线招投标采购、在线选型直采、供需匹配采购、委托采购服务、供应商管理、内控管理、计划管理、合同管理、交易跟踪等多项应用服务支持，帮助港口企业实现采购过程管理、上下游协同和内控管理。

其次，平台以采购管理流程为驱动，创新性应用云工作流引擎，在云端生态环境基础上，固化多种管理机制与流程，形成系统刚性约束，转变传统"人控"为"机控"，融合应用人工智能与机器学习技术，自动处理异常，可实现采购全业务流程可配置、执行自动化、协同网络化、业务数据化。

目前平台已整合上游供应商企业与下游基层单位，实现全集团共享供应商资源。充分利用了市场竞争机制，引入供应商询价、比价等方式，将采购价格进一步降低，有效控制了采购成本，也提升了集团管控力度。

（三）多维度采购分析决策服务应用，为企业提供赋能采购管理的数据资产

依托辽港采购数据资源，以数字化赋能为管理提升抓手，建立采购数据分析体系。应用大数据技术，汇聚、挖掘采购数据价值，建设了辽港统一的"采购数字管理系统"，实现了采购计划全程数字化管理；建设了具有辽港特色的"辽港小额采购云管理平台"，实现辽港采购平台化全覆盖；建设了辽港采购管理标准域，包括与招商统一的采购域编码体系（2019年辽港首创采购域编码标准，2021年被招商采纳、借鉴，并升级为招商采购域编码标准）、辽港采购流程标准化体系、辽港采购文本标准域（编制工程、设备、货物、服务四大类采购标准化文本，并建立采购案例库，纳入优秀采购文件368份，为基层单位提供参考），辽港数字化管理底座牢固、有序；开发了辽港采购随行服务，为采购管理人员提供便捷的提醒、查询、审批途径，为供应商集成了微信端应用，实现手机端的提醒、实时查询、报价等功能，采购管理高效、便捷；利用辽港采购数据开发了价格趋势分析模块，以管理为导向的采购数据分析模块，辽港采购高金额、高频次TOP20汇总模块等多维度数据分析模块（涵盖供应商、工程、设备、货物、服务类采购项目等维度），采购数字化辅助决策能力大幅提升。通过有效的数据治理、数据分析体系建设，更有效地激活了数据，产生价值，为优化港口资源配置、改善业务流程、降低采购成本、持续优化与提升港口采购质量及效率，提供了无形的数据资产。

（四）首创RPA、OCR、自学习、智能化等"AI+"技术采购域应用，突破固有采购模式

辽港实施集中采购管理以来，经历了两个主要的发展阶段。一阶段是通过辽港数字化、平台化系统建设，以数字化的方式取代了以往采购分散、依托大量纸质文件、人工操作的原始采购方式。同时，使用网络信息载体以全过程管控、全周期协同、全方位融合、全链条贯通为导向，贯通采购业务链。

随着大数据与人工智能技术的不断发展革新，辽宁港口逐步探索以智慧化驱动、智能化管理、无人化决策为特征的智慧采购2.0阶段。辽宁港口运用"场景+科技"的模式，将科技与港口采购解决方案深度融合，加速行业数智化解决方案的落地应用。

创新应用 RPA、OCR 人工智能技术，针对采购项目已形成标准化采购计划、审批、流程体系，实施采购管理、智能化评审，摆脱人为因素，降低采购流标率，提升风险管控能力，促进采购业务进一步提质、降本、增效。

（五）以数字化赋能，规范采购管理，实现阳光采购

在平台应用以前，辽宁港口采购项目仍由各基层单位自行负责，管理缺乏集中度，各业务公司的采购业务应用多数是孤立运作、各自为政、无法沟通、无法协作、管理效率低下。辽港智慧云采购平台的研发、应用，融合了管理机制与流程，贯通了业务上下游企业，有效利用了平台云生态＋集约化理念＋数据赋能＋智能化技术，打通了采购业务链，实现了网络化一站式采购，全方位解决了过去采购效率低下等问题，进一步规范采购管理，提升采购效率，实现阳光采购。

同时，辽港智慧云采购平台研发及应用项目坚持以需求为中心，以云的开放生态优势，重构集采流程，严格分析交互场景，以招商局集团采购制度为准绳，从严把控港口采购供应商资质、能力与港口采购需求匹配，把提升效率、降低成本、优化用户体验作为工作总则。利用数据、算法、算力、网络构筑四位一体的底层驱动力，融合大数据、云计算、数据中台、流程优化、自动化、移动互联、人工智能、数据可视化等数字化技术，建立基于跨行政区域、跨部门、跨系统、跨行业的数字化赋能平台，做到在集采协同、业务优化、生态构建、分析决策以及服务上全面赋能。

（六）为企业提供低成本的数字化劳动力

当前，一方面，中国劳动力红利逐渐消失，适龄劳动力资源持续短缺，将对企业尤其是劳动力密集型企业造成越来越大的压力；另一方面，2018 年起，平均工资增速超过了劳动生产率增速，劳动力相对价格保持较快上涨，企业的人力成本连年增长。行业调研发现，简单劳动、数据处理、数据采集等工种通过围绕 RPA 技术实现数字员工应用的可能性已超过 50%。辽宁港口将 RPA 数字员工的可能性实现步伐已深入采购、财务等细分领域，正走在行业前沿。

（七）社会效益

辽港智慧云采购平台充分结合了港口集采的需要。在管理决策中，引入基于 BI 大数据分析仪表盘应用，为持续优化港口资源配置提供了有力的科学技术应用支持；在业务执行中，平台融合了人工智能与机器学习，实现供应商推荐、报价管理、中选等业务环节智能化，同时改进了业务流程优化及异常处理等措施；在技术层面上，平台广泛应用了 SpringCloud、容器化引擎、容器化部署、VUE 等多项主流开源信息技术，切实推进了信息科学技术在港口集中采购业务领域的创新应用。

随着集中采购平台的深入建设，辽港智慧云采购平台所带来的效益不仅体现在集团内部，而且体现在众多港口企业的合作中。辽宁港口能够与其他港口采购供应商合作伙伴建立起更为紧密的联系，巩固港口采购的"朋友圈"，打造共享、共赢的数字化采购供应链生态圈。

（辽宁港口）

中铁物贸：数据支撑建筑业供应链新发展格局建立

中铁物贸是中国中铁旗下专业从事供应链管理和物资贸易的企业集团。以中国中铁系统内部市场物资集采和供应为主，覆盖战略采购、区域集中采购、投资与总承包项目采购、中铁系统外市场业务、海外业务、电子商务与大数据服务、招标代理服务和原铁道部部管物资代理服务八大业务板块。中铁物贸以"创新与转型升级"双轮驱动战略，积极推进供应链数字化转型升级。

一、建设背景

党的十九届四中全会明确提出"数据是数字经济的核心生产要素"。在《"十四五"数字经济发展规划》《数字中国建设整体布局规划》以及国家机构改革中，突出强调数据和数字经济的重要性，要坚持创新驱动发展，加快数字化转型发展，依靠数字技术的驱动，不断培育新产业、新业态、新模式，催生新动能、推动新发展。随着数字化供应链的发展深入，数字化技术颠覆力势必成为未来供应链的主要影响因素与核心竞争力优势。以数字驱动传统行业转型升级是建筑业把握新工业革命机遇实现自我突破，从"量"的扩张转向"质"的提升的核心要素。中铁物贸以数字化建设能力持续提升为目标，以全力支撑集物平台持续创新为主导方向，以全链条标准化及海量、准确的数据为基础，通过数据中台构建全链路数据管理体系，规划一站式平台化数字运营，支撑中铁物贸全场景数据应用、持续赋能中铁物贸数字化转型建设，从而实现自我发展、自我超越，为构建新发展格局奠定坚实底座。

中铁物贸的信息化、数字化建设始终走在行业前列，在信息化向数字化发展的进程中，积累了海量的数据，沉淀在各个系统中，虽然数据数量形成规模，但数据质量要求并未形成规范，对于数据的统一管理也暂未形成体系。在各业务及管理系统的建设过程中顶层设计未形成一致性，面向局部业务环节的转型缺乏系统性和全局性，在信息系统集成的过程中易造成数据底座撕裂问题。面对中铁物贸数字化供应链发展的深入，数据治理和数据能力转化被提上日程。对源数据的治理过程中需要投入极大的人力物力资源，去解决从业务逻辑规则、数据源质量、代码开发等多方进行数据质量探查的问题。因此中铁物贸重点开展数据中台项目以统一顶层设计，标准化数据治理，系统化数据管理体系，数字化技术赋能，横向描绘各业务场景，纵向覆盖集团、三级公司、经营中心各层级的数据服务需求，将数据应用能力充分融入供应链业务流中，构建集成化数据服务满足各利益相关方的需求，充分实现以数据赋能价值创造。

二、建设思路

"数字化转型"的本质是一次"变革"，需要从体制到组织，从意识到流程的变革和企业管理模式的创新。以中铁物贸及子分公司核心业务、数字化能力为蓝图导向，通过四个数字化能力运营融入平台构建，整体绘制蓝图。

（一）构建数据组织架构体系

基于"数字化转型"变革，规划采用集中策略，设立集团公司科创与数字化中心，负责统筹推进全集团的数据管理工作。以数据责任人、数据管家、数据使用者的角色及对应角色的职责，与现有组织架构的业务部门、研发部门进行深度的融合和明确的定位，在"立而不破"的数据治理技术架构基础上，更加有效落地数据管理体系。

（二）构建数据管理制度体系

加强集团公司数据管理，构建覆盖全面、职能完备的数据管理体系，明确数据责任，推进数据标准建设，提高数据质量，优化数据服务，强化数据安全保障，充分发挥数据价值。依据国家及上级单位相关法律法规和制度办法，同时结合集团公司的实际情况，建立健全的数据管理体系制度，明确数据管理工作具体内容以及集团公司各单位在各项数据管理工作中的职责，做到有法可依，依法而治。

（三）搭建一站式数据能力的架构体系

实现数据集成、数据治理、数据资产、数据服务、数据分析、数据运营等，构建集团公司数据全生命周期一站式数字能力运营平台，涵盖数据运营能力、数据应用能力、数据服务能力以及统一集成能力四大模块，支持行业知识库智能化建设，支持大数据存储、大数据计算分析引擎，帮助企业客户快速构建数据运营能力。在此基础上，一站式数字能力运营平台可以持续向各个领域提供统一的数据服务。

（四）构建数据运营服务机制

基于数据中台，以数据全链路管理为基础，通过经验能力转化的工具，构建一站式数字能力运营平台，打造可管可控的数据运营服务体系，建设自动化数据运营机制和高水平数据服务团队，对内对外提供数据服务输出，支撑企业管理模式创新创效，推动企业高质量发展。

（1）基于统一的组织架构、技术架构、业务架构，建立"业务—技术—组织"三维一体的数据综合治理运营机制。数字能力运营平台对数据标准、数据质量的管控流程及各业务领域数据责任人、数据管家的角色与职责进行明晰的定义，数据管家对齐数据责任人的业务需求，通过业务与数据统一的数据标准规则，打破技术与业务人员之间的障碍，技术研发人员将数据变为业务人员可阅读、易理解的内容，业务人员看到内容后能够很快结合到业务中去，真正做到"从系统中来、回业务中去"。

（2）基于灵活数据质量规则配置和自动化预警能力，构建数据质量检查和监控的管理运营机制。基于数字能力运营平台，围绕数据质量一致性、有效性、及时性、完整性、唯一性、准确性等维度配置和构建丰富灵活的数据质量规则和自动化预警能力，业务领域数据责任人进行数据质量规则制定，定期形成集团公司数据质量测评与度量任务，发布数据质量报告，明确关键数据质量问题，督导进行数据质量问题改进，持续提升数据质量。

（3）基于一站式 BI 数据分析能力和智能化数据采集、识别工具，构建定制化、差异化的数据应用机制。通过一站式数字能力运营平台门户与数据分析工具进行一体化集成，支持不同部门、不同层级通过分析工具进行数据分析，形成业务报表，打造由运营域、财务域、风险域、价格域、运维域构成的多维度域的数据展示大屏，为管理决策精准定位。

（4）基于高质量数据和多维度大数据分析模型，形成企业经营动态全面感知的数据服务机制。通过知识图谱、机器学习和深度算法框架，在数据智能匹配、精准营销、大数据风控等方面深度应用，构建价格分析模型、客户标签体系、客户评分模型、供应商评分评级模型等多维度数据模型，结合大宗业务线上化和平台化运营推进，面向管理者和平台运营者提供应用服务，助力大宗业务模式创新，为供应链业务持续赋能。

三、应用效果

（一）效率提升、价值创造

数字能力运营平台集成 OCR 智能识别、RPA 机器人、数据融合等一系列智能化辅助工具，通过统一构建 OCR 能力，在供应商认证申请审核、收货凭证自动签收、银行票据自动识别等场景应用，人工耗时由 10 分钟/单降至约 2 分钟/单，业务体量按 3000单/月计算，每月将节约人力 2～3 人。同时支撑业务平台和数字化创新解耦，提供移动 BI 分析入口，支撑业务高效协同，使集团公司决策层、管理层随时随地获取所需业务数据及分析展现，节约集团公司各层级月度日常报表统计耗时累计近 200 小时，每月节约人力 1 人。平台数字能力将支撑业务平台探索培育更多自主创新应用和商业模式，以实现提质增效、价值创造。

（二）智慧决策、数据支撑

数字能力运营平台构建了价格预测分析模型、经济预警模型、客户标签体系、评分评级模型等多维度模型，与大宗物资交易平台深度融合形成智慧决策能力，为供应链资源统筹、供需匹配、多式联运提供数据决策支持和风险指标预警分析，从业务数据化转向数据业务化，持续提升中铁物贸的数字运营服务能力，以此支撑中铁物贸的数据应用全链安全管理、全程标准管控、全系统质量闭环，为中铁物贸数字化供应链体系提供了强有力的支撑。

（三）数据循环、综合经营

随着集物平台和数据中台的广泛使用，不断迭代的业务模式和产生的用户需求将驱动双平台的创新发展，高质量数据的沉淀将催生数据应用能力更加深入，推动供应链上下游企业的业务协同和资源共享，为集物平台运营提供全程可视、风险预警、业务全貌分析等应用场景，实现双平台的深度握手。中铁物贸作为经营单位依托双平台进行业务模式组合和扩展，对市场进行快速反应，形成企业差异化竞争力优势，助力中铁物贸综合经营能力提升。

（四）开放共享、安全提升

以开放的态度持续扩展数据共享范围，畅通数据资源循环，同时结合数字能力运营平台的经济运行风险预警模型、客户标签体系、客户评分模型、供应商评分评级模型、价格分析模型等，实现供应链全流程节点的实时监控和风险防范。通过智能预警和风险分析，将传统供应链单一链条的连接方式，转向网络化、多层次的链接，提升供应链的韧性和安全性，为央企数字化采购平台谋引领，为建筑行业供应链创新谋驱动。

四、推广价值

数据中台以数据要素全力支撑中铁物贸集物平台的数字运营，持续夯实中铁物贸数字化转型建设成果、供应链一体化集成服务能力，促进建筑业数字化能力提升，推进建筑业供应链建设高质量发展。高质量发展下的量质关系相互协调统一、相互促进、往复循环。中铁物贸多年的信息化工程建设和现阶段数字化转型，沉淀了海量数据，为以质取胜提供了可能。构建一套具备良好的系统性能、较高的处理效率，又灵活、易用、安全的数据处理系统是促进质变提升的必然要求。通过全链路数据管理，开展数据治理，汇聚企业级数据资产，打造智能化数据服务中台，建成一站式数字能力运营平台，支撑企业智慧运营体系建设，提升企业运营效率，助力企业数字化转型。

实现数据全方位统一管理。通过前端为客户提供数据应用开发，通过中端为客户提供数据可视化、数据服务、数据资产、数据开发等服务，通过后端为客户提供数据集成、数据清洗、数据标准等服务，全场景提供灵活多变的有偿增值服务，以实现数据增值服务。

实现企业经营动态全面感知。通过广泛而全面的数据连接与交互，通过数据运营工具完成独立的分析与决策应用，自行制作分析报表及报告进行数据分析和业务洞察，全天候自动化对业务进行内外部异常监控、分析和预警，通过智能终端时刻全方位感知企业运营动态和经营异常。

实现数据基础的科学决策。根据企业全方位经营数据，引入决策模型和 AI 算法，深入分析问题根源，预测未来发展趋势，推演实际经营过程，支撑企业科学决策。构建的数据地图、价格分析检测、供应链及客户全维分析、价格预测系统等多种数据工具为用户提供一站式数据服务。同时，提供移动 BI 分析入口，使集团公司决策层、管理层随时随地获取所需业务数据及分析展现，完成独立的分析与决策应用。

全方位解决数据顽疾。通过构建数据资产管理、数据标准、数据全面治理，建立统筹业务数据、统一数据标准、监督数据质量问题，全面解决数据孤岛、数据标准不统一、数据不规范、数据不准确、跨业务流和跨系统的数据关系混乱、数据不安全、数据难溯源、数据更新不及时等普遍存在的问题。

五、未来发展趋势

（一）以用户需求为核心

以客户为中心，满足业务需求和用户体验是提升系统易用性的基本原则。随着集物平台和数据中台的广泛使用，不断迭代的业务模式和产生的用户需求驱动着双平台的创新发展。每一个应用工具所提供的功能都应该按照业务场景和用户体验需求嵌入不同的业务或管理平台入口，给予用户更灵活、高效的访问渠道。

（二）以快速迭代创新为建设要求

数据中台的核心目标是满足用户需求，支撑大宗物资交易业务的高效运营。平台已具备较强的数据管理能力，对数据进行科学的梳理和高质量的沉淀，便于在新的业务需求提出时能基于现有的数字能力快速进行组合和扩展，对业务和市场进行反应。具备强大的数字探索能力将成为企业差异化竞争力，助力"降本增效"目标，实现弯道超车。

（三）可复制推广的未来目标

在数字能力建设的实践中，基于建筑行业经验，结合物贸企业特点，落地形成符合业务实际需要的兼具通用性及个性化的一体化解决方案，可为同业提供标杆参考和业务方案咨询，帮助企业快速建立自主的数据运营能力，以中铁物贸数字化转型经验助力建筑业供应链生态圈数字化转型升级。

（四）助力数据生态构建

数据的价值创造会在共享中得到提升。依据国家《数字中国建设整体布局规划》

对于夯实数字基础设施和数据资源体系，推进数字技术和实体经济深度融合的要求，中铁物贸将坚持以国家政策为导向，融入国家战略布局，以更开放的态度持续扩展数据共享范围，畅通数据资源循环，做好数据在企业内部、外部的分享，以数据促进社会协同，释放商业数据价值潜能。

（中铁物贸集团有限公司，佟希飞、徐晓晗）

陕西延长：基于固定价格的质量竞争的采购模式

一、常规评审办法在车辆采购中的弊端

目前，招标采购中使用的常规评标办法有综合评估法和最低投标价法。其中，综合评估法主要适用于技术较为复杂、不同技术标准价格差异大，且采购人对技术、性能有特殊要求的采购项目，需要综合考虑价格和技术、性能指标等因素确定中标人。最低投标价法则适用于具有通用技术、性能标准或采购人对技术、性能没有特殊要求的采购项目，只要投标人能够满足招标人的实质性要求，且经评审的价格最低即确定为中标人。

通用车辆采购，虽然行业技术标准相对统一，但不同品牌制造商生产的产品品质相差较大，且很难进行精确量化评价。采用综合评估法，最终选择的产品可能不能实现"物有所值"；而采用最低投标价法，虽然价格可控，但最终选择的产品可能不能满足采购人的实际需求。

二、"固定采购价格、基于质量竞争"的新采购模式

"固定采购价格、基于质量竞争"模式指根据采购预算，进行市场调研后确定合理的固定采购价，邀请同等质量和品牌的厂家在满足基本参数及功能要求且固定价格的基础上，进行产品质量、配置竞争的采购模式。不但能够杜绝单纯比价格，投标人会采用质量下限定位的做法，还能实现企业投资控制，使有限资金能最大限度买到更好的产品。

三、实践案例

具体以延长石油某能化公司大客车采购项目为例。

1. 项目准备阶段

根据某能化公司的采购预算，每台大客车预算价为 50 万元。为了能够采购到预期品质的车辆，采购人员进行市场调研，确定固定采购价格为 49 万元，选择了当前市场上同等品质和价位的金龙、金旅、宇通、中通 4 个品牌的车辆。

2. 供应商寻源

根据车辆品牌价位调研情况，联系生产厂家或其授权经销商参与本项目竞争性谈

判，最终厦门金龙、郑州宇通、陕西金旅三家单位受邀参加。

3. 设置评审标准

首先，根据采购预算设置合理的固定采购价格为 49 万元/台；其次，编制车辆参数基本要求，并将车辆核心部件及增值服务设定具体的评价标准及分值。如表 1 所示。

表 1 评价标准及分值

类别	分值	评审要素
技术部分	30分	(1) 底盘设施配置：主要部件选型的先进性、实用性等，且不得低于采购要求（0~4 分）； (2) 发动机配置：选型的科学性、合理性等，且不得低于采购要求（0~4 分）； (3) 整车室外设施功能配置：实用性、舒适型、完备性等，且不得低于采购要求（0~5 分）； (4) 整车室内设施功能配置：实用性、舒适型、完备性等，且不得低于采购要求（0~5 分）； (5) 整车安全设计：结构性安全设计、功能性安全设计等，且不得低于采购要求（0~4 分）； (6) 操控系统功能配置：先进性、适用性、便捷性、完备性等，且不得低于采购要求（0~4 分）； (7) 其他辅助功能配置及附加优惠承诺（0~2 分）； (8) 随车备品备件产品种类、数量等（0~2 分）
商务部分	2分	企业综合实力：对申请人的资产负债情况、主营业务收入等财务状况，以及制造商研发、制造能力，人员、设备配置等综合比较
	2分	业绩：申请人提供本单位近三年完成的与所投车辆类似的供货业绩（附合同及能反映产品规格型号的技术附件）。每提供 1 份得 0.5 分，最高不超过 2 分
	2分	质量保证：除国家及行业相关规定外，对申请人就本次所投车辆及其他配套设施作出的质量保证承诺进行综合比较
	4分	售后服务：对申请人就本次所投车辆提供的售后服务承诺进行综合比较

4. 实施谈判

厦门金龙、郑州宇通、陕西金旅三家单位参与了谈判。谈判小组首先对三家单位进行了资格审查、所投产品参数及基本配置的响应性审查，三家单位产品均能满足基本要求。随后要求三家单位在产品价格不变的基础上，进行功能及配置的次轮谈判。谈判小组根据谈判文件设定的评审标准，并结合三家单位的最终产品配置情况进行了评价打分。如表 2 所示。

表 2 专家评分

| 序号 | 谈判申请人 | 专家1 | | 专家2 | | 专家3 | | 专家4 | | 专家5 | | 平均得分 | | 总分 |
		技术得分	商务得分	技术得分	商务得分	技术得分	商务得分	技术得分	商务得分	技术得分	商务得分	技术得分	商务得分	
1	郑州宇通客车股份有限公司	27	10	27	10	27	10	27	10	27	10	27	50	77
2	厦门金龙联合汽车工业有限公司	29	9.8	29	9.8	29	9.8	29	9.8	29	9.8	29	49	78
3	陕西金旅汽车有限公司	27	9.5	27.3	9.5	26.5	9.5	27.5	9.5	27.5	9.5	27.16	47.5	74.66

5. 谈判结果

厦门金龙联合汽车工业有限公司得分 78 分，郑州宇通客车股份有限公司得分 77 分，陕西金旅汽车有限公司得分 74.66 分。厦门金龙被推荐为第一成交候选人，成交价格 49 万元/台。

6. 经济效果分析

通过对本次采购结果进行分析，采用"固定采购价格、基于质量竞争"的采购模式，最终采购的车辆在同等产品配置的情况下，增加了悬挂气囊及仿真皮座椅等，按照市场价格计算，每辆大客车的采购价格节约 6%。

四、结论

通过应用"固定采购价格、基于质量竞争"的采购模式进行大客车采购，不但最终的成交价格合理且在预期之内，最终的成交结果是采购方买到了称心如意的产品，花了 49 万元买到了 52 万元配置的车辆，同时得到了超值的额外增值服务。科学确定货物采购的评审方法，不但对采购工作的公平合理性至关重要，而且有利于调动投标人的积极性，更能够充分发挥采购模式的优势，最大限度地满足买卖双方互利共赢的需求。延长石油物资集团将顺势而为，进一步提升此采购模式的深度和广度，使之在生产性物资保障上发挥更大的效能。

（陕西延长石油物资集团有限责任公司，郭晓萌、刘延慧、王宝）

华润水泥：打造绿色供应链，赋能高质量发展

华润水泥控股有限公司（以下简称"华润水泥"）成立于 2003 年，是央企华润集团旗下香港上市公司，业务聚焦基础建材（水泥、骨料）、结构建材（混凝土、装配式建筑及部品部件）、功能建材（人造石材、瓷砖胶、白水泥）和新材料（钙基、硅基、玄武岩纤维及其制品）领域。公司高度重视企业社会责任，以生态、环保、安全、资源集约利用作为工作主线，在绿色研发、绿色采购、绿色制造、绿色物流、绿色营销、绿色回收等全供应链条开展了一系列的探索与实践，积极推进高端化、智能化、绿色化转型发展。

一、案例背景

（一）国家政策要求

近年来，国家发布了一系列政策，要求贯彻新发展理念，全方位、全过程推行绿色规划、绿色设计、绿色投资、绿色建设、绿色生产、绿色流通、绿色生活、绿色消费，统筹推进高质量发展和高水平保护，建立健全绿色低碳循环发展的经济体系，确保实现"碳达峰、碳中和"目标。

2017 年 10 月，习近平总书记在党的十九大报告中鲜明指出"我国经济已由高速增长阶段转向高质量发展阶段"，报告中提出的"建立健全绿色低碳循环发展的经济体系"为新时代下高质量发展指明了方向，绿色发展是我国从速度经济转向高质量发展的重要标志；2020 年 9 月，习近平总书记在第七十五届联合国大会上提出，中国二氧化碳排放力争于 2030 年前达到峰值，努力争取 2060 年前实现碳中和；党的二十大报告指出，实现"碳达峰、碳中和"是一项广泛而深刻的经济社会系统性变革，要积极稳妥推进，坚持先立后破，有计划、分步骤实施，推进生态优先、节约集约、绿色低碳发展。

（二）行业业务特点

水泥行业的上游是石灰石、黏土等原材料的开采供应，中游为水泥行业产业链的核心环节，重点是"两磨一烧"，即石灰石、黏土、铁质原料等原材料按比例混合粉磨得到生料，生料煅烧至部分或全部熔融之后，冷却得到熟料，再与石膏、辅助原料混合粉磨得到水泥成品。水泥生产的主要工序中涉及机械设备和燃料的使用，都会对环

境造成一定的影响。

水泥作为主要的基础建筑材料，不仅在世界经济发展中扮演着关键角色，还是构筑世界物质文明的重要基石。2022年我国水泥产量21.3亿吨，约占全球水泥产量的60%，水泥行业的碳排放量约占全国碳排放总量的13%，这也直接导致水泥行业是我国实现"双碳"目标需要重点关注的领域。

（三）转型发展之路

在产能过剩、环保低碳加码、能源供应紧张等背景下，中国水泥行业面临着需求下降、产能过剩的局面，过剩产能在中长期中将进一步出清。随着我国"双碳"工作的持续推进，水泥行业正迎来新变革，唯有成功转型的企业才能在未来竞争中生存下来，最终受益的将是能够实现绿色节能转型的企业。

二、主要做法

华润水泥按照国家政策的指示精神要求，结合水泥行业发展趋势和自身转型高质量发展所需，始终坚持生态优先、绿色发展的理念，积极投身节能减排和减污降碳事业，推动供应链全链条绿色、低碳、环保，追求企业与生态环境协调发展，致力于成为资源节约型、环境友好型企业，助力打造青山常在、生机盎然的美丽中国。

（一）绿色研发，引领低碳发展之路

1. 生物固碳技术研发

公司自2022年起联合航天神舟生物科技集团共同开展太空芦竹优化生物质燃料作物的相关基础性技术研发，共同培育的优选芦竹航天诱变育种试管苗于2023年5月30日由神舟十六号载人飞船带入太空，经过5个月的太空旅行于2023年10月31日成功返回地球。

研究表明，太空芦竹较普通芦竹生长速度更快、植株更强壮、亩产更高。收割后经过简单加工即可成为替代燃料，燃烧发热量比常规生物质高出10%～20%，燃烧速度相当于烟煤，是一种性能优异的生物质燃料作物。同时，太空芦竹具备良好的碳汇功效，在太空芦竹的生长期，每亩可固定4.05吨二氧化碳，可高出其他常见生物质燃料30%～50%。目前，华润水泥已在广西田阳基地开展太空芦竹的适应性种植试验，探索太空芦竹固碳效果、生物质能源等产业化开发运营模式。

2. 绿色产品研发

公司在配置功能性水泥方面，研发团队设计配置水泥配方及工艺，明确配置水泥在工业上应用的可行性，不断从降低水泥熟料系数上下功夫，致力探索出一条熟料系数降低≥10%、碳排放减少≥10%、物理性能与普通水泥相当的配置水泥工艺路线；在新型水泥助磨剂方面，联合研发多种新型水泥助磨剂产品，在提高低品位工业废渣

利用率的同时减少熟料用量，从而降低熟料生产所需的原料资源和煤炭、电力能源消耗，"新型高效水泥助磨剂的研发和应用"项目荣获 2022 年广西科学技术进步一等奖。

（二）绿色采购，助力绿色低碳运营

1. 绿色采购

公司在招标项目评分标准设置中将供应商通过环境体系管理认证作为加分项，促进供应商提高环保意识及水平。2022 年，公司共采购消耗工业废渣约 1166 万吨；推行机制砂替代天然砂（水洗砂及河砂），全年采购机制砂约 672 万吨，机制砂使用比重约 81.26%；采购废纺、塑料、轮胎、RDF/SRF 燃料、生物质燃料等替代燃料，2022 年采购替代燃料约 11.35 万吨，降低传统化石燃料使用。

2. 绿色包装

公司积极推广低碳、环保、绿色的生产方式，推行绿色包装。2022 年 3 月底，公司全面淘汰缝底袋，水泥包装袋仅使用方底阀口袋型，有效解决了水泥包装车间存在的喷灰难题，满足国家日益严格的职业健康和环境保护要求，2022 年，共采购方底覆膜塑编袋 2.45 亿条。此外，采购收尘滤袋时，选择可回收、可降解的纸箱包装替代原塑编袋包装。

（三）绿色制造，深化低碳高质量发展

1. 建设智能工厂

公司依托过往十多年扎实的信息化、数字化基础和新一代技术资源，为建材行业量身定制"润丰智慧"工业互联网平台（垂直行业），协同运作工业应用、算法、数据等新型生产要素，成为不断赋能智慧生产的基础底座。2022 年 6 月 27 日，"润丰智慧"工业互联网平台（V1.0）正式上线，全面服务于华润水泥 30 多家水泥生产基地；同时，将田阳水泥基地打造为 5G 全覆盖的智能工厂，获工业和信息化部 2022 年度智能制造示范工厂，成功入选 2022 年智能制造示范工厂揭榜单位。目前，华润水泥（田阳）有限公司正在筹备申报建材行业的第一家灯塔工厂。

2. 发展清洁能源

公司以分布式光伏发电项目为抓手，深入推进节能降碳，持续提高绿色低碳发展水平。2022 年，封开、罗定、富川水泥基地完成了分布式光伏项目建设及投运，投运后三个项目年发电总量约 2830 万千瓦时。武宣水泥、田阳水泥等项目正加紧建设，目标至 2025 年，光伏装机容量超过 150 兆瓦，年发电量超过 1.5 亿千瓦时。

3. 打造绿色工厂

公司积极推进绿色工厂建设，按照"厂房集约化、原料无害化、生产洁净化、废物资源化、能源低碳化"的要求，推进能源节约、清洁生产、智能制造等项目，在安全环保、能耗指标、信息化等方面取得显著成效，并获得广泛认可。截至 2022 年年

底，公司已有 19 家生产基地被列入国家级、省级或自治区级"绿色工厂"名单。

（四）绿色运输，驶入未来绿色物流

1. 全面覆盖智能物流

建设并推广厂内厂外物流相贯通、软件硬件相结合的智能物流解决方案，实现厂内无人发运、在途动态监控。利用物联网、北斗定位、车辆载重监控等技术，建设并推广一卡通智能发运、汽运/船运监控调度管理系统，并与移动销售 App、ERP 销售物流模块集成，实现客户线上订单处理、信用控制、发货计划管理、自助装车提货、运单跟踪、在途监控、销售结算的全流程管控，彻底改变原有作业方式，一卡通智能发运 100% 覆盖水泥基地。

2. 矿山无人驾驶

在数字化矿山开采中，通过 5G 和三维建模技术将采配矿数字化，结合智能矿车调度系统，平台可自动规划行车路径、调派无人驾驶矿车，实现铲装设备、运输设备、装卸点高度协同；当矿车遇到紧急避险或故障急停时，安全员可通过应急接管系统，及时接管无人驾驶矿车。通过数字化矿山系统与无人驾驶矿车的应用，矿山实现生产人效提升 50%、资源综合利用达 100%，引领水泥行业采矿技术发展新潮流。

（五）绿色营销，推动智慧营销转型

2018 年公司营销模式数字化转型项目正式启动，秉持"立足产业、对标领先、深挖痛点、模式创新"的原则，致力于打造服务行业上下游客户的水泥建材多方垂直电商平台，通过整合优质的厂商资源、物流资源、金融资源、科技资源等，为平台内用户提供智慧营销、智慧物流、智慧金融、智慧积分等多维度服务，促进产业优化、发展共享经济。平台历史累计发货量 1.62 亿吨，历史累计成交额 547 亿元，平台注册总用户数 3.4 万个，总入驻车辆（船）7.9 万辆（艘），金融授信额度 13.8 亿元，历史累计提款 14.8 亿元。

（六）绿色回收，打造绿色低碳生态

1. 废渣综合利用

在矿山开展工序中，采用无废或少废工艺，将剥离土、夹石、废渣等无害废弃物全部综合利用，实现废渣零排放；对于废铁、废皮带等具备再利用价值的废弃物，生产企业将联系有资质的第三方回收使用；在水泥研发过程中，致力探索工业废渣在水泥生产中的应用，通过优化生料配方，开展石灰石废石资源综合利用项目，实现矿山废弃物资源化利用。截至 2022 年年底，公司工业废渣综合利用量达 1815 万吨（包括煤矸石、废石、脱硫石膏、粉煤灰、高炉矿渣等）。

2. 余热回收利用

所有水泥熟料生产基地均配套低温余热发电系统，将生产过程中的余热回收并转

化为电能，大幅提升能源综合利用效率，具有良好的经济效益与环境效益。2022 年，全公司通过回收余热发电约 1617.3 百万千瓦时。

3. 协同处置

公司协同处置工作自 2010 年开始全面启动开展技术储备及研发，依靠强大的自主创新能力，全面推进城乡生活垃圾、市政污泥及工业危险废物三个领域的协同处置项目，打造完整的固废处置解决方案；利用水泥窑协同处置固体废弃物，较传统填埋方式可大幅节约土地资源，避免土壤及水源污染；并可利用水泥窑内高温去除有毒污染物，实现"无害化、减量化、资源化"处置，为项目当地居民创造更健康的生活环境。截至 2022 年已建成协同处置项目 10 个，总处置能力达到 169 万吨。如表 1 所示。

表 1　　　　　　　　　　　　　已建成协同处置项目

项目	类型	年处理能力
广州越堡	市政污泥*	56 万吨
广州珠水	市政污泥*	30 万吨
广西南宁	市政污泥*	11 万吨
广西宾阳	城乡生活垃圾	11 万吨
广西田阳	城乡生活垃圾	18 万吨
云南弥渡	城乡生活垃圾	11 万吨
	填埋场存量垃圾治理	合计 35 万吨**
云南凤庆	城乡生活垃圾	11 万吨
海南昌江	工业危险废物	3 万吨
福建雁石	工业危险废物	8 万吨
广西上思	工业危险废物	10 万吨

注：＊珠水、越堡项目处置含水率 40% 以下的干化污泥，南宁项目处置含水率 80% 的湿污泥。

＊＊预计 3 年完成存量垃圾治理工作。

三、成效与创新点

（一）经济效益

公司根据国家有关政策的变化迅速做出反应，组织研究中央高质量发展要求和"双碳"、节能减碳精神，并制定管理提升举措，截至 2022 年，各项技术指标完成情况如下。①核心技术指标：熟料单位产品综合能耗总体下降 6.19kg/t，下降 5.72%。②其他主要技术指标："吨熟料标准煤耗"总体下降 6.01kg/t，下降 5.69%；"实物煤耗"总体下降 6.54kg/t，下降 4.50%；"熟料综合电耗"总体下降 1.81kWh/t，下降 3.47%；"水泥综合电耗"总体下降 3.03kWh/t，下降 4.16%。以越堡干化市政污泥项目为例，干化市政污泥具有一定热值，可以替代部分燃煤，同时减少脱硝氨水消耗，经第三方检测机构测试，在处置 600t/d 干化市政污泥时，熟料单位产品标煤降低 8.7kg/t，熟料单位产品综合电耗降低 3.22kWh/t。

（二）环境效益

经过多年的创新和发展，公司已经形成了城市生活垃圾、市政污泥、工业危废三大协同处置方向同步开展。以自主投建为主、联合运营为辅的经营模式，利用水泥窑协同处置垃圾、污泥、危废等固体废弃物较传统填埋方式大幅节约土地资源，减少对环境造成的危害，而且有效利用窑内高温去除二噁英等有毒污染物，真正实现了处置的"无害化、减量化、资源化"，彻底解决二次污染，改善当地居民的生活环境，成为"城市共同体"，环境效益显著。

（三）社会效益

公司持续加大在绿色环保方面的投入，降低环境风险，提高能源和资源的利用效率。同时，也取得了社会各界的一致关注和高度认可，获得了良好的社会影响力。在 2023 年度中央企业控股上市公司 ESG 评级中成绩突出，达到四星半级领先水平，入选"央企 ESG 先锋 100 指数"；"水泥窑化身'净化器'，探寻企业减污降碳新路径"入选 ESG 优秀案例。

（四）知识产权

公司在协同处置市政污泥领域已获授权实用新型专利 7 项；在协同处置生活垃圾领域已获授权实用新型专利 28 项，发明专利 6 项。

（深圳市润丰贸易发展有限公司，周莹莹）

渤化 e 采平台：推动产业生态与平台经济的深度融合

天津渤海化工集团有限责任公司（以下简称"渤化集团"）以建设渤化 e 采平台作为集团数字化转型的发力点，绘制数字化转型宏伟蓝图，顶层推动平台项目建设，深度融合集团高质量发展理念和产业链建设的要求，通过发挥集团集采、企业间互采等多样化采购形式，扩展供应资源，实现产业生态与平台经济的深度融合，为集团公司高质量发展、提升供应链基础能力和产业链现代化水平赋能。

一、行业发展背景

渤化集团是天津市属国有企业集团，前身是著名爱国实业家范旭东先生 1914 年创建的久大制盐、1917 年创办的永利碱厂和 1922 年创办的黄海化学工业研究社，被誉为中国制碱工业的摇篮和近代化学工业的策源地。

百余年来，渤化集团在传承创新中不断发展壮大，以"三化结合""港化一体"的发展格局打造了氯碱化工、石油化工、煤化工、橡胶制品、精细化工和化工新材料等核心板块。能够生产"通用、高端、精细"三大类千余种化工产品，拥有 3 家中华老字号、5 家津门老字号企业，6 个中国名牌、25 个天津市名牌。

面对全球经济增长放缓、新增产能集中释放等宏观因素给产业发展带来的强力冲击，各个化工制造企业都看到了数字化转型的必然性和巨大潜力，依托数字技术在产业链各环节的应用，实现效益提升和业务转型。在提高采购供应链管理水平、保证企业运营效率的同时，如何降低采购成本、提升供应链持续防御风险的能力是企业高质量发展的重中之重。

（一）积极响应国家政策，开展采购数字化转型工作

国家陆续发布采购管理提升及采购数字化转型相关的指导意见，为积极响应国家要求，加快发展数字经济，促进数字经济和实体经济深度融合，打造具有国际竞争力的数字产业集群，渤化集团以采购为切入点全面提升供应链管理水平，以市场为导向持续优化营商环境，提升集团公司整体采购管理的数字化水平。集团落实国资委采购管理和国资监管的相关要求，坚定不移发展数字化平台经济，降本增效、探索创新，切实发挥补短板、强弱项的关键作用，奋力向具有较强竞争力的行业一流企业迈进。

（二）实现产业数字化，是推动企业战略转型的重要抓手

随着渤化集团自身发展有了更高的要求和目标，为了更好应对市场的机遇和挑战，围绕企业发展战略和管理目标，实现企业招标采购业务的公开透明、过程受控、全过程数字化等需求，通过采购数字化能力的建设和提升，以数据赋能为主线，提高企业核心竞争力，促进数字技术与实体经济深度融合，实现传统产业转型、升级。

（三）构建产业生态，是提高企业核心竞争力的必要手段

行业市场的竞争压力越来越大，提高供应链稳定性以及企业核心竞争力是相对迫切的需求。一方面，通过采购模式的转变和优化，全面提升企业效益，将采购从事务工作中解放出来，把主要精力放在战略采购活动中来；另一方面，统筹产业资源，加速构建完整产业链条，通过对供应链的延伸管理，与上下游企业协作共赢，并注重强化资源整合以及对战略供方的开发和培育，"以市场换市场"，实现全局优化。

（四）企业的采购数字化转型之路，需要新技术作为支撑

企业数字化转型之路，需要依托互联网、大数据、云计算等新一代信息技术为底座，面向多种业务应用支撑采购业务的开展，促进企业从"采购业务驱动"转向"采购数据驱动"，循环不断地提升企业的采购业务数字化、智能化水平；同时以交易服务为入口、物流服务为基础、运营服务为增值手段，拉动天津周边地区以及同行业的其他企业形成交易网络，推动产业链上下游企业之间的网络化、协同化，发挥产业链优势。

二、企业主要做法

为进一步规范渤化集团采购业务，以"合规、保供、降本、增效"为目标，引入先进的运营模式，建立渤化 e 采产业互联网平台，全面实现集团及所属企业物资的集中采购，充分发挥集中集约优势，实现高效便捷采购，将降本增效落到实处，打造阳光采购新生态。

（一）第一步，业务数字化

将企业原来的所有线下业务流程管理搬到线上，采购中间过程的产物和结果能够得到完整体现，实现采购全过程的数字化。

1. 梳理物料品类，统一物料体系

改变原来分散的物料管理模式，基于各二级单位的实际采购业务，在集团范围内统一规整、梳理，形成集团统一的物料体系，为后续集团集采、企业互供业务提供了扎实的数据基础。

2. 建立准入渠道，集中供应商资源

按照以行业骨干直供商为主、其他直供商为辅、中间商为补充的原则，从资质、技术能力、规模产值、质量保证体系、供货业绩等方面，建立完善、严格的供应商准入标准，实现全集团供应商的统一管理。

通过对接第三方服务信息平台，对供应商基础信息、资信、企业关联进行审核，控制准入风险。包含供应商的在线注册及审批、供应商准入、合格供应商申请和复评、供应商信息自助变更、统一供应商信息档案库等内容的管理。

3. 建立企业专家库，形成评标数据资源

建立企业内外部专家的数据资源库，实现集团公司对评标专家注册、信息录入、专业分类和动态调整的管理，以及集团招标评标过程中的专家自动抽取、评标等应用。对专家数据档案的管理，包括资质证照信息、荣誉信息、任职信息以及其他信息等，能够按照条件过滤实现不同维度的展示，方便用户对专家进行统计、管理。

（二）第二步，流程多元化

在满足审计监管及集团多层级、多形式采购需求的前提下，渤化 e 采平台构建了电子商城、招标大厅、商机汇三大业务板块。利用数字化技术重构业务形式和流程，全面规范业务操作，形成新的工作模式，对企业运营全流程进行管理，将采购管控流程化。

1. 电子商城——电商模式的探索应用，实现采购模式创新

在集团范围内推进物资超市化管理，通过搭建电子商城，满足了集团公司从管理、监督、服务型企业集团向强管控型企业集团转型的需要。建立包括"渤化互供""渤化优选"及公共商城三大板块，利用平台信息优势，筛选了优质的合作供应商，集中统谈了供应品类，形成自身的销售渠道。充分发挥集约化规模采购优势，降低采购成本，提高集团整体经济效益。

（1）"渤化互供"——建立企业内部互供机制，实现集团层面监管和服务。渤化互供把内部单位可对外销售的标准品类进行了统计梳理收集，并通过渤化互供店铺完成内部供应市场的采购销售，提高企业内部交易比例，发挥集团内部市场优势，优化采购成本，减少对外采购支出。

（2）"渤化优选"——源头直采、极限降本，以需求为导向独创自营采购商城。渤化优选是以渤化 e 采平台结合产业特点，以需求为导向独创的自营采购商城。低值易耗品采购是与知名品牌生产商、一级或区域代理商直接洽谈、优选比价的方式进行商品寻源；工业品采用公开招标或商机汇比价的方式进行商品寻源；通过寻源方式的创新，真正实现"源头直采、极限降本"，真正使集采更加透明、阳光、快捷。

（3）"公共商城"——补充丰富用户采购空间。通过对接京东、震坤行、鑫方盛三家知名电商平台，目前商品数量达一千多万个，丰富了渤化 e 采平台的商品种类和数

量，增加了采购用户的选择空间。

2. 招标大厅——辅助招投标过程，实现在线招投开评定

招标大厅板块为买卖双方提供一站式招投标服务，全过程采用线上操作，建立内部委托受理机制，交由进出口公司进行公开招标，进出口公司根据各二级单位的采购需求完成制定招标文件、编制与发布招标公告、开标、评标、定标等全流程等工作。通过辅助招投标工具，规范电子化招投标文件的编制过程，实现了与供应商、开标评标系统之间的数据共享、联动；通过在线语音通知功能邀请专家参与项目评标，让邀请流程更加高效，各环节合规，实现招投标业务全过程电子化、远程化。

（1）电子招标文件制作。可采用在线或离线的方式编制招标文件，并按照模板填写快速编制招标文件的文字说明部分（含合同模板）；可通过预设通用的评分标准模板，根据招标采购需求进行调整，使之符合实际业务需求。还可设置投标文件的组成部分，确保投标文件格式的一致性；完成招标文件盖上电子印章生成电子招标文件。

（2）电子投标文件制作。投标供应商可以离线制作投标文件，将招标文件导入标书制作工具，阅读招标文件的文字说明和附件内容，明确投标要求；按照投标文件格式应答，按照要求的技术图纸和投标应答文件附件导入，提供商务、技术以及价格的分开及整体上传，并将编制完成的投标文件加盖电子签章，最后生成电子投标文件。

（3）在线专家语音通知邀请。在线专家语音通知邀请用于邀请专家参与项目评标。不仅让邀请流程更加高效、实时和个性化，同时也能为专家和用户提供更加人性化的交互方式。当用户需要征求专家意见或邀请专家提供相关服务时，平台会根据用户的需求，自动匹配合适的专家，并发送语音通知邀请。专家收到邀请后可以直接通过电话或网络进行交流和咨询。可以快速找到符合用户需求的专家，提高招标的时效性和准确性。

3. 商机汇——基于大数据采购需求的智能匹配交易撮合平台

渤化e采商机汇模块立足化工领域，通过构建多维度的需求匹配模型，将供方的供货资质、需方采购需求进行模型化、规格化处理。借助智能特征匹配技术，创新性研发了一项基于深度学习的采购需求智能匹配交易撮合技术。

商机汇平台具备比质比价及竞价功能，提供撮合交易等服务，并对供应商准入资格严格把控。企业用户向不少于3家供应商同时发出邀请，以比质比价的方式进行采购，在采购公告需求的发布领域，由于涉及的产业供应商、交易环节很多，且需求方一般采购周期较短，供应商业务员的流动性较大，应用平台交易撮合技术与传统的数据统计分析技术相比，显著提升了用户检索目标性，助力企业降本增效，快速高效地达成交易实现供方与需求的自动匹配。

（三）第三步，数据可视化

将采购业务场景化，再把场景数字化，覆盖企业采购业务管理事前、事中、事后各个环节，加强对采购过程以及供应商行为的监督与控制，定期开展全面审查，实现统一交易、统一风控以及业务溯源，使采购业务可视、可管理与可追溯。

1. 构建集团采购监督与审查体系，实现业务流程可视化

基于集团采购管理制度和审计监督的相关要求，建立一整套风险预警机制，针对关键环节设立风险监控点，对其进行实时监控。一旦发现违规行为，系统自动发出预警信息通知审计监察人员，由监察人员根据实际问题采取相应管控措施。

实现全业务流程的实时查询、可追溯。通过对采购全过程的监督监管，维护企业采购秩序，降低企业采购风险。同时，利用大数据分析平台对采购数据进行深度挖掘，为企业领导提供科学的决策依据。

2. 基于供应商风险管控形成供应商画像信息

将信用评估应用于供应商注册、资质和信息核验、准入、评标采购、履约监测等采购事前、事中、事后全流程环节，形成 360 度供应商画像信息，提高供应商管理与风险防控的能力。

（四）第四步，决策智能化

通过数据分析体系的建立，赋能企业决策智能化。

1. 电子商城在线价格监测功能，实现价格动态管控

完善易采平台商品价格监测，以穿山甲模型为基础，结合智能算法、NPL 自然语言识别、OCR（图像识别）、RPA（机器人流程自动化）、大数据分析等先进技术，实现对商品进行归一，为电子商城商品价格监测以及预警应用提供核心支撑。结合各渠道价格，进行商品及价格信息监测，提供价格对比、产品平均价、合理价格区间、价格指数、价格趋势预测、价格波动情况等信息，形成完整的价格监控机制与体系，从而实现平台同款商品的站内、站外比价，实现平台商品价格监测分析功能，提高搜索引擎精准度。

2. 利用大数据分析技术，发挥数据价值辅助决策

建立供应分析、采购价格分析、采购协同分析等多主题的决策中心，通过采购数据的集中式管理，实现上下级采购管理数据和信息的交互，利用大数据分析工具对采购数据进行收集与整理、建模分析以及数据的可视化展现。

能够保障数据真实、及时、完整，便于各级领导及时了解采购业务开展情况，便于领导科学决策。

三、成效与创新点

（一）内部委托招标体系，推动主营业务招标工作做精做强

内部招标代理机构在集团主营业务的招标工作上做精做强，依靠自己的专业和行业背景，在熟悉国家各项招标法律法规和内部招标管理规定的基础上，结合化工行业

特点，充分利用自己的招标经验，在项目的前期发挥咨询机构的作用。对项目招标方案、技术方案等出谋划策。对有可能形成集团公司集中采购的品种提出建议，充分发挥采购资源优势，维护集团公司整体利益和降低总成本。

截至发稿之日，评标专家库有评标专家超650人，累计招标项目超350项，累计中标总金额13.26亿元。

（二）覆盖集团采购流程，建立业务统一规范

覆盖集团所有采购流程，根据集团采购销售部管理制度规定，标的金额超200万元的采购业务需要公开招标，其余执行日常询价、竞谈、定向等多种形式；涉及部分大宗原料采购由集团统一集采，以集团规模优势提高整体议价能力，通过招投标框定供货渠道签订框架协议，由各采购单位通过询比价进行下单，缩短分别询比价的时间；在集团统采之外的物资由各单位自采，统一业务流程，实现以集团采购管控为核心的采购供应体系。

（三）"源头直采、极限降本"理念深入商城应用，实现渤化优选工业品种类全覆盖

渤化e采平台有两大突出特点，即创新源头直采为企业极限降本，和"保姆式"服务，为用户提供更专业、更高效、更便捷的用户体验。通过与源头优质供应商形成长期战略合作关系，将洽谈订货、送货配送和生产过程科学合理地衔接起来。充分发挥集约优势，切实实现降本增效，为企业减少采购成本。

基于化工行业特点，2023年大力开展工业品寻源力度，完成了不锈钢管、碳钢管、管件、密封件、紧固件及阀门六大类工业品框架招标工作，实现产品上架销售，同步梳理集团内工业品采购目录，以满足客户需求为导向，优化寻源方式，不断引入新的优质供应商，在现有已上架工业品种类的基础之上，继续完善实现工业品采购的填平补齐，实现工业品采购全覆盖。

目前渤化e采电子商城已完成了1976万个商品信息的上架，从上线至今已完成1.92亿元的通用性物资采购，为各类企业降低直接采购成本约3165万元，渤化优选的节支率达到20%以上，降本效果明显。

（四）打造e采平台技术服务团队，提升平台优化升级

通过与浪潮公司合作，对平台电子商城架构进行优化升级，新页面突出重点，布局合理，设计更加优美，更符合用户使用逻辑。通过升级构建了更安全成熟的私有云，通过算法优化，提高平台浏览加载速度，使搜索更加精准快，更好地满足企业客户的需求，更具安全性、自主性。

（五）对标国内高水平平台，建设渤化 e 采福利 MALL

依托渤化优选现有产品优势，打造渤化 e 采平台 C 端商城销售板块，开放员工电子商城 C 端内购渠道，实现集团工会福利采购、员工日用品采购全覆盖。通过渤化 e 采 C 端销售板块，利用线上、微信公众号、微信小程序让渤化 e 采平台成为推广集团 C 端产品的互联网载体及传播媒介，在让集团员工充分享受渤化优选商品优惠的同时，提高渤化 e 采平台知名度，增加渤化优选商品销量，推广集团自产品牌商品。

（六）对接商旅板块，规范集团差旅管理流程

依托渤化 e 采平台，与第三方商旅平台进行合作对接，借鉴国内先进集采平台商旅业务成功经验，打造渤化集团商旅板块，将集团企业员工差旅飞机票、火车票、酒店住宿等进行统一预订、结算，充分发挥集采优势，规范集团差旅管理，降低集团差旅费用。

（天津渤海化工集团有限责任公司）

天津产权：创新产业互联网平台，
打造国资监管新模式

一、行业发展背景

天津产权交易中心有限公司（以下简称"天津产权"）是经天津市人民政府批准组建的天津市唯一一家产权交易服务机构，是国务院国资委选定的央企资产转让机构，是我国大型国家级产权交易资本市场，国企深改混改的综合性服务平台，各类资本、资产、要素资源市场化配置的专业化投融资服务平台。天津产权具有完备的市场体系和完善的信息集散、价格发现、交易撮合、市场监管四大功能，是国内金融资源最全、业务范围最广、创新能力最强的国家级交易机构。在天津市委、市政府的指导下，打造了具有交易市场延伸、业务品种丰富、核心功能突出、运营规范高效的产权交易资本市场体系。投资运营了区域性股权、农村产权、排放权、金融资产、技术产权等专业交易市场，业务涵盖企业股权、企业资产交易、企业增资扩股融资、中小微企业挂牌融资、租赁权融资、小客车竞价服务、科技成果转化等数十项类别。

面对全球经济增长放缓、疫情影响、新增产能集中释放等宏观因素给产业发展带来的强力冲击，各个企业都看到了数字化转型的必然性和巨大潜力，依托数字技术在产业链各环节的应用，实现效益提升和业务转型。在提高采购供应链管理水平、保证企业运营效率的同时，如何降低采购成本、提升供应链持续防御风险的能力是企业高质量发展的重中之重。

（一）响应国家政策，开展采购数字化转型工作

国家陆续发布采购管理提升及采购数字化转型相关的指导内容。天津产权为响应国家政策，深入贯彻党的二十大精神，落实中央经济工作会议、市委经济工作会议、市纪委十二届二次全会精神，围绕服务国资国企发展改革需要，强化穿透式监管，规范市属企业阳光采购行为，提高企业采购质量和效益，防范道德风险，提升天津市属企业的采购管理数字化水平，落实国资委采购管理和国资监管的相关要求，切实发挥补短板、强弱项的关键作用，为平台服务监督全覆盖，稳步推进国资国企实时在线监管打下坚实基础。

（二）推动产业链高水平发展，应对市场环境转变

以企业为主体，以时代趋势为导向，全面提升企业技术创新能力，推进产业链的调整、升级，是面对市场机遇与挑战的必要条件。天津产权两年来推进国企改革三年行动落地见效，坚持创新引领，取得了长足发展。为了更好地应对市场环境转变、提升企业应对风险的能力，天津产权坚持干字当头、实字为先，提高自身综合竞争力，推动产业结构的调整、优化，实现企业的高质量发展。

（三）聚焦企业数智转型，构造数智化采购管控体系

为推动天津市属企业数字化转型，聚焦平台信息汇集优势，更好迎接时代的机遇和挑战，围绕企业发展战略和管理目标，实现企业招标采购业务的公开透明、过程监管、全过程数字化等需求，通过采购数字化能力的建设和提升，以数据赋能为主线，提高企业核心竞争力，促进数字技术与实体经济深度融合，构建数智化采购管控体系。

（四）构建产业链新生态，提高企业核心竞争力

行业市场的竞争压力越来越大，提高供应链稳定性以及企业核心竞争力是相对迫切的需求。一方面，通过采购模式的转变和优化，全面提升企业效益，将采购从传统采购事务工作中解放出来，把主要精力放在战略采购活动中；另一方面，统筹产业资源，加速构建完整产业链条，通过对供应链的延伸管理，实现上下游企业协作共赢，并注重强化资源整合以及对战略供方的开发和培育，"以市场换市场"，实现全局优化。

（五）企业的采购数字化转型之路需要新技术作为支撑

企业数字化转型之路，需要以互联网、大数据、云计算等新一代信息技术为底座，面向多种业务应用支撑采购业务的开展，促进企业从"采购业务驱动"转向"采购数据驱动"，循环不断地提升企业的采购业务数字化、智能化水平；同时以交易服务为入口、物流服务为基础、运营服务为增值手段，拉动天津周边地区以及同行业的其他企业形成交易网络，推动产业链上下游企业之间的网络化、协同化，发挥产业链优势。

二、企业主要做法

企业以"公开、规范、真实"为目标，对标世界一流采购管理体系，建立天津阳光采购平台，实现采购业务的标准化运作，集电子商城、招标采购、大宗物资采购、资金信息四个采购平台于一体，形成了以采购管控为核心的智慧国资采购监督管理体系，实现采购管理的数字化、精细化、智能化，发挥全过程有效监督职能，减少非必要人为干预，推动国企采购的阳光、透明。

（一）第一步，业务数字化

将企业传统的线下招采业务流程管理搬到线上，采购过程的中间数据和最终结果能够得到完整体现，实现采购业务数字化监管。

1. 搭建准入体系，集中供应商资源

以"一张网、一平台、统一门户、统一认证"为供应商库建设原则，建立统一的供应商资源库，采用统一标准对供应商开展"入网审核、考核评价、分级调整和动态退出"，持续优化供应商分级管理，提升供应商管理信用体系。建立完善、严格的供应商准入标准，实现平台所有供应商的统一管理。

通过对接第三方服务信息平台和人工双重审核机制，对供应商基础信息、资信进行审核，控制准入风险，包括供应商的在线注册及审批、供应商准入、供应商信息自助变更、统一供应商信息档案库等内容的管理。

在实现平台统一管理供应商的同时，兼顾企业供应商库私有化管理。设置企业供应商库功能，在支持企业自行建库管理供应商的同时，支持企业由上到下对供应商层层管理。各企业供应商在平台进行统一注册审核后，可根据企业维度进行划分，进入不同企业的供应商库，若对下级企业有供应商管控需求，也可通过设置供应商库的引用规则，来实现对下级单位供应商的管理。

2. 采购业务全周期管理，建立业务统一规范

根据相关采购管理制度规定，设置招标采购、询价采购、竞争性谈判、竞争性磋商、单一来源等多种形式的电子采购流程，覆盖所有采购流程；从企业小额零星采购、资金信息采购，到大宗物资采购，覆盖所有采购需求；发挥平台资源信息集中优势，整合各层级、各板块的采购需求，推动带量采购、量价挂钩、以量换价，以更大的需求量获取更优惠的价格，力求最大限度助力天津市属企业实现采购降本增效；为方便日常采购业务，增设快速询价功能，相较于传统的询价采购，流程更简洁、采购更高效。

3. 建立企业专家库，形成评标数据资源

建立平台统一的专家数据资源库，实现采购平台管理评标专家注册、信息录入、信息校验和日常事务，以及招标过程中的专家随机抽取、评标等应用。对专家数据档案的管理包括资质证照信息、荣誉信息、任职信息，以及其他信息等，能够对平台专家进行统一管理。

实现按照专业和企业随机抽取评标专家，根据抽取条件系统自动抽取专家，抽取后以邮件方式通知。专家登录查看需要进行评标的项目信息，并可以对各项目进行全流程线上签到和详细内容评审，对已评项目可以进行历史项目查询。

（二）第二步，流程多元化

在满足审计监管的前提下，利用数字化技术实施采购业务流程，全面规范业务操作，形成新的采购模式，对从采购计划到采购履约全周期进行管理，将采购管控流程化。

1. 电商模式的探索应用，实现采购模式创新

平台商城对接京东、物美等8家第三方实力电商，为平台用户筛选优质的合作伙伴；采购建立老字号、津农精品等专区，助力老字号品牌数字化转型升级，展现天津特色；利用平台信息优势，筛选了优质的合作供应商，集中统谈了部分商品品类，最大限度为平台用户企业降本。

建立商城采购机制，实现了平台层面监管和服务，把商品标准品类进行了梳理，并通过店铺完成部分商品品类的采购销售；对接第三方电商，商城基本覆盖了通用的低值易耗品、MRO、劳保五金、家具家居及办公用品等采购类目；开设资金信息专区，实现资金类标准商品线上交易；优化小额零星采购过程，扩大报价比价范围，提升寻源询价能力。

2. 多元流程控制，实现线上"招投开评定"

阳光采购平台支持全流程线上"招投开评定"，同时也支持线上线下交替进行。采购人可通过流程控制，自行对"招投开评定"的五个环节灵活地进行线上或线下的选择，适用于各种应用场景，满足各个平台企业用户的规范化数据留痕。

（三）第三步，数据可视化

将采购业务场景化，再把场景数字化，覆盖企业采购业务管理事前、事中、事后各个环节，加强对采购过程以及供应商行为的监督与控制，定期开展全面审查，实现统一交易、统一风控以及业务溯源，使采购业务得以可视、可管理与可追溯。

1. 构建平台监督与审查体系，实现业务流程可视化

基于相关采购管理制度和审计监督的要求，建立一整套风险预警机制，针对关键环节设立采购监督点，对其采购业务进行实时监控。系统会在部分节点自动发出信息通知提醒平台监督人员，由监督人员根据实际问题采取相应措施。

实现全业务流程的实时查询、可追溯，涉及的核心管控过程包括项目立项、投标邀请、发标、澄清答疑、开标、评标、定标、履约监督等环节。通过对采购全过程的监督监管，维护平台企业采购秩序，降低企业采购风险。

2. 基于供应商行为管控形成供应商分类分库

将监督监管应用于供应商注册、资质和信息核验、准入、行为监督等，实现从采购立项到履约评价的全过程、全覆盖闭环数字化管理，形成供应商分类分库管理，提高供应商管理与风险防控的能力。

（四）第四步，决策智能化

通过数据对比体系的建立，赋能企业决策智能化。

在商城建立比价功能，对于意向采买的商品可以快速横向比价，指导采购定价、采购比选等日常采购业务。同时对于比价记录支持数据留痕，便于选买，提高日常采购比价效率。提供丰富的采购业务数据分析，覆盖品类、商品供应商、价格等全指标体系数据，同时提供采购管理驾驶舱为企业提供一站式决策支持，助力企业用户阳光采购，降本增效。

（五）第五步，四台一体化

平台集合招标采购平台、大宗物资采购平台、资金信息平台、电商平台，实现四个平台一体化，满足绝大部分的企业采购需求。

1. 招标采购平台

以采购业务管理为主线，支持多组织、多地点的应用，通过建立供应商、专家准入制度，进行采购寻源过程管理以及外部系统信息交互，建立企业信息化下的全新商业生态链，同时依托平台统一信息发布、统一流程处理、统一采购价格管控、统一供应商管理和服务评价、统一专家库管理，形成企业采购办理、管理、服务、监督"四线并行"的运行机制，实现从采购立项到履约评价的全过程、全覆盖闭环管理。

2. 大宗物资采购平台

搭建多个采购商与多个供应商之间的供应网络，提供商机搜索、需求匹配、智能推荐等服务，对重要物资和服务增长规模作出合理分析预测，推动带量采购、量价挂钩、以量换价，撮合采销业务，通过询价、在线竞价（反向拍卖）、智慧拼采、请求报价等多种寻源方式，以公开或邀请两种形式快速响应企业的采购需求。

3. 资金信息平台

为持续优化交易配套融资服务功能，发挥产权交易机构资源汇聚效应，助力企业资金融通业务提质增效，依托阳光采购平台，为企业与金融机构深度合作提供阳光高效的资金信息服务，切实帮助企业解决"融资难、融资贵、贷款难、成本高"的问题。

4. 电商平台

阳光采购电子商城集成百余个商品类目、1500万种商品为企业提供办公物资品、MRO物资、劳保用品、员工福利品、津农精品、老字号商品、专业服务等在内的多场景、多系列产品体系，为企业提供高质量、高性价比产品。同时平台汇聚多个三方电商平台，与各行业有影响力的品牌建立合作关系，支持在商城间多渠道快速比价，生成比价快照，在购物车内一键采购，免去个人垫资流程。

三、成效与创新点

自天津阳光采购平台上线以来，对接了21家市属集团、15家"老字号"企业以及建设银行、中信银行、浙商银行等27家金融服务机构，京东、物美、华润万家、震坤行等8家三方电商平台，覆盖绝大多数企业用户的采购需求。供应商用户累计注册

1000 多家，来自全国各地 20 多个省区市，所有供应商统一入库，采用统一标准持续优化供应商分级管理，提升供应商管理信用体系，从而推动产业链、供应链向更高水平发展。平台服务监督全覆盖，稳步推进国资国企实时在线监管。将国资监管规定和国资国企采购需求有机融合，对违法违规和不良行为及时发出预警，强化过程监管、结果追溯、事项审计等要求，实现信息全在线、监督全覆盖。通过天津阳光采购平台实现推动天津市属企业更高效地开展产业链优化和供应链采购创新。借助平台的信息优势打通产业链各环节的内外部连接，为天津周边区域及同行业的其他企业提供撮合交易的应用和服务。扩大寻源渠道，挖掘引入新合作供应商，拉动周边企业入驻平台，为平台用户提供专业化的业务指导和客户服务，开辟更为广阔的供应市场，以互联网技术赋能产业。

（天津产权交易中心有限公司，马冬、于怀德）

天津城投：构建三位一体采购管理系统，
推动产业与城市融合发展

天津城市基础设施建设投资集团有限公司（以下简称"天津城投"）作为政府性的投资公司，由天津市委、市政府于2004年直接批准成立，专司重大城市基础设施的融资、投资、建设职责，注册资本为677亿元，资产规模超8000亿元，位居天津市大型国有企业之首。天津城投以"智慧标室＋电子采购平台"为采购数字化转型核心，以管理—实施—监督三位一体为管理方向，辐射全级次法人单位，全线上开展采购工作。

一、城投行业数字化转型背景

1. 行业介绍

作为城市综合运营服务商，天津城投的采购数字化转型路线以多态势、多元化为主导，以赋能产业链协同发展为目标，以汇集多业态供应链资源为核心，力争打造天津市一流电子采购产业化平台。

（1）职能定位：城市综合运营服务商。依托城市公共资源，进行市场化运作，深度经营城市资源，构建城市建设、开发、经营、运维、管理全生命周期的业务能力。

（2）角色定位：城市更新实施主体。依托"城市更新实施主体"资格，以盘活土地资源为核心，以城市更新和区域开发为主要业务模式，持续推进城市更新建设，改变城市面貌，推动产业与城市融合发展。

（3）功能定位：国有资本投资公司。优化国有资本布局，将资本向支持城市发展、保障城市运营、提升城市品位、增强城市载体功能的基础性领域、民计民生领域、战略新兴领域集中。

2. 多业态板块呈现

天津城投四大板块代表四大类业务场景，面对采购数字化转型搭建呈现出的复杂局面，在集团的统一引领下，为多元化高融合度发展提供了力量指引。在集中采购统一规划层面，建立了集团集采、内部集采、平级代采等多种业务场景。

（1）交通与建设。构建交通基础设施上下游全产业链，实施业务优化组合和专业化发展，打造大交通基础设施投资、建设、运营综合服务商。

（2）城市更新。天津市委、市政府授权天津城投"城市更新实施主体"资格，开展天津市建设周期长、投资规模大、跨区域以及市级重大城市更新项目的建设、开发、经营、运维等全生命周期管理工作。

（3）环境与水务。以创建国家生态宜居型城市为核心任务，立足节能减排，营造绿色空间，积极布局固废与垃圾处理、建筑垃圾资源化利用、河道及土壤修复、新能源利用、海绵城市等新领域，以及污水处理厂尾水资源再利用，着力构建大环保业务格局。

（4）城市资产经营。紧紧围绕天津"国际消费中心城市"建设，推动城市资产资源的内外整合，通过构建规模化、规范化、专业化、精细化的企业经营模式，集聚资产实现规模效应，提升资产经营效益，发挥城市名片作用。

二、企业采购数字化转型路线及建设过程

（一）采购数字化转型建设框架：管理—实施—监督三位一体

1. 管理端：采购管理系统

采购管理系统作为管理端主要监控各单位采购计划填报情况，并从集团层面对供应商进行统一管理。采购管理系统共规划建立年度计划、集采计划、月度计划、采购申请、数据分析、供应商管理六大板块；涵盖计划编制、审批、提报、拆分、释放、终止、调整、追加等各类应用场景。采购管理系统与电子采购平台实现采购申请、采购结果的互联互通，并与集团合同管理系统实现对接。支持集团从顶层对整体采购行为进行全流程监督、监控。

2. 实施端：电子采购平台

天津城投电子采购平台搭建的私有化门户作为招标公告的发布媒介、采购数据的展示窗口、供应商和专家注册和登录的信息渠道，于2022年12月15日正式上线，系统自2023年3月初正式对供应商和社会评委开放后，已有4000多家供应商和900多名社会评委完成注册。

电子采购平台包含门户平台、在线发布招标公告和招标文件、在线投标、在线评标、定标、结果公示等功能，系统包含了法定公开招标、非法定（公开和邀请）招标、询价采购、竞争性谈判、询比采购、单源直采等全部采购组织形式的电子采购，并与中国招投标公共服务平台等第三方平台完成系统对接。

电子采购平台与集团采购管理系统实现了全贯穿，形成了采购计划填报和统计、采购行为执行和监督、采购结果收集和分析的全闭环电子管理系统。

3. 监督端：智慧标室场地管理

为进一步加强采购行为的公开、规范、透明，天津城投按照天津市一流标室的建设标准实施建设了天津城投集团智慧标室，标室占地约1000平方米，设置了5间开标室、8间电子评标室，其中包含甲方电子评委室、综合评标室，以及监督见证室、答疑室、竞谈室。最大的开标室可同时容纳60家供应商现场开标，最大的评标室可同时容纳20位专家评标。通过合理的设计布局和科学的设施设备选型，将开标区和评标区有效进行物理分隔，杜绝供应商和评审专家的接触，并通过监督见证室实现对全部采购

行为的监控。截至目前，标室的应用场景已覆盖公开招标、邀请招标、询价采购、竞争性谈判、询比采购、单源直采等全部招标组织形式，现场秩序严格遵照招标投标法及其实施条例的要求执行。

（二）采购全流程线上链条闭环，深入探索城投行业数字化转型路线

1. 采购需求规范化

以采购计划为抓手，规范提报流程：以采购计划作为采购业务的源头抓手，聚拢采购源头，梳理集采目录，规范采购需求提报前置流程。

2. 采购实施数字化

采购公开透明化，全程线上招标，实现降本增效：实现采购业务全流程电子化，实现采购线上全程跟踪，保障采购过程可监督、阳光透明与合规。

（1）加强采购过程费用管理，主要包括招标代理、标书、保证金、其他增值服务费的收取及退还流程节点，以及专家费用的管理；通过资金支付接口实现各项费用业务的收取、退还，还能够获取缴费金额、投标人、投标项目、收费时间等信息；能够按招标单位、投标项目、投标人等维度进行保证金缴纳、退还，标书费用缴纳情况等信息统计；可针对不同的角色设置不同的权限，满足各项费用管理的业务。

（2）搭建采购过程价格库，与第三方价格数据平台进行对接，获取物资的市场价格；构建集团物资历史价格库，可以将采购执行过程中产业的供应商报价、定标价等价格数据进行查询。

（3）与企查查、信用中国对接，在供应商准入阶段实现供应商信息的认证、校验，降低供应商风险。

（4）通过标书制作工具统一规范了招标、投标文件模板，方便对标书内的"通用条款"进行固化，对"专用条款"凸显提示，使文件编制更加规范、统一，便于投标人及专家阅读、审查；防止招标人、代理机构等设置"萝卜坑"式条款逃避监管，排斥潜在投标人，从而打破招投标人之间的利益链，减少招投标过程中的人为干扰。

（5）建设采购电子化档案管理功能，实现采购全过程无纸化档案管理，进一步提升管理效能，降低办公成本。

实现从采购计划到采购方案、采购执行、供应商评价等，采购业务全过程业务表单、审批流程、电子文档等数据的自动归档和档案借阅等管理功能。

（6）建立智能客服机器人，包括高频问题展示及解答、智能回复、转人工、问题提交等功能。通过设定不同问题类型，解答供应商、专家、采购人等关于系统注册、产品使用等方面的问题。

3. 采购监管合规化

强化采购监督，全流程数字化留痕：对注册供应商和评标专家进行监督管理。设立监督见证系统，可远程介入实时查看现场开评标情况。可开设天眼监督账号，全过

程线上跟踪。

（1）设置天眼监督账号。可查看采购全流程执行情况、专家抽取信息等。监督人员可随时调取开评标过程中的音视频归档文件。包括立项、发标、开标、评标、定标全流程数据信息；可查看评标委员会组成是否合规；可对采购单位发起监督提问；可查看采购过程当中的违规记录。

（2）音视频追溯。监督人员账号可随时调取开评标现场所有项目音视频归档资料。包括全场地监控，可按项目查看开评标场地实时信息、评标人计算机操作信息、评标专家人脸信息、过程音频信息等。开评标全程音视频刻盘归档，智能光盘柜可储存15年。

（3）标室现场监督。现场配备62个区域摄像头和47个行为记录摄像头，可查看开评标场地实时信息及开评标过程音视频信息。

（4）远程标室监控。在外阜场地建立远程评标室，实现对外部远程开标现场的实时监控及过程信息归档。

（5）招投标规范。评标规范：全自动专家抽取、语音通知，专家信息保密不可见，防止围串标行为发生。立项规范：统一受理采购管理系统推送计划，系统自动立项；规范立项控制时间、开评标参数设定，统一立项流程。审批规范：流程重塑、优化审批节点，增强监督、法务审批权限。

4. 数据分析全面化

深化采购分析，多维度辅助决策：通过对采购整体监测、各单位采购情况、集中采购、供应商情况、投诉质疑情况、预警数据展示六大板块采购执行数据的统计分析，为集团管理层、执行层等不同需求提供个性化分析。

5. 采购预警智能化

加强采购预警管理，规避采购风险：通过IP地址查重校验、投标文件相似性预警、公告发布时间校验提醒、报名人数不足检测等方式规避采购风险。

采购预警涉及公告公示发布超时预警、标室预约超时预警、标书上传超时预警、供应商最低入围预警、供应商围串标预警、评标委员会超时预警、评标专家评分偏离度预警、项目异常处理预警、中标率畸高预警、标书混编预警、项目管理人相同预警11种预警。

三、建设效果及创新点

（一）优化交易流程，加快供应链现代化，助力辐射城投产业链高质量发展

采购管理制度通过系统固化、流程规范、风险点源预警，帮助业务规范化进行；对采购全过程从纪检监察角度可以随时查询，过程记录留痕；数据可追溯，提供数据入口，审计可以随时自行开展，隐蔽审查。

平台集中建立风险防控及预警模型，提升供应商质量、采购质量，预警采购合同、价格等风险，确保供应链稳定可控。实现供应商、采购资源共享、协同、挖潜数据价值，提高供应商质量，充分竞争、降低成本，提高采购效率。通过数字化手段，增强业务竞争力、管理创新力、供应链抗风险能力，推进城投行业整体数字化转型。

（二）三位一体系统建设框架，从采购计划、执行到监督全链条打通

通过"互联网＋"、大数据等信息技术，结合采购管理系统、电子采购平台、智慧标室场地管理系统推动采购模式的加速转型，实现整合供应链、产业链、价值链的战略目标，进而大力推进"城投＋互联网"发展，构建互联化、集成化、数字化、智能化的行业全新生态圈。

（三）提升多主体采购交易效率，构建多主体监督体系

行为监督：增加采购监督和采购预警系统的建设，优化采购监督账户的管控力度和辐射范围；通过天眼账号可随时掌握采购活动实施详情和开评标现场的实时监控。

电子监督：增加在线标书制作、供应商 CA 认证、供应商 IP 地址及投标文件查重等功能，建设全电发票及费用管理系统，扩大电子公开率，确保竞争的充分性。

指标监督：完善数据统计分析、价格库以及电子归档模块，并从采购人、供应商、专家、招标组织形式、采购方式等多维度对数据进行分析。

采购人监管：通过分析招标金额、采购类型与招标方式的对比关系，识别招标人是否存在规避招标的行为，并提供预警分析。

投标人监管：识别投标人是否存在相互串通的行为，如投标 IP 地址校验、编辑标书地址校验、投标文件相似度等功能，并提供预警分析能力。

评审专家监管：通过评分偏离度分析、标书工具、专家评价，识别评审专家对投标人的标书、答辩内容是否存在违规行为及评分异常行为。

代理机构监管：通过对接天眼查、供应商中标率分析，识别招标代理机构是否存在与招标人、投标人串通损害国家利益、社会公共利益或者他人合法权益的行为。

（天津城市基础设施建设投资集团有限公司，孙静、顾文辉、孙术彬；天津城投建设工程管理咨询有限公司，于文悦、张萌）

郑州煤矿机械集团：招采数字化助力国企供应链韧性发展

一、项目背景

郑州煤矿机械集团股份有限公司（以下简称"郑煤机"）是 A + H 股上市公司，股权混合多元的地方国有企业。目前拥有煤矿机械、汽车零部件、投资三个业务板块，在全球 17 个国家和地区拥有 28 个分支机构。

在构建"过程透明、风险可控、效率提升、成本领先"的采购管理目标下，郑煤机于 2018 年 10 月启动了统一电子招标平台的建设。

平台业务涵盖三大模块（招标交易模块、竞价交易模块、风控监管模块）、两大采购服务入口（采购门户、移动版 App）、一个数据交换中心。近年来郑煤机不断升级优化以保障平台稳定运行、满足业务深度应用需求。2022 年为了降低采购的不确定性、降低供应的复杂度，创新地将《国有企业采购文件示范文本》嵌入平台，采购文件按照章节顺序编制，一键直接生成招标文件，保证数据格式的一致性；采购方式按照项目特点、品类划分对竞标程序进行固化处理，减少操作的随意性，通过采购文件高质量编制的信息化、结构化改造，最大限度保障公司采购效率的提升，并兼顾程序的规范性运营。

2021 年 6 月在推行精益生产的既有基础上，以 ERP 系统为基础，推进供应链管理系统（SCM）和仓储管理系统（WMS）建设上线。以 SCM 深入应用为核心，向前对接平台，向后实现与 WMS、MES、QMS、ERP 系统的集成，完成采购供应链数据的互联互通，为构建郑煤机数字化供应链协同信息平台夯实基础。

二、主要内容

郑煤机招采平台以实现招采业务全流程电子化、数字化、规范化为目标，融合信息化、智能化创新理念，在严格遵照法律法规、行业规范的同时，深度契合集团招标业务的需求，通过项目采购和运营采购差异化设计的网络架构，构建信息化的智能供应链支撑体系，解决采购管理难题，提升管理效果，最大限度提高招标业务运行效率。

（一）顶层设计，规则前置

"业财一体"：采用项目和运营类采购分类，明确划分公司采购活动以满足不同的采购需求。项目类采购注重竞争性招标，追求最大化项目生命周期收益；运营类采购强调长期合作，关注供应链总成本，确保维持供应链的稳定性和全生命周期管理的竞争力。这一设计原则贯穿整个平台，实现了"操作、管理、服务"一体化，为企业提供高效的招标全流程管理。

策划前置：按照《国有企业采购管理规范》设计出招标、比选、谈判和直采四种采购方式对应的模板。将不同采购方式和特征值组合为采购信息条目，设计"公司代码＋日期＋项目类型＋物资品类＋采购方式＋顺序号"组成的编码规则，通过差异化设计的网络架构，构建采购策略匹配关联模型，为集团化管控提供数据支撑。

（二）招采数字化评审智能化

郑煤机以提升采购文件质量为核心目标，以采购文件模块化编制为特点，对采购文件和评标办法进行了标准化、结构化、数字化改造，应用信息化手段提高招标采购工作效率。将评审项及自动评审逻辑定义并固化到平台内，引导采购文件自助编制、供应商结构化投标、专家自动化评标以及采购人全程在线授标等功能，全流程数字化的创新使得采购过程更加高效、透明，为实现业务分析和决策提供了有力支持。

三、创新点

（一）招采平台智慧化赋能

智慧化引导：在"互联网＋采购"模式下，采购人、供应商、评审专家和监督人员按权限通过"导航式"流程自主处理业务。

智能评标：平台通过数字技术实现了"招、投、开、评、定"全流程的线上一体化管理。引入"远程异地评标＋专家分散评标"模式，摒弃传统的专家"面对面"评标方式。通过评审专家实名认证、人脸识别身份、音视频监控录像、智能评标，以及供应商CA认证、高并发在线开标解密、远程述标等功能，实现了评标工作的严格受控和可追溯。这一创新促进了更大区域资源共享，解决了投标人、招标人、评标专家的地域限制。平台的模块化评审、辅助评分、自动报价计算以及电子版评标报告生成等功能进一步提升了评审的质量和效率，实现了过程管控的标准化与精细化，全面规范了招标业务流程。

智能客服：平台引入智能客服功能，为用户提供及时、准确、高效的服务支持。利用自然语言处理和机器学习技术，智能客服自动分类用户问题，从知识库中提取相关信息，提供最佳解决方案。服务范围涵盖注册登录、项目报名、投标文件、投标流程、费用发票、CA办理等问题，降低了人力成本，提高了用户满意度。

智慧分析大脑：在数字中枢的支持下，郑煤机不再依赖传统的查询统计，而是结合业务经验，采用技术算法构建智能交易大脑。该大脑以业务类型、中标金额、主体、时间等多个维度对数据进行深度分析，实现数据的互联互通，生成可视化的分析研判报告。这有助于领导直观了解各地采购热度和成效，为智能决策提供有力支持。

竞价项目闭环管理：网上竞价交易模式分为增价与减价两种竞价模式。竞价开始后所有会员均可在线浏览起拍价、价格梯度、当前价格等信息，竞价终止后，自动公示结果并推送至 ERP 生成电子合同，全程无人为干预，实现了竞价项目闭环管理。全年运行 2130 个运输竞价项目，涉及运费 2.8 亿元，效率提升 60%。

天眼查辅助决策：平台通过天眼查等数据获取供应商全面评价，为信誉评估提供客观数据。借助信用平台和内部数据精准构建供应商画像。在注册阶段，利用第三方信用平台提高信息准确性，实现高效录入。全流程中实时同步供应商数据，通过标签展示潜在风险，确保项目报名规范。在评审阶段用于竞争力的比较，在履约阶段实时追踪并更新供应商画像。

（二）采购文件模块化组合

郑煤机深度运用《国有企业采购文件示范文本》，实施全链条、全场景的数字化改造，配合集团更高效、更柔性、更敏捷的供应链变革要求。

编制结构化：平台通过将《国有企业采购文件示范文本》进行模块组合，使每个章节都对应多个可选模块。这样，经办人只需选择与采购项目相符的模块，操作更加简便明了，省去了线下编写整个 Word 文件的烦琐步骤。随着模板的固化，填写过程仅限于系统规定的内容，有效减少了错误的发生。在完成对全部七章的选择后，可轻松组合生成一份完整的采购文件。《国有企业采购文件示范文本》在平台的运用进一步提升了郑煤机采购的规范化、标准化、数字化水平。

投标结构化：在关键条款结构化改造之前，投标人的投标文件五花八门。改造后，系统对关键条款的编制进行了有序控制，要求逐条响应并进行格式化。在采购文件编制过程中，商务/技术要求以明确的条目形式展示，投标人必须按照规定格式逐条作出响应。评审专家可以在界面上清晰地查看商务/技术关键条款，无须费时费力逐项查找，显著提升了评标的效率和效果。

评审结构化：评审专家通过平台完成在线签到、技术标评审和商务标评审、签署评审报告、提交和汇总个人评审分等一系列流程。系统中的结构化评审引导流程有效地防止了人为干预，如综合评分法下技术分低于 80 分，系统弹出不得推荐为中标候选人的提示，协助专家决策判断。系统提供两阶段法、最低评标价法、综合评分法、投票法等多种评分办法；支持框架协议、资格预审、供应商集中招募特殊项目等评分方法；增加技术项招标流程，支持设定技术评分限制，控制技术分值过低的供应商参与后续商务评审活动。

联动可视化：为创造更友好的使用体验，引入系统定位功能辅助评审，专家点击对应评分事项，可直观展示多家投标人技术或商务应答内容，减少逐家查阅、逐项核对的时间，明显提高了评标效率和效果，同时也提升了评审的准确性。

（三）供应商画像深度应用

供应商画像构建：通过多维度数据分析，包括供应商评分、投标及中标数据等，图形化展示为评委提供参考，有效预防潜在风险。这一创新使得郑煤机更主动地管理和规避风险，降低了合作不确定性。同时，深入分析供应商的投标历史和中标情况，将这一复杂数据转化为直观图表，为评委提供直接依据。这种可视化方式使评委更快速、准确地了解供应商风险，实现提前阻断。

围标、串标识别：平台通过分析比对供应商制作响应文件的计算机 CPU 序号、硬盘序列号、Mac 地址、IP 地址是否相同，以及投标文件相似度分析、分项报价的一致性分析、不同投标人之间的异常关系分析等网络技术监督手段，识别可能存在的围标、串标行为，使风险防控由被动响应向主动管理转变。

系统自动预警：郑煤机结合自身采购特点，将业务规则和风险监管固化在平台及相关工具中。通过业务规则、风险规则的灵活自定义，并结合固化业务流程和共性内容、预警提示、前后逻辑限制等多种形式实施平台固化，实现采购程序合规化、时间期限标准化、风险预警智能化。通过自定义规则及权限细分，提高平台的灵活性和适应性，以更好地满足集团的实际需求和子分公司或部门的个性化业务规则。

全流程在线监督：监督管理人员可以随时查看项目进展情况，对招标采购关键环节重点监督内容进行实时监控，平台按照用户角色进行权限细化，对功能使用、数据访问的权限及其时限进行细分控制，重要敏感信息和涉密资料只能由拥有权限的角色查看，系统管理权和业务权的责任人相互分离、相互监控，确保责任到人，全面规范权力运行，筑牢廉洁风险"防火墙"。

四、应用效果

郑煤机通过上述措施成功实现了平台的全流程数字化，构建了高效协同的电子招标和竞价系统。这一系列创新为公司采购体系注入了新动力，助力实现更高效、灵活、透明的供应链管理。全流程数字化推动了大数据、云计算、区块链、5G＋和人工智能等数字技术在采购和供应链管理中的快速应用。这一数字化布局不仅在内部实现了各业务环节的协同共享，也外延至供应链上下游，实现了高效合规的协同共享。

（一）数字建设方面

在数字化建设方面，平台充分考虑法规要求，通过初步结构化、自动化、智能化评审功能，高效支持采购流程。特别在围标、串标识别方面，引入同投分析，强化对供应商信息的标准化，包括公司、品类、供应商类型等的划分，新增履约后评价模块，形成供应商信息及行为"画像群"，为评委提供数据化评标依据。

远程异地评审系统，融合视频监控、扫码签章、在线述标等技术，显著降低评审成本和评标室建设成本。单个采购项目使用平台可降低 60% 的供应商信息复核时间、降低 50% 的专家评审时间，平均减少 20% 的人力资源。该系统简化了业务流程，提高了效率，实现在线协同，支付和发票在线交互透明，最大化各方利益。

（二）协同共享方面

在数据信息共享方面，郑煤机与集团公司内研发、生产、财务、法务等相关部门实现了高效协同，通过平台实现了供应链各环节资源的协同共享，充分发挥了整体协同效益。通过数字布局，集成了多个关键平台，包括投资管理平台、OA 系统、ERP 系统、合同系统以及 SCM 系统等。这一内联外延的数字化创新使得集团采购和供应链管理部门实现了高效的内部协同和协同共享，充分发挥供应链的整体协同效益。从计划编码、年度计划、预算金额、项目编码、信息发布、电子存证、审批管理、三码合一、保证金管理、中标供应商推送、合同编码、缔约规则、履约标准到后续供应商信用评价，数字布局和内联外延的融合使得业务透明度和协同效率得到显著提高。

平台与第三方信用平台天眼查、契约锁及第三方支付系统的协同共享，解决了业务过程中频繁切换登录入口、操作效率低下等问题，提升了采购业务效率和准确性。

（三）合规与风险方面

为保障合规与防范风险，郑煤机建立了完善的采购与供应链风险管理体系，全流程贯穿各环节。通过系统固化规章制度、操作指引，促进工作标准化和流程化。同时，搭建供应商履约评价模块，实施全生命周期管理，提高依法合规经营能力和风险预见防范能力。这些措施不仅提高了合规经营能力，还增强了对风险的预见和防范，通过提前应对重大和突发风险，在采购与供应链管理中取得显著实效。

五、推广价值

随着国家相关法律法规的修订，顺应供应链、产业链视角下数字化采购技术的需要，平台在"整体协同，分步实施"建设的策略下，在数字化和智能化方面取得了一定成效，具体价值体现如下。

（一）监督的价值

通过制定招标采购监管清单、平台固化监管模型实施智慧监管，实现了对招标采购全过程的全景质控；通过监督的电子化，推动集团招标监督工作从事后审查、静态监管，向事前事中、动态协同方式转变，成功突破了跨公司协同监管障碍，进一步提升了郑煤机招采工作的公信力，树立了公司的专业形象。

（二）结构化的价值

平台中嵌入《国有企业采购文件示范文本》的模板，采购文件示范库可满足不同类型采购项目文件线上模块化编制的需求，与投标文件的标准化、结构化编制一同提升了采购文件、投标文件编制的标准化与规范化，实现了信息赋能、提质增效。

（三）整体应用的价值

平台的建设带来了全面的应用价值。一方面，线上一体化管理技术的应用简化了录入流程，实现了全流程数字化贯通；另一方面，按照审计合规要求搭建的采购过程，使整个招采过程及结果更加清晰透明。

郑煤机积极探索在数字环境下，从供应链视角解构"合规"与"效率"的平衡关系，采购管理理念从关注采购程序向关注采购结果转变。

（郑州煤矿机械集团股份有限公司，王梦南）

右来了科技：聚焦企服赛道，打造一流智慧商业解决方案提供商

右来了（北京）科技有限公司（以下简称"右来了科技"）是一家企服领域数字化应用服务商，隶属于右来了控股集团，2020年成立以来始终坚持以科技驱动创新发展，建设"大"供应链企业服务平台，将数智化能力赋能于各大板块，通过"数智平台、数字化供应链、智慧教育、智慧健康、融媒体"五大服务体系为企业提供一站式服务包，推动企业服务数字化转型升级。

一、聚焦万亿市场，企业数字化转型服务市场迎来高速增长期

《新发展十年——中国城市投资环境发展报告》显示，自2014年，企业服务市场开始受资本追捧，融资事件数及金额均一路飙升，2015年达到高峰，2018年至2020年连续三年，企业服务一直是融资笔数最多的赛道。另从注册总量来看，2020年我国有2887万家企业服务相关企业，而2011年这一数字仅为445万余家，企业服务成了近十年涨幅最快的行业。

在数字经济的大浪潮下，开展数字化转型，已成为企业适应数字经济、谋求自身发展的必然选择。自2020年以来，国家陆续发布《中小企业数字化赋能专项行动方案》《关于推进"上云用数赋智"行动培育新经济发展实施方案》《关于加快推进国有企业数字化转型工作的通知》等政策，鼓励企业以数字化转型为主线、以"上云用数赋智"为重点突破口，加快推进产业数字化与数字产业化步伐。

2021年中国企业服务市场规模达10.3万亿元，在信息技术的推动下，2023年中国企业服务市场规模达12.3万亿元。在市场高速扩张的同时，用户对产品与业务应用场景融合的解决方案诉求不断增加，用户数字化需求越来越差异化、个性化，产品赛道在不断细分。

右来了科技聚焦企服赛道，通过"数智平台、数字化供应链、智慧教育、智慧健康、融媒体"五大服务体系为企业提供一站式服务。企业业务遍布中国多个省份和地区，为近千家企业提供优质的服务，直接和间接地服务超百万用户。

二、助力私域破局，全链路激发渠道潜能

这些年，随着供应链上第三方（如物流、金融、数字化服务方等）的服务水平和

整合能力的大幅提升，供应链架构的内涵和外延正在不断拓展，出现了产业/平台供应链的概念。

在供应链网络中，产业 B2B 平台方（产业供应链平台方）同时为多条供应链服务，通过提供丰富多样的增值服务，吸引了大量的上下游企业入驻平台，因其体系开放，外生循环，开启了"开放式产业平台供应链体系"竞争的新时代。

右来了科技是专注数字化服务、平台服务的"跨链"创新性科技企业，可为相关企业提供灵活、快速迭代升级的 SaaS 服务，减少企业的前期成本投入。

2020 年，右来了科技在丰尚资本支持下收购了 SaaS 服务商——北京亿德天下科技有限公司（以下简称"亿德天下"）。亿德天下是国内领先的技术服务提供商，集"科技、设计、整合、创新"于一体，专注企业级 SaaS 平台的智能零售服务，拥有多项国家专利及著作权，曾为李宁、Adidas、联想、OPPO、中石化等全球知名品牌提供数字化解决方案。

右来了科技通过对亿德天下的收购，深度融合亿德天下的产品技术优势，提供以数据驱动的"SaaS＋供应链＋智慧零售"服务模式，最大限度共享、输出右来了的供应链运营能力，服务内容包括对小 B 渠道的智慧零售赋能、集采渠道的开放供应赋能以及企业福利渠道的一站式服务赋能，合作企业/客户可便捷接入，十分钟即可搭建专属的业务服务场景（如企业专属福利采购平台、一站式集采服务平台等），以"供应链＋智慧零售"提升合作伙伴竞争力。

整合后的右来了科技利用自身在软件开发、技术人才储备、技术底蕴等方面的优势，帮助相关企业数字化转型，有助于企业在数字化转型方案上"一通百通"，实现全国渠道标准化复制。支持开设不限数量的渠道子系统，实现渠道伙伴一体化数字经营管理；快速布局渠道网络，实现全国标准化高效复制，全链路激发渠道潜能。一方面在传统电商系统的功能架构上加入了数字化和 AI 技术应用，可以大大提升电商运营效率，促进业务转化，驱动智能化决策分析。AI 驱动的大数据分析及可视化数据大屏，提供有力数据支撑；实时监测运行状况，满足从营销、销售到服务的业务分析需求；数据实时更新，智能化分析决策，让数据驱动增长。另一方面帮助企业构建面向业务的全端数据基础平台，驱动业务的全场景数据分析，为 SaaS 客户提供专属的流量支持，助力客户迅速完成私域破局，打通全域数据、连接全场景的自动化营销平台。

三、打造专属电商平台，撬动多级福利礼品市场

右来了科技作为数字化供应链的领军企业，不仅涵盖了 30 多万种全品类供应链商品，而且拥有成熟的 S2B2B 商城、S2B2C 商城、SaaS 微商城系统，以销定采、采销分离，通过多维度分析发挥资源优势，提供定制化解决方案，满足企业一键部署大型企业数字化商城的需求，解决烦冗的采购流程，推动企业降本增效。

（一）撬动员工福利市场

近年来，薪酬规模增长、人才争夺升级，推动员工福利市场爆发式增长，而政策引导、资本涌入也进一步刺激福利市场成为人力资源服务行业的竞争热点。全球健康研究所（Global Wellness Institute）对福利市场的估值达 480 亿美元，并且年增速超过 6%；而据中金公司研究数据显示，2016—2020 年，中国员工激励与福利管理行业市场规模年复合增长率为 10.1%，之后 5 年将以 9.8% 的年复合增长率持续上升，并于 2025 年达到 17164.6 亿元。

当前，企业对福利平台的个性化、场景化需求越来越强烈。不少企业由于员工分布广泛，受不同地域经济、地理位置、物流水平等客观因素的影响，使职工对福利多样性需求与多种福利的高管理成本之间形成矛盾，多样化福利的统一管理与服务一直是人力资源管理的难题。

在企业数字化转型浪潮下，服务行业呈现更多的技术导向特征，服务企业创新打造智能化、数字化、差异化的员工福利产品及平台，而且随着企业福利管理历经自行发放阶段、弹性福利阶段和通过 SaaS 平台管理的弹性福利阶段，企业和员工对福利的需求已经从传统物质层面向追求物质与精神层面一体化转变，员工福利平台向数智化员工激励或体验平台演进、延伸和转移，已经成为行业市场共同努力的方向。

右来了科技作为智慧商业解决方案提供商，通过专属服务团队＋供应链＋定制 SaaS 商城，对接企业专属福利发放需求及采购需求，降低福利管理成本、提高福利管理水平；搭建 SaaS 微商城购物系统，为中小企业提供标准化数字解决方案，实现数据流和业务流的标准化升级，根据客户个性化需求提供技术服务定制。为企业提供全方位、多元化的福利办公采购服务方案，通过企业专属二维码或链接就可以进入企业专属的数字化商城中。在商城里，通过手机号登录，就可以享有企业员工个人专属福利，并可以结合个人的需求，选择相应的福利商品，从而大大提高了企业效率和员工满意度，为员工打造高品质生活的场景。

近年来，右来了科技努力营造良好的供应链生态，积极发展与上下游合作伙伴的关系。如与"行云"达成战略合作，就商品供应链、全渠道分销、品牌出海、供应链金融等业务开展深度合作；与中国农机院发展客户合作关系，一键搭建大型企业内购商城，实现数字化福利建设落地；与同程商旅积分平台开展合作运营，为企业提供专业的一站式差旅解决方案；与沈阳总工会项目、中国联通积分商城、首钢工会开展供应链合作，为企业提供多维度的工会积分服务。

（二）细耕社区市场

在关注企业职工福利市场的同时，右来了科技还将市场开发的触角伸入社区，右来了科技与宝石花物业合作，让民生福利飞入寻常百姓家。宝石花物业成立五年以来，一方面承接了中国石油职工家属区大部分物业管理服务项目，另一方面为全国 30 多个省、自治区、直辖市 1000 多个小区的 400 多万居民提供物业服务，在管面积超 1.4 亿平方米，是国有股份占主导地位的混合所有制物业企业。

（三）专注企业礼品市场

中国是传统礼仪之邦，礼仪文化自古以来都在人们的心目中占据着重要的地位。随着人们生活水平的提高，中国礼品行业市场规模呈现逐年增长趋势。据 iiMedia Research（艾媒咨询）统计数据显示，预计 2024 年中国礼物经济市场规模将达 13777 亿元，2027 年将达 16197 亿元。在科技赋能和消费升级双轮驱动下，网络购物等新型消费正在快速发展，中国网络零售市场规模将持续扩张，一定程度上促进了礼物经济产业的发展。右来了科技深耕礼品市场，积极参加各种全国性礼品展会，依托旗下"大"供应链企业服务平台、强大的 IT 支撑系统，为客户提供公开透明的平台和多维度、全场景、综合性一站式解决方案。

（四）完善物流配送

电商平台的成功，物流配送是其中的重要一环。右来了科技通过仓库和配送的一体化服务，不断加强对全链路的管控，塑造自身服务优势。一方面，右来了科技与顺丰速运公司、京东物流等主流物流公司合作，可以满足个人或商家的多种寄递需求。另一方面，右来了科技也构建了自己专属的物流仓储配送管理系统和配送团队，在上海、宿迁、北京均有自有的仓储体系。

下一步，右来了科技将进一步整合仓储配送资源，通过整合品牌商、供应商以及本地合作对象等仓配资源，搭建触及省市的快速物流交付网络。

四、发力教育健康融媒体市场，拓展服务功能链

在立足电商市场的同时，右来了科技还积极拓展服务功能链，开展智慧教育、智慧健康及融媒体服务。

（一）拓展智慧教育功能链

右来了教育专注于提供智慧教育全产业链解决方案。智慧教育板块致力于打造全年龄段教育项目，涵盖了早期智慧教育（0～12 岁）和终身智慧教育（18 岁以上成人），包含课题研发、产品创新、服务执行，并以智慧教育赋能为核心，为企业与家庭提供产品、课程、活动等服务。右来了教育将云计算、大数据、AI 等最新技术与教育深度融合，构建高效、创新的教育模式，建设一体化智慧教育大平台。核心团队包括儿童教育专家、儿科知名专家、产研专家、管理系统设计专家等。

右来了教育具备托育机构建设及人员能力建设资质，如具备社区托育职业技能相

关证书培训资质、人社部职业培训学校资质，并且是浙江省舟山市首家公建民营托育服务单位、浙江省舟山市妇联指定托育单位、浙江省舟山市建设儿童友好城市重点合作单位等，针对不同年龄段提供相应的教育服务。

右来了科技不仅专注于托育市场，还积极布局成人培训赛道。在就业市场对人才的要求越趋专业化和细分化的大背景下，右来了科技抓住职业培训市场的发展契机，开发了成人智慧教育"一站式解决方案"。2023 年，右来了科技全资收购北京市邦成职业技能培训朝阳学校，推动职业培训市场蓬勃发展，为劳动者提供高质量职业培训服务，助力劳动者就业成长。此次收购完成后北京市邦成职业技能培训朝阳学校将更名为右来了教育职业技能培训朝阳学校，隶属于人社局，具备为培训者颁发职业技能等级证书的资质。

（二）拓展智慧健康功能链

右来了健康成立于 2023 年，致力于打造有质量的高效医疗服务。通过视频方式及线上分级诊疗体系，提供高品质的视频医生服务体系，为客户提供一站式医疗解决方案。

智慧健康板块基于物联网、移动互联网、云计算和大数据等新技术，构建成覆盖国民健康全生命周期的一体化的智慧医疗服务。包含健康咨询、医生就诊、药品采购、健康管理等全链路智慧医疗服务。

（三）拓展融媒体功能链

在功能链的拓展上，右来了科技的另一大动作就是开展了融媒体服务。右来了科技以新媒体运营为核心，开拓公域 + 私域流量直播短视频双向服务的新模式。右来了科技通过多元化矩阵服务，一方面通过创意制作、直播运营、IP 打造，面向企业、品牌系列服务，为企业实现新零售链路闭环；另一方面以新媒体运营为核心，开拓公域 + 私域流量双向服务的新模式帮助企业实现品牌的成功推广。

五、立足厨电品类，打造"捷赛"自有品牌

自有品牌对于零售平台来说并不陌生，在国外有着近百年的历史，无论是线下巨头沃尔玛还是线上巨头亚马逊，在自有品牌方面都建树颇多。近年来，京东、网易严选、蜜芽、宝宝树等国内电商企业纷纷发力自有品牌。更可靠的商品、更低廉的价格已经成为电商自有品牌的重要竞争优势。

右来了科技在深度洞察用户的潜在需求和判断品类的发展趋势基础上，结合大数据进行精准的需求预测，也对自己的自有品牌策略进行了探索。厨房是中国家庭场景里最多元、最复杂的地方。随着人们消费方式、生活观念的转变，传统厨房烹饪场景在加速被颠覆重塑。中国社会科学院社会学研究所发布的《中国厨房高品质生活趋势

报告》显示，健康化、环保化、社交化、智能化、美学化和成套化是厨房发展的六大趋势。右来了科技将自有品牌第一站聚焦厨电产品系列。2022 年，右来了科技全资收购捷赛厨电，将通过资金、科技等力量重构捷赛厨电。

[右来了（北京）科技有限公司，张小琳、张相涛、吴挺、刘蓓悦]

◎ **招标代理案例**

中化商务："化云数智"推进供应链
数字化转型

面临全球采购数字化、企业数字化转型的迫切需求，中化商务有限公司（以下简称"中化商务"）聚焦主责主业，建设了数字化服务平台——"化云数智"，由传统招标采购向投资全过程与供应链全面服务战略转型，通过化云数智平台，中化商务的招采服务、供应链服务、产业咨询、工程管理等各业务板块实现向客户提供实时、按需和全在线的数字化交互和交付服务。

项目实施后，传统的招投标业务完成了数字化转型，同时给招采企业提供了招采全链条服务，相对于其他招标企业，此项目覆盖了采购全流程，提供了全数字化线上化服务，中化商务的行业影响力不断加强。

一、实施背景

中化商务成立于 1997 年，前身为中化国际招标有限责任公司，是中国中化控股有限责任公司（以下简称"中国中化"）旗下成员企业。中化商务总部设在北京，在国内设有22 家分公司并管理华夏汉华、蓝星招标等中化内部企业，以及参股大数据科技公司。

近年来，中化商务以数字化和金融作为赋能客户手段，全面提升综合商务咨询服务能力，驱动客户价值新增长。一方面，中化商务作为中化资本供应链金融的重要入口，以采购平台的数据为支撑，协同中化资本已有金融科技力量，挖掘产业发展真实需求，为履约情况良好、产品质量过硬的企业提供订单融资、履约担保、保证金贷等金融服务；另一方面，中国中化凭借在各专业领域的多年积淀，着力打造数字化服务平台，为客户提供咨询服务全流程线上交付，并推出数字化采购、智慧工地、装备维保等领域的智慧化解决方案产品，为客户充分释放数字价值。

（一）国家政策指引电子招标投标交易平台市场化、专业化、集约化方向建设和运营

党中央、国务院高度重视产业链供应链工作，习近平总书记多次强调要高度重视产业链稳定、高效和安全，"保产业链供应链稳定"被列为国家"六稳""六保"的重要任务之一；党的十九届五中全会提出要"提升产业链供应链现代化水平"。

党中央、国务院历来高度重视数字经济，国务院印发的《"十四五"数字经济发展规划》中提出"协同推进数字产业化和产业数字化，赋能传统产业转型升级，培育新产业、新业态、新模式"。党的十八大以来，习近平总书记多次作出重要论述，为推进数字经济建设提供指引。2021年10月18日在十九届中央政治局第三十四次集体学习时，习近平总书记发表重要讲话并指出，要把握数字化、网络化、智能化方向，推动制造业、服务业、农业等产业数字化，利用互联网新技术对传统产业进行全方位、全链条的改造，提高全要素生产率，发挥数字技术对经济发展的放大、叠加、倍增作用。同时，作为重点任务，推进企业数字化转型升级已被列入中央经济工作会议和政府工作报告。

（二）适应行业变革，加快数字化转型步伐

数字化转型是企业转型的重要趋势，需要企业不断创新和变革，适应数字化时代的商业变革。数字化、网络化、智能化已成为经济社会转型发展的新动能，以大数据、云计算、人工智能等为代表的新型信息技术，正加速与实体经济深度融合，推动产业数智化进程，数智经济时代的大幕已全面开启。与此同时，随着整个社会的产业数智化向深层次推进，企业数字化转型的步伐也在不断加速。随着数字化技术的不断发展，数字化转型已成为企业转型的重要趋势。数字化转型在帮助企业提高效率、降低成本、优化服务和提升用户体验等方面发挥重要作用。

同时，全球经济衰退，疫情倒逼加快数字化转型步伐，供应链创新和发展步伐不断加快，我国供应链创新与应用工作进入全面的示范创建阶段。

（三）紧贴中化商务战略，完成数字化转型

中化商务公司深耕招采行业26年，得到行业各界认可。2017年提出"一园一链、一能两化、化成产融"战略，以数字化赋能公司业务实现公司跨越发展。2023年，中化商务确定了"赋能双链、四化驱动、多核发展"的战略迭代升级路径，将数智化、平台化发展升级成为公司的核心战略。数字化已成为中化商务由传统招标采购向投资全过程与供应链全面服务战略转型的重要赋能手段。中化商务紧贴国家政策、紧跟中化战略，适应行业变革，快速应对市场环境变化，推出了中化商务数字化服务平台"化云数智"。

数字化转型后，中化商务原有的传统业务从线下转到线上，缩减了流程，提高了项目全流程的效率，并从原有业务扩展到招采全生命周期的增值服务，服务长尾化，完善客户服务链条，增加了更多的业务机会。

二、主要做法

（一）"化云数智"平台简介

中化商务具有招采领域26年行业经验，长期服务招采人6000多家，含60多家央企，注册企业数量 12 万多家，年招采金额 800 多亿元。"化云数智"的主要服务面向全国的招采人和供应商。中化商务数字化服务平台"化云数智"上线，推动传统招标采购代理服务向投资与供应链全面服务战略转型。中化商务招采业务服务模式全面升级，以"SaaS + 数据 + 智能"服务企业客户，标志着中化商务业务数字化转型进入一个新的阶段。客户关系从交易流程服务转向生态共建，以客户需求和合作共赢为目标，达成共生、共建、共赢的良性互促。

通过"化云数智"数字化服务平台，中化商务的招采服务、供应链服务、产业咨询、工程管理等各业务板块实现向客户提供实时、按需和全在线的数字化交互和交付服务。

（二）"化云数智"招采增值服务

目前，"化云数智"服务平台（见图 1）以招采服务板块为主，招采服务板块已经构建成招采交付、合同管理/履约、供应商风控、标讯服务、供应链金融等多个增值服务模块，涵盖招采全链条服务，每个节点都有匹配产品能解决客户需求，从客户特殊需求出发，在"化云数智"平台的基础上，又扩展研发了"化易采"系列产品。围绕采购全链条各环节单独设计部署系统，解决客户在不同环节的痛点问题，包括电子招投标系统、采购风控系统、采购管理系统、采购业财一体化系统、离线评审系统等多个系统。这些系统既可以独立作战，也可以模块化协同作战、联合作战，满足了不同类型客户的多种需求。

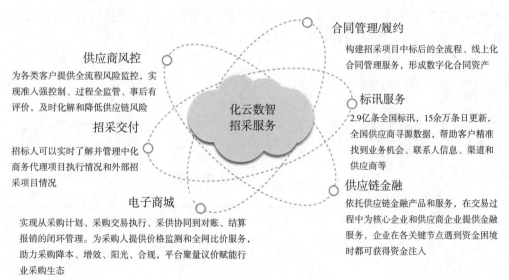

图 1　"化云数智"服务平台

1. 招采增值服务——招采交付

招标人可以实时了解并跟进中化商务代理项目执行情况、在线进行代理项目信息交互确认、查询历史项目归档信息、统计分析项目执行情况。包括与代理机构实现采购环节的文件远程修改、在线确认，各类型采购项目进展情况实时共享，关键信息及时掌握；平台支持多用户模式，可根据用户需求进行流程定制和数据链接，可为招标人/采购人快速构建专属的招采线上管理端口。

2. 招采增值服务——合同管理/履约

企业专属合同管理系统和合同履约系统包括订单确认、财务对账、物流跟踪、报表管理、协同管理，履约过程中企业可以全程把控供应商执行情况。企业可根据自身场景选择委托管理或自主管理。

3. 招采增值服务——供应商风控

通过建立可信数据资源体系、采购合同风险知识图谱和供应商履约风险能力评估模型，深入采购全流程、合同全环节，为各类客户提供高可信、高价值采购的供应商管理及合同风险管理服务一站式解决方案，包括围串标分析、重大违法记录查询、资质真实性核查、履约能力评估，为招采企业客户提供风险预警，防范化解风险。

4. 招采增值服务——标讯服务

化云标讯服务是中化商务在 26 年深耕招采领域的基础上，研发的新一代智能招投标信息服务平台。通过构建清晰有效的全网招投标信息库，提供精准的招标搜索、实时的标讯订阅、超前的招标预测，助力客户精准找寻到与业务发展相匹配的招投标信息、关键联系人、渠道及供应商等重要商业信息。

5. 招采增值服务——供应链金融

可为企业提供供应链交易过程中的金融服务，企业在各关键节点遇到资金困境时都可获得中化资本内外部的资金注入，实现了核心企业和众多供应商的资金流转，增强核心企业和供应商的战略合作关系。供应链金融如图 2 所示。

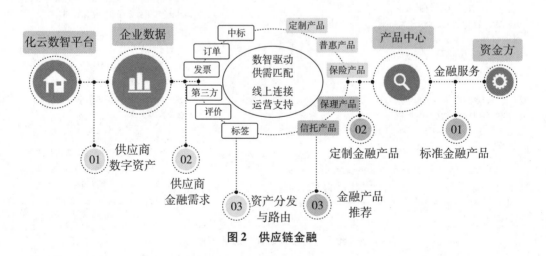

图 2　供应链金融

（三）化云数智工程管理增值服务

中化商务紧抓全过程工程咨询发展契机，现已建立起一支 80 余人的专业化工程服务团队，为客户提供涵盖投资决策、造价、质量、进度、费控等综合性、跨阶段、一体化的全过程工程咨询服务，助力客户加强管控能力，提升项目投资效能。公司累计工程服务规模达 500 亿元，坚持以精品工程服务筑牢产业链发展根基。

工程管理能力评估系统由中化商务自主研发，通过项目综合管理能力、项目前期工作管理能力、采购与合同管理能力、造价控制管理能力、进度管理能力、质量管理能力、HSE 管理能力、风险管理能力、验收管理能力、沟通管理能力等 10 个一级评估指标、43 个二级评估指标、84 个三级评估指标，精准定位工程管理痛点，帮助客户快速发现管理漏洞，有效提升工程管理能力，推动工程安全、合规、平稳、可控建设。

（四）平台延伸智慧招采系列产品——"化易采"

"化易采"是围绕采购全链条各环节单独设计部署的产品系列，解决客户在不同环节的痛点问题，为企业量身订制部署，包括电子招投标系统、采购风控系统、采购管理系统、采购业财一体化系统、离线评审系统等多个系统。

1. "化易采"系列产品——离线评审系统

针对非公开项目，以及评标标准个性化强、评标专家数量多、评标因素条款细的项目，离线评标系统提供了在局域网内的阶段打分表配置、专家打分、打分表监控和修正、打分汇总、综合排序等功能。

2. "化易采"系列产品——电子招投标系统

实现项目建项、发布公告或邀请函、标书发售和购买、报名、投标、开标、评标、定标的招标过程全流程线上化、电子化。

3. "化易采"系列产品——采购风控系统

系统包括供应商关联关系分析、陪标专业户分析、投标文件查重、供应商资质真实性查询、供应商黑名单查询、供应商空壳公司分析、供应商履约能力分析等。采购风控系统如图 3 所示。

4. "化易采"系列产品——采购管理系统

根据需求，为企业部署项目专属采购系统，包括采购需求管理、采购计划管理、采购方案执行等全过程关键节点的审批确认和监督把控，全面保障管理企业内部采购合规性，提高采购审批效率。采购管理系统如图 4 所示。

三、实施效果

（一）加速数字化转型，提升企业竞争力

在传统商业模式中，招投标和供应链服务通常涉及烦琐的纸质文件和复杂的线下交流。通过"化云数智"平台，成功实现了招投标线上数字化转型。平台上的功能使得招标信息可以在线发布、投标文件可以在线提交、评审可以在线进行、合同可以在线签署，大大提高了流程的效率和可控性。此举不仅节约了人力成本和时间成本，更

图3　采购风控系统

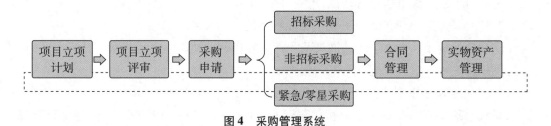

图4　采购管理系统

重要的是提高了流程的透明度，促进了业务的快速推进。

项目实施后，传统的招投标业务完成了数字化转型，同时给招采企业提供了招采全链条服务，相对于其他招标企业，此项目覆盖了采购全流程，提供了全数字化线上化服务。

（二）以经验和资源积累，优化业务流程，提供优质服务

"化云数智"平台的推出不仅是迁移线下业务到线上，更是通过对业务流程的重新优化，提升了服务的质量。凭借多年积累的行业经验和资源，中化商务在平台上重新设计了招采交付、合同管理、供应商风控、标讯服务等增值服务模块，为每个环节提供了量身定制的解决方案。这使得客户在使用平台的过程中能够更高效地完成招投标流程，推动了项目的顺利推进。

例如，在使用"化云数智"的合同管理服务前，某国家级研究院的招采项目工作十分繁杂，合同数量多且规模小，采买相关采购管理系统的金额过高，投入产出比极

差，所以一直采用人工手动录入 Excel 表方式管理招采项目，导致项目管控实时性差、查询统计不便利、协同工作效率低，人工手动处理各个流程节点容易出问题，需要多方反复沟通协调。该院领导得知"化云数智"的合同管理 SaaS 服务正好能够解决该院合同项目多、内部人员不足、全线下沟通的问题，且平台启用便捷，双方对接后快速合作，通过采购项目信息实时交付和线上环节确认、审批交互、提供移动端访问端口等功能来定制该院采购管控方案，实现合同管理履约环节全线上处理，在提高效率的同时，也为客户积淀了数据资产。

再例如，某国有特大型高科技企业合同数量较大，采购金额较高，经过沟通调研，该企业选择中化商务的采购管理系统进行独立部署，覆盖采购的全流程。通过中化商务的采购业务赋能和合同管理平台工具应用相结合，该企业实现了采购计划清晰、采购过程规范、采购成本降低、供应商管理强化和采购质量提升。该企业上一年度采购金额约 11.6 亿元，提高节支率约 5%，直接节约企业资金近 6000 万元。

再例如，某能源央企子公司的采购规模较大，全年采购项目数量超过 2000 个，供应商 3000 余家，由于风险管控方法缺乏、制度基础和工具能力不足，导致部分不良供应商有机可乘，以欺诈手段中标，使各采购单位面临潜在的法律风险、项目延期或交付质量问题等风险。经过"化云数智"的供应商履约风险管理工具，有效识别和防范了供应商的各类履约风险，四年来从未发生过重大合规风险和履约风险，并帮助采购工作整体效率提高 70% 以上，保障 60 余个建设项目供应商的能力风险可控在控，全部供应商的风险均处于受控状态，剔除 200 多家风险供应商，以风险识别为前置程序引入 300 多家新的供应商，化解供应商固化难题。

再例如，某央企在集团风险合规监管中，受困于主体复杂、数据汇集难度大、标准和工具不统一等问题，决定引入"化云数智"供应商履约风险模型和可信数据体系，对其集团数万家供应商、客户、下属单位开展重大风险识别和控制、全面风险监测、预警及风险干预阻断等，通过在合同审批环节对合同相关方开展资格风险前置审查、在合同付款阶段对相对方的重大履约能力风险进行评估并及时阻断风险、在合同全过程开展风险监测并及时预警等方式，阻断了 400 多个高风险合同，为集团有效规避、化解了多个重大风险。

（三）以技术手段规避供应链的高风险

供应链的运作往往伴随着信息不对称、交付延迟、合同履约问题等一系列风险。中化商务通过"化云数智"平台的供应链服务，建立了供应商风控模块，通过大数据分析和风险评估手段，帮助企业识别潜在风险并采取相应预防措施。这为企业降低供应链风险提供了有力支持，同时也促进了整个供应链的稳定运行。

（四）为供应链进行资源配置，强化供应链

"化云数智"平台不仅在供应链风险控制方面取得了重要成果，还在供应链资源配置方面发挥了积极作用。通过平台上的数据分析和智能匹配，中化商务能够更准确地将供应商和采购企业进行匹配，贷款需求企业和金融产品匹配，实现资源的高效配置。这不仅提高了供应链的运作效率，也为企业创造了更多的商业机会和合作可能性。

（中化商务有限公司，顾有恒）

通号招标：数据赋能，让采购决策更加科学

一、案例背景

在当前的信息化时代，数字化转型已成为企业持续发展的必然趋势。对于中央企业来说，推动数字化转型升级，既是应对市场竞争的客观需要，也是实现高质量发展的内在要求。采购供应链管理大数据应用是在工业4.0、智能制造2025等战略背景下，结合中国采购行业的发展阶段，利用信息技术的发展，推动企业应用大数据技术进行管理变革。中国铁路通信信号股份有限公司（以下简称"中国通号"）的采购供应链发展历程表明，采购管理经历了3个阶段，现在已经进入数字化采购的发展阶段。在这个阶段，企业自主研发建设了中国通号电子商务平台（以下简称"通购网"），在招标和集采业务已经实现了数字化，为了搭建更为丰富的数字化采购场景，获取到更多维度的数据，利用数据再反哺供应链的管理，从而形成良性循环，采购管理需要向供应链管理进一步延伸。

大数据已经在供应链管理中扮演了至关重要的角色。然而，对于企业来说，运用大数据进行供应链管理仍面临以下问题。

（1）采购决策缺乏数据支持：以往采购决策主要依靠经验判断，缺乏对历史数据和市场信息的有效分析。

（2）供应商选择和管理困难：供应商数量众多，质量参差不齐，如何选择合适的供应商并实施有效管理是一大挑战。

（3）采购过程不透明：采购过程中存在信息不对称、流程不规范等问题，容易导致腐败和资源浪费。

（4）缺乏数据分析能力：传统数据分析方法已无法满足企业对复杂数据的有效处理和深入挖掘需求。

二、案例主要内容

为了解决上述难点并提高采购管理的效率和透明度，降低采购成本，企业希望通过大数据技术对海量采购数据进行实时分析和挖掘，以便更好地把握市场动态、优化供应商选择和管理、预测采购需求等。

通号（北京）招标有限公司（以下简称"通号招标"）通过运营"通购网"积累了大量的业务数据，基于"通购网"开展数据价值挖掘，建立了"数据驾驶舱"，把

采购业务涉及的采购需求管理、采购项目管理、供应商管理、合同管理、财务管理等多个功能模块的数据进行整合关联，形成以采购包件为索引的结构化数据仓库，并采取了以下措施。

（1）数据采集和整合：对各类采购数据进行全面采集和整合，包括历史采购数据、市场价格数据、供应商信息等。

（2）数据修正：对采集到的数据进行清洗和修正，去除异常值、填补缺失值等，以提高数据分析的准确性。

（3）数据分析：采用大数据分析工具，对采购数据进行深入挖掘和分析。主要应用以下分析方法。

①趋势分析：通过对历史采购数据的分析，预测未来采购需求和价格走势。

②关联分析：挖掘采购数据中各因素之间的关联关系，如供应商质量与价格之间的关联等。

③聚类分析：根据供应商的各项指标（如价格、供货类别、投标量等）对供应商进行分类和聚类，以便更好地进行供应商选择和管理。

④异常检测：及时发现采购数据中的异常情况，如突然上涨或下跌的价格、异常高的采购量等，以便采取相应措施。

（4）数据可视化：通过数据可视化工具，将分析结果以图表、报告等形式呈现给决策者，以便更好地理解和利用数据分析结果。

（5）采购流程优化：根据数据分析结果，对采购流程进行优化，包括制订更加合理的采购计划、改进供应商选择标准等。

（6）监控和持续改进：定期对采购过程进行监控和评估，及时发现问题并采取相应措施进行改进。同时，根据市场变化和业务需求，不断优化大数据分析模型和采购流程。

在企业采购管理中，数据驾驶舱可以将采购业务数据以可视化、直观、具体的形式呈现出来，帮助企业更有效地进行决策和资源配置。建设统一数据平台需要先梳理数据指标体系，通过指标体系的梳理搭建能够更加全面地监控业务发展，及时准确地发现业务机会或问题；也能够统一指标口径，降低公司内部数据对接时的沟通成本。数据统计分析平台框架如图1所示。

①供应商管理模块：展示供应商的基本信息、采购量、采购频率、采购品种等数据，帮助企业了解供应商的整体情况，为选择合适的供应商提供支持，降低供应商履约风险。同时在供应商绩效评估方面深入分析，通过对供应商的交货期、质量、价格等方面的评估，企业可以了解供应商的整体表现，为选择合适的供应商提供支持，提高供应链的稳定性并预防潜在风险带来的影响。

②需求预测分析：需求预测是企业制定采购策略的重要依据之一，通过对需求情况的深入分析，企业可以了解市场需求的变化趋势和规律，为制订合理的采购计划提

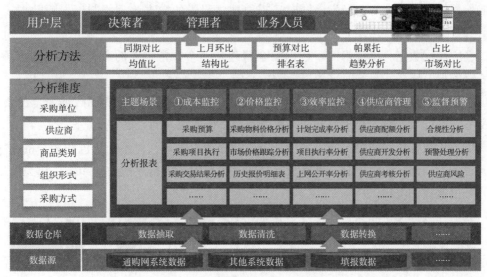

用户层	决策者	管理者	业务人员		

图1 数据统计分析平台框架

供支持。这样，企业就可以根据预测结果进行生产计划、库存管理和采购决策，从而减少库存积压和缺货现象。

③采购价格模块：展示不同采购品种的价格趋势、价格水平以及与供应商的历史报价对比等数据，帮助企业了解市场价格行情，制定合理的采购价格策略。

④采购成本模块：展示采购成本的整体情况，包括采购成本构成、成本变化趋势等数据，帮助企业了解采购成本的变化情况，为降低采购成本提供支持。

⑤采购质量模块：展示采购产品的质量情况，包括质量合格率、质量问题发生率等数据，帮助企业了解采购产品的质量水平，为提高产品质量提供支持。

⑥风险管理分析：在供应链运作过程中，风险控制至关重要。大数据可以帮助企业识别潜在的风险因素，并采取相应的措施进行防范。例如，通过分析供应商的财务状况、生产能力等信息，企业可以及时发现供应商可能出现的财务危机或生产问题，从而调整采购策略或寻求其他供应商。此外，大数据还可以帮助企业监测市场变化和政策调整等外部风险因素，以便及时应对。

以6大模块为基础，根据不同的用户角色设计了数据中心、业务中心、交易平台、采购管理、供应商管理、财务中心、监督预警等多个数据大屏，并建立报表中心，形成采购业务表、采购结果表、采购预算表、采购项目执行表、供应商业务表等多样化的报表台账，可应对全部管理指标的查询和统计，减少人工线下统计的工作量，管理人员和业务人员可以通过数据驾驶舱快速获取到想要的指标数据。

总之，在国企采购供应链管理中应用大数据技术可以实现更精确的需求预测、更有效的供应商管理、更明智的价格监控、更合理的库存管理以及更严格的风险控制。通过运用大数据分析工具和技术手段，企业可以更好地理解市场和客户需求，优化资源配置，提高运营效率并降低成本。需要注意的是，在应用大数据的过程中，企业需要确保数据的安全性和隐私性。同时还需要建立科学的数据治理机制以保障数据质量和管理效率。

在应用大数据分析技术时，数据安全管理是一个非常重要的环节。系统通过了网络安全等保三级备案，同时采取以下防护措施。

①建立数据安全管理制度：制定相关规章制度和操作规范，明确数据安全的责任和义务。确保所有员工都了解并遵守这些规定，形成统一的数据安全意识。

②强化数据访问权限控制：基于身份认证和授权管理，对不同角色的用户的 IP 网段及设备编码进行权限控制。确保只有具备必要权限的人员才能访问和操作相关数据，防止数据泄露和滥用。

③加强数据加密和保护：采用数据加密技术，保护数据在传输和存储过程中的安全。同时，实施必要的安全防护措施，如防火墙、入侵检测系统等，防止恶意攻击和非法访问。

④做好数据备份和恢复工作：建立完善的数据备份机制，确保数据在遭受攻击或意外丢失后能够及时恢复。同时，定期进行备份数据的检查和测试，确保备份数据的完整性和可用性。

⑤定期进行数据安全审计：通过定期的数据安全审计，发现并纠正潜在的安全隐患和漏洞。同时，对审计结果进行总结和分析，不断完善数据安全管理体系。

⑥建立应急响应机制：制订完善的数据安全应急响应计划，明确应对突发情况下的响应流程和处理措施。确保在发生数据安全事件时，能够迅速做出反应，减轻损失并恢复系统的正常运行。

通过以上措施建立完善的数据安全管理体系，采取多种措施保障数据的安全性和完整性。同时，不断提高员工的数据安全意识，加强数据保护和应急响应能力，为企业的可持续发展提供有力保障。

三、案例创新点

随着企业运营的日益复杂，采购管理的数据统计分析变得越来越重要。数据统计分析系统的创新点主要包括自动化数据分析、实时监控与预测、供应商管理优化、采购流程智能化、云端化共享、数据可视化、多维度数据分析和定制化报表等方面。

1. 实时监控与预测

系统能够实时收集采购过程中的数据，并及时进行数据分析，以便企业能够实时了解采购状况，及时调整采购策略。此外，系统还能够根据历史数据预测未来的采购需求，帮助企业做好预算和规划。

2. 供应商管理优化

采购管理数据统计分析系统通过自动评估和分析供应商的绩效，优化供应商管理。系统能够收集和分析与供应商相关的数据，如交货周期、产品质量、价格等，为供应商选择和评估提供依据。同时，系统还能够通过持续的数据分析优化供应商关系管理，提高采购效率和降低成本。

3. 采购流程智能化

系统能够自动化地完成采购流程中的各个环节，如需求预测、供应商选择、订单下达、库存管理等，提高采购流程的效率和准确性。同时，系统还能够根据数据分析结果优化采购流程，减少不必要的环节，降低成本。

4. 数据可视化

为了使数据分析结果更易于理解，采购管理数据统计分析系统提供了数据可视化功能。通过图形化界面展示数据分析结果，如柱状图、折线图、饼图等，用户可以直观地了解采购数据的趋势和分布。此外，系统还支持自定义图表和报表，满足不同用户的需求。

5. 自动化数据分析

系统能够自动从企业采购流程中收集并整理数据，减少人工操作，提高效率。同时，利用先进的数据分析算法，系统能够自动地对数据进行深入挖掘，提供更准确、全面的数据分析结果。

6. 多维度数据分析

数据统计分析系统支持多维度数据分析，帮助企业从不同角度了解采购状况。系统可以分析不同供应商、不同产品、不同时间的数据，还可以进行交叉分析，找出各因素之间的关联和影响。这种多维度数据分析方法有助于企业发现潜在问题和机会，制定更全面的采购策略。

7. 定制化报表

为了满足不同企业和部门的个性化需求，采购管理数据统计分析系统开发了多样化的报表功能。根据用户自身需求定制报表，将数据分析结果以最适合的形式呈现出来。这种报表不仅可以满足企业内部管理需求，还可以为企业对外报告提供准确的数据支持。

采购管理数据驾驶舱的建设能够为企业提供数字化决策支持、实现流程自动化、加强供应商管理、进行预测分析和风险管理、加强内部协作和沟通以及实现持续改进和创新等。这些创新点能够帮助企业更好地应对市场变化和挑战，提高采购效率和质量管理水平，实现可持续发展和创新发展。

四、应用效果

随着企业规模的扩大和业务范围的扩展，采购管理逐渐成为企业运营的关键环节。在这个过程中，数据驾驶舱作为一种决策支持工具，正在发挥着越来越重要的作用，数据统计分析系统的应用取得了以下成果。

（1）采购决策更加科学：大数据分析为采购决策提供了更加全面、准确的数据支持，有效降低了决策风险。

（2）供应商选择和管理更加合理：通过对供应商的分类和聚类，以及对供应商质量的评估，企业能够更加合理地选择和管理供应商。

（3）采购过程更加透明：通过数据透明化和流程规范化，有效减少了信息不对称和腐败现象。

（4）数据分析能力显著提升：大数据分析工具的应用使企业能够更好地处理和分析复杂数据，为决策提供有力支持。

（5）经济效益显著：通过优化采购流程和降低采购成本，企业实现了经济效益的大幅提升。

[通号（北京）招标有限公司，俞海芳、谢禹]

安徽公共资源交易集团项目管理有限公司：助力乡村产业振兴，创造性开展培育"头雁"项目

中国是一个农业大国，农村地区的发展对于国家的整体发展具有重要的战略意义。然而，随着城市化的加速和全球经济的快速发展，农村地区的发展面临着前所未有的挑战。为加快培育乡村产业振兴人才队伍，推动农业高质量发展，自 2022 年起，农业农村部、财政部启动实施乡村产业振兴带头人培育"头雁"项目，旨在培育一批乡村产业振兴的带头人，通过他们的引领和示范作用，带动农村地区的经济发展和社会进步。

"火车跑得快，全靠车头带"，头雁，就是雁阵中那只带头飞行的大雁。乡村产业振兴带头人培育"头雁"项目是安徽省"三农"工作的一件大事要事，也是"农业"人的一件好事、喜事。安徽省因地制宜、创造性地开展培育工作，多措并举地培养一批具有现代农业发展新理念、掌握团队管理新方法、熟悉农业产业化经营新模式，与现代乡村产业需求相适应、与乡村建设发展相协调，能够引领一方、带动一片的乡村产业振兴带头人"领头雁"。

安徽公共资源交易集团项目管理有限公司收到采购单位委托的"2023 年乡村产业振兴带头人培育'头雁'项目"后，凭借优质的口碑、过硬的实力与丰富的经验，顺利完成本项目采购工作。

一、项目概况

乡村产业振兴带头人培育"头雁"项目是农业农村部、财政部 2022 年首次实施的项目，旨在为贯彻落实中央人才工作会议、中央一号文件精神，加快培育乡村产业振兴人才队伍，推动农业高质量发展。项目原则上每年在全国培育约 2 万名"头雁"，力争用 5 年时间培育一支 10 万人规模的乡村产业振兴"头雁"队伍，带动全国 500 万新型农业经营主体形成"雁阵"。安徽省乡村产业振兴带头人培育"头雁"项目 2023 年为全省培育 550 人，项目预算 1155 万元。

"头雁"项目学员遴选条件为：年龄在 55 周岁以下，高中（中专）以上学历；面向农民专业合作社理事长、家庭农场主、农村集体经济组织负责人、社会化服务组织负责人、市县级农业产业化龙头企业负责人及种养大户等带头人；从事当地农业主导、

优势或特色产业 3 年以上，形成稳定的经营模式和一定规模，取得良好的经济效益和社会效益，近 3 年累计带动 30 户或 100 名以上农民实现增收致富。在通过个人申请、县级推荐、省区市甄选、部级备案的程序后，逐级审核，确定为培育对象。

项目采取"4 个 1"培育模式，即一个月集中授课、一学期线上学习、一系列考察互访、双导师帮扶指导的模式，对带头人开展为期一年的定制化、体验式、孵化型、多层次培育。培育内容将结合安徽省南北农业特色和培训对象自身需求，从现代农业发展新理念、团队管理新方法、农业产业化经营新模式等方面进行集中面授；组织到各高校高端优质的实训实践基地开展"体验式"教学；建立帮扶指导团队，持续一年"一对一"的线上线下服务；由知名专家、创业导师、政策讲师和实践指导师等组成一流的师资团队，围绕政策解读、经营管理、品牌营销、新媒体运营、电商实务等多个领域持续跟踪服务，助力培训学员获得全方位成长。为保证培训质量，根据不同区域和培育对象产业发展实际，结合"头雁"项目培育师资的需求现状，项目以安徽省农业农村厅遴选的安徽省现代农业产业技术体系各类首席专家、岗位专家名单及全省农技人员能力提升和新型职业农民培训师资库成员名单为基础师资库。同时在定制化培育环节，首先精准摸排学员产业发展现状与需求，加强师资选配，遴选思想政治素质硬、学术水平高、教学经验丰富、实践能力强的教师组建"头雁"培育基本师资库，其中正高职称占比 60%，副高职称占比 25%，全国知名"三农"专家、"优秀企业家"和乡土专家占比 15%。

"头雁"培训是推进乡村人才振兴的重要抓手，本项目受到社会各界广泛关注，于 2023 年 8 月 25 日顺利完成开评标工作，后续各项事宜按序进行。

二、做法和经验

（一）统筹安排、提前部署

本项目由安徽公共资源交易集团项目管理有限公司（以下简称"项目公司"）代理采购，项目公司是安徽公共资源交易集团下属国有全资子公司，主要经营政府采购代理、工程建设项目招标代理、机电产品国际招标、中央投资项目招标代理、药品招标代理、科技项目招标代理、工程造价咨询、项目咨询、项目管理等。项目公司拥有丰富的招标采购经验和过硬的人员实力，经过培训和学习，已打造出一支业务精湛、服务高效、充满活力、行为廉洁的人才队伍。在高质量管理和高水平人才的带动下，顺利完成众多省内外重大项目。

项目受理后，项目公司领导高度重视，立即召开项目协调会，组建以部门业务骨干为核心的项目保障小组，从人员、进度节点、开评标等各个方面做了详细的安排，力保项目顺利完成。

本项目的项目负责人秉持服务前置的原则，主动与采购人对接，充分了解项目需求、项目难点及风险点，借鉴同类项目经验，与采购人进行良好沟通，为采购人提供全方位的最新政策解读和项目操作建议。

（二）积极会商、共同协作

面对项目标准高、任务重、时间紧的特点，项目负责人与采购单位安徽省农业农村厅多次沟通，就项目需求、投标人资格及评分标准设定等关键性内容进行多次会商。本项目每个学员培训费用为21000元，采购单位支付20000元/人。为了用好每一笔钱，项目发布公告前进行项目论证。邀请行业内的专家，对采购单位支付的20000元费用进行拆分测算，要求投标人分别对课堂教学、线上学习服务费、省外实训费、省内园区参观费、举办沙龙费用、现场指导、创业指导等费用进行具体测算报价，确保各项要求科学合理、公平公正。同时，与安徽省农业农村厅建立有效工作机制，审慎缜密地研究确定遵守政策法规、符合项目实际情况的招标文件。

（三）精益求精，确保招标文件质量

论证结束后，项目负责人即着手准备编制招标文件。通过认真学习《关于实施2023年乡村产业振兴带头人培育"头雁"项目的通知》（农人才函〔2023〕16号）及《农业农村部 财政部关于印发〈乡村产业振兴带头人培育"头雁"项目实施方案〉的通知》（农人发〔2022〕3号），协助采购人确定本次招标需求和评分办法。同时结合法律法规要求，规范招标行为，杜绝违规采购，把工夫花在前头，避免项目文件后期回溯审查不通过。因采购单位须采购多家单位，经项目负责人多次和采购单位沟通，采取分任务包形式进行采购。

严格按照公开、公平、公正的原则开展采购工作。考虑项目预算金额大、采购内容复杂，按照项目公司关于"项目操作规程"来进行项目操作，严谨规范、科学高效地从各方面进行全力保障。

经过多方学习研究，最终招标文件初步拟定，对评审程序及评分标准进行了详细规定，除根据定制化培育方案、体验式培育方案、孵化型培育方案、线上教学方案等重要指标制定出详细评分细则，同时对投标人实习实训基地、教学设施设备、教材选用、师资配备等做了要求，并同步与采购人保持沟通，不脱离采购需求。为保证本项目招标文件质量过关，项目负责人联合完成文件编制后，项目公司质控部组进行质量校核，严格实行文件会审制度，确保招标文件合法合规。公告挂网后，无投标人对文件提出质疑。

（四）抓好细节，保障开评标过程平稳有序

前期准备就绪，项目进入开评标环节，这也标志着进入新的节点。开评标是整个采购过程中至关重要的一环，直接关系到采购结果。本项目关注度广，对评审要求较高，需要现场负责人员具有过硬的操作水平和灵活的反应能力。在项目前期建设阶段

已考虑开评标问题，经汇报公司及集团领导，初步确定两位经验丰富的员工作为开评标现场负责人员，参与到相关工作中去，对项目整体情况进行一定的了解，做好准备工作，保证重要项目开评标工作与整体流程不脱节。

（五）标后追踪，履约督促

项目公司重视标后的履约跟踪，一方面提醒中标人在规定的时间与采购人对接并签订项目合同；另一方面督促中标人在合同签订之后抓紧履约，保障项目及早服务。本项目培训工作根据现代乡村产业特点，按照带头人从事的产业类型和自身需求，确定需求导向、目标导向和问题导向，聚焦学员短板弱项，量身定制模块内容和培育方式，创造性地开展培育工作。

本项目的顺利完成将多措并举培养一批具有现代农业发展新理念，掌握团队管理新方法，熟悉农业产业化经营新模式，与现代乡村产业需求相适应，与乡村建设发展相协调的乡村产业振兴"领头雁"，形成头雁振翅、雁阵齐飞的创业带动效应，推动安徽省乡村创新创业和新业态新产业发展壮大。

三、项目的影响和效益

（一）项目后续应用平稳顺利

本项目完成开评标及中标人公示等流程后，采购结果得到采购人、监管部门等各方主体的充分认可，项目随后进入全面实施阶段。

"头雁"项目不同于其他类型的农民培训，关键要突出一个"育"字，要让农民实实在在上大学，潜心学习，接受指导，成长成才。"头雁"培育是提升乡村产业振兴带头人干事创业本领的有效途径，"头雁"培育是一项系统工程，跟短期培训不同，需要精心组织。

首先尊重需求，因人施策。在培育"头雁"时，要充分激发参训人员的主观能动性，让他们谈优势、谈问题、谈需求，再结合当地产业发展、调研市场情况，开展针对性培训。不仅要根据养殖大户、返乡创业者、新型农业经营主体负责人、龙头企业负责人等分类设置培训课程，还要根据参训人员不同学历水平、不同行业设置多元课程供学员选择。科学培养、因人授课，做到精细精准，才能真正提升"头雁"们的飞行能力。其次立足本土，因地施策。不同区域有不同的特色优势资源，培育"头雁"就是要打造农业全产业链，把产业链主体留在县城，让农民更多分享产业增值收益。培育机构要根据自身优势特色，围绕粮食作物、蔬菜、果业、畜牧业、水产、休闲农业和乡村旅游等不同产业设置不同的课程模块，根据不同地域和参训学员不同行业进行分类培训。再次整合资源，综合施策。发展乡村产业是一个系统工程，涉及政策、技术、经营等各个环节。这就需要承训单位创新培训方式、拓展师资资源和体验实习资源，灵活采取专题授课、研讨交流、调研实践、学员互访、现场教学、案例教学、实训模拟、成果分享、线上学习、导师指导等方式，开展特色培训，实现战训一体，提升学员综合能力。最后，作为乡村产业振兴带头人培育"头雁"项目的一环节，在结束学校的集中培训后，"头雁"导师团为了进一步解决"头雁"学员在产业经营管理、产业技术应用推广、产业壮大发展实际中面临的问题，更好地提高学员产业发展和孵化带动能力，纷纷走进田间地头"把脉问诊"，开展"头雁"学员培训回访指导工作。

培训结束不是"头雁"培育的终点，通过"头雁"培训，进一步丰富助农举措，推进乡村产业高级化、产业链现代化，充分发挥"头雁"们服务乡村产业发展的引领带动作用，早日实现乡村振兴的生动局面。

（二）对招标代理企业的影响与启示

本项目成员凭借出色的业务能力和热情的工作态度获得各方主体认可，在行业内塑造了良好口碑，进一步巩固了项目公司在省市范围内一流招标代理企业的地位，扩大了在全国同行业中的知名度。

对项目公司来说，此次项目操作锻炼了员工的能力。项目负责人主动学习先进经验，精心策划组织每一个步骤和流程。每一次招标采购，除了结果，过程也值得反思和体会，在这场紧锣密鼓的采购活动中，项目公司得到了一次深刻学习的机会，为后续操作其他新领域项目奠定扎实基础。

四、总结

乡村振兴的美好图景要用踏实的脚步"勾勒"，不是一蹴而就的。发展乡村产业不能期望于"毕其功于一役"，而是要着眼长远，走可持续发展之路。头雁的作用是引领雁群朝着正确目标飞行，让雁群在它的带领下不迷失方向。实施"头雁"项目是贯彻党的二十大精神的具体行动，是促进乡村产业提质增效的迫切需要，是促进农民致富增收的重要途径。本项目在征求采购人反馈意见时，安徽省农业农村厅对项目公司表示了认可与感谢，对每一位工作人员的辛勤努力表示赞美。经过此次合作，安徽省农业农村厅表示对项目公司及安徽公共资源交易集团有了更加深入的了解，也表示十分期待后续其他业务合作。

成功不是一蹴而就的，本次招标采购，从项目提出、筹划、操作到实际应用，项目公司都付出了汗水与努力，将稳扎稳打、真抓实干贯穿于全流程，充分体现出自身先进的制度优势和高超的业务水平，展示出新时期招标代理机构的强大实力。在未来的征程中，项目公司将以成功经验为奠基石，认真对待每一个项目、理解每一个采购需求，将一个项目的成功辐射至其他项目，带动各领域"全面开花"，塑造项目公司名片，走出一条适合公司良性发展的道路。

（安徽公共资源交易集团项目管理有限公司，齐玉琳）

广东城规建设监理公司：广交会展馆 ABC 三区环境管理采购实例

一、项目基本概况

本项目采购人——中国对外贸易中心是商务部直属事业单位，是国家重要的贸易促进机构，下设中国对外贸易中心集团有限公司。主要业务是承办中国进出口商品交易会（又称"广交会"），主办各类大型专业品牌展，运营全球规模最大的会展综合体——广交会展馆和中国北方最大展馆——国家会展中心（天津），经营展览工程、酒店、餐饮、广告、商旅及贸易服务等会展全产业链业务。中国进出口商品交易会创办于 1957 年 4 月 25 日，每年春秋两季在广州举办，是中国历史最长、层次最高、规模最大、商品种类最全、到会采购商最多且分布国别地区最广、成交效果最好的综合性国际贸易盛会，被誉为"中国第一展"。

采购标的——全面负责中国对外贸易中心集团有限公司广交会展馆 ABC 三区红线范围内的保洁及垃圾清运、日常绿化养护，ABCD 四区环境美化、花木租售业务，以及中国对外贸易广州展览有限公司家博会、建博会特装垃圾清运等工作。

本采购项目的服务主体——广交会展馆，是全球规模最大的会展综合体，展馆总建筑面积超 162 万平方米，展览总面积 62 万平方米，其中，室内展览面积 50.4 万平方米，室外展览面积 11.6 万平方米；由中华人民共和国商务部和广东省人民政府联合主办的每年两届的中国进出口商品交易会，是中国全方位对外开放、促进国际贸易高质量发展、联通国内国际双循环的重要平台，出席嘉宾均不乏国家和地区的领导人、有关国际组织负责人、贸易伙伴国政要、重要工商机构代表等重要嘉宾。

二、招标采购概况

1. 采购资金性质：国有独资
2. 采购类别：管理服务标
3. 采购方式：公开招标采购
4. 采购内容
（1）采购服务内容。
①中国对外贸易中心集团有限公司广交会展馆 ABC 三区红线范围内的环境管理（含保洁及垃圾清运、日常绿化养护等）。

②中国对外贸易中心集团有限公司广交会展馆 ABCD 四区环境管理（含美化、花木租售业务等）。

③中国对外贸易广州展览有限公司家博会、建博会特装垃圾清运等工作。

（2）采购服务时间。

①中国对外贸易中心集团有限公司广交会展馆环境管理部分：共 18 个月，自 2023 年 7 月 1 日起至 2024 年 12 月 31 日止，其中 2023 年 7 月 1 日至 2023 年 9 月 30 日为试用期。

②中国对外贸易广州展览有限公司家博会、建博会特装垃圾清运服务部分：中国（广州）国际家具博览会期间及中国（广州）国际建筑装饰博览会期间。

5. 采购最高限价（含税）：人民币 7843.197882 万元

6. 采购组织及有关制度

本项目不属于《必须招标的工程项目规定》的范围，由采购人自行组织招标采购活动。按照采购人内部管理规定和《中国对外贸易中心集团有限公司采购管理办法》要求，采购人组成采购管理委员会领导和统筹管理本项目开展采购工作；设立了招标采购部负责本项目采购活动的具体统筹管理工作；外贸中心纪检监察处是采购活动的内部监督部门，对参与采购活动的有关部门及其工作人员实施监督；采购预算金额 100 万元以上项目，由分管招标采购部的中心集团领导审批。采购预算 1000 万元以上的企业自愿招标采购项目，委托中心集团选定的采购代理单位组织实施，进入政府设立的公共资源交易平台招标采购。

因此，本项目选定广东省城规建设监理有限公司为采购代理机构，并进入广州公共资源交易中心实施采购交易。

三、招标采购实施

经研究分析本项目实际情况，采购代理单位采取了招标采购方案详细策划、招标采购标包严谨确定、实行供应商资格后审方式、合理选择综合评审办法、采购结果与采购目标匹配性分析等方法措施，收到了良好的效果。

1. 本项目只划分为一个标包，选取一名中标人

2. 资格审查方式：采用资格后审方式，由评审委员会负责资格审查

3. 评审办法的选择及理由

本项目为服务项目，采购标的较同类型项目大，采购管理涉及内容复杂，同时服务单位中国对外贸易中心是商务部直属事业单位，主要负责承办中国进出口商品交易会（又称"广交会"），服务场所是用于展示商品、会议交流、信息传播、经济贸易等活动的公共场所，人员、物品量大且进出流动集中，服务群体多，质量、时效要求高。在采购项目实施（服务）过程中，还穿插着春季和秋季交易会等各类国际性重要的交易贸易展会。

每年两届中国进出口商品交易会由中华人民共和国商务部和广东省人民政府联合主办，是中国全方位对外开放、促进国际贸易高质量发展、联通国内国际双循环的重要平台。同时该展馆每年举办珠江国际贸易论坛等高端会议论坛活动，这也是广交会的重要活动内容之一，国家相关领导曾拨冗出席并发表重要讲话。

广交会展馆综合体由 A、B、C、D 区展馆组成，体量亦是全球规模最大的会展综合体，所采购的环境管理服务工作量大、范围广（已超越一般同类采购项目），项目采购的环境管理综合服务期长达 18 个月，服务过程中穿插着春季和秋季交易会，是重要的国际性交易贸易展会，出席嘉宾不乏国家和地区的领导人、有关国际组织负责人、贸易伙伴国政要、重要工商机构代表等重要嘉宾，需要大量服务人员和丰富的服务经验支撑。为广交会展馆提供服务的单位，其服务经验及服务质量直接关系国家的对外形象和地位，因此，所采购的环境管理服务要求高、难度大。

通过与采购人的沟通讨论，确定本项目采用资格后审的综合评估法，项目评审办法是通过各供应商的商务综合能力、技术对比能力以及价格差异综合评判，综合选取最优服务单位。

资格审查要求方面：除了法律法规规定的内容外，项目着重要求过往业绩的指标，主要包括建筑面积在 10 万平方米以上的保洁服务经验及企业在国家信用信息网页的无不良信用记录。资格门槛要求既满足类似项目场地规模要求，又符合一般招标要求，增加潜在供应商的投标意向。

综合评估方面：本项目总分 100 分，分值构成为商务技术部分 40 分和价格部分 60 分。

商务内容关注供应商的财务状况、管理认证、诚信评价、类似业绩及外交活动场所保洁服务经验。其中类似业绩着重关注的也是按面积指标划分的类似公共建筑常年保洁服务经验，既不超过项目规模，也能最大限度地选取大型公共建筑服务经验充足的单位。

技术评审内容关注的是日常场馆保洁方案、环境美化布置方案、团队配置及智慧服务举措。其中人员团队配置是基于需求书对场馆保洁人员的基础要求之上，对项目经理服务经验、服务荣誉、团队稳定性提出更高要求的综合评审；智慧服务则关注供应商是否能在项目日常实施中投入智能化设备和信息化技术管理，实现对大型场馆、大型展览布展清洁等环节的信息化服务和有效管理。

价格评审方面：鉴于本项目标的较大，同时服务的内容、实施场馆不尽相同的基本情况，采购人根据服务周期、服务类型及市场调查，提供了详尽的分项报价清单及绿化植物报价清单，尽量做到从时间维度、数量维度、面积维度的报价均符合实际需求，有依有据，为中标人与采购人在相对长的服务期内的结算提供有效的数据支撑。此外，根据采购人内部要求，为各个子项能提供不同发票税率的供应商提供在经济评审时的报价扣除原则，只要符合招标采购文件价格折算原则的均能在评审价中扣除税率部分，在价格评审中实现了税率扣除从行政手段转变为招标采购过程中的计算标准，增大符合资格要求的不同供应商的报价有效性及中选概率，实现采购人、供应商双赢的结果。

4. 招标采购结果与招标采购目标的匹配性分析

项目于 2023 年 6 月 7 日至 11 日在广州公共资源交易中心网站发布公告；于 2023 年 6 月 7 日 9：30 至 13 日 16：00 通过招标代理广东省城规建设监理有限公司邮箱报名并在广州公共资源交易中心网站进行登记；于 2023 年 6 月 27 日 8：30 至 9：00 在广州公共资源交易中心综合业务厅接收纸质投标文件；于 2023 年 6 月 27 日 9：00 在广州公共资源交易中心综合业务厅开标、唱标；于 2023 年 6 月 27 日 10：30 开始在广州公共资源交易中心第 39 评标室评审；2023 年 6 月 30 日至 7 月 4 日在广州公共资源交易中心网站发布资格后审、中标候选人公示；2023 年 7 月 4 日发出中标通知书。招标采购结果中标人为中航物业管理有限公司，中标价：6907.860977 万元。

本项目自公告发布时间起至报名截止时间止，一共吸引了 28 家供应商的报名，足以证明本项目的资格审查要求设置合理，既能匹配项目需求，又能吸引广大潜在供应商参与，使得项目竞争充分。在面对体量大、标的大、需求特殊的招标项目时，能够做到在法律法规、准入门槛以及潜在供应商的能力各个方面取得相对平衡，避免了项目公告挂网后出现项目潜在供应商实力不够或资格要求设置不合理导致的无人应标甚至流标情况。发布招标采购文件后收到的供应商质疑，均按照招标采购文件要求程序做了有理有据的详尽回复，供应商非常满意。

在实际投标响应阶段，众多供应商在收到招标采购文件后，综合评判自身实力后参与到应标阶段的，亦有 13 家投标单位。13 家单位中，既有项目所在地的供应商，也不乏央企、地方国企、大型民企等供应商，充分说明在满足资格条件的前提下，设定的条件合理合规。放眼行业市场中亦有相当数量的潜在供应商能够满足条件，各供应商之间能形成充分竞争，实现采购人采购目标的最优解。同时，在综合评审中，能够横向对比不同体制不同地区供应商的实施方案、价格报价差异，能够为后期招标采购流程回溯及招标采购目标分析提供多样化数据，从而综合分析市场状况、潜在供应商实力，为后续可能的同类招标采购项目提供评估数据。

四、主要创新点

1. 严谨分析招标采购内容清单

为能顺利选取高技术水平、经验丰富的供应商实施本项目，在招标采购文件讨论阶段，代理机构与采购人需求科室、经办科室及采购人领导等各个层级均组织了专项协调和文件讨论会议，并多次就招标采购文件中的资格设定、评分设定及分项报价表格各项内容进行讨论、校对。最高限价的确定是本项目重要环节之一，由于本项目属于常年环境保洁服务项目，采购人采取的是明细清单报价方式，并对其中的明细项作了多次复核校正。

2. 经济报价中充分考虑不同供应商的税率，以保证招标采购更加公平

根据项目合同要求，为各个采购子项能提供不同发票税率的供应商采取了在经济评审时的报价扣除原则，只要符合招标采购文件价格折算原则的均能在评审价中扣除税费部分，实现了将价格扣除从行政手段转变为招标采购过程中的计算标准的创新模式，因增值税专用发票能根据国家税务政策实现在结算时的发票双方抵扣优惠的情形，创新性地提出在招标阶段，对价格部分的评审采用专用发票＋税率扣除的方式，综合考虑不同行业、不同体制的供应商可能出现的不同税率问题，以扣除应缴税费部分后的实际金额作为价格评判的唯一标准，有效地降低不同供应商之间因税率产生的报价差异，既保障采购人费用支出的有效性，也保障不同供应商之间价格竞争的公平性。

3. 在依法依规的前提下，优化自行监管方法措施

为持续深化招标投标领域"放管服"改革，各级行政主管部门都在推进机制创新，实现从事前审批向事中事后监管转变，推动采购人责任制的落实。在本项目案例中，由于项目属于非工程建设项目且不属于2018年发布的《必须招标的工程项目规定》（中华人民共和国国家发展和改革委员会令第16号）的范围，目前没有相应的行政部门对本项目招投标采购进行监管，因此本项目采用"自行监管"方式进行招标采购管理。通过"自行监管"方式，无须进行事前事后备案，既简化了招标采购流程，提高了工作效率，同时也将监督权归采购人内部管理，增强了采购人自我约束能力。对于后续其他同类项目或各类非必须招标或监管部门缺失的其他项目，相关的采购人可根据所招标采购项目的实际情况，参照代理机构对本项目实施情况总结的经验，着重关注采购人及项目实现的具体要求，设定可量化的、保障公平的资格条件、评分条件。通过制定符合项目需要的招标采购方式，可大大提高招标采购的成功率，节约时间采购人各项成本、避免浪费公共资源、保护国有资金资产。

4. 为大型管理服务项目采购提供示范和借鉴作用

国内同类大型管理服务项目的招标采购较少，本项目采购综合管理具有标杆意义。招标采购行业改革以来，各级行政主管部门也鼓励采购人依法创新招标采购流程、评标评审办法。本项目以项目实施为目标，项目评审办法具有创新性，充分发挥国企创新能力及内控自控能力，对价格部分的评审采用创新的评比原则，有效保证国有资金充分、高效利用。本项目创造性地提出税费扣减折算经济分的标准，让可能出现的不同类别、不同行业、不同体量的供应商参与竞投，实现以企业成本为导向、以增值税费为非竞争费用扣减的手段，既能彰显公平，也使采购人实际支出费用简单明了，为采购人结算提供直观数据参考。在评标办法创新的同时，做到注重实际、保证公平，为其他采购人、招标采购项目提供新的思路和新的参考，推动招标采购行业高质量发展，也是落实采购人责任制和采购综合管理国企自控内控制度实现的重要案例。

（广东省城规建设监理有限公司，严梓允、冯洁瑜、余亚斌）

兴马咨询：打造路网新格局 助力城市新发展

马鞍山市兴马项目咨询有限公司（以下简称"兴马咨询"）成立于 2012 年 4 月 19 日，注册资本 6000 万元，是市属国有独资企业，市国资委重点监管企业，主要从事工程招标代理及政府采购业务。公司内设综合部、招采一部、招采二部、咨询研究中心（督查室）、业务协调部、造价部 6 个职能部门。兴马咨询始终将规范代理行为作为做好主营业务的基础，把"规范、优质、严谨、专业、高效、廉洁"打造成兴马名片。

一、项目概况

《中共中央 国务院关于进一步加强城市规划建设管理工作的若干意见》文件明确提出"树立'窄马路、密路网'的城市道路布局理念，建设快速路、主次干路和支路级配合理的道路网系统，打通各类'断头路'，形成完整路网，提高道路通达性。"

与此同时，新一轮国土空间规划体系确定了"一核、三心、三客厅"城市中心体系建设。加快建设一个城市核心，即雨山湖市级中心，阳湖、秀山、金字塘三个次中心，以及慈湖创新客厅、采石滨江生态客厅、高铁南站产城客厅三处城市客厅。

随着国家对道路规划设计提出新的要求以及城市中心体系的重新调整，亟须对马鞍山城区路网进一步梳理调整并完善布局，并加强重点地段的交通详细规划，支撑城市空间的进一步拓展。

近年来，马鞍山经济水平、机动化水平的提高，进一步推动了城市道路网的建设，但是在城市及路网建设的过程中往往仅注重单一项目的方案，缺乏对整体路网结构的统筹，已建成的路网存在级配不合理、功能定位不清、宽马路、次支路网不完善、断头路等诸多问题。亟须进一步优化路网布局，落实路网布局方案，提高道路交通通达性，充分发挥道路效率，缓解关键通道的交通拥堵。

二、主要内容

本次规划主要内容包括路网专项规划、重点地段交通详细规划两部分。

路网现状分析与问题研判。通过资料收集、部门走访、现场踏勘等多种方式，全面梳理统计马鞍山城区道路网现状规模、级配结构、功能特点、网络布局等基本情况，加强丁字路、断头路分析，指出现状路网存在的问题和不足。

交通需求预测与适应性评价。根据道路流量调查，结合马鞍山城市社会经济发展趋势，建立具有科学性、完整性、灵活性的交通模型，对规划年交通需求量、机动车客流、交通方式结构等进行合理预测，明确道路网建设需求，为路网规划方案提供数据支撑，完成交通承载力适应性评价。

发展趋势与路网发展目标分析。解读相关上位规划，借鉴与总结先进城市道路网规划和建设经验，明确城市未来交通需求，研究提出相应的路网布局结构；协调对外交通与城市空间布局、内部交通与片区功能定位及沿线用地的关系，制定道路网发展的规划目标及规划策略。

道路网布局规划与改善。在马鞍山市国土空间总体规划、城市综合交通体系规划基础上，结合新的发展要求，对道路网进行重新梳理及服务功能定位。细化路网功能层次，完善路网布局，确定城区道路网的形式、道路等级结构及各级道路布局，对重要通道、重点片区、干线公路和主干路、次干路衔接等提出规划或改善方案。明确快速路与主干路、公路、枢纽交叉口等组织形式。明确 1~3 级主干路、次干路的布局和完善建议，提出支路的规划布局意见。提供主次干路道路用地红线，路网成果纳入信息中心"一张图"数据库，并与控制性详细规划做好衔接。

道路红线和断面控制规划。统筹考虑地形地貌、空间结构、用地布局、道路功能等多重因素，确定城区快速路、主干路、次干路以及主要支路的线路走向及红线控制方案。

分析城区现状道路横断面情况，根据现状道路红线控制以及规划需求，秉承系统性、协调性、安全性等原则对不同功能层次道路的横断面进行规划，并细化路权分配方案。分析已建道路横断面等与规划的衔接，并提出改造实施建议。

片区交通组织方案研究。根据研究片区和路段的交通组织、交通管理及运行情况的调查和评估，从整体路网运行效率出发，对过境交通、片区间交通、对外交通等提出整体交通组织方案。

停车配建标准。结合专项规划及其他城市经验，考虑到用地性质与强度、交通设施供应水平、交通运行状况以及交通出行特征等因素，划定城市停车分区，提出马鞍山市现行文件的完善建议。

对不同停车分区、不同用地性质，提出差异化的停车配建标准，指导城市建设与城市更新。

近远期实施计划。结合项目资金、实施效果、紧迫程度等因素，明确近远期实施的项目，拟定切实可行的优化措施和具体工程项目，确定项目建设时序、规模及投资等。

基于交通评价及承载力分析，交通详细设计工作对控规阶段交通规划内容的准确性、规范性、合理性及与现状衔接性等情况进行校核，并提出具体校核意见及修改完善建议。

三、采购方案设计

该项目结合马鞍山现状路网问题的研判以及既有国土空间规划成果的评估，优化城区范围内的路网结构与布局，制定与空间结构形态相适应、与土地利用相协调、层次分明、结构合理、衔接顺畅、组织有序、安全可靠的道路网络。优化城区道路的可达性，缓解交通拥堵，支撑城市中心体系的建设。

在路网体系专项规划的基础上，对中心城区重点地段编制交通详细规划，明确道路红线、断面、交叉口渠化、公交慢行及停车相关设施等内容，从交通刚性管控、制定全要素图的深度指导交通设计及地块出让设计。

针对该项目在采购需求、评价标准等方面设置的难点，兴马咨询采取以下措施，保障项目采购方案设计合理、合法、合规。

（1）成立项目专班，做到优先保障。由兴马咨询主要领导牵头调度该项目采购进度，把兴马咨询重点资源、业务骨干人员抽调到本项目中，成立项目专班，做到重点项目优先对待，优先保障。

（2）总结同类项目办理经验，提供专业化咨询服务。兴马咨询根据之前办理的类似项目的经验，结合本项目的实际情况，向采购人提供专业化咨询服务，如根据采购人提供的采购需求设置最为贴合的资格条件；建议采购人根据实际需要优化人员配备及进场要求等，使采购需求科学、合理、合法、合规。

（3）多程序、多环节完善文件条款。考虑到项目的重要性，安排部门业务骨干编制采购文件，并在评分标准中增加供应商对项目理解的陈述，为项目选择出真正有实力的供应商。通过多层次对采购需求及评分因素进行全面审核，确保采购需求和评分因素中的每一条都能经得起推敲，做到既合法、合规，又科学、合理。

（4）落实政府采购优化营商环境政策。为降低政府采购交易成本，持续优化政府采购领域营商环境，本项目免收供应商的投标保证金和履约保证金，进一步减少企业投入成本，激发企业活力。

四、采购组织与实施

针对该项目，在采购组织与实施过程中，兴马咨询采取以下措施，确保采购程序规范、采购过程可控、采购方法创新。

（1）创新采购文件审核流程。兴马咨询安排部门业务骨干编制项目采购文件，文件编制完成后分别由项目经办人、岗位负责人、部门负责人、分管领导、主要领导审核。考虑到项目的复杂性、重要性，兴马咨询创新性地进行了多部门多岗位的联合会审。经多部门、跨岗位审核后，最终报采购人确认。整个项目办理全程做到减少甚至最大限度避免在标中、标后可能带来的质疑、投诉风险，确保项目尽快落地实施。

（2）精准科学制定开标评审预案。通过认真分析项目情况，编制该项目开标评审预案。对开标评审过程中可能出现的难点和重点充分进行预判，并不断模拟开标评审环节中可能遇到的各种问题，并对各种问题提出相应的解决措施，确保开标评审工作顺利进行。

（3）认真组织评审，做到细致复核把关。该项目安排兴马咨询业务骨干组织评审，保证项目评审环节顺利进行。评审过程中，提醒评委认真仔细复核响应文件中提供的各种材料，确保标后经得起推敲，避免质疑、投诉的发生。

（4）采购项目全流程在线办理。一是采购项目在线受理。采购人使用 CA 证书，通过交易系统提交采购计划及采购需求，兴马咨询在线受理采购项目，并与采购人沟通、交流。二是采购文件在线获取。供应商办理 CA 证书和电子签章后，登录交易系统选择参与项目，在线免费获取采购文件。三是采购活动在线交易。本项目采用竞争性磋商方式采购，供应商通过交易系统在线进行谈判、磋商及多轮报价。四是采购成交通知书在线发放。项目成交后，兴马咨询通过交易系统在线签发成交通知书，供应商可远程获取并直接下载打印。

（5）采购合同在线签订。供应商通过交易系统提交已签章完成的电子采购合同，实现与采购人在线签订政府采购合同。

五、采购效果

该项目落地后分两阶段实施。

第一个阶段：交通系统整合优化：在控规基础上，针对性地对既有规划中的道路网络、公共交通、慢行交通、静态交通等子系统进行优化配置研究，并开展综合交通详细规划。区域交通详细规划：结合片区的城市职能、交通需求，研究其区域高快速路网、轨道交通等详细方案。道路交通详细规划：开展每条道路的精细化交通设计工作，主要内容包括道路路权分配、道路路段设计、交叉口渠化设计、道路沿线出入口布局指引、公共交通停靠站设计、出租车和其他临时停靠站设计、交通稳静化设计等工作。轨道与公交枢纽设施交通详细规划：开展对轨道节点、重要路段的公交停靠站、枢纽站、出租车、非机动车停车设施和其他交通设施的详细设计等工作。慢行系统交通详细规划：结合山体、水系以及城市内部生活性通道，以人的生活为根本出发点，细化人行、非机动车出行空间。智慧交通研究：在交通设施控制的基础上，融合车行、人行、物流等各种方式客货流出行数据，研究智慧公交、智慧停车、智慧道路、智慧管理等智慧交通应用场景；引入 5G、AI 智能、无人驾驶、新交通方式等新兴技术手段。

第二个阶段：交通系统整合规划与全要素图则。以中心城区约 5 平方千米全覆盖，单个或多个项目地块为单位，制定交通全要素图则，图则中需包含所有落地性的交通规划要素。对范围内涉及的相关道路、公交、慢行等交通体系的规划、工程设计方案提出具体校核意见及完善建议，作为指导后续工程开展的持续性咨询服务工作。完成片区各级道路交通用地红线，并纳入控规一张图。

通过优化路网布局，落实路网布局方案，对路网存在级配不合理、功能定位不清、宽马路、次支路网不完善、断头路等诸多问题进行了改善，提高道路交通通达性，充分发挥道路效率，缓解关键通道的交通拥堵，从而减少居民的出行成本，促进经济效益、环境效益、社会效益的统一，提升居民的生活品质。极大解决了百姓的出行困难，整体提升了马鞍山市的路网布局质量，从而带动了社会经济发展。兴马咨询也通过"高效、优质、严谨、专业、规范、廉洁"的服务，让采购人对该项目的办理给予了高度评价和认可。

（马鞍山市兴马项目咨询有限公司，史颖、戴玉玲）

制度汇编篇

◎ 招标投标制度

国家发展改革委等部门关于完善招标投标
交易担保制度进一步降低招标投标
交易成本的通知

发改法规〔2023〕27 号

各省、自治区、直辖市、新疆生产建设兵团发展改革委、工业和信息化主管部门、住房城乡建设厅（委、局）、交通运输厅（局、委）、水利厅（局）、农业农村厅（局、委）、商务厅（局）、国资委、广播电视局、能源局、招标投标指导协调工作牵头部门、公共资源交易平台整合工作牵头部门，各省、自治区、直辖市通信管理局，国家能源局各派出机构、各地区铁路监管局、民航各地区管理局、各银保监局，全国公共资源交易平台、中国招标投标公共服务平台：

为深入贯彻落实《国务院关于印发扎实稳住经济一揽子政策措施的通知》（国发〔2022〕12 号）要求，加快推动招标投标交易担保制度改革，降低招标投标市场主体特别是中小微企业交易成本，保障各方主体合法权益，优化招标投标领域营商环境，现就完善招标投标交易担保制度、进一步降低招标投标交易成本有关要求通知如下：

一、严格规范招标投标交易担保行为。招标人、招标代理机构以及其他受委托提供保证金代收代管服务的平台和服务机构应当严格遵守招标投标交易担保规定，严禁巧立名目变相收取没有法律法规依据的保证金或其他费用。招标人应当同时接受现金保证金和银行保函等非现金交易担保方式，在招标文件中规范约定招标投标交易担保形式、金额或比例、收退时间等。依法必须招标项目的招标人不得强制要求投标人、中标人缴纳现金保证金。

二、全面推广保函（保险）。鼓励招标人接受担保机构的保函、保险机构的保单等其他非现金交易担保方式缴纳投标保证金、履约保证金、工程质量保证金。投标人、中标人在招标文件约定范围内，可以自行选择交易担保方式，招标人、招标代理机构和其他任何单位不得排斥、限制或拒绝。鼓励使用电子保函，降低电子保函费用。任何单位和个人不得为投标人、中标人指定出具保函、保单的银行、担保机构或保险机构。

三、规范保证金收取和退还。招标人、招标代理机构以及其他受委托提供保证金代收代管服务的平台和服务机构应当严格按照法律规定、招标文件和合同中明确约定的保证金收退的具体方式和期限，及时退还保证金。任何单位不得非法扣押、拖欠、侵占、挪用各类保证金。以现金形式提交保证金的，应当同时退还保证金本金和银行同期存款利息。

四、清理历史沉淀保证金。2023年3月底前，各地方政府有关部门、各有关单位和企业组织开展清理历史沉淀保证金专项行动，按照"谁收取、谁清理、谁退还"的原则，督促招标人、招标代理机构以及其他受委托提供保证金代收代管服务的平台和服务机构全面清理投标保证金、履约保证金、工程质量保证金等各类历史沉淀保证金，做到应退尽退。各地政府有关部门、各有关单位和企业要每年定期开展历史沉淀保证金清理工作，并通过相关公共服务平台网络、窗口或门户网站向社会公开清理结果。

五、鼓励减免政府投资项目投标保证金。2023年3月底前，各省级招标投标指导协调工作牵头部门应当会同各有关行政监督部门，制定出台鼓励本地区政府投资项目招标人全面或阶段性停止收取投标保证金，或者分类减免投标保证金的政策措施，并完善保障招标人合法权益的配套机制。

六、鼓励实行差异化缴纳投标保证金。对于政府投资项目以外的依法必须招标项目和非依法必须招标项目，各地要制定相应政策，鼓励招标人根据项目特点和投标人诚信状况，在招标文件中明确减免投标保证金的措施。鼓励招标人对无失信记录的中小微企业或信用记录良好的投标人，给予减免投标保证金的优惠待遇。鼓励国有企事业单位招标人制定实施分类减免投标保证金的相关措施。企事业单位实行集中招标采购制度的，可以探索试行与集中招标采购范围对应的集中交易担保机制，避免投标人重复提供投标保证金。

七、加快完善招标投标交易担保服务体系。依托公共资源交易平台、招标投标公共服务平台、电子招标投标交易平台、信用信息共享平台等，依法依规公开市场主体资质资格、业绩、行为信用信息和担保信用信息等，为招标人减免投标保证金提供客观信息依据。推动建立银行、担保机构和保险机构间的招标投标市场主体履约信用信息共享机制，鼓励各类银行、担保机构、保险机构和电子招标投标交易平台对符合条件的投标人、中标人简化交易担保办理流程、降低服务手续费用。依法依规对银行、担保机构和保险机构加强信用监管，严格防范并依法惩戒交易担保违法失信行为。

各地要充分认识完善招标投标交易担保制度、降低招标投标交易成本的重要意义，切实提高政治站位，结合实际制定落实本通知的实施方案或具体措施，并于2023年5月底前将落实本通知的有关工作安排、阶段性进展和成效，以及历史沉淀保证金清理情况报送国家发展改革委。国务院各有关部门要加强对本行业、本系统降低招标投标交易成本工作的指导督促，及时研究解决地方工作过程中反映的问题。

国家发展改革委
工业和信息化部
住房城乡建设部
交 通 运 输 部
水 利 部
农 业 农 村 部
商 务 部
国 务 院 国 资 委
广 电 总 局
银 保 监 会
能 源 局
铁 路 局
民 航 局
2023 年 1 月 6 日

国家发展改革委办公厅关于在部分地方公共资源交易平台和企业招标采购平台试运行招标投标领域数字证书跨区域兼容互认功能的通知

发改办法规〔2023〕54 号

北京市、上海市、浙江省、山东省、河南省、重庆市、深圳市、杭州市、广州市公共资源交易平台整合工作牵头部门、招标投标指导协调工作牵头部门、公共资源交易中心，中国华能集团有限公司、中国电力建设集团有限公司、江苏省招标中心有限公司，中国招标投标协会、中国招标投标公共服务平台：

为落实《国务院关于开展营商环境创新试点工作的意见》（国发〔2021〕24 号）、《国务院办公厅转发国家发展改革委关于深化公共资源交易平台整合共享指导意见的通知》（国办函〔2019〕41 号）要求，加快推动招标投标领域数字证书（CA）跨区域兼容互认，降低市场主体交易成本，持续优化营商环境，国家发展改革委组织编制了《网络共享数字证书技术标准》，并以首批 6 个营商环境创新试点城市为重点，部署在部分地方公共资源交易平台和企业招标采购平台开展技术标准验证工作。在各有关地方和企业共同努力下，目前已完成互认功能的系统部署和调试，具备在实际交易中试运行的条件。现就即日起在部分地方公共资源交易平台和企业招标采购平台（以下简称"参与互认平台"）试运行招标投标领域数字证书跨区域兼容互认功能有关事项通知如下：

一、加大网络共享数字证书应用宣传推广力度。各参与互认平台要在公共资源交易中心场所、交易平台网站和招标公告公示信息指定发布媒介的显著位置，通过公告、通知等形式向市场主体广泛宣传网络共享数字证书启动试运行这一利企惠企举措。有关公告、通知等应明确本平台网络共享数字证书应用覆盖的招标投标业务类型、适用范围、操作流程、注意事项，以及数字证书服务机构和共享应用 App 名录，鼓励市场主体自愿选择使用。在各参与互认平台开展交易的招标投标项目，不得拒绝市场主体使用网络共享数字证书跨区域投标。各参与互认平台要针对市场主体关心的问题，持续通过多种方式开展宣传解读，不断优化使用体验，推动市场主体跨区域投标时积极使用网络共享数字证书。有关地方公共资源交易平台整合工作牵头部门、招标投标指导协调工作牵头部门应当加强对本地区参与互认平台的督促指导，协同推动和支持市场主体使用网络共享数字证书开展招标投标交易。

二、强化网络共享数字证书运行服务保障。各参与互认平台要严格按照《网络共享数字证书技术标准》规范开展数字证书跨区域兼容互认，不得通过自行修改标准或设置技术障碍，增加市场主体使用难度和负担。针对试运行期间市场主体使用网络共享数字证书跨区域投标时可能出现的解密失败等紧急情况，要根据《网络共享数字证书技术标准》，自行研发部署或者通过协议约定应用中国招标投标公共服务平台提供的数字证书解密失败的防范和救济保障方案，保障交易顺畅开展。鼓励交易平台运营和开发机构、数字证书服务机构、签章机构、共享应用 App 运营机构、中国招标投标公共服务平台以及市场主体签订和履行《网络共享数字证书标准服务协议》，明确界定各方协同配合的职责、权利和义务。中国招标投标公共服务平台与各参与互认平台签订《网络共享数字证书互认组件技术运行服务协议》，清晰界定双方对前置机侧数字证书共享组件的应急保障和运维责任，确保交易网络安全正常运行。

三、持续拓展网络共享数字证书适用范围。首批 6 个营商环境创新试点城市公共资源交易平台要落实国务院营商环境创新试点工作要求，在市、区（县）两级全部招标投标领域部署应用网络共享数字证书。其他地方也要加快工作节奏，尽快实现应用网络共享数字证书的招标投标领域全覆盖。市场主体选择使用执行《网络共享数字证书技术标准》的任一套数字证书及其 App 载体，在任一参与互认平台完成注册后，即可在全部参与互认平台投标，做到只需注册一次、只用一套数字证书。鼓励各地在现有工作基础上，推动政府采购、土地使用权和矿业权出让、国有产权交易等领域应用网络共享数字证书，进一步降低市场主体跨区域跨平台参与各类公共资源交易活动的成本。

四、认真做好标准优化和经验总结。各参与互认平台要畅通市场主体意见建议反映渠道，主动收集和解决市场主体在应用网络共享数字证书过程中出现的问题；需要国家层面统筹解决的，及时提出意见建议。中国招标投标协会、中国招标投标公共服务平台要根据实际交易应用情况及各方面意见建议，论证完善《网络共享数字证书技术标准》，加强技术服务保障。国家发展改革委法规司将定期调度各参与互认平台试运行招标投标领域数字证书跨区域兼容互认功能的进展和成效，总结推广好经验好做法，督促解决存在的问题，为在各参与互认平台启动数字证书跨区域兼容互认功能正式运行、加快推进全国范围公共资源交易领域数字证书跨区域兼容互认奠定基础。

请各有关地方公共资源交易平台整合工作牵头部门和有关企业分别于 2 月 15 日、3 月 31 日前统计试运行期间参与互认平台网络共享数字证书实际应用情况，书面报送国家发展改革委法规司。请中国招标投标公共服务平台对有关地方和企业开展统计工作予以支持配合。

附件：1. 招标投标领域数字证书跨区域兼容互认功能试运行平台名单（略）

2. 各参与互认平台网络共享数字证书实际应用情况统计表（略）

国家发展改革委办公厅

2023 年 1 月 19 日

市场监管总局等部门关于开展妨碍统一市场和公平竞争的政策措施清理工作的通知

国市监竞协发〔2023〕53 号

各省、自治区、直辖市人民政府，国务院各部委、各直属机构：

为深入贯彻落实党的二十大关于构建全国统一大市场、完善公平竞争市场经济基础制度、破除地方保护和行政性垄断等重要部署，按照《中共中央 国务院关于加快建设全国统一大市场的意见》等有关要求，经国务院同意，现就开展妨碍统一市场和公平竞争的政策措施清理工作通知如下：

一、明确清理范围

此次清理的范围是国务院各部门和县级以上地方各级人民政府及其所属部门在 2022 年 12 月 31 日前制定，现行有效的涉及经营主体经济活动的规章、规范性文件和其他政策措施。其他政策措施包括不属于规章、规范性文件，但涉及经营主体经济活动的其他政策性文件，以及"一事一议"形式的具体政策措施等。重点清理妨碍建设全国统一大市场和公平竞争的各种规定和做法，主要包括：

（一）妨碍市场准入和退出。包括但不限于：

1. 设置不合理或者歧视性的准入和退出条件，如没有法律法规明确规定，要求企业必须在某地登记注册，对企业跨区域经营或者迁出设置障碍；违法设定与招标投标、政府采购项目具体特点和实际需要不相适应的资格、技术、商务条件等。

2. 违法设置特许经营权或者未经公平竞争授予经营者特许经营权。

3. 限定经营、购买、使用特定经营者提供的商品和服务，如违法限定或者指定特定的专利、商标、品牌、零部件、原产地、供应商等。

4. 设置没有法律法规依据的审批、事前备案程序或者窗口指导等具有行政许可性质的程序，如以备案、年检、认定、指定、要求设立分公司等形式设定或者变相设定准入障碍；将政务服务事项转为中介服务事项，没有法律法规依据在政务服务前要求企业自行检测、检验、认证、鉴定、公证以及提供证明，搞变相审批、有偿服务等。

5. 在市场化投资经营领域，对市场准入负面清单以外的行业、领域、业务等设置审批程序。

（二）妨碍商品和要素自由流动。包括但不限于：

1. 对外地和进口商品、服务实行歧视性价格和歧视性补贴政策，如歧视外地企业和外资企业、实行地方保护的各类优惠政策等。

2. 限制外地和进口商品、服务进入本地市场或者阻碍本地商品运出、服务输出，如商品和服务技术要求、检验标准不统一，在本地和外地之间设置壁垒等。

3. 排斥或者限制外地经营者参加本地招标投标、政府采购活动，如违法限定供应商所在地、所有制形式、组织形式，或者设定其他不合理的条件以排斥、限制经营者参与招标投标、政府采购活动等。

4. 排斥、限制或者强制外地经营者在本地投资或者设立分支机构。

5. 对外地经营者在本地的投资或者设立的分支机构实行歧视性待遇，侵害其合法权益，如对外地企业设定明显高于本地经营者的资质要求、技术要求、检验标准或者评审标准等。

（三）影响生产经营成本。包括但不限于：

1. 违法给予特定经营者优惠政策，如违法给予税收优惠、通过违法转换经营者组织形式不缴或者少缴税款等。

2. 违法违规安排财政支出与企业缴纳的税收或非税收入挂钩。

3. 违法免除特定经营者需要缴纳的社会保险费用。

4. 在法律规定之外要求经营者提供或扣留经营者各类保证金。

5. 妨碍全国统一大市场建设的招商引资恶性竞争行为。

（四）影响生产经营行为。包括但不限于：

1. 强制经营者从事《中华人民共和国反垄断法》禁止的垄断行为。

2. 违法披露或者要求经营者披露生产经营敏感信息，为经营者从事垄断行为提供便利条件。

3. 超越定价权限进行政府定价。

4. 违法干预实行市场调节价的商品和服务的价格水平。

对于 2019 年 12 月 31 日前制定的规章、规范性文件和其他政策措施，已经按照《市场监管总局等四部门关于开展妨碍统一市场和公平竞争的政策措施清理工作的通知》（国市监反垄断〔2019〕245 号）要求进行清理的，可不再重复清理。

二、强化主体责任

国务院各部门和地方各级人民政府及所属部门按照"谁制定、谁清理"原则组织开展清理工作，并加强监督指导，确保"应清尽清"。国务院各部门制定的规章、规范性文件和其他政策措施，以及县级以上地方各级人民政府所属部门制定的规范性文件和其他政策措施，由制定部门负责清理；部门联合制定或者涉及多个部门职责的，由牵头部门负责组织清理；制定部门被撤销或者职权已调整的，由继续行使其职权的部门负责清理。县级以上地方各级人民政府制定的规章、规范性文件和其他政策措施，由实施部门或者牵头实施部门提出清理意见，报本级人民政府决定。

三、把握阶段安排

（一）工作准备阶段：2023 年 6 月上中旬。

国务院各部门和地方各级人民政府及所属部门要深入学习贯彻党中央、国务院关于加快建设全国统一大市场、深入推进公平竞争政策实施的决策部署，细化工作方案，明确完成任务的时间表、路线图，为清理工作顺利开展奠定坚实基础。

（二）梳理排查阶段：2023 年 6 月中下旬—8 月。

国务院各部门和地方各级人民政府及所属部门根据清理的标准和重点，对本部门、本地区制定的政策措施逐项开展排查，梳理需要清理废除的政策措施清单。

（三）修订废除阶段：2023 年 9 月—10 月。

国务院各部门和地方各级人民政府及所属部门对梳理的政策措施形成处理结论，并按程序启动废除或修订。政策措施的主要内容与统一市场和公平竞争要求相抵触的，要按相关程序予以废止；部分内容与统一市场和公平竞争要求相抵触的，要按相关程序予以修订。

部分政策措施虽然存在妨碍构建全国统一大市场和公平竞争的情形，但符合《国务院关于在市场体系建设中建立公平竞争审查制度的意见》（国发〔2016〕34 号）、《公平竞争审查制度实施细则》（国市监反垄规〔2021〕2 号）例外规定的，可以继续保留实施，但应当明确具体实施期限，并在清理结果中予以说明。

对于立即终止会带来重大影响或者短期内无法完成废除修订的政策措施，应当设置合理的过渡期，在清理结果中予以说明，并及时向社会公布。

（四）总结报送阶段：2023 年 11 月。

县级以上地方各级人民政府所属部门要及时向本级人民政府报送清理结果。市、县级人民政府要及时将本级政府及所属部门的清理结果报送上一级地方人民政府。各省、自治区、直辖市人民政府和国务院各部门应当于 2023 年 11 月底前，将本地区、本部门清理工作总结，以及《规章、规范性文件以及其他政策措施清理情况统计表》报送市场监管总局。市场监管总局将上述清理情况汇总后及时上报国务院，并抄送国务院各相关部门。

涉密政策措施清理情况按有关保密规定办理。

四、抓好组织实施

（一）层层压实责任。

国务院各部门和地方各级人民政府及所属部门要深刻认识清理工作的重要性和紧迫性，充分发挥公平竞争审查机构的统筹协调和监督指导作用，加强工作协作，推进信息共享，形成工作合力，对清理工作不及时、不到位的进行纠正，确保按照时限推进清理工作。各地区、各部门正在按照其他部署开展政策措施清理工作的，要与此次清理工作做好统筹衔接。

（二）强化社会监督。

坚持自我清理与社会监督相结合的原则，坚持开门清理，充分听取社会各方面对清理工作的意见，发挥社会监督作用，形成政府部门主导、社会有序参与的清理工作局面。

（三）大力宣传倡导。

各地区、各部门要充分利用各种传播渠道开展形式多样的宣传活动，向社会各界广泛宣传清理工作的重要意义和进展成效，为清理工作营造良好舆论氛围和工作环境。

（四）健全长效机制。

要以清理工作为契机，对各地区、各部门公平竞争审查工作开展情况和落实成效进行摸底，进一步健全重大政策措施会审、第三方评估等工作机制，推动加快建设全国统一大市场。

附件：规章、规范性文件以及其他政策措施清理情况统计表（略）

市场监管总局
国家发展改革委
财　政　部
商　务　部
2023 年 6 月 28 日

国家发展改革委关于完善政府诚信履约机制优化民营经济发展环境的通知

发改财金〔2023〕1103 号

各省、自治区、直辖市、新疆生产建设兵团社会信用体系建设牵头部门：

为深入贯彻《中共中央 国务院关于促进民营经济发展壮大的意见》关于"完善政府诚信履约机制，建立健全政务失信记录和惩戒制度"的有关要求，深入推进政府诚信建设，为民营经济发展创造良好环境，现将有关工作通知如下。

一、充分认识完善政府诚信履约机制的重要意义

政务诚信是社会信用体系重要组成部分，政府在信用建设中具有表率作用，直接影响政府形象和公信力。要以习近平新时代中国特色社会主义思想为指导，全面贯彻落实党的二十大精神，加强政府诚信履约机制建设，着力解决朝令夕改、新官不理旧账、损害市场公平交易、危害企业利益等政务失信行为，促进营商环境优化，增强民营企业投资信心，推动民营经济发展壮大。

二、建立违约失信信息源头获取和认定机制

（一）畅通违约失信投诉渠道。各省级社会信用体系建设牵头部门（以下简称"信用牵头部门"）要依托本级信用网站、国务院"互联网＋督查"平台、工信部门"违约拖欠中小企业款项登记（投诉）平台"、本地 12345 政务服务热线、营商环境投诉举报平台、信访部门等渠道建立或完善违约失信投诉专栏，受理、归集本辖区涉及政府部门（含机关和事业单位）的违约失信投诉。违约失信范围包括政府部门在政府采购、招标投标、招商引资、政府与社会资本合作、产业扶持、政府投资等领域与民营企业签订的各类协议、合同中的违约毁约行为。我委将在"信用中国"网站公示地方投诉专栏，及时调度各地受理投诉情况。支持各地探索依托本级信用信息共享平台和信用网站建立合同履约信用监管专栏，归集辖区内政府部门与民营企业签订的相关协议与合同，定期跟踪履约情况。

（二）加强违约失信行为的认定。各省级信用牵头部门要将接收归集到的违约失信投诉线索第一时间转交至被投诉主体的上级部门或主管部门开展核实认定。经核实，情况不属实的，要督促认定部门及时反馈投诉人并做好解释说明；情况属实的，要督促认定部门立即推动整改，拒不整改的，由认定部门确认为违约失信。以机构调整、

人员变动等理由不履约的，均属于违约失信情形。

三、健全失信惩戒和信用修复机制

（三）全面健全政务信用记录。国家公共信用信息中心要抓紧制定相关信息归集标准。各省级信用牵头部门要加大政府信用信息归集力度，按照统一标准将经认定的违约失信信息实时共享至全国信用信息共享平台。我委将违约失信信息、各地按要求梳理的拖欠账款信息、被列入失信被执行人信息统一计入相关主体名下形成政务信用记录。各级信用牵头部门要推动将失信记录纳入相关政府部门绩效考核评价指标。我委适时将政务失信记录纳入营商环境评价和高质量发展综合绩效考核评价。

（四）充分用好发展改革系统失信惩戒措施"工具箱"。对于存在失信记录的相关主体，我委将按规定限制中央预算内资金支持、限制地方政府专项债券申请、限制各类融资项目推荐；对于存在政府失信记录的地级以上城市，我委将取消发展改革系统的评优评先和试点示范资格、加大城市信用监测扣分权重、取消社会信用体系建设示范区称号或参评资格。

（五）督促地方建立失信惩戒制度。各级信用牵头部门要参照建立政府失信惩戒机制，推动同级政府部门积极调动职能范围内各类失信惩戒措施，包括但不限于限制政府资金支持、限制申请扶持政策、取消评优评先、限制参加政府采购等，实现失信必惩。

（六）完善信用修复机制。各级信用牵头部门要协调指导辖区内失信主体信用修复工作，经认定部门确认已纠正失信行为、完成履约的，要及时修复相关失信记录，终止对其实施失信惩戒措施。

四、强化工作落实的政策保障

（七）定期开展评估通报。我委将针对违约失信投诉处置和认定效率、信用信息归集质量、失信惩戒措施落实等重点工作，通过抽查、委托第三方调查、交叉检查等多种方式开展评估，定期向省级信用牵头部门通报情况并抄送省级人民政府。各级信用牵头部门要参照建立评估通报机制。

（八）建立失信线索监测发现督办机制。我委将通过民营企业沟通交流机制、大数据监测、选取有代表性的民营企业建立监测点等方式，加大政府失信线索监测发现力度，按所属地"即发现即转交"并挂牌督办，持续跟踪办理情况。各级信用牵头部门要参照建立相应机制，通过多种渠道及时发现和处置失信行为。

（九）曝光一批典型案例。选取一批失信情形严重、多次反复失信、人民群众反映强烈的失信案例，在"信用中国"网站予以公示并通过新闻媒体向社会曝光，形成强大舆论震慑。

国家发展改革委

2023 年 8 月 5 日

工业和信息化部 国家发展改革委 国务院 国资委关于支持首台（套）重大技术装备平等参与企业招标投标活动的指导意见

工信部联重装〔2023〕127号

各省、自治区、直辖市及计划单列市、新疆生产建设兵团工业和信息化、发展改革主管部门，国资委，中央企业，各有关单位：

为支持首台（套）重大技术装备平等参与企业招标投标活动，促进首台（套）重大技术装备推广应用，根据《招标投标法》等相关法律法规及政策文件，现提出如下意见。

一、规范招标要求

（一）国有资金占控股或者主导地位的企业项目，招标首台（套）重大技术装备同类型产品的，适用本意见。本意见所指首台（套）重大技术装备需符合重大技术装备推广应用目录（以下简称推广应用目录）内装备及主要参数。推广应用目录可在中国招标投标公共服务平台、省级招标投标公共服务平台、重大技术装备招标投标信息平台查询。

（二）招标投标活动要严格执行招标投标法律法规及有关政策文件，不得要求或者标明特定的生产供应商，不得套用特定生产供应商的条件设定投标人资格、技术、商务条件，不得变相设置不合理条件或歧视性条款，限制或排斥首台（套）重大技术装备制造企业参与投标。

（三）招标活动不得超出招标项目实际需要或套用特定产品设置技术参数，鼓励通过市场调研、专家咨询论证等方式，深入开展需求调查，形成需求研究报告。招标首台（套）重大技术装备同类型产品时，招标文件中应公布推广应用目录中涉及的主要参数指标，并按照招标项目的具体特点和实际需要，提出技术条件，可以参考引用推广应用目录中的主要参数。

（四）对于已投保的首台（套）重大技术装备，一般不再收取质量保证金。

二、明确评标原则

（五）首台（套）重大技术装备参与招标投标活动，仅需提交首台（套）相关证明材料，即视同满足市场占有率、应用业绩等要求。评标办法应当有利于促进首台（套）重大技术装备推广应用，不得在市场占有率、应用业绩等方面设置歧视性评审标准。

（六）评标办法应明确重大技术装备不得在境外远程操控，在中国境内运营中收集和产生的个人信息和重要数据应当在境内存储。对于不符合《网络安全法》《数据安全法》《个人信息保护法》等有关国家安全法律法规的，经评标委员会认定，应否决其投标。

（七）评标办法应落实支持重大技术装备攻关创新、促进绿色低碳循环发展、维护产业链供应链安全稳定等要求，将技术创新、资源能源利用效率、售后服务、后续供应、特殊或紧急情况下的履约能力等纳入评审指标范畴。

三、加强监督检查

（八）工业和信息化主管部门联合有关部门及各省级工业和信息化主管部门，充分利用现有检查队伍和资源，通过"双随机、一公开"等方式对相关重大技术装备招标投标活动实施监督检查。鼓励通过政府购买服务方式获取必要的支撑服务。

（九）各级工业和信息化主管部门要加强与招标投标行政监督、纪检监察、财政税收、国有资产监督管理等部门的沟通联系和协作配合。建立首台（套）重大技术装备参与招标投标问题线索联合处置、督导督办机制，依法从严查处违法违规行为。

（十）开通首台（套）重大技术装备招标投标领域妨碍全国统一大市场建设问题线索和意见建议征集窗口，畅通市场主体信息反馈渠道，归集首台（套）重大技术装备招标投标负面行为。负面行为清单等信息在重大技术装备公共服务平台、重大技术装备招标投标信息平台上公布。

工业和信息化部

国家发展和改革委员会

国务院国有资产监督管理委员会

2023 年 8 月 16 日

国务院办公厅转发国家发展改革委、财政部《关于规范实施政府和社会资本合作新机制的指导意见》的通知

国办函〔2023〕115 号

各省、自治区、直辖市人民政府，国务院各部委、各直属机构：

国家发展改革委、财政部《关于规范实施政府和社会资本合作新机制的指导意见》已经国务院同意，现转发给你们，请认真贯彻落实。

国务院办公厅

2023 年 11 月 3 日

（此件公开发布）

关于规范实施政府和社会资本合作新机制的指导意见

国家发展改革委　财政部

政府和社会资本合作（PPP）实施近十年来，一定程度上起到了改善公共服务、拉动有效投资的作用，但在实践中也出现了一些亟待解决的问题。为贯彻落实党中央、国务院决策部署，进一步深化基础设施投融资体制改革，切实激发民间投资活力，现就规范实施政府和社会资本合作新机制（简称新机制）提出如下指导意见。

一、准确把握新机制的总体要求

以习近平新时代中国特色社会主义思想为指导，深入贯彻党的二十大精神，坚持稳中求进工作总基调，完整、准确、全面贯彻新发展理念，加快构建新发展格局，着力推动高质量发展，统筹发展和安全，规范实施政府和社会资本合作新机制，充分发

挥市场机制作用，拓宽民间投资空间，坚决遏制新增地方政府隐性债务，提高基础设施和公用事业项目建设运营水平，确保规范发展、阳光运行。

（一）聚焦使用者付费项目。政府和社会资本合作项目应聚焦使用者付费项目，明确收费渠道和方式，项目经营收入能够覆盖建设投资和运营成本、具备一定投资回报，不因采用政府和社会资本合作模式额外新增地方财政未来支出责任。政府可在严防新增地方政府隐性债务、符合法律法规和有关政策规定要求的前提下，按照一视同仁的原则，在项目建设期对使用者付费项目给予政府投资支持；政府付费只能按规定补贴运营、不能补贴建设成本。除此之外，不得通过可行性缺口补助、承诺保底收益率、可用性付费等任何方式，使用财政资金弥补项目建设和运营成本。

（二）全部采取特许经营模式。政府和社会资本合作应全部采取特许经营模式实施，根据项目实际情况，合理采用建设—运营—移交（BOT）、转让—运营—移交（TOT）、改建—运营—移交（ROT）、建设—拥有—运营—移交（BOOT）、设计—建设—融资—运营—移交（DBFOT）等具体实施方式，并在合同中明确约定建设和运营期间的资产权属，清晰界定各方权责利关系。

（三）合理把握重点领域。政府和社会资本合作应限定于有经营性收益的项目，主要包括公路、铁路、民航基础设施和交通枢纽等交通项目，物流枢纽、物流园区项目，城镇供水、供气、供热、停车场等市政项目，城镇污水垃圾收集处理及资源化利用等生态保护和环境治理项目，具有发电功能的水利项目，体育、旅游公共服务等社会项目，智慧城市、智慧交通、智慧农业等新型基础设施项目，城市更新、综合交通枢纽改造等盘活存量和改扩建有机结合的项目。

（四）优先选择民营企业参与。要坚持初衷、回归本源，最大程度鼓励民营企业参与政府和社会资本合作新建（含改扩建）项目，制定《支持民营企业参与的特许经营新建（含改扩建）项目清单（2023年版）》（以下简称清单，见附件）并动态调整。市场化程度较高、公共属性较弱的项目，应由民营企业独资或控股；关系国计民生、公共属性较强的项目，民营企业股权占比原则上不低于35%；少数涉及国家安全、公共属性强且具有自然垄断属性的项目，应积极创造条件、支持民营企业参与。对清单所列领域以外的政府和社会资本合作项目，可积极鼓励民营企业参与。外商投资企业参与政府和社会资本合作项目按照外商投资管理有关要求并参照上述规定执行。

（五）明确管理责任分工。国家发展改革委要牵头做好特许经营模式推进工作，切实加强政策指导。地方各级人民政府要切实负起主体责任，规范推进本级政府事权范围内的特许经营项目。地方各级人民政府可依法依规授权有关行业主管部门、事业单位等，作为特许经营项目实施机构（以下简称项目实施机构），负责特许经营方案编制、特许经营者选择、特许经营协议签订、项目实施监管、合作期满移交接收等工作。地方各级发展改革部门要发挥综合协调作用，严格把关项目特许经营方案等有关内容，依法依规履行项目审批、核准或备案职责。各级财政部门要严格执行预算管理制度，加强地方政府债务管理，加大财会监督力度，严肃财经纪律。

（六）稳妥推进新机制实施。把握好工作力度、节奏，2023 年 2 月政府和社会资本合作项目清理核查前未完成招标采购程序的项目，以及后续新实施的政府和社会资本合作项目，均应按照本指导意见规定的新机制执行，不再执行 2015 年 5 月印发的《国务院办公厅转发财政部发展改革委人民银行关于在公共服务领域推广政府和社会资本合作模式指导意见的通知》（国办发〔2015〕42 号）。

二、规范推进建设实施

（七）严格审核特许经营方案。对拟采取特许经营模式实施的项目，项目实施机构应参照可行性研究报告编写规范，牵头编制特许经营方案，并比照政府投资项目审批权限和要求，由有关方面履行审核手续，以合理控制项目建设内容和规模、明确项目产出（服务）方案。在审核特许经营方案时，要同步开展特许经营模式可行性论证，对项目是否适合采取特许经营模式进行认真比较和论证；必要时可委托专业咨询机构评估，提高可行性论证质量。

（八）公平选择特许经营者。项目实施机构应根据经批准的特许经营方案，通过公开竞争方式依法依规选择特许经营者（含特许经营者联合体，下同）。应将项目运营方案、收费单价、特许经营期限等作为选择特许经营者的重要评定标准，并高度关注其项目管理经验、专业运营能力、企业综合实力、信用评级状况。选定的特许经营者及其投融资、建设责任原则上不得调整，确需调整的应重新履行特许经营者选择程序。根据国家有关规定和项目建设投资、运营成本、投资回收年限等，合理确定特许经营期限，充分保障特许经营者合法权益。特许经营期限原则上不超过 40 年，投资规模大、回报周期长的特许经营项目可以根据实际情况适当延长，法律法规另有规定的除外。

（九）规范签订特许经营协议。项目实施机构与特许经营者应在法律地位平等、权利义务对等的基础上签订特许经营协议。需成立项目公司的，项目实施机构应当与特许经营者签订协议，约定其在规定期限内成立项目公司，并与项目公司签订特许经营协议。特许经营协议应明确项目实施范围、产出（服务）质量和标准、投资收益获得方式、项目风险管控、协议变更、特许经营期限等内容，约定双方的权利、义务和责任。

（十）严格履行投资管理程序。对政府采用资本金注入方式给予投资支持的特许经营项目，应按照《政府投资条例》有关规定履行审批手续；对由社会资本方单独投资的项目，应按照《企业投资项目核准和备案管理条例》有关规定履行核准或备案手续。规范履行项目调整程序，完成审批、核准或备案手续的项目如发生变更建设地点、调整主要建设内容、调整建设标准等重大情形，应报请原审批、核准机关重新履行项目审核程序，必要时应重新开展特许经营模式可行性论证和特许经营方案审核工作。特许经营项目法人确定后，如与前期办理审批、用地、规划等手续时的项目法人不一致，应依法办理项目法人变更手续，项目实施机构应给予必要支持和便利。

（十一）做好项目建设实施管理。特许经营者应做深做实项目前期工作，严格按照有关规定优化工程建设方案，合理安排工期，有效控制造价，保障工程质量，做好运营筹备。对地质条件复杂、施工风险较大、存在维修养护困难的项目，应完善勘察和施工设计，强化建设风险控制，防止项目烂尾。项目建成后，应依法依规及时组织竣工验收和专项验收。需要试运行或试运营的项目，应在投入试运行或试运营前符合相应要求并取得试运行或试运营许可。

三、切实加强运营监管

（十二）定期开展项目运营评价。项目实施机构应会同有关方面对项目运营情况进行监测分析，开展运营评价，评估潜在风险，建立约束机制，切实保障公共产品、公共服务的质量和效率。项目实施机构应将社会公众意见作为项目监测分析和运营评价的重要内容，加大公共监督力度，按照有关规定开展绩效评价。

（十三）惩戒违法违规和失信行为。如特许经营者存在违反法律法规和国家强制性标准，严重危害公共利益，造成重大质量、安全事故或突发环境事件等情形，有关方面应依法依规责令限期改正并予以处罚。对提供的公共产品、公共服务不满足特许经营协议约定标准的，特许经营者应按照协议约定承担违约责任。依法依规将项目相关方的失信信息纳入全国信用信息共享平台。

（十四）规范开展特许经营协议变更和项目移交等工作。在特许经营协议有效期内，如确需变更协议内容，协议当事人应在协商一致的基础上依法签订补充协议。特许经营期限届满或提前终止的，应按协议约定依法依规做好移交或退出工作，严禁以提前终止为由将特许经营转变为通过建设—移交（BT）模式变相举债；拟继续采取特许经营模式的，应按规定重新选择特许经营者，同等条件下可优先选择原特许经营者。特许经营期限内因改扩建等原因需重新选择特许经营者的，同等条件下可优先选择原特许经营者。对因特许经营协议引发的各类争议，鼓励通过友好协商解决，必要时可根据争议性质，依法依规申请仲裁、申请行政复议或提起行政、民事诉讼，妥善处理解决。

（十五）建立常态化信息披露机制。项目实施机构应将项目建设内容、特许经营中标结果、特许经营协议主要内容、公共产品和公共服务标准、运营考核结果等非涉密信息，依托全国投资项目在线审批监管平台，及时向社会公开。特许经营者应将项目每季度运营情况、经审计的年度财务报表等信息，通过适当方式向社会公开。

四、加大政策保障力度

（十六）加强组织实施。各地区要压紧压实主体责任，完善工作机制，精心组织实施。各有关部门要强化协同联动，明确政策规定，加强实施监管。国家发展改革委要制定特许经营方案编写大纲、特许经营协议范本和实施细则，指导各地区按照新机制要求依法合规、稳妥有序实施政府和社会资本合作项目，并会同有关方面及时修订完善特许经营相关制度文件，营造良好制度环境。

（十七）做好要素保障和融资支持。支持在不改变项目地表原地类和使用现状的前提下，利用地下空间进行开发建设，提高土地使用效率。支持依法依规合理调整土地规划用途和开发强度，通过特许经营模式推动原有资产改造与转型，提高资产利用效率。探索分层设立国有建设用地使用权，支持项目依法依规加快办理前期手续。鼓励金融机构按照风险可控、商业可持续的原则，采用预期收益质押等方式为特许经营项目提供融资支持。积极支持符合条件的特许经营项目发行基础设施领域不动产投资信托基金（REITs）。

（十八）支持创新项目实施方式。鼓励特许经营者通过技术创新、管理创新和商业模式创新等降低建设和运营成本，提高投资收益，促进政府和社会资本合作项目更好实施。特许经营者在保障项目质量和产出（服务）效果的前提下，通过加强管理、降低成本、提升效率、积极创新等获得的额外收益主要归特许经营者所有。鼓励符合条件的国有企业通过特许经营模式规范参与盘活存量资产，形成投资良性循环。

附件：支持民营企业参与的特许经营新建（含改扩建）项目清单（2023 年版）

（以下为附件内容）

一、应由民营企业独资或控股的项目

（一）环保领域

1. 垃圾固废处理和垃圾焚烧发电项目

（二）市政领域

2. 园区基础设施项目
3. 公共停车场项目

（三）物流领域

4. 物流枢纽、物流园区项目

（四）农业林业领域

5. 农业废弃物资源化利用项目

6. 旅游农业、休闲农业基础设施项目

7. 林业生态项目

（五）社会领域

8. 体育项目

9. 旅游公共服务项目

二、民营企业股权占比原则上不低于35％的项目

（一）环保领域

10. 污水处理项目

11. 污水管网项目

（二）市政领域

12. 城镇供水、供气、供热项目

（三）交通运输领域

13. 城际铁路、资源开发性铁路和支线铁路，铁路客货运输商业类、延伸类业务项目

14. 收费公路项目（不含投资规模大、建设难度高的收费公路项目）

15. 低运量轨道交通项目

（四）物流领域

16. 机场货运处理设施项目

17. 国家物流枢纽、国家骨干冷链物流基地项目

（五）水利领域

18. 具有发电功能的小型水利项目

（六）新型基础设施领域

19. 智慧城市、智慧交通、智慧农业、智慧能源项目

20. 数据中心项目

21. 人工智能算力基础设施项目

22. 民用空间基础设施项目

三、积极创造条件、支持民营企业参与的项目

（一）交通运输领域

23. 列入中长期铁路网规划、国家批准的专项规划和区域规划的铁路项目
24. 投资规模大、建设难度高的收费公路等项目
25. 城市地铁、轻轨和市域（郊）铁路项目
26. 民用运输机场项目

（二）能源领域

27. 农村电网改造升级项目
28. 油气管网主干线或支线项目
29. 石油、天然气储备设施项目

（三）水利领域

30. 具有发电功能的大中型水利项目

关于征集妨碍建设全国统一大市场
问题线索的公告

为贯彻落实《中共中央 国务院关于加快建设全国统一大市场的意见》，推动解决妨碍建设全国统一大市场的突出问题，国务院"互联网＋督查"平台从即日起面向社会征集七个方面的问题线索和意见建议：

一是有关地方和单位出台或实际实施含有地方保护、市场分割、指定交易等妨碍统一市场和公平竞争政策方面的问题。

二是有关地方和单位利用数据、算法、技术手段等方式排除、限制竞争等方面的问题。

三是有关地方和单位违规设置地方保护和区域壁垒问题。如，违规设置区域壁垒限制外地企业承接工程项目，实施补贴等优惠政策限制外地企业参与，国企垄断市场资源妨碍其他经营主体公平参与市场竞争等。

四是有关地方和单位妨碍经营主体依法平等准入和退出问题。如，以备案、注册、年检、认定、认证、指定、要求设立分公司等形式设定或变相设定外地企业准入障碍，设定不合理或歧视性条件提高企业准入门槛，采取将企业列入经营异常名录、暂停办理流程、故意拖延等手段为企业跨区域经营或迁移设置障碍等。

五是有关地方和单位妨碍公平公正招标投标和政府采购问题。如，招投标条件设置不利于外地企业，限定或指定特定的专利、商标、品牌、零部件、原产地、供应商等。

六是其他不落实《中共中央 国务院关于加快建设全国统一大市场的意见》的问题。

七是关于加快建设全国统一大市场的意见建议。

国务院办公厅将对收到的问题线索和意见建议进行汇总整理，督促有关地方和部门研究处理。对企业和群众反映强烈、带有普遍性和典型性的重要问题线索，国务院办公厅督查室将直接派员进行督查。经查证属实的，将依法依规严肃处理。

国务院办公厅

2023 年 9 月 25 日

国家发展改革委办公厅关于规范招标投标领域信用评价应用的通知

发改办财金〔2023〕860号

各省、自治区、直辖市、新疆生产建设兵团社会信用体系建设牵头部门、招标投标指导协调部门：

当前，一些地方通过信用评价、信用评分等方式设置招标投标隐性壁垒，破坏公平竞争的市场环境，阻碍全国统一大市场建设，必须坚决纠正规范。为贯彻落实《中共中央 国务院关于加快建设全国统一大市场的意见》有关要求，扎实推进招标投标领域突出问题专项治理，打破地方保护和市场分割，建设高效规范、公平竞争、充分开放的全国统一大市场，现就规范招标投标领域信用评价应用有关要求通知如下：

一、各省级社会信用体系建设牵头部门（以下简称"信用牵头部门"）、招标投标指导协调部门要推动本地区相关部门规范实施招标投标领域信用评价应用工作，深入开展招标投标领域突出问题专项治理，科学设置信用评价指标，客观公正评价企业信用状况。各地方不得以信用评价、信用评分等方式变相设立招标投标交易壁垒，不得对各类经营主体区别对待，不得将特定行政区域业绩、设立本地分支机构、本地缴纳税收社保等作为信用评价加分事项。各省级信用牵头部门、招标投标指导协调部门要会同相关部门，立即对本地区信用评价、信用评分以及信用监管有关制度规定进行全面排查，聚焦评价主体、评价标准、结果应用等关键环节，推动相关部门按照规定权限和程序修订或废止有关规定，切实为各类企业营造公平竞争的市场环境。我委将会同有关部门推动建立统一的招标投标信用评价体系。

二、我委将加强动态监测，对涉及招标投标信用评价应用中的违规问题发现一起、查处一起、通报一起。各省级信用牵头部门要通过信用平台网站畅通投诉渠道，收集问题线索，推动相关部门立行立改。

三、我委将加大宣传推广力度，选取一批招标投标领域规范实施信用监管的典型案例进行通报表扬，并在"信用中国"网站、全国公共资源交易平台、中国招标投标公共服务平台予以发布。

各省级信用牵头部门、招标投标指导协调部门要将本地区排查和整改情况形成书面报告，并于11月底前报送国家发展改革委（财金司、法规司）。

国家发展改革委办公厅

2023年10月29日

财政部办公厅 住房城乡建设部办公厅 工业和信息化部办公厅关于印发《政府采购支持绿色建材促进建筑品质提升政策项目实施指南》的通知

财办库〔2023〕52号

各省、自治区、直辖市、计划单列市财政厅（局）、住房和城乡建设厅（委、管委、局）、工业和信息化主管部门，新疆生产建设兵团财政局、住房和城乡建设局、工业和信息化局：

为推进政府采购支持绿色建材促进建筑品质提升政策实施工作，财政部、住房城乡建设部、工业和信息化部制定了《政府采购支持绿色建材促进建筑品质提升政策项目实施指南》，现印发给你们，请纳入政策范围的有关城市（市辖区）参照执行。

附件：政府采购支持绿色建材促进建筑品质提升政策项目实施指南

财政部办公厅
住房城乡建设部办公厅
工业和信息化部办公厅
2023 年 3 月 22 日

附件：政府采购支持绿色建材促进建筑品质提升政策项目实施指南（略）

财政部 生态环境部 工业和信息化部 关于印发《绿色数据中心政府采购需求标准（试行）》的通知

财库〔2023〕7 号

党中央有关部门，国务院各部委、各直属机构，全国人大常委会办公厅，全国政协办公厅，最高人民法院，最高人民检察院，各民主党派中央，有关人民团体，各省、自治区、直辖市、计划单列市财政厅（局）、生态环境厅（局）、工业和信息化主管部门，新疆生产建设兵团财政局、生态环境局、工业和信息化局：

数字产业绿色低碳发展是落实党中央、国务院碳达峰、碳中和重大战略决策的重要内容。为加快数据中心绿色转型，财政部、生态环境部、工业和信息化部制定了《绿色数据中心政府采购需求标准（试行）》（以下简称《需求标准》），现就有关事项通知如下：

一、采购人采购数据中心相关设备、运维服务，应当有利于节约能源、环境保护和资源循环利用，按照《需求标准》实施相关采购活动。

二、采购人应当加强采购需求管理，根据《需求标准》提出的指标编制数据中心相关设备、运维服务政府采购项目的采购文件，并在合同中明确对相关指标的验收方式和违约责任。

三、采购人在项目的投标、响应环节，原则上不对数据中心相关设备、服务进行检测、认证，也不要求供应商提供检测报告、认证报告，供应商出具符合相关要求的承诺函可视为符合规定。

四、采购人应当在履约验收中对供应商提供的产品或服务进行抽查检测，必要时可委托取得相关资质的第三方机构对其进行检测、认证。因检测、认证涉及生产过程或检测时间长等原因，不能在验收过程中开展检测、认证的，可要求供应商在验收阶段提供相关检测报告、认证报告。

五、对于供应商未按合同约定提供设备或服务的，采购人应当依法追究其违约责任。对于供应商提供虚假材料谋取中标、成交的，依法予以处理。

六、本通知自 2023 年 6 月 1 日起施行。

附件：绿色数据中心政府采购需求标准（试行）（略）

关于进一步提高政府采购透明度
和采购效率相关事项的通知

财办库〔2023〕243 号

各中央预算单位办公厅（室），各省、自治区、直辖市、计划单列市财政厅（局），新疆生产建设兵团财政局，有关集中采购机构：

为打造市场化法治化国际化营商环境，进一步提高政府采购透明度和采购效率，方便各类经营主体参与政府采购活动，现就相关事项通知如下：

一、推进政府采购合同变更信息公开。政府采购合同的双方当事人不得擅自变更合同，依照政府采购法确需变更政府采购合同内容的，采购人应当自合同变更之日起2个工作日内在省级以上财政部门指定的媒体上发布政府采购合同变更公告，但涉及国家秘密、商业秘密的信息和其他依法不得公开的信息除外。政府采购合同变更公告应当包括原合同编号、名称和文本，原合同变更的条款号，变更后作为原合同组成部分的补充合同文本，合同变更时间，变更公告日期等。

二、完善中标、成交结果信息公开。采购人、采购代理机构应当按照政府采购法、政府采购法实施条例以及《政府采购信息发布管理办法》等法律制度规定，进一步做好信息公开工作。项目采购采用最低评标（审）价法的，公告中标、成交结果时应当同时公告因落实政府采购政策等原因进行价格扣除后中标、成交供应商的评审报价；项目采购采用综合评分法的，公告中标、成交结果时应当同时公告中标、成交供应商的评审总得分。

三、推进采购项目电子化实施。鼓励各部门、各地区利用数据电文形式和电子信息网络开展政府采购活动，除涉密政府采购项目外，具备电子化实施条件的部门和地区，应当推进政府采购项目全流程电子化交易，实现在线公开采购意向、发布采购公告、提供采购文件、提交投标（响应）文件、提交投标（履约）保证金（包括金融机构、担保机构出具的保函、保险等）、签订采购合同、提交发票、支付资金，并逐步完善履约验收、信用评价、用户反馈等功能。省级财政部门可以按照统一规范和技术标准组织建设本地区政府采购全流程电子化平台。各电子化政府采购平台应当完善平台注册供应商查询功能，方便各方主体及时了解供应商信息。

四、提高采购合同签订效率。采购人应当严格按照政府采购法有关规定，在中标、成交通知书发出之日起 30 日内，按照采购文件确定的事项与中标、成交供应商签订政府采购合同。采购人因不可抗力原因迟延签订合同的，应当自不可抗力事由消除之日起 7 日内完成合同签订事宜。鼓励采购人通过完善内部流程进一步缩短合同签订期限。

五、加快支付采购资金。采购人要进一步落实《关于促进政府采购公平竞争优化营商环境的通知》（财库〔2019〕38 号）有关要求，在政府采购合同中约定资金支付的方式、时间和条件，明确逾期支付资金的违约责任。对于有预付安排的合同，鼓励采购人将合同预付款比例提高到 30% 以上。对于满足合同约定支付条件的，采购人原则上应当自收到发票后 10 个工作日内将资金支付到合同约定的供应商账户，鼓励采购人完善内部流程，自收到发票后 1 个工作日内完成资金支付事宜。采购人和供应商对资金支付产生争议的，应当按照法律规定和合同约定及时解决，保证资金支付效率。

六、支持开展政府采购融资。省级财政部门要以省为单位，积极推进与银行业金融机构共享本省范围内的政府采购信息，支持银行业金融机构以政府采购合同为基础向中标、成交供应商提供融资。要优化完善政府采购融资业务办理，推动银行业金融机构逐步实现供应商在线申请、在线审批、在线提款的全流程电子化运行，为供应商提供快捷高效的融资服务。

各部门、各地区要充分认识优化政府采购营商环境，提高政府采购透明度和采购效率的重要意义，加强组织领导，积极协调推动，细化落实举措，强化监督检查，确保各项要求落实到位。

本通知自印发之日起施行。

财政部办公厅

2023 年 12 月 8 日

财政部 公安部 市场监管总局关于开展 2023 年政府采购领域"四类"违法违规 行为专项整治工作的通知

财库〔2023〕28 号

各省、自治区、直辖市、计划单列市财政厅（局）、公安厅（局）、市场监管局（厅、委），新疆生产建设兵团财政局、公安局、市场监管局：

为贯彻落实建设全国统一大市场部署及政府采购领域"整顿市场秩序、建设法规体系、促进产业发展"行动方案有关要求，进一步规范政府采购市场秩序，持续优化营商环境，财政部会同公安部、市场监管总局决定开展 2023 年政府采购领域"四类"违法违规行为专项整治工作。现就有关事项通知如下：

一、工作重点

聚焦当前政府采购领域反映突出的采购人设置差别歧视条款、代理机构乱收费、供应商提供虚假材料、供应商围标串标等"四类"违法违规行为开展专项整治。重点整治以下内容：采购人倾斜照顾本地企业，以注册地、所有制形式、组织形式、股权结构、投资者国别、经营年限、经营规模、财务指标、产品或服务品牌等不合理条件对供应商实行差别歧视待遇；代理机构违规收费、逾期不退还保证金；供应商提供虚假的检测报告、认证证书、合同业绩、中小企业声明函、制造商授权函等材料谋取中标；供应商成立多家公司围标串标，投标文件相互混装、异常一致，投标报价呈规律性差异，投标保证金从同一账户转出等恶意串通行为。

二、工作原则

（一）坚持问题导向。聚焦当前政府采购领域存在的"四类"突出问题，明确专项整治工作重点，坚决纠正违法违规行为，发现一起，查处一起，做到"零容忍"，曝光典型案例，形成有效震慑，做到以整治促提升。

（二）坚持协同共治。加强政府采购监管的系统性、协同性，综合运用行业监管、部门协同、社会监督等多种方式，加强财政系统央地联动，推进跨部门联合监管，发挥社会监督作用，畅通投诉举报渠道，多措并举，形成监管合力。

（三）坚持标本兼治。坚持"当下改"与"长久立"相结合，既要立足当前，集中解决突出问题，又要着眼长远，有针对性地堵塞漏洞、完善制度，建立长效工作机制，逐步完善行业治理，全面提升政府采购监管能力和治理水平。

三、工作依据

以《中华人民共和国政府采购法》及其实施条例为统领，以《政府采购货物和服务招标投标管理办法》（财政部令第 87 号）等 5 个部门规章及相关配套制度办法为依据，按照行动方案统一部署开展专项整治工作。

四、工作组织

财政部会同公安部、市场监管总局牵头组织专项整治工作，建立部门协同、央地联动、社会参与的工作机制。财政部负责对中央政府采购活动开展重点检查，检查中发现的虚假检测认证报告线索移送市场监管总局核实，情况属实的，财政部依法作出处罚；对供应商串通投标，涉嫌构成犯罪的案件移送公安部处理，依法追究刑事责任。对依法不需要追究刑事责任或免予刑事处罚，但应当给予行政处罚的，由财政部依法作出处罚。财政部制定《2023 年政府采购领域专项整治工作指引》和工作底稿范本（电子版另发）。省、市、县三级财政部门、公安部门、市场监管部门参照组织本级政府采购专项整治工作。

五、工作安排

（一）筛选名单。财政部门结合新收到或正在处理的投诉举报案件中涉及"四类"违法违规行为线索，重点抽取代理本级业务的采购代理机构（包括本地注册及外地注册本地执业的机构）作为检查对象。尚未开展集中采购机构考核的地区，应将集中采购机构一并作为检查对象，检查内容可结合集采考核要求予以调整。

本次检查主要针对 2022 年 1 月 1 日以来启动实施的政府采购项目。各省（区、市）抽取的采购代理机构数量比率原则上不低于本省（区、市）代理机构总数的 10%，检查总量不得少于 30 家，各市、县检查数量由省级财政部门统筹分解。财政部选取北京、山西、贵州、四川 4 个省的 20 家采购代理机构对中央政府采购项目进行重点检查。每家采购代理机构抽取的项目原则上不少于 5 个。进入公共资源交易中心开展的政府采购活动，按照前述要求开展检查。此阶段工作于 2023 年 11 月 30 日前完成。

（二）开展自查。财政部门向筛选出的采购代理机构送达书面检查通知，相关代理机构根据通知要求进行自查，重点包括是否存在采购文件设置差别歧视条款、违规收费或逾期不退还保证金、供应商提供虚假材料、供应商围标串标等问题，并整理被抽检采购项目相关的文件、数据和资料，形成自查报告一并报送财政部门。此阶段工作于 2023 年 12 月 10 日前完成。

（三）书面审查。财政部门按照工作指引对采购代理机构提交的政府采购项目资料和自查报告进行书面审查，初步梳理采购项目中存在的"四类"违法违规问题，按照统一格式编制工作底稿。此阶段工作于 2023 年 12 月 31 日前完成。

（四）现场检查。结合书面审查发现的问题，财政部门进一步对采购代理机构实施现场检查，调阅评审录音录像、发票、收款凭证、汇款凭证、转账记录等资料，询问相关人员，与采购代理机构做好充分沟通，由采购代理机构签字盖章确认工作底稿。此阶段工作于 2024 年 1 月 31 日前完成。

（五）处理处罚。财政部门会同公安部门、市场监管部门对检查中发现的采购人、采购代理机构和供应商的违法犯罪线索进行延伸检查，核实相关情况，依职权对违法违规行为作出处理处罚。财政部门在省级以上指定媒体上主动公开处理处罚信息，曝光典型案例，形成有效震慑。各省（区、市）财政部门汇总本地区处理处罚信息和典型案例，财政部汇总全国处理处罚综合信息。此阶段工作于 2024 年 5 月 31 日前完成。

（六）汇总报告。财政部门形成本级专项整治工作报告，各省（区、市）汇总形成本地区专项整治工作报告，财政部汇总形成全国专项整治工作报告，总结典型案例和先进工作经验，查找问题及不足，探索建立长效治理机制。相关报告抄送同级公安部门和市场监管部门。此阶段工作于 2024 年 6 月 30 日前完成。

按照国务院关于建设全国统一大市场专项整治工作部署，对政府采购领域倾斜照顾本地企业、以不合理条件对供应商实行差别歧视待遇行为的专项整治工作应于 2023 年完成，各省（区、市）财政部门应于 2023 年 12 月 20 日前形成总结报告，提炼典型案例报送财政部。

六、工作要求

（一）注重整治实效。各省（区、市）财政部门、公安部门、市场监管部门要充分认识专项整治工作的重要意义，提高政治站位，强化组织领导，及时制定整治方案，周密抓好实施。要严格按照时间节点，把各项整治措施落到实处，切实建立长效工作协调机制，推动整治工作平稳有序推进。

（二）压实工作责任。各省（区、市）财政部门要加强与公安部门、市场监管部门的沟通协调，形成监管合力，统筹本地区专项整治工作安排，压实压紧工作任务。各相关部门要各司其职、各尽其责，加强协作，确保各项工作顺利实施。

（三）加强信息报送。专项整治工作开展过程中，各省（区、市）财政部门每两周将有关整治工作进展、典型案例和遇到的新问题、新情况报送财政部，财政部汇总全国专项整治工作进展情况，并对工作成效较好的省级财政部门予以通报表扬。

财　政　部

公　安　部

市场监管总局

2023 年 11 月 22 日

关于研发机构采购设备增值税政策的公告

财政部 商务部 税务总局公告 2023 年第 41 号

为鼓励科学研究和技术开发，促进科技进步，继续对内资研发机构和外资研发中心采购国产设备全额退还增值税。现将有关事项公告如下：

一、适用采购国产设备全额退还增值税政策的内资研发机构和外资研发中心包括：

（一）科技部会同财政部、海关总署和税务总局核定的科技体制改革过程中转制为企业和进入企业的主要从事科学研究和技术开发工作的机构；

（二）国家发展改革委会同财政部、海关总署和税务总局核定的国家工程研究中心；

（三）国家发展改革委会同财政部、海关总署、税务总局和科技部核定的企业技术中心；

（四）科技部会同财政部、海关总署和税务总局核定的国家重点实验室（含企业国家重点实验室）和国家工程技术研究中心；

（五）科技部核定的国务院部委、直属机构所属从事科学研究工作的各类科研院所，以及各省、自治区、直辖市、计划单列市科技主管部门核定的本级政府所属从事科学研究工作的各类科研院所；

（六）科技部会同民政部核定或者各省、自治区、直辖市、计划单列市及新疆生产建设兵团科技主管部门会同同级民政部门核定的科技类民办非企业单位；

（七）工业和信息化部会同财政部、海关总署、税务总局核定的国家中小企业公共服务示范平台（技术类）；

（八）国家承认学历的实施专科及以上高等学历教育的高等学校（以教育部门户网站公布名单为准）；

（九）符合本公告第二条规定的外资研发中心；

（十）财政部会同国务院有关部门核定的其他科学研究机构、技术开发机构和学校。

二、外资研发中心应同时满足下列条件：

（一）研发费用标准：作为独立法人的，其投资总额不低于 800 万美元；作为公司内设部门或分公司的非独立法人的，其研发总投入不低于 800 万美元。

（二）专职研究与试验发展人员不低于 80 人。

（三）设立以来累计购置的设备原值不低于 2000 万元。

外资研发中心须经商务主管部门会同有关部门按照上述条件进行资格审核认定。具体审核认定办法见附件 1。

三、经核定的内资研发机构、外资研发中心，发生重大涉税违法失信行为的，不得享受退税政策。具体退税管理办法由税务总局会同财政部另行制定。相关研发机构的牵头核定部门应及时将内资研发机构、外资研发中心的新设、变更及撤销名单函告同级税务部门，并注明相关资质起止时间。

四、本公告的有关定义：

（一）本公告所述"投资总额"，是指商务主管部门出具或发放的外商投资信息报告回执或企业批准证书或设立、变更备案回执等文件所载明的金额。

（二）本公告所述"研发总投入"，是指外商投资企业专门为设立和建设本研发中心而投入的资产，包括即将投入并签订购置合同的资产（应提交已采购资产清单和即将采购资产的合同清单）。

（三）本公告所述"研发经费年支出额"，是指近两个会计年度研发经费年均支出额；不足两个完整会计年度的，可按外资研发中心设立以来任意连续 12 个月的实际研发经费支出额计算；现金与实物资产投入应不低于 60%。

（四）本公告所述"专职研究与试验发展人员"，是指企业科技活动人员中专职从事基础研究、应用研究和试验发展三类项目活动的人员，包括直接参加上述三类项目活动的人员以及相关专职科技管理人员和为项目提供资料文献、材料供应、设备的直接服务人员，上述人员须与外资研发中心或其所在外商投资企业签订 1 年以上劳动合同，以外资研发中心提交申请的前一日人数为准。

（五）本公告所述"设备"，是指为科学研究、教学和科技开发提供必要条件的实验设备、装置和器械。在计算累计购置的设备原值时，应将进口设备和采购国产设备的原值一并计入，包括已签订购置合同并于当年内交货的设备（应提交购置合同清单及交货期限），上述采购国产设备应属于本公告《科技开发、科学研究和教学设备清单》所列设备（见附件 2）。对执行中国产设备范围存在异议的，由主管税务机关逐级上报税务总局商财政部核定。

五、本公告执行至 2027 年 12 月 31 日，具体从内资研发机构和外资研发中心取得退税资格的次月 1 日起执行。

特此公告。

附件：1. 外资研发中心采购国产设备退税资格审核认定办法（略）
　　　2. 科技开发、科学研究和教学设备清单（略）

财政部　商务部　税务总局
2023 年 8 月 28 日

关于加强财税支持政策落实 促进中小企业高质量发展的通知

财预〔2023〕76 号

各省、自治区、直辖市、计划单列市财政厅（局），新疆生产建设兵团财政局：

中小企业是国民经济发展的重要有生力量，是现代化经济体系中不可或缺的组成部分。一段时期以来，根据党中央、国务院的决策部署，出台了一系列支持中小企业的财税政策。今年以来，国际经济形势错综复杂，国内经济恢复基础仍不稳固。各地区要加大工作力度，不折不扣落实支持中小企业发展的各项财税政策，为推动中小企业高质量发展提供有力保障。现就有关事项通知如下：

一、落实落细减税降费政策，减轻小微企业税费负担

（一）及时足额兑现减税降费政策。在认真落实普惠性减税降费政策的基础上，全面落实对小微企业的精准税费优惠政策，不得以任何理由削弱政策力度，确保把该减的税费减到位，持续发挥各项税费优惠的政策效能，为小微企业发展添活力、增动能。

（二）坚决防止征收过头税费。各地区要依法依规组织财政收入，及时公布政府性基金和行政事业性收费目录，主动接受社会监督，在目录以外不得擅自增加收费项目、扩大征收范围、提高征收标准。要加强涉企收费管理，规范行业协会和中介机构收费项目，严禁乱收费、乱罚款、乱摊派。密切关注财政收入征收工作开展情况，对违法违规行为保持"零容忍"，严肃查处违法违规行为，坚决做到发现一起、处理一起、问责一起。

二、强化财政金融政策协同，保障中小企业融资需求

（一）落实创业担保贷款贴息政策。对符合条件的小微企业和城镇登记失业人员、就业困难人员、返乡创业农民工等重点就业群体申请的贷款，由创业担保贷款担保基金提供担保，财政部门给予贷款实际利率一定比例的财政贴息。各地区可结合实际扩大创业担保贷款贴息支持范围，提高贷款额度上限、贷款利率上限。

（二）发挥政府性融资担保机构作用。发挥国家融资担保基金体系引领作用，稳定再担保业务规模，引导各级政府性融资担保机构加大对小微企业等经营主体的融资增信支持。推动政府性融资担保体系建设，优化银担"总对总"批量担保合作模式。推

进融资担保业务数据标准化、规范化，强化银担、银企信息共享，引领体系内机构向数字化、智能化转型，提升财政金融服务小微企业质效。

（三）支持地方打造普惠金融发展示范区。中央财政实施普惠金融发展示范区奖补政策，引导地方支持小微企业发展。示范区可将中央财政奖补资金统筹用于支小支农贷款贴息、风险补偿等方面，引导金融机构加大对小微企业的支持力度，发挥财政资金杠杆效应，促进普惠金融服务增量扩面、降本增效。

三、发挥财政资金引导作用，支持中小企业创新发展

（一）支持中小企业专精特新发展。中央财政继续通过中小企业发展专项资金支持国家级专精特新"小巨人"企业发展，并已经下达有关预算。各地财政部门要抓紧向纳入支持范围的国家级专精特新"小巨人"企业拨付资金，引导企业加大创新投入、加强产业链上下游协作配套、促进数字化网络化智能化改造等。

（二）推动中小企业数字化转型。中央财政将选择部分城市开展中小企业数字化转型城市试点工作，并给予定额奖补。有关地方财政部门要统筹利用中央奖补资金，选取重点行业和相关中小企业，遴选数字化服务商开发集成"小快轻准"的数字化服务和产品，供企业自愿选择，解决中小企业"不敢转""不愿转""不会转"的问题，推动中小企业加快数字化转型，促进数字经济和实体经济深度融合。

（三）发挥政府投资基金引导作用。国家中小企业发展基金将继续支持种子期、初创期成长型中小企业发展。地方设立的相关政府投资基金，应在规定的投资范围内，按照市场化原则，对符合条件的中小企业项目加大投资支持力度，助力中小企业发展壮大。

四、落实政府采购、稳岗就业等扶持政策，助力中小企业加快发展

（一）强化中小企业政府采购支持政策。严格落实预留份额、价格评审优惠政策措施，进一步扩大中小企业采购份额。超过400万元的工程采购项目中适宜由中小企业提供的，预留份额由30%以上阶段性提高至40%以上的政策延续至2025年底。通过积极推进政府采购电子化，支持中小企业开展采购合同融资，加大信用担保运用，为中小企业参与政府采购活动提供便利。

（二）支持中小企业稳岗扩岗。落实一次性吸纳就业补贴政策，中小微企业招用符合条件的毕业年度或离校2年内未就业高校毕业生、登记失业青年，签订1年以上劳动合同的，可按规定申请一次性吸纳就业补贴。落实失业保险稳岗返还政策，符合条件的中小微企业可按不超过企业及其职工上年度实际缴纳失业保险费的60%申请失业保险稳岗返还。对招用毕业年度和离校2年内未就业高校毕业生的小微企业，按规定落实社会保险补贴政策。

（三）保障中小企业账款及时支付。要按照项目进度和预算安排拨付项目建设资

金，保障项目单位及时支付中小企业账款。落实建设工程价款结算办法，将政府机关、事业单位、国有企业建设工程进度款最低支付比例由 60％ 提高至 80％，鼓励有条件的项目推行施工过程结算。健全防范新增拖欠账款的长效机制，严格政府投资项目管理，严防歧义合同、"开口合同"，将政府拖欠中小企业账款纳入日常监管，形成有力约束。

五、健全工作机制和管理制度，提高财税政策效能

（一）营造公平公正的发展环境。在分配财政资金的过程中，对各类企业要一视同仁、平等对待。依法保障中小企业平等参与政府采购活动，进一步提升政府采购透明度，督促有关单位依法及时公开各类政府采购信息，方便中小企业获得政府采购信息。对于妨碍公平竞争的规定，要及时清理整顿。

（二）促进支持政策直达快享。各地财政部门要会同相关业务主管部门加大政策宣传辅导力度，帮助中小企业熟悉政策内容、了解申报程序，促进应享尽享。完善业务办理流程，压缩或整合申报环节，精简材料报送要求，不断提高办事效率，积极推进"网上办""掌上办"，让数据"多跑路"、企业"少走路"。充分运用财政直达资金监控系统，加强对涉企补助资金的跟踪监控，督促加快资金下达速度，确保财政补贴资金快速精准拨付至受益对象。

（三）因地制宜出台进一步支持政策。在保障党中央、国务院部署出台的各项财税政策落实到位的前提下，鼓励有条件的地区结合财力状况，聚焦当地中小企业发展面临的突出问题和薄弱环节，采取精准有效的政策措施，进一步加大财政政策扶持力度，缓解中小企业的经营压力和实际困难，促进中小企业健康高质量发展。

财政部

2023 年 8 月 20 日

◎ 军队采购制度

军队装备采购信息发布管理办法

　　第一条　为了规范装备采购信息发布活动，提高军队装备采购透明度，促进公平竞争，根据有关法律法规，制定本办法。

　　第二条　本办法所称装备采购信息，是指依照装备采购有关法规制度应予公开或有限公开的意向需求，公开招标、竞争性谈判、询价、资格预审、评审确认等采购公告，中标（成交）结果公告等装备采购项目信息，投诉处理结果、监督检查处理结果等装备采购监管信息，以及装备采购政策、供应商及技术产品等其他装备采购相关信息。

　　第三条　装备采购信息发布工作遵循统一领导、分级管理，科学规范、公平公正，权责清晰、安全保密的原则。

　　第四条　装备采购信息应当在全军武器装备采购信息网（以下简称"采购网"）发布。公开类装备采购信息通过采购网互联网端发布；机密级以下涉密类装备采购信息通过采购网涉密网端发布，同步在互联网端发布脱密概要信息。

　　第五条　装备采购信息发布服务机构负责装备采购信息的审校发布和相关服务，以及采购网日常运行维护等工作，包括采购网北京中心和各城市分中心。

　　第六条　装备采购单位在采购活动中应当按照及时有效、格式规范、内容完整、便于理解的要求，生成装备采购信息。意向需求发布期限一般不少于 20 个工作日，公开招标、竞争性谈判、询价、资格预审、评审确认等采购公告发布期限一般不少于 5 个工作日，中标（成交）结果公告发布期限一般不少于 3 日，其他信息发布期限按照有关规定执行。

　　第七条　装备采购单位应当根据有关保密法律、法规和规章制度，按照定密程序准确界定装备采购信息密级，严格管控信息发布范围。

　　第八条　装备采购单位应当遵循"谁产生、谁审批、谁负责"原则，重点审核信息的真实性、准确性、合法性，有无倾向性、排他性内容等，严格控制信息发布范围，科学开展信息安全和舆情风险评估以及敏感内容处理。

　　第九条　装备采购单位应当在装备采购信息审批后 2 个工作日内，将信息发布材料提交装备采购信息发布服务机构。

　　第十条　装备采购信息发布服务机构应当实行审校分离、双人把关、相互监督的审校机制，在收到装备采购信息发布材料后1个工作日内完成审校并发布。

第十一条 装备采购信息发布服务机构根据装备采购信息密级和专业领域，提供相应的信息查询服务。公开类装备采购信息通过采购网互联网端，面向社会提供信息查询服务；机密级以下涉密类装备采购信息，由装备采购信息发布服务机构审核信息查询单位保密资格和专业领域，提供相应的信息查询服务。

第十二条 对需要进行对接、反馈的装备采购信息，装备采购单位应当在信息发布后，及时登录采购网查询对接情况、受理对接申请、反馈对接结果。受理对接申请应当在对接截止后3个工作日内完成，反馈对接结果应当在结果确定后3个工作日内完成，因特殊情况无法及时受理、反馈的应当予以解释说明。

第十三条 装备采购信息发布服务机构对收到的装备采购信息，应当按照相关要求及时进行登记、归档，以备查阅。

第十四条 采购网北京中心、各分中心的日常管理、运维服务保障由建设依托单位负责。

第十五条 装备采购信息发布相关活动应当自觉接受纪检监察、巡视巡察、审计监督，支持配合监督工作。本办法自2023年6月30日起施行，2021年2月9日发布的《关于加强"十四五"期间装备采购信息发布工作的措施要求》同步废止。

中央军委装备发展部

2023年6月21日

军队采购供应商复议须知

一、受理对象

军队物资工程服务集中采购项目相关供应商。

二、受理时限

（一）采购投诉复议。投诉人和其他相关当事人对军队大单位采购管理部门作出的投诉处理决定不服，可以自收到投诉处理决定书之日起15个工作日内，向军委后勤保障部采购服务中心提出采购投诉复议申请，逾期不予受理。

（二）违规处罚复议。被处罚供应商对军队大单位采购管理部门作出的违规处罚决定不服，可以自收到违规处罚决定书之日起30日内，向军委后勤保障部采购服务中心提出违规处罚复议申请，逾期不予受理。

三、复议申请书内容

（一）复议申请人和被复议申请人的名称、通信地址、联系人、联系电话；

（二）投诉（处罚）处理情况说明及相关证明材料；

（三）具体、明确的复议事项和与复议事项相关的复议请求；

（四）事实依据；

（五）法律依据；

（六）复议提起日期。

四、复议材料

（一）复议申请书及相关材料应当装订成册，正、副本各2份，由法定代表人或法定代表人的授权代表签字，并加盖公章和骑缝章。

（二）提出采购投诉复议，应提供质疑函、质疑答复函、投诉书、投诉处理决定书及相关证明材料；提出违规处罚复议，应提供违规处罚决定书及相关证明材料。

（三）法定代表人资格证明，附法定代表人身份证正反面复印件。如授权其他人办理复议事宜，应提供法定代表人授权书及被授权人身份证正反面复印件。授权书应当载明被授权人的姓名、职务、授权范围和时间期限，并加盖公章。

（四）营业执照复印件。

（五）刻有全部复议材料电子版的光盘 1 张（含 .doc 格式与 .PDF 格式）。

五、其他要求

（一）提起复议申请后主动提出撤回复议的，应当递交书面撤回申请书。

（二）复议申请人应当如实反映情况，提供所需的相关材料。应当由复议申请人承担举证责任的复议事项，复议申请人未提供相关证据、依据和有关材料的，视为放弃说明权利，依法承担不利后果。

（三）供应商在复议过程中捏造事实、提供虚假材料，或者以非法手段取得证明材料、证据来源的合法性存在明显疑问等情形的，按照军队采购有关规定给予处罚。

附件：复议申请书模板（略）

附　录

2023 年中国公共采购大事记

1月

1月6日

国家发展改革委、工业和信息化部、住房城乡建设部、交通运输部、水利部等十三部门联合印发《关于完善招标投标交易担保制度进一步降低招标投标交易成本的通知》。

1月10日

国家发展改革委公布《国家以工代赈管理办法》，明确以工代赈项目可以不进行招标。

1月19日

国家发展改革委办公厅印发《关于在部分地方公共资源交易平台和企业招标采购平台试运行招标投标领域数字证书跨区域兼容互认功能的通知》，加快推动招标投标领域数字证书（CA）跨区域兼容互认。

2月

2月6日

中共中央、国务院印发《质量强国建设纲要》，要求完善招投标制度和政府采购政策，加强采购需求管理，推动形成需求引领、优质优价的采购制度。

2月15日

中共中央办公厅、国务院办公厅印发《关于进一步加强财会监督工作的意见》，提出加强对行政事业性国有资产管理规章制度、政府采购制度实施情况的监督，保障国有资产安全完整，规范政府采购行为。

2月24日

国务院国资委发布《关于中央企业在建设世界一流企业中加强供应链管理的指导意见》，要求中央企业以采购管理为切入点，全面提升供应链管理水平，打造供应链核心能力，建设与世界一流企业相适应的供应链管理体系。

2月27日

财政部办公厅开展组织中央预算单位和地方预算单位做好2023年政府采购脱贫地

区农副产品工作。

2月28日

2月28日至3月2日，由中国物流与采购联合会主办，中物联公共采购分会、中物联采购委、深圳市前海国采全球采购投资有限公司共同承办的"全球公共采购论坛暨2022全国公共采购行业年会"在深圳成功举办，大会同期还召开了"第八届全国公共资源交易论坛"。近400家企业、超1200名业界代表现场参会，线上参会人数超10000人次。

3月

3月1日

中国物流与采购联合会正式发布《国有企业服务采购操作规范》团体标准，这也是我国首个专门规范国有企业服务采购活动的操作规范。

3月20日

财政部、生态环境部、工业和信息化部联合印发《绿色数据中心政府采购需求标准（试行）》。

3月22日

财政部办公厅、住房城乡建设部办公厅、工业和信息化部办公厅印发《政府采购支持绿色建材促进建筑品质提升政策项目实施指南》。

4月

4月17日

中国物流与采购联合会开发的《供应链管理师》（二级、一级）入选为国家规划教材。

4月20日

由中国物流与采购联合会批准立项，中物联公共采购分会牵头编制，中物联团体标准化技术委员会归口的团体标准《国有企业采购操作规范》（T/CFLP 0016—2023）正式发布，同年5月15日开始实施，该团体标准是对2019年版的修订与完善。

5月

5月10日

"第二届中国政企采购数字供应链生态峰会"在重庆举办。大会由中国物流与采购联合会和重庆市渝中区人民政府联合主办，中物联公共采购分会、中物联采购委、欧菲斯集团股份有限承办。1200多名业界同人现场参会，人民网、新华社现场云等多家媒体同步直播，网络直播点击量累计超917万人次。

6月

6月13日

中国物流与采购联合会发布《企业采购供应链数字化成熟度模型》（T/CFLP 0058—2023）团体标准，7月15日开始实施。该标准提出了采购供应链数字化成熟度模型架构及指标、成熟度等级，适用于衡量企业采购供应链的数字化成熟度水平，有助于促进企业采购供应链数字化建设，加快企业采购供应链数字化转型。

6 月 28 日

市场监管总局、国家发展改革委、财政部、商务部联合印发《关于开展妨碍统一市场和公平竞争的政策措施清理工作的通知》。

7 月

7 月 7 日

中国物流与采购联合会发布《中国公共采购发展报告（2022）》。70 多位专家学者参与编写，凝结出这本 83.5 万字的行业蓝皮书。根据报告，2022 年我国公共采购市场全面发力，增量、扩面工作再上新台阶，全年公共采购总额超过 48 万亿元，约占当年国民生产总值的 40%。

7 月 12 日

"第四届国有企业数智化采购与智慧供应链论坛"在北京开幕。大会由中国物流与采购联合会主办，中物联公共采购分会、中物联采购委承办。来自 60 多家中央企业、150 余家地方国企采购与供应链管理部门的相关负责人及业界专家、媒体记者等 700 余人齐聚一堂，近 5000 人云端共襄盛会。

亿邦智库联合中国物流与采购联合会公共采购分会共同发布《2023 数字化采购发展报告》。该报告以"拥抱数字供应链"为年度主题，通过深入调研 100 余家企业，与多方专家和企业深度探讨，解析"可预测的数智供应链""全环节绿色低碳供应链""多方共建共享的生态化供应链"等数字供应链新趋势。

7 月 14 日

中共中央、国务院《关于促进民营经济发展壮大的意见》正式发布。要求持续优化民营经济发展环境，包括持续破除市场准入壁垒、全面落实公平竞争政策制度、完善社会信用激励约束机制、完善市场化重整机制。提出加大政府采购创新产品力度，发挥首台（套）保险补偿机制作用，支持民营企业创新产品迭代应用。

7 月 15 日

国家发展改革委、工业和信息化部、住房城乡建设部等十一部门联合印发《关于开展工程建设招标投标领域突出问题专项治理的通知》。

7 月 21 日

国家医疗保障局公布《谈判药品续约规则》及《非独家药品竞价规则》。

8 月

8 月 4 日

中国物流与采购联合会发布《中国供应链发展报告（2022）》。该报告由中物联组织编写，人民邮电出版社出版发行，梳理了我国供应链创新发展最新理论研究成果与应用实践经验，总结出 2022 年供应链的 4 个发展趋势：供应链数字化转型；供应链韧性重要性凸显；供应链可持续发展；全球供应链重构，区域性贸易关系正在重新崛起。

8 月 11 日

国家机关事务管理局印发《中央行政事业单位通用办公家具规格和性能指南》。

8 月 13 日

国务院印发《关于进一步优化外商投资环境加大吸引外商投资力度的意见》，提出保障外商投资企业依法参与政府采购活动。

8 月 16 日

工业和信息化部、国家发展改革委、国务院国资委联合印发《关于支持首台（套）重大技术装备平等参与企业招标投标活动的指导意见》。

8 月 20 日

财政部印发《关于加强财税支持政策落实 促进中小企业高质量发展的通知》。要求减轻小微企业税费负担，保障中小企业融资需求，支持中小企业创新发展，落实政府采购、稳岗就业等扶持政策。

9 月

9 月 7 日

《十四届全国人大常委会立法规划》公布，《招标投标法》修改（《政府采购法》修改，一并考虑）列入第二类项目（需要抓紧工作、条件成熟时提请审议的法律草案）第 29 项。牵头起草和提请审议单位为国务院、全国人大财经委。

9 月 22 日

国际采购与供应管理联盟 2023 世界峰会在意大利佛罗伦萨召开。中国物流与采购联合会（CFLP）会长、国际采购与供应管理联盟（IFPSM）前主席何黎明率领中国代表团全程出席。

9 月 27 日

由中国物流与采购联合会和厦门市人民政府共同主办的"2023 第四届中国供应链管理年会"在厦门开幕。近 2000 名来自政府部门、高校、科研院所以及 300 多家企业采购与供应链管理部门相关负责人、行业专家、媒体记者等深度研讨共话发展，交流汇聚智力成果。

"供应链管理专家（SCMP）"丛书出版首发式举行。该教材由中物联组织编写，人民邮电出版社出版发行。该套丛书作为我国第一套拥有完全独立知识产权、结合中国供应链产业链发展特点的知识体系，打破了供应链管理领域长期由西方国家垄断话语权的局面，是国内供应链领域唯一成体系的、专业的、本土化的职业认证项目。

10 月

10 月 1 日

工业和信息化部、科学技术部、财政部、中国民用航空局等四部门联合印发《绿色航空制造业发展纲要（2023—2035 年）》。强调要发挥政府采购作用，推动相关部门、地方政府积极采购和使用绿色航空装备。

10 月 18 日

国家主席习近平在第三届"一带一路"国际合作高峰论坛开幕式上的主旨演讲提出，要深化国有企业、数字经济、知识产权、政府采购等领域改革。

10 月 27 日

最高人民检察院发布依法惩治串通招投标犯罪典型案例，公开"A 建设集团有限公司等 11 家企业、陈某等 30 人串通投标案"等 5 件案例。

10 月 29 日

国家发展改革委办公厅印发《关于规范招标投标领域信用评价应用的通知》，要求各地方不得以信用评价、信用评分等方式变相设立招标投标交易壁垒。

11 月

11 月 3 日

国务院办公厅转发国家发展改革委、财政部《关于规范实施政府和社会资本合作新机制的指导意见》。

11 月 8 日

商务部办公厅印发《关于请做好内外资不合理差别待遇专项清理工作的函》，组织对含有内外资不合理差别待遇内容的规定及措施进行专项清理。

11 月 17 日

《国家发展改革委关于修订印发〈全国公共资源交易目录指引〉的通知》发布，目录明确 13 大类 20 个子项。

由中国物流与采购联合会、湖北省商务厅共同主办的"2023 第十二届全球采购（武汉）论坛暨采购贸易博览会"在武汉召开。数百名国内外业界同人围绕全球趋势、国家战略、行业热点、企业创新等热点话题展开广泛交流与思想碰撞，共话时代发展，共襄业界盛会，线上直播同步观看人数达数万人次。

11 月 22 日

财政部、公安部、市场监管总局印发《关于开展 2023 年政府采购领域"四类"违法违规行为专项整治工作的通知》。

11 月 26 日

国务院印发《全面对接国际高标准经贸规则推进中国（上海）自由贸易试验区高水平制度型开放总体方案》，提出推进政府采购领域改革，在采购程序、采购管理、采购监督等方面提出 15 条创新举措。

11 月 28 日

中央军委后勤保障部印发后勤系统军队单位物资工程服务采购评审专家、物资服务采购单位等后勤系统 6 个分支领域监督管理细则。

11 月 30 日

工业和信息化部、财政部发布《关于优化调整国务院部门涉企保证金目录清单的公告》（2023 年第 31 号）。

12 月

12 月 5 日

《最高人民法院关于适用〈中华人民共和国民法典〉合同编通则若干问题的解释》自 2023 年 12 月 5 日起施行。该解释规定："采取招标方式订立合同，当事人请求确认合同自中标通知书到达中标人时成立的，人民法院应予支持。合同成立后，当事人拒绝签订书面合同的，人民法院应当依据招标文件、投标文件和中标通知书等确定合同内容。"

12 月 6 日

12 月 6 日至 8 日，由中国物流与采购联合会主办，中物联公共采购分会、中物联采购委承办的"2023 全国公共采购行业年会暨第九届全国公共资源交易论坛"在海口成功召开。1000 余名业界同人现场参会，众多知名企业参展交流。中央电视台、光明网、中国新闻网、新浪网、凤凰网等媒体关注报道。

12 月 8 日

财政部办公厅印发《关于进一步提高政府采购透明度和采购效率相关事项的通知》。

12 月 16 日

为提高政府采购需求管理的科学化、规范化水平，财政部、工业和信息化部制定台式计算机、便携式计算机、一体式计算机、工作站、数据库等 7 个《政府采购需求标准（2023 年版)》。

12 月 29 日

军队采购网公布《军队采购文件标准文本（2.0 版）通用文件》，包含物资类和服务类共 10 个采购文件标准文本。

（《2023 年中国公共采购大事记》责编专家，黄冬如、白如银、傅立海、雷金辉）